首届传媒技术研讨会成果荟萃

传媒技术研究

MEDIA TECHNOLOGY RESEARCH

陈斌　杨爱玲 ◎ 主编

文化发展出版社
Cultural Development Press
·北京·

图书在版编目（CIP）数据

传媒技术研究 / 陈斌，杨爱玲主编. — 北京：文化发展出版社，2023.9
 ISBN 978-7-5142-4089-4

Ⅰ.①传… Ⅱ.①陈… ②杨… Ⅲ.①传播媒介－信息技术 Ⅳ.①G206.2

中国国家版本馆CIP数据核字（2023）第176541号

传媒技术研究

主　　编：陈　斌　杨爱玲

出 版 人：宋　娜
责任编辑：朱　言　　　　　　　责任校对：岳智勇
责任印制：邓辉明　　　　　　　封面设计：盟诺文化　郜玉金
出版发行：文化发展出版社（北京市翠微路2号 邮编：100036）
发行电话：010-88275993　　010-88275710
网　　址：www.wenhuafazhan.com
经　　销：全国新华书店
印　　刷：北京捷迅佳彩印刷有限公司
开　　本：710mm×1000mm　1/16
字　　数：380千字
印　　张：23.5
版　　次：2023年9月第1版
印　　次：2023年9月第1次印刷
定　　价：86.00元
ＩＳＢＮ：978-7-5142-4089-4

◆ 如有印装质量问题，请与我社印制部联系　电话：010-88275720

编委会

编撰指导

顾春华

主　编

陈　斌　杨爱玲

副主编

郜玉金　罗险峰　蒋公宝　顾　萍

专家委员会

(按姓氏笔画排名)

王之钢　王　强　杨驰原　陈培爱

前 言
PREFACE

金秋十月，上海出版印刷高等专科学校迎来了 70 周年校庆，为了促进传媒技术的新发展，解释传媒技术实践的新问题，寻求学术共同体的新共识，提升传媒技术在传媒发展战略的价值，传媒技术研讨会组委会以"传媒技术的力量：创新·融合·实践"为主题，分享传媒技术发展带来的传媒新业态、新理论、新路径、新模式。当今，随着互联网、人工智能、大数据、新能源、新材料等技术在社会多个层面的广泛渗透，科学、艺术、人文不断呈现融合创新、融合发展的交叉态势。传媒业已进入"智媒时代"，并将基于新技术和互联网延伸出更多的传播新形态、传媒新业态和媒介新生态。

我们要清醒地看到，新技术对新传媒形成和发展的影响是多方面和极其复杂的，新技术可以轻易改变传媒业务，对整个传媒业的影响是深远的。新技术往往通过各种中介和系统来间接作用传媒。

过去，人们将技术对传媒发展的影响归结为技术决定论，技术不是完全中立的，它是有价值承载的。对技术价值负载的深入理解，直接关系到两种基本的技术观。一方面，技术决定论（Technological Determinism）认为，技术所承载的独特价值主导着人类社会文化价值的变迁；另一方面，社会建构主义（Social Constructivism）认为技术是由社会利益和文化价值建构起来的产物。显然，技术作为一项重要的人类实践活动，其价值负载是通过技术与社会的互动和融合而形成的。由此可见，技术并不直接影响传媒，而是通过新技术产生新的商业模式，进而影响传媒的发展。

不可否认，自从互联网的普及，人们更多考量的是如何凭借互联网技术提升效率，但对其衍生的困扰、妨碍和负面因素重视不足，应对乏力，解决这些问题就需要我们将其置于更大的系统、更宏观的视域来考察。

随着算法的出现，"人找信息"变为"信息找人"，技术价值现象已经不能概略划分为工具理性与价值理性，也就是说，技术伦理已不只限于工具理性。因此，有学者提出："智能算法推荐具备工具理性、科技理性的条件与特点，精准、快速、高效是人类技术进步的体现，但工具理性、技术理性也饱受诟病，它忽略了价值理性中那些思想意识、义务、尊严、美、规训等信念。人机交互，技术与价值理性共融，可让人工智能更多地体现人的主导性与价值观。"价值理性与工具理性贯穿起来思考问题或许是解决技术伦理问题的唯一出路。在技术层级管好新技术和新媒体，使人工智能更好地造福全人类，这需要形成共识，建构互联网命运共同体。

科学和艺术反映了人类认识世界和改造世界的不同方式和智慧。正如诺贝尔奖得主、著名科学家李政道先生所述：科学与艺术的共同基础是人类的创造力，它们的目标是真理的普遍性，就像硬币的两面一样不可分割，从而勾勒出以文化创意和科技创新为支撑的当代艺术演变与发展的多维图景，拓展了艺术与科技交叉研究与融合实践的多元视角。

随着人类社会数字化进程的全面深入推进，未来我们将从数字时代进一步跨越到数据时代，顺应这种数字化转型的历史趋势，对科学、艺术、人文进行转型，既要通过存储、传播载体的深度数字化转型，又要通过内容创作、生产方式的深度数据化转型进行价值的转化和增值，从而实现文化艺术形式从信息到数据的转型，并最终将文化艺术资源转化为内容数据资产，这对于推动人类文化艺术多维度的实践创新具有重要的现实意义。

最后，我要感谢参与本书的各位教授和工作人员，感谢担任本书编辑委员会成员的诸位著名的传媒研究专家，感谢文化发展出版社的编辑，通过大家的共同努力，将这本书呈现给读者。希望在今天传媒及其产业的争论中，本书能够为传媒技术研究者、从业人员和即将从业的学子们提供参考。

感谢上海四维文化传媒股份有限公司罗险峰董事长、腕爱集团创始人蒋公宝董事长对本次研讨会的赞助。

陈斌

2023 年 7 月于上海

目 录
CONTENTS

第 1 部分　出版、印刷、包装专题　　1

1.1　基于深度神经网络的影视评分预测模型　　2
1.2　基于表面工程化技术的新型纳米材料的制备及其医药包装方面的性能研究　　20
1.3　生成式 AI 参与下的土家族织锦非遗纹样数字化创新实践　　31
1.4　基于熵权 TOPSIS 法的高价值专利识别研究　　43
1.5　虚拟仿真在电竞导播课程实践教学中的应用研究　　56
1.6　人工智能软件参与包装创意设计生成的应用实践　　67
1.7　ChatGPT 在编程教学中的应用与启示　　79

第 2 部分　艺术与科技专题　　87

2.1　乡村振兴背景下少数民族乡村网红非遗短视频的传播实践与功能探析　　88
2.2　数字媒体技术赋能创新展演呈现　　97
2.3　试论 AIGC 技术对视觉艺术创作的多元影响　　104
2.4　论 AI 绘画的版权保护——基于 13 个 AI 绘画平台用户协议的文本分析　　116
2.5　展览设计的"情感化设计"探析　　137
2.6　新媒体时代下"非遗"微纪录片的创作与传播策略研究　　145

2.7	"瞻仰"与"互动":新媒体语境中公众看展的观看方式变形	156
2.8	作为数字影像的游戏视频:何为新媒体艺术创作新逻辑?	166

第3部分　人文社科与传媒技术专题　　　　　　　　　　177

3.1	智媒时代科普期刊知识服务模式构建——基于传播游戏理论的视角	178
3.2	人工智能热的冷思考:算法新闻的规制及展望	190
3.3	国家形象认知及媒介接触行为——基于"90后"群体的实证分析	201
3.4	具身认知理论视域下"童书+AR/VR"发展的优化策略探析	225
3.5	论元宇宙视域下新文科国际商务专业"四融合"人才培养新范式	234
3.6	技术/文化语境下网络文学的"网络性"与"跨文化性"	248
3.7	从田间到镜头:生鲜农产品直播中互动性对消费者购买意愿影响研究	260
3.8	技术赋权下短视频传播的伦理失范——兼论智媒时代的道德理想	278
3.9	情感消费与自我建构:情侣类短视频用户心理研究	286
3.10	媒体融合视域下民生新闻转型实践探析——以《经视直播》为例	296
3.11	零和博弈还是人机共生——从ChatGPT看生成式人工智能对新闻业的影响	304
3.12	连接:虚拟现实技术赋能智媒变革中的数据再造	317
3.13	文化类中视频内容生产与传播策略分析	327
3.14	聊天记录截图传播的伦理困境与规范研究	336
3.15	代际弥合:互动仪式链视角下银发网红的破圈分析	345
3.16	作为媒介的游戏:基于中国视野Web3.0趋势下游戏的深度媒介化问题及其特征考察	357

第 1 部分
出版、印刷、包装专题

1.1 基于深度神经网络的影视评分预测模型

朱衍熹[①]，张明西[②]，丛挺，赵瑞[③]，许星波

摘　要：影视评分能直接反映影视作品的上映效果或收益情况，为预测影视的评分值，本文提出一种基于深度神经网络的影视评分预测模型。利用影视作品的属性信息，如影视类型、影视概述、影视出版国家、影视使用语言、影视发行年份等特征通过词袋模型、特征拆分、TF-IDF 文本矢量化方法生成影视混合特征表示向量，构建基于深度神经网络影视评分预测模型。训练网络模型，当评价指标收敛时，进行统计和可视化分析。实验结果表明：MAE、MSE、SmoothL1Loss 指标值在 100 次迭代后基本收敛，验证了所提方法对影视的评分预测有很好效果，能有效评估影视的上映后的价值。

关键词：深度神经网络；词袋模型；TF-IDF；影视评分

一、引言

随着人工智能和深度学习技术的快速发展，文化产品的价值评估引起了人们的极大关注。影视作品是重要的文化产品，在文化领域中受众广泛，市场价值占比高，是人们日常生活的主流娱乐方式之一。影视评分是衡量影片质量的重要指标，构建模型预测影视作品评分，能够为进一步发展影视推荐系统奠定

[①] 朱衍熹，上海理工大学出版印刷与艺术设计学院研究生，主要研究方向为数据挖掘。
[②] 张明西，博士研究生、上海理工大学出版印刷与艺术设计学院副教授，主要研究方向为数据挖掘、社会网络分析、智能媒体技术等。
[③] 赵瑞，上海理工大学出版印刷与艺术设计学院研究生，主要研究方向为数据挖掘。
　　基金项目：国家重点研发计划项目（2021YFF0900400）；国家自然科学基金项目（62002225）；上海市自然科学基金项目（21ZR1445400）。

基础，同时可根据影片的属性特征，例如类型、影视片名等为用户推荐评分值较高的相关影视作品集。在影视行业，对评分预测探索研究能拓宽对影片价值评估的渠道，反映收益情况。运用深度神经网络的方法对影视评分进行预测研究能够为更宏观概念的文化产品的产权价值评估提供思路。

深度神经网络模型已广泛应用于图片分类、语音识别、气象预测等多个领域，在分类或回归任务中取得了很好的效果。深度神经网络能够对输入特征进行全局特征的识别提取，抽取数据潜在的信息，挖掘属性特征与目标值的关系。在影视作品的本身属性特征中，存在多种不同类型的数据，需要进行不同的矢量化表示。例如，短文本数据仅需要通过词汇空间进行矢量化，而要充分挖掘长文本向量信息，则需要进行词频、权重的考虑，对不同特征进行不同处理存在一定难度。

为解决影视作品数据类型复杂的问题，本文提出一种上游任务以特征工程、词袋模型、TF-IDF 矢量化方式与下游任务深度神经网络结合的预测方法，对不同的影视作品属性数据进行不同方式的建模，输入预测模型当中，充分提取序列信息，提高预测精度。

二、相关工作

影视作品预测在学术研究中得到了广泛关注。何琦、袁芳英[2]依托影视作品大数据展开实证研究，创新运用机器学习与模型融合方法构造有更高拟合性与精度的票房预测模型。李香君、肖小玲[5]对影视作品数据集进行数据预处理，随后重点研究了支持向量机（SVM）回归预测对影视作品评分进行预测，实验结果 MAE 的值表明支持向量机（SVM）回归预测在影视作品评分预测中取得较好的预测。李旺泽[6]提出的 Lasso-XGBoost 组合模型为一个具有普适性且预测精度最优国产影视作品票房预测模型，相比传统机器学习提高了准确率。李振兴[7]通过聚类算法把影视作品票房分为 6 类，利用 MATLAB 工具分别建立了决策树模型、朴素贝叶斯模型和随机森林模型，并对 26 部影视作品的票房进行了分类预测，验证随机森林模型的预测效果高于决策树模型和朴素贝叶斯模型。张红丽等[10]使用逐步回归方法筛选出变量——参与评分人数、参与评论人数、想要观看人数和影视作品正向评论情感均值，构建评分预测模型。魏明强、黄媛[11]运用神经网络模型根据国内网站影视作品网络评价得分探讨在不同阶段网络评分变化对于影视作品票房走势的影响。任丹[12]提出了多元线性回归的票房预测模型，并基于SSH框架，采用MVC开发模式，在系统当中集成Quartz定时任务调度框架与Heritrix爬虫搜索引擎，开发了可对影视作品票房进行预测的系统。

综上所述，影视作品的评分、电影作品的票房预测在近些年来被各界人员广泛的讨论研究，科研人员运用了传统的机器学习模型或深度学习模型等方法对于评分或票房进行预测，取得了一定的效果。

三、模型流程的框架

基于深度神经网络的影视作品评分模型的构建包括两个阶段——表示特征构建阶段和模型应用阶段，如图1.1.1所示。

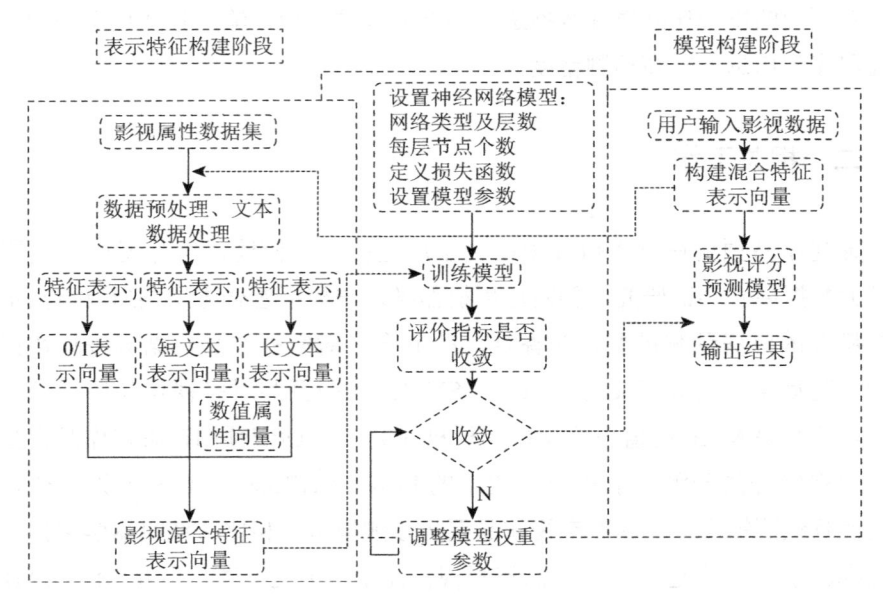

图1.1.1 模型框架

表示特征构建阶段为建模上游任务，主要目标是构建影视作品属性信息的表示向量，具体步骤包括影视作品属性信息预处理，空值异常值处理，文本属性清洗、分词等；特征表示，对 json 格式影视作品属性字段拆分，按类别构建双值表示向量；词袋模型，对于文本信息较少的属性如影视作品名字，忽略语法及词元出现的顺序构建短文本表示向量；TF-IDF 模型，对于文本内容较多的属性如影视作品概述、影视作品标语等，考虑词元对于样本的重要性程度，结合词频构建长文本表示向量；构建表示向量，合并双值表示向量、短文本表示向量、长文本表示向量组成影视混合特征表示向量并进行归一化处理。

模型应用阶段，构建基于深度神经网络的影视作品评分模型，根据用户输入的影视属性预测作品最终的评分情况。具体的步骤为：输入影视混合特征表示向量对神经网络模型进行训练，调整模型权重参数并保存，对新影视作品属性数据的评分结果输出。

构建基于深度神经网络的影视作品评分预测模型基于影视本身属性信息进行评分预测，影视领域从业者能根据预测结果从多角度对影视作品上映效果进行分析，从而规避风险。

四、影视作品混合特征表示向量

（一）双值表示向量

影视作品属性数据双值表示向量的构建采用特征拆分的方法，特征拆分是特征工程中的一种方式，其具体流程如图 1.1.2 所示。数据的特征表示会影响模型最终的预测效果，为了能够充分挖掘和表示数据信息，将部分原始数据进行整合转换，对影视数据属性中 json 格式的字段影视作品类型、影视作品语言、出版单位、出版国家通过特征拆分的方法进行处理并转化成多个维度的布尔值，进而构建双值表示向量，并根据下游任务的测试和评估效果反馈，调整双值表示向量结构，使得影视作品元数据中的特征更具体化、表示效果更好。

影视类型字段处理的主要步骤如下：

步骤 1：统计数据集中每种类型的影片数量，得到影视作品类型数降序序列 [$genre_1$, $genre_2$, ..., $genre_c$]；

步骤 2：设定影视作品类型拆分数量 n（$n<c$）并剔除剩余类型，得到新序列 [$genre_1$, $genre_2$, ..., $genre_n$]；

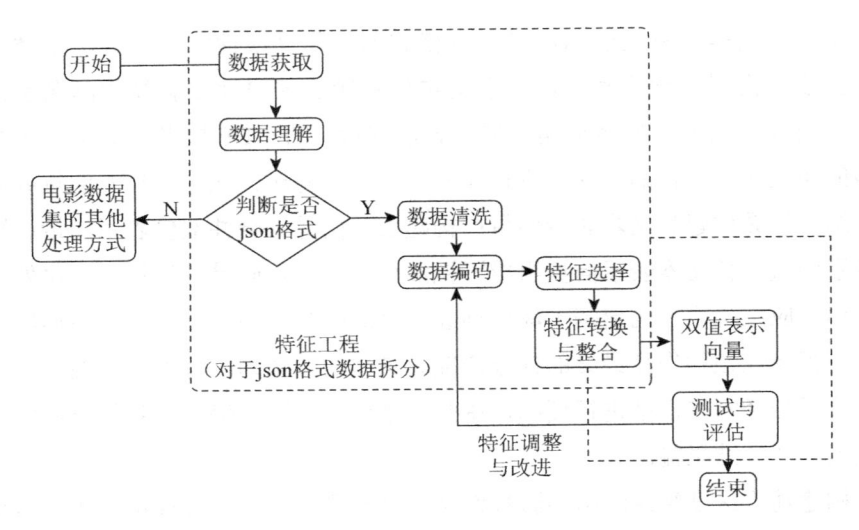

图 1.1.2　特征拆分流程

步骤3：每个影视作品数据样本新增 n 个字段即 n 个影视类型，将影视作品对应类型的字段设置为 1，不属于的类型则设置为 0；每一样本新增字段：$[genre\_feature_1, ..., genre\_feature_n]_{1 \times n}$，其中 $genre\_feature_{1 \sim n}$ 为离散值 0 或 1。

影视作品语言、影视作品出版公司、影视作品出版国家字段均进行同样步骤处理，通过在原始影视作品数据的基础上将 json 格式字段进行扩展，可使影片特征进一步细化，较全面地凸显出属性特点，表达能力更强。

（二）短文本表示向量

影视属性数据短文本表示向量利用词袋模型进行构建。词袋模型是自然语言处理中对文本建模常用的表示方法，不考虑文本中词与词之间的上下文关系，忽略语法及词元出现的顺序，将文本语句仅看作若干个词汇的集合，并只考虑所有词的权重（与词在文本中出现的频率有关），使用一组无序的单词（words）来表示文本，其核心思想是将文本语句转换成机器可识别的向量，只要在词典中出现一次，记成 1 次，未出现的记为 0 次。影视作品数据字段中的影视作品名字、发行状态、发行日期、原始语言等文本型数据单样本内容较少，考虑词之间的联系或者顺序的意义不大，针对此类字段使用词袋模型转换成短文本表示向量，主要步骤如下。

步骤1：将短文本进行分词、去停用词等预处理，建立包含所有词的特征空间 [word₁, word₂, ..., word_L]，L 为词空间的长度大小；

步骤2：利用特征词空间建立词袋模型；

步骤3：每个样本对应的文本型数据转换为向量 [S₁, ..., S_L] 维度为词空间的长度大小。

短文本表示向量仅考虑词汇的权重情况，能充分提取上下文关系较弱文本的字段特征，向量转化关系如图 1.1.3 所示。

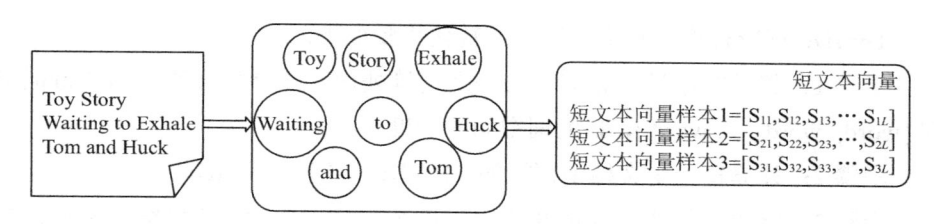

图 1.1.3　短文本向量转化

（三）长文本表示向量

影视作品属性数据中存在长文本字段，如影视作品标语、影视作品概述等，将每一个长文本字段作为一个文档，利用 TF-IDF 模型构建长文本表示向量。TF-IDF 是一种统计方法，用以评估一个字词对于一个文件集或一个语料库中的其中一份文件的重要程度。样本字词的重要性随着它在文件中出现的次数成正比，但同时会随着它在语料库中出现的频率成反比下降。如果某个单词在一篇文章中出现的频率 TF 较高，并且在其他文章中很少出现，那么认为此词或短语具有很好的类别区分能力。

TF 的计算公式如下：

$$\text{tf}_{ij} = n_{ij} / \sum_k n_{ij}$$

式中，n_{ij} 表示词 i 在文档 j 中出现的频次，分母部分表示文档 j 中每个词出现频次的总和，即文档 j 中的词数，除以分母的文档总词数是为了进行归一化。

IDF 是逆文档频率，IDF 表示一个词在文档集中出现的次数，即在文档集中的多少个文档中出现。IDF 值越小，即在很少的文档中出现，那么这个词就有越强的文档区分能力。IDF 的计算公式如下：

$$\text{idf}_i = \log\left[|D|/(1+|D_i|)\right]$$

式中，|D| 为文档集中的文档总数；|D_i| 为文档集中出现词 i 的文档数。

TF-IDF 算法是 TF 算法和 IDF 算法的综合使用。其计算公式如下：

$$\text{tf} \times \text{idf}(i,j) = \text{tf}_{ij*} \times \text{idf}_i = \frac{n_{ij}}{\sum_k n_{ij}} \times \log\left[|D|/(1+|D_i|)\right]$$

TF-IDF 在影视作品长文本字段的转化步骤如下：

步骤 1：将长文本进行分词、去停用词等处理，建立包含所有词的特征空间 [word_1, word_2, ..., word_L]，L 为词空间的长度大小；

步骤 2：计算每一个文档中词汇的 TF、DF、IDF、TF-IDF；

步骤 3：将每个样本对应的长文本型数据根据 TF-IDF 计算结果转换为向量 [L_1, L_2, ..., L_L]，维度为词空间的长度大小。

影视作品长文本数据的向量由文档中每个词汇的 TF-IDF 值构成，能够考虑词汇的重要性情况，长文本向量转化过程如图 1.1.4 所示。

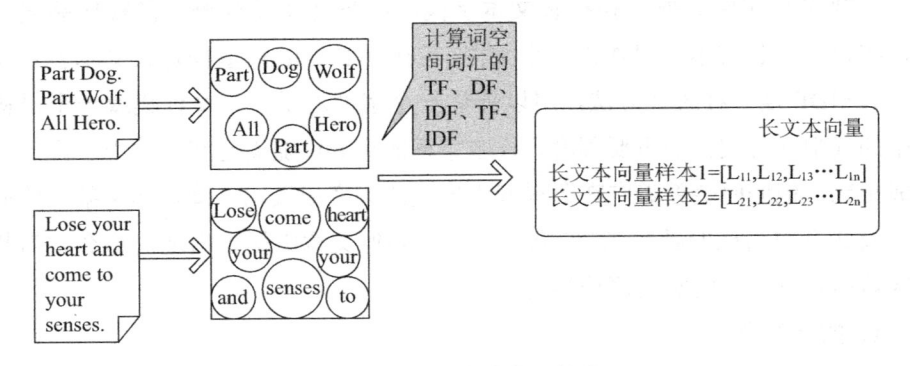

图 1.1.4　长文本向量转化

（四）影视作品混合特征表示向量

影视作品混合特征表示向量由双值表示向量、短文本表示向量、长文本表示向量组合而成。三种矢量化方式中不同评价指标往往都是有着不同的量纲和单位，会影响数据矢量化后的分析结果，将整个训练样本向量矩阵进行标准化归一化处理，以消除数据在数值指标的差异性和指标之间的量纲影响，将所有值映射到 0 ~ 1。

标准化（Standardization）：

$$\frac{x_i - \mu}{\sigma}$$

归一化（Normalization）：

$$\frac{x_i - x_{min}}{x_{max} - x_{min}}$$

五、影视作品评分预测模型

影视作品评分预测模型采用有监督学习的训练方式，基于深度神经网络对训练集中已经标记好的评分数据进行迭代学习，有着较强的表达能力和拟合能力。深度神经网络包括输入层、多个隐藏层和输出层，输入层接收影视作品混合特征表示向量，隐藏层利用输入层的数据进行计算并流向下一个隐藏层，并且最后一个隐藏层流向输出层，输出层输出目标数值，其层次结构体系是一个有向无环图。每一层神经网络有若干神经元，相邻层之间神经元相互连接，即每一个神经元均与前后两层网络的神经元逐一连接，层内神经元互不连接。

（一）深度神经网络

随机初始化深度神经网络模型相关参数，设置训练次数后迭代训练，计算梯度并反向传播更新模型参数，将影视作品混合特征表示向量输入，当满足收敛条件或者达到所需效果后停止训练并输出结果。每层神经网络的节点数按照从少到多的原则进行设计，输入的特征维度先降后升，整个神经网络风格窄而深，为比较典型的深度学习风格。数据流从每一层网络（除最后一层）中输出后均经过 ReLU 激活函数计算，增加网络模型的非线性效果。为减少过拟合情况，在神经网络模型中加入两层 Dropout 层，比例权重参数设定为 10%，即去掉其中两层神经网络中 10% 的参数。神经网络大致结构如图 1.1.5 所示。

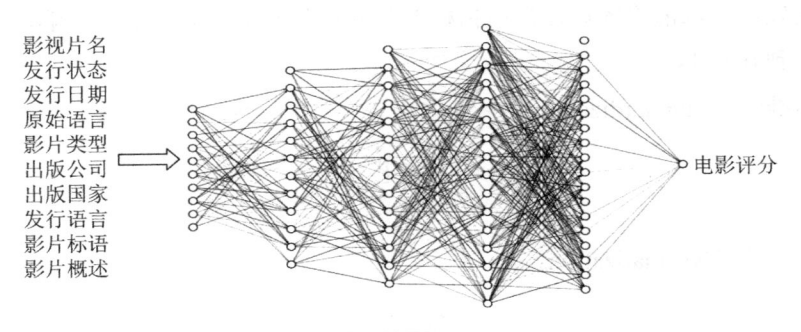

图 1.1.5　神经网络结构

深度神经网络能够很好地提取输入属性的全局特征，下面将阐述网络的前向传播过程。基于深度神经网络的影视评分预测模型共 6 个隐藏层，权重矩阵定义如下。

$$\begin{bmatrix} W_{11}^k & W_{21}^k & \cdots & W_{i1}^k \\ W_{12}^k & W_{22}^k & \cdots & W_{i2}^k \\ W_{13}^k & W_{23}^k & \cdots & W_{i3}^k \\ \vdots & \vdots & \ddots & \vdots \\ W_{1j}^k & W_{2j}^k & \cdots & W_{ij}^k \end{bmatrix}$$

权重矩阵为 $i \times j$ 形状的矩阵，其中 W_{ij}^k 的上标 k 表示第 k 层神经网络，下标 i 是当前神经元节点编号，下标 j 是与当前神经元节点与下一层所连接的神经元节点编号，ij 表示神经元 i 跟神经元 j 连接。模型的前向传播计算公式如下所示。

$$\begin{cases} a_1^k = \sigma\left(W_{11}^k a_1^{k-1} + W_{21}^k a_2^{k-1} + \cdots + W_{i1}^k a_i^{k-1} + b_1^k\right) \\ a_2^k = \sigma\left(W_{12}^k a_1^{k-1} + W_{22}^k a_2^{k-1} + \cdots + W_{i2}^k a_i^{k-1} + b_2^k\right) \\ a_3^k = \sigma\left(W_{13}^k a_1^{k-1} + W_{23}^k a_2^{k-1} + \cdots + W_{i3}^k a_i^{k-1} + b_3^k\right) \\ \qquad\qquad\qquad\qquad \vdots \\ a_j^k = \sigma\left(W_{1j}^k a_1^{k-1} + W_{2j}^k a_2^{k-1} + \cdots + W_{ij}^k a_i^{k-1} + b_j^k\right) \end{cases}$$

式中，a_j^k 定义隐藏层输出节点，k 表示第 k 层神经网络，j 表示该层神经元编号，σ 为 Relu 激活函数，b 为偏置项。

影视作品混合特征表示向量将经过输入层后依次通过模型隐藏层并经过输出层返回最后结果，其中输出层只有一个神经元，即输出影视作品的评分预测结果。

（二）影视作品评分预测模型

基于深度神经网络的影视作品评分预测模型的结构如图 1.1.6 所示，模型由输入层、隐藏层、输出层组成，其中隐藏层由 6 层线性网络构成和两层 DROPOUT 组成。影视作品混合特征表示向量依次输入各层网络，并且均经过 ReLU 激活函数，采用 Adam 优化器进行模型的优化，迭代训练模型得到最优的影视作品评分预测模型。

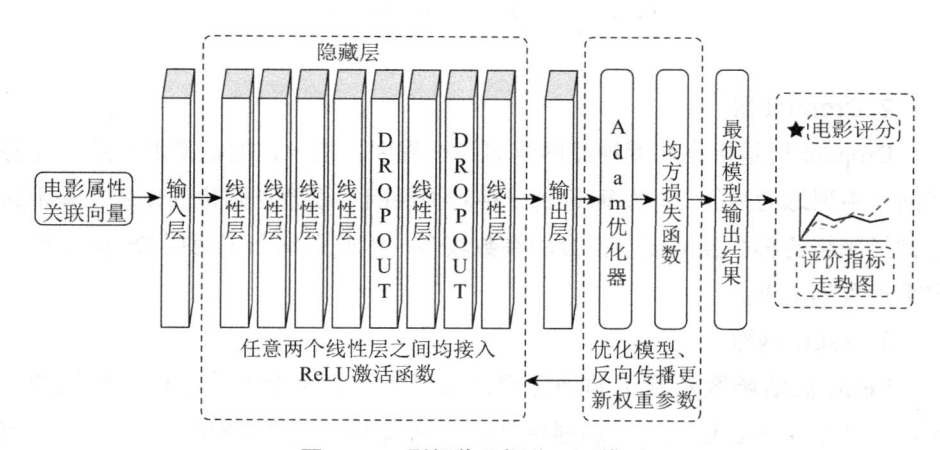

图 1.1.6　影视作品评分预测模型

1. 损失函数和 Adam 优化器

实验采取均方损失函数 MSELoss，影视作品评分预测模型在训练迭代时通过计算影视作品评分预测值和真实值的损失函数值进行反向传播，并对模型中的权重参数进行更新，公式的定义如下。

$$\text{MSELoss}(x, y) = \frac{1}{N} \sum_{t=1}^{N} |x - y|^2$$

影视作品评分预测模型选用 Adaptive Moment Estimation 优化器，结合了带动量的梯度下降算法和 RMSProp 算法，计算效率高，内存需求少，其更新的步长能通过设置初始学习率被限制在大致的范围内。Adam 的公式定义如下。

$$\begin{cases} m_t = \beta_1 m_{t-1} + (1-\beta_1) g_t \\ v_t = \beta_2 v_{t-1} + (1-\beta_2) g_t^2 \\ m_t = \dfrac{m_t}{1-\beta_1^t} \\ v_t = \dfrac{v_t}{1-\beta_2^t} \\ w_t = w_{t-1} + \dfrac{a}{\sqrt{v_t}+\varepsilon} m_t \\ g = \dfrac{1}{m} \nabla_{w_t} \sum_i L\left[f(x^{(i)}; w_t), y^{(i)} \right] \end{cases}$$

2. Dropout 层

Dropout 层是指在深度神经网络训练过程中，按一定的概率随机地丢弃神经网络中训练的神经元，从而达到一种对神经网络模型正则化的作用。基于深度神经网络的影视预测模型拟合的参数较多，因此在加入了两层 Dropout 层，参数设置为 10%。

3. ReLU 函数

ReLU 激活函数是常用的神经网络激活函数，可增加模型的非线性的因素，增加模型的表达能力，加强模型的训练效果，其图像如图 1.1.7 所示。该函数实质是将所有的小于 0 的负值均变成 0，而大于等于 0 的正值保持不变，公式定义如下。

$$\text{ReLU}(X) = \begin{cases} X & X >= 0 \\ 0 & X < 0 \end{cases} = \max(X, 0)$$

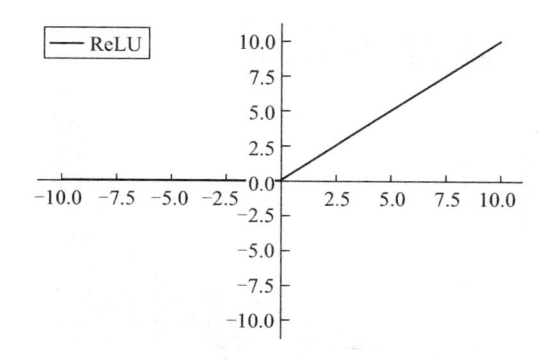

图 1.1.7　ReLU 函数

六、实验与结果分析

（一）实验环境及参数设置

本文所有实验均基于 Windows 系统实现，使用 Python3.7 和 PyTorch1.12 框架，硬件为 Intel i5 的 CPU。实验中参数设置如下，初始化学习率为 0.005，训练批量 batch_size 为 64，dropout 层数为 2（其中每层 p=0.2），优化算法为 Adam，损失函数为 MSELoss 损失函数，训练批量 eopch 为 150。训练数据集不乱序 shuffle=False，测试数据集乱序 shuffle=True。

（二）实验数据

影视作品数据集合来自 kaggle 网站，由 2017 年 7 月及之前发布的影视作品组成，囊括了多种类型影片，包含大量已上映的热门影视作品和小众影片资源。该数据集能较好地反映 20 世纪主流的影视作品方向，覆盖领域广，数据泛化性强。同时，影视作品涉及的年份跨度广，时间轴长，研究价值较为突出，如图 1.1.8 所示。

原始影视作品数据集共 45466 条元数据，剔除空行缺失值后数据共 20377 条。过滤影视作品评分的异常值，评分数据集中在 3.0～9.0，对评分值少于 3.2 或者大于 8.8 的异常数据进行删除处理；筛选后得到 19162 条影视作品样本数据，评分分布情况前后对比如图 1.1.9 所示。

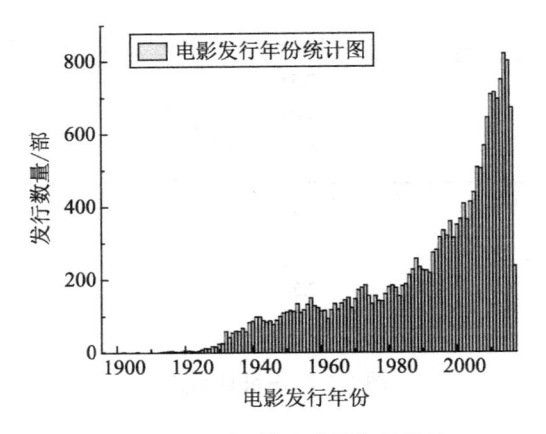

图 1.1.8 影视作品发行年份统计

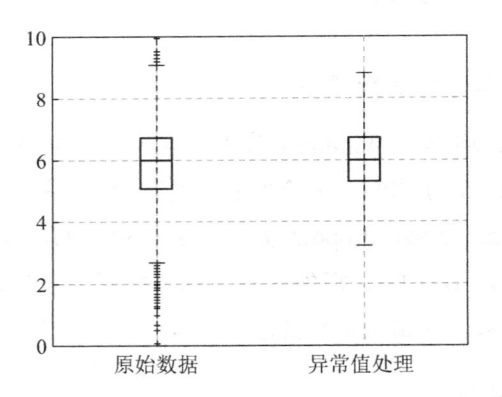

图 1.1.9 影视作品评分分布

将筛选后数据集中的文本型数据转换成机器能够识别的向量模式，对于不同类型的文本型数据，分别采用词袋模型、TF-IDF、特征拆分的方法进行向量化。归并数值型数据构成影视作品混合特征表示向量。

（三）评估方法

本文采用在回归任务中常用的三个模型评价指标：MSE、MAE、SmoothL1Loss。影视作品数据集进行训练集和测试集划分后，深度神经网络模型利用训练集进行模型训练，迭代更新权重参数，并统计评价指标值，在每次模型迭代中，统计测试数据集的平均值。

均方误差（Mean Square Error，MSE）反映估计量与被估计量之间差异程度的一种度量：

$$\mathrm{MSE}(x,y) = \frac{1}{N}\sum_{t=1}^{N}|x-y|^2$$

平均绝对误差（Mean Absolute Error，MAE），预测值和真实值之间绝对误差的平均数：

$$\mathrm{MAE}(x,y) = \frac{1}{N}\sum_{t=1}^{N}|x-y|$$

SmoothL1Loss，当误差在（-1，1）上是平方误差，其他情况是L1损失，分段使用均方误差和平均绝对误差，用于回归模型：

$$\mathrm{SmoothL1Loss}(x,y) = \frac{1}{N}\begin{cases}\frac{1}{2}(x_i-y_i)^2, & \text{if } |x_i-y_i|<1 \\ |x_i-y_i|-\frac{1}{2}, & \text{other}\end{cases}$$

（四）实验结果

当指标值逐渐收敛并达到平稳时，对 MSE、MAE、SmoothL1Loss 评价指标进行观察统计，保存深度神经网络的模型结构和参数并输出测试集中的影视作品评分预测值，部分影视作品评分真实值和预测值可视化如图1.1.10所示。

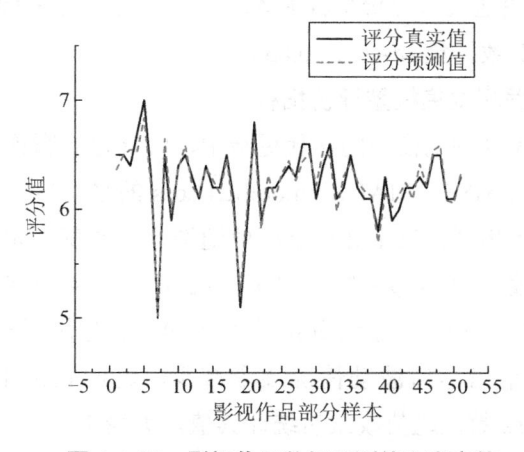

图1.1.10 影视作品数据预测值和真实值

从图中可以看出，测试集中的部分影视作品评分真实值和预测值在总的趋势上吻合，走势大致相同，基于深度神经网络的影视作品评分预测模型有着很好的效果，在影视作品价值评估的应用领域具有一定的研究意义。

（五）模型评价指标效果

1. 影视作品数据训练集 MAE

基于深度神经网络的影视作品评分模型利用训练集进行参数调整，训练集 MAE 随迭代轮数变化如图 1.1.11 所示。

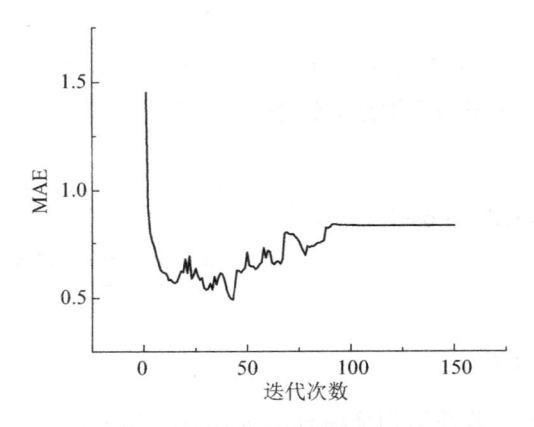

图 1.1.11　影视作品数据训练集 MAE

从图中可以看出，影视作品数据的训练集在前 90 轮迭代训练中出现了一定程度的波动，90 轮迭代后评价指标 MAE 开始收敛，经过 100 轮迭代后数值基本保持平稳，训练数据集 MAE 为 0.83。

2. 影视作品数据测试集模型评价指标

在对影视作品评分预测模型的迭代更新中，统计每轮影视作品数据测试集评分预测值和真实值 MSE、MAE、SmoothL1Loss 的平均值，三者于同一次模型优化中统计，趋势相同，三个评价指标值随迭代轮数变化如图 1.1.12 所示。

在影视作品数据集上共进行 150 轮的训练，经过对 MAE、MSE、SmoothL1Loss 的观察分析，可以看出模型在 90 轮迭代后开始收敛，在经过 100 轮迭代后三个指标值波动情况逐渐减少，趋向收敛平稳。对 MAE、MSE、SmoothL1Loss 数值趋势收敛后统计其值，见表 1.1.1。

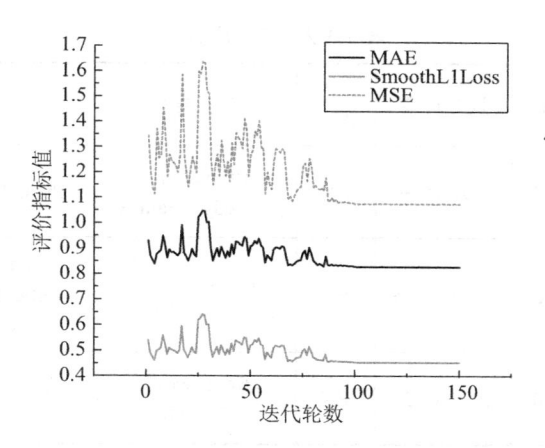

图 1.1.12 SmoothL1Loss、MAE、MSE 趋势

表 1.1.1 评价指标

指标	值
MSE	1.0751
SmoothL1Loss	0.4532
MAE	0.8271

三个模型评价指标值反映影视作品不同字段经过特征提取、词袋模型、TF-IDF 三种文本矢量化方法构建影视作品混合特征表示向量输入神经网络训练得出影视作品评分预测值跟影视作品评分真实值差距较小，预测效果良好，能充分评估未上映影视作品潜在的市场价值，可为影视作品决策人员提供必要的参考，便于及时改变团队决策，决定制作方向，指定遇险方案，将影视作品的最终价值最大化。

（六）实例研究

在数据集中随机选取 3 条影视作品数据对基于深度神经网络的影视作品评分预测模型进行实例演示，影视作品的评分预测结果见表 1.1.2。通过对影视作品评分预测模型的迭代训练得到最优模型后，将"影视片名称""发行状态""发行日期""原始语言""影视类型""出版公司""出版国家""发行语言""影片标语""影片概述"输入最优模型中，预测模型将会输出影视作品的评分预测结果。

表 1.1.2　案例研究

影视片名	发行状态	发行日期	原始语言	影视类型	出版公司
Toy Story	Released	1995/10/30	EN	Animation, Comedy, Family	Pixar Animation Studios
Jumanji	Released	1995/12/15	EN	Adventure, Fantasy, Family	TriStar Pictures, Teitler Film, Interscope Communications
Grumpier Old Men	Released	1995/12/22	EN	Romance, Comedy	Warner Bros, Lancaster

影视片名	出版国家	发行语言	影片标语	影片概述	预测评分
Toy Story	United States of America	English	Led by Woody, Andy's toys live happily in his room until...	Now, empty that safe!	7.912
Jumanji	United States of America	English	When siblings Judy and Peter discover an enchanted...	Roll the dice and unleash the excitement!	6.853
Grumpier Old Men	United States of America	English	A family wedding reignites the ancient...	Still Yelling. Still Fighting. Still Ready for Love.	6.489

例如，用户输入影视作品"Toy Story""Jumanji""Grumpier Old Men"的多项属性，模型将会分别输出 7.912，6.853，6.489 为最终的预测评分值。

七、结语

影视作品是文化领域的重要组成部分，利用其本身的属性信息，如作品类型、作品概述、出版国家、使用语言、发行年份等特征，通过特征拆分、词袋模型、TF-IDF 矢量化方法构建影视作品混合特征表示向量，基于深度神经网络建立影视作品评分预测模型，能达到很好的预测效果。实验表明，模型评价指标收敛情况很好，MAE、MSE、SmoothL1Loss 数值在 100 次训练迭代后收敛，MSE：1.0751，SmoothL1Loss：0.4532，MAE：0.8271。因此，本文通过挖掘影视作品属性信息建立影视作品评分模型可以有效预测影视作品上映后的评分，满足影视行业对作品收益情况初步评估要求，能够为文化领域产品的价值评估提供思路。

利用影视作品本身的属性信息对其评分进行预测，在对属性字段进行矢量化的过程中，还存在表示向量维度过高或样本矩阵存在局部稀疏、字段不完整、语义偏差等问题。另外，影视作品导演、影视作品演员阵容、主要制作团队、影视作品关键词等信息还未加入模型的考虑当中。因此，在未来对影视作品评分预测模型的优化探索中，可进一步考虑更多影视作品本身的属性信息，并可通过降维等方法提取表示向量的主要特征，以达到更好的预测效果。

参考文献

[1] 李寒．基于机器学习的电影评分预测模型研究 [D]．北京：对外经济贸易大学，2022．

[2] 何琦，袁芳英．数字经济时代电影消费影响因素及票房预测研究——基于机器学习与模型融合视角 [J]．价格理论与实践，2021（9）：163-167，204．

[3] 张蕗怡，余敦辉．融合评论文本和评分矩阵的电影推荐算法研究 [J]．小型微型计算机系统，2022，43（10）：2063-2069．

[4] 阎亚亚．词袋模型和 TF-IDF 在文本分类中的比较研究 [J]．电脑知识与技术，2021，17（28）：138-140．

[5] 李香君，肖小玲．基于机器学习的电影评分预测研究 [J]．电脑知识与技术，2021，17（27）：109-111．

[6] 李旺泽．基于监督学习的国产电影票房影响因素研究 [D]．武汉：湖北工业大学，2020．

[7] 李振兴．机器学习在电影票房预测中的应用研究 [D]．西安：西安石油大学，2020．

[8] 邓孟鑫．基于用户兴趣的电影推荐算法研究及系统设计 [D]．西安：西北大学，2019．

[9] 黄东晋，纪浩，耿晓云，等．基于文本矢量特征的电影评分预测模型 [J]．现代电影技术，2019（3）：44-50．

[10] 张红丽，刘济郢，杨斯楠，等．基于网络用户评论的评分预测模型研究 [J]．数据分析与知识发现，2017，1（8）：48-58．

[11] 魏明强，黄媛．网络评价对电影票房走势的影响 [J]．中国传媒大学学报（自然科学版），2017，24（3）：68-71．

[12] 任丹．基于多元线性回归模型的电影票房预测系统设计与实现 [D]．广州：中山大学，2015．

1.2 基于表面工程化技术的新型纳米材料的制备及其医药包装方面的性能研究

袁善美[①]

摘　要：采用表面工程化技术制备出具有三明治结构的新型纳米材料，进一步将该材料包载免疫抗肿瘤药物用于肿瘤免疫治疗。利用载体对肿瘤细胞信号的响应、抗体和肿瘤细胞的相互作用，达到了抗肿瘤药物的长循环和靶向性功能。另外，将免疫治疗和纳米技术结合，智能性地激活肿瘤细胞的免疫凋亡，减少对正常细胞的刺激，避免或降低免疫治疗的副反应。

关键词：纳米材料；表面工程化；医药包装

一、研究背景

基质金属蛋白酶（Matrix Metalloproteinases，MMPs）在肿瘤的发生、发展、侵袭和转移中扮演了重要的角色，几乎在所有的人类肿瘤中都有高表达[1]。因此，发展针对 MMPs 的治疗策略，对于恶性肿瘤的靶向治疗，具有重要的意义[2]。选择可降解明胶蛋白的明胶酶的 MMP-2 为靶点，制备肿瘤信号分子 MMP-2 响应的免疫纳米药物。

金纳米颗粒由于低毒、生物相容性好，易于生物修饰，已经被广泛用于生物医学领域[3]。通过在金纳米颗粒表面分别修饰 MAB95 及 MMP-2 响应的肽

---

① 袁善美，博士，上海出版印刷高等专科学校讲师，主要从事功能性高分子复合材料和绿色包装材料方面的研究。
基金项目：本研究成果受上海市高水平院校建设经费资助。

偶联的 PEG，形成免疫纳米药物。这种免疫纳米药物内层是金纳米颗粒；中间层是可激发肿瘤细胞 Fas/FasL 凋亡通道的 MAB95 抗体，最外层是亲水性的 PEG 层，PEG 层和纳米金载体之间通过 MMP-2 响应的肽偶联在一起。PEG 层可以严密保护载体，避免体液中的蛋白直接接触到中间层的抗体，延长免疫纳米药物的体内循环时间，保护 MAB95 免受体内酶的降解；避免免疫纳米药物表面的 MAB95 在到达肿瘤组织前和正常细胞作用，使得正常细胞凋亡，导致免疫反应。当这种免疫纳米药物在体内循环到肿瘤组织位置后，受肿瘤组织附近高表达的 MMP-2 刺激，肽链断裂，PEG 从载体上脱落，露出 MAB95 配体，和肿瘤细胞表面的 Fas 作用，介导肿瘤细胞的凋亡。此外，金纳米颗粒由于其表面等离激发效应和高的 x-射线吸收率，采用暗场显微镜，或者 CT 技术，对免疫纳米药物在生物体内的分布和代谢进行追踪。

在这一体系中，通过研究不同的 PEG 长度，不同大小的金纳米颗粒，表面 MAB95 的密度对所得到的金免疫纳米药物性能的影响。研究表明，PEG 修饰后的免疫纳米药物，显示出比未经 PEG 修饰的免疫纳米药物更低的细胞毒性，表明 PEG 的修饰可以减少金免疫纳米药物对正常细胞的细胞毒性。

二、复合纳米材料的制备

（一）金纳米颗粒的制备

采用在水溶液中将氨基上偶联 MAB95 的方法基础上，制备了具有三明治结构的金免疫纳米药物。实验表明，经巯基修饰后的 PEG-peptide-SH 和 MAB95 能够非常方便的偶联在金纳米颗粒的表面。

（二）免疫纳米药物的制备

利用巯基可以直接偶联到金纳米颗粒的表面这一特征，分别合成带有巯基端基的 MAB95 片段和带有巯基端基的 m-PEG-peptide 片段。将 N-羟基丁二酰亚胺（NHS）封端的 m-PEG（m-PEG-SH）和肽链的氨基偶联，制备巯基端基的 m-PEG-peptide 片段，其中肽链中 Val-Gly-Leu-Ile-Gly 的所有四个结合点均为 MMP-2 酶的切入点，可将 PEG 降解下来。在这一步中，我们预先将肽链的一端用巯基封端，这样获得的产物一端有巯基，可以和金纳米颗粒结合，另外一端是 m-PEG，可以提供长循环性。

金纳米颗粒的制备技术已经非常成熟[4]。每一步制备完成后，都要经离心纯化，除去未反应的试剂。上述化学反应中将使用透射电镜、核磁共振仪（NMR）、激光粒度仪、紫外—可见吸收光谱仪、红外光谱仪等设备，分析粒子成分、大小、表面电荷和形貌变化，以确定反应是否成功。

（三）载药复合纳米材料的制备

将预先制得的金纳米粒子分散到 4.5 mL 去离子水中，并调节溶液 pH 至 10 左右，再将一定量的 DOX 水溶液（2 mg/mL）缓慢滴入其中，然后在摇床中（37℃，100 rpm）过夜，整个过程注意避光。经过离心（14000 rpm，30 min）去除残留的未经包覆的游离 DOX，沉淀物由去离子水洗涤三次再重新分散，最终得到 CS-$W_{18}O_{49}$-DOX 复合纳米粒子（CS-$W_{18}O_{49}$-DOX nanoparticles，CS-WO-DOX NPs），将其避光保存备用。

三、免疫纳米材料的性能表征

（一）核磁共振波谱

利用巯基可以直接偶联到金纳米颗粒表面的特性，实验中分别合成带有巯基端基的 MAB95 片段和带有巯基端基的 m-PEG-peptide 片段。对金纳米药物进行核磁共振波谱的表征。核磁共振波谱为：1 H NMR（400 MHz），采用 Bruker DQX-400 核磁仪，室温条件下使用四甲基硅烷（TMS）作为内标。如图 1.2.1 所示，其中 3.7 ppm 左右是 PEG 的峰，0.07 ppm 归属 MMP-2，1.26ppm 归属 MAB95。由核磁可以看出，实验成功合成出所需要的 MMP-2-PEG 和 MAB95 修饰的金纳米药物微粒。核磁谱图上没有其他核磁质子峰出现，由此证明得到了纯净的目标产物。

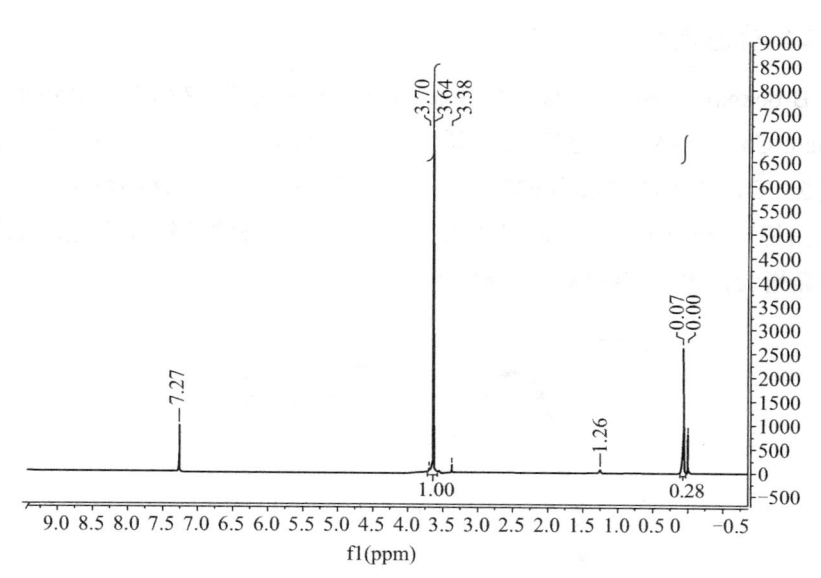

图 1.2.1　MMP-2-PEG 和 MAB95 修饰的金纳米微粒

（二）形貌观察

透射电子显微镜（TEM）（JEOL，TEM-100S）观察纳米粒子的形貌。具体步骤如下：将制备得到的复合纳米粒子，分散液滴加到 200 目碳膜铜网（中镜科仪）上，空气中自然干燥后，直接使用透射电子显微镜采集图像。

图 1.2.2（a）是原始的金纳米颗粒的 TEM 照片，图 1.2.2（b）经 MMP-2-PEG 和 MAB9 修饰后的金免疫纳米药物 TEM 照片。通过修饰前后对比，金纳米颗粒外形未有明显变化，依然能够均匀分散。

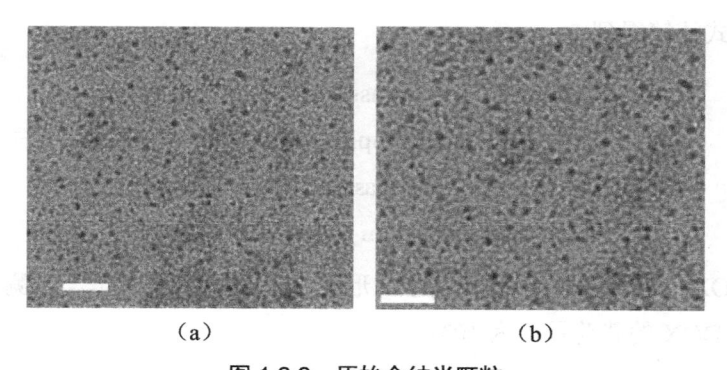

（a）　　　　　　　　　　　（b）

图 1.2.2　原始金纳米颗粒

（a）原始的金纳米颗粒；（b）经 MMP-2-PEG 和 MAB95 修饰后的金纳米颗粒

（三）动态光散射的测定

由 Brookhaven 90 Plus Particle Size Analyzer 动态光散射仪（Brookhaven instrument Co., USA）测定复合纳米粒子的水合粒径及其分布。测试条件：测试温度 25 ℃，激光的波长为 633.0 nm，入射角 90°。每个样品测定三次，每次测试扫描 3 min。图 1.2.3 是配体修饰前后金纳米颗粒的粒径变化，修饰后粒径明显增大，也证明配体已经修饰上去了。

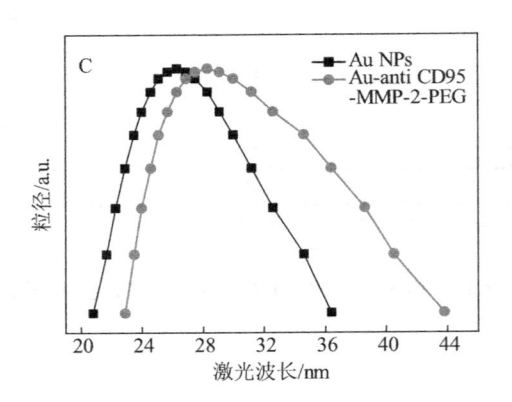

图 1.2.3　配体修饰前后金纳米颗粒的粒径变化

（四）载药量和包封率的测定

采用紫外分光光度计对离心分离后上层清液中未被负载的游离 DOX 浓度进行测定，DOX 的紫外吸收波长为 480 nm。配制标准已知浓度的 DOX 溶液，绘制 DOX 的标准溶液曲线图。载药纳米粒子的载药量和包封率可以分别由以下公式计算得到：

$$载药量\ DLC(\%) = (\text{mass of DOX in the sample}) / (\text{mass of sample}) \times 100\%$$

$$包封率\ DLE(\%) = (\text{mass of DOX in the sample}) / (\text{mass of DOX in feed}) \times 100\%$$

将 DOX 负载到金纳米微球当中，形成载药复合纳米粒子，经测量复合纳米粒子中 DOX 的载药量约为 10%。

（五）复合纳米粒子的体外释放

取一定量的复合纳米粒子以 14000 rpm 的速度离心 30 min，将下层沉淀重新分散在 1 mL 的磷酸盐缓冲溶液（PBS，0.01 M，pH=7.4）中，并装入透析袋中（可透过最大分子量为 14000）包扎好。将透析袋浸入 5mL（0.01 M）PBS 缓冲溶液中，缓冲溶液的 pH 分别为 7.4 和 5.0，并将其置于恒温 37℃ 的摇床中。每隔一定时间（10 min、20 min、30 min、1 h、2 h、4 h、8 h、12 h、48 h、72 h、96 h），将缓冲溶液全部取出，并重新加入 5mL 新鲜的 PBS 缓冲溶液。释放到缓冲溶液中的 DOX 的含量通过荧光分光光度计（RF-5301PC，SHIMADZU，Japan）测得。DOX 的荧光激发波波长为 480 nm，发射光波长为 590 nm。每个时间点均含有 3 份平行实验。最后计算从载药纳米粒子中累计释放出的 DOX 含量，并对时间进行作图，得到在两种不同 pH 条件（7.4 和 5.0）下，载药纳米粒子的体外释放曲线。

DOX 在不同的 pH 条件下 PBS 缓释溶液（0.01 M）中的药物释放曲线如图 1.2.4 所示。从图中我们可以直观地看到，DOX 在不同 pH 条件下从载体中释放出来的速度差距较大，因此，该载药复合纳米粒子具有很好的 pH 响应性。当 pH 为 5.0 时，起初的 24 h 内，载药复合纳米粒子释放了约 54% 的 DOX，120 h 时释放量达到了 76%；当 pH 为 7.4 时，120 h 时仅释放约 31% 的 DOX。

载药复合纳米粒子具有这种释放特性主要归结于如下原因：随着体系 pH 的逐渐降低，金纳米粒子表面 PAA 电离程度减弱，即羧酸根离子含量逐渐减少，这也就不断地降低了 DOX 与金纳米粒子（带负电荷）的静电作用，从而促进 DOX 的释放。由于载药纳米粒子在体内血液循环过程中所处的环境是中性的，载药纳米粒子在体内循环时释放出的 DOX 量较少，而在肿瘤组织（pH 为 6.2～7.2）或者肿瘤细胞内（内涵体中 pH 为 5.5～6.0，溶酶体中 pH 为 4～5）这样的酸性环境中，载药纳米粒子释放药物的速度明显加快。由于纳米粒子具有很好的 pH 响应性，使得其既可以减少药物在未达到肿瘤组织的循环过程中流失，也大大增加了载药体系对肿瘤的专一性。因此，所设计的负载 DOX 的金纳米粒子非常有利于其在体内进行药物传输和对肿瘤的治疗。

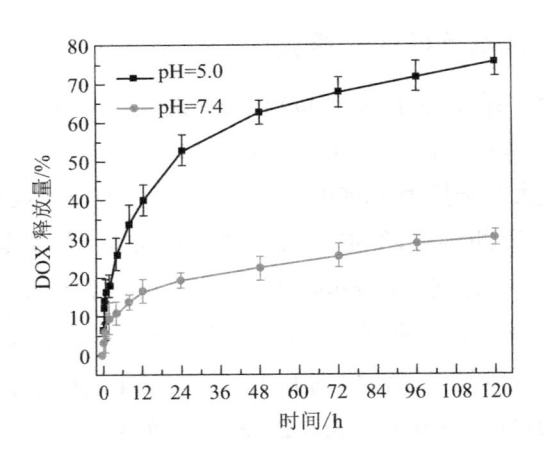

图 1.2.4　DOX 在的不同 pH 条件下（7.4 和 5.0）
于 PBS 缓释溶液（0.01 M）中的药物释放曲线图（温度 37 ℃）

四、免疫纳米材料的生物医药方面的抗肿瘤性能

（一）纳米粒子的体外细胞毒性实验

复合纳米微球的体外毒性实验采取 MTT 法，研究细胞毒性和体外抗肿瘤效果。以人宫颈癌细胞株 HeLa 细胞为模型。培养过程具体如下：细胞生长在 T-75 培养瓶中，培养液为 DMEM（pH=7.4，含胎牛血清 10%，1% 青霉素和链霉素），在 37℃，含 5% 的 CO_2 培养箱中全湿度培养。实验时细胞接种在 96 孔培养板中，接种密度 5000 细胞 / 孔，每孔 100 μL，接种 24 h 后吸出培养液，加入 100 μL 含不同浓度载药纳米粒子（0.25 mg/mL、0.5 mg/mL、1.0 mg/mL、2.0 mg/mL、5.0 mg/mL、10.0 mg/L）的新鲜培养液分别共培养 12 h、24 h 和 48 h，每个浓度 3 个复孔。加入 20 μL 四甲基偶氮唑蓝（MTT）（10 mg/mL）再培养 4 h。吸干孔内溶液，加入 150 μL DMSO，震荡溶解结晶，于 570 nm 波长下用酶标仪（DG-5031，雷杜公司，深圳）测每孔吸光度。根据吸光度计算细胞的存活率，数据用三次测量的平均值表示。

通过测定纳米粒子的体外细胞毒性，如图 1.2.5 所示，所制备的金免疫纳米药物和正常细胞共同培养后，未修饰 PEG 的金纳米药物，显示了较强的细胞毒性，修饰了 PEG 后，金免疫纳米药物的细胞毒性明显降低。

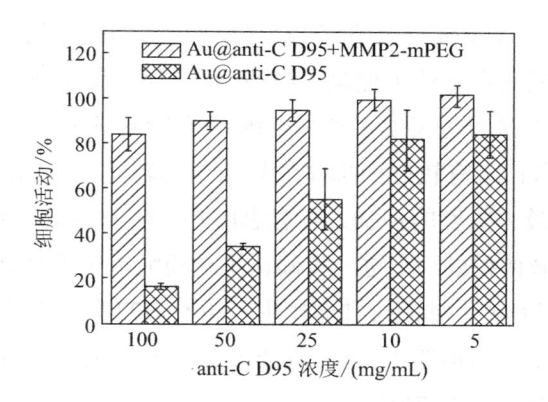

图 1.2.5　不同修饰的金纳米药物毒性

（二）体内抗肿瘤效果研究

使用异种移植鼠源肝癌细胞 H22 的雄性 ICR 小鼠来研究各组纳米粒子在体内的抗肿瘤效果。测量荷瘤小鼠肿瘤大小以及生存率来评估免疫纳米药物的抗肿瘤能力。

将 0.1 mL 约含有 5×106 个 H22 细胞的悬浮液接种到 25 g 左右的 ICR 小鼠左边或者右边腋下。当小鼠的肿瘤体积长到 70～100 mm³ 的时候，小鼠被随机分成七组，每一组有十只小鼠，对小鼠的尾部静脉注射各种不同的溶液，并且将此日作为第一天。

在第一天时，生理盐水组和纳米金粒子组被用作为对比参照组。控制组为：Taxol® 和载药纳米粒子组，各组中 PTX 药物剂量为 10 mg/kg。小鼠肿瘤的体积每隔一天通过游标卡尺测定，体积计算公式为 V=W2×L/2，其中，W 和 L 分别为肿瘤的宽度和长度，并在整个实验过程中对小鼠存活率进行监测。

为了评估复合纳米粒子肿瘤治疗上的效果，我们以 H22 肿瘤荷瘤小鼠为模型进行体内抗肿瘤效果研究。鼠源 H22 肝肿瘤是一种生长快速的肿瘤，在其初期的几天如果没有进行有效的干预将会快速增长。我们使用了不同纳米粒子对 H22 荷瘤小鼠进行治疗，并对治疗效果进行评价。评价指标包括肿瘤体积—时间曲线、小鼠体重变化曲线和小鼠生存率曲线。实验小鼠被分为四组，包括生理盐水（Saline）组、自由药物（DOX）组、空白纳米粒子（NPs）组、负载 DOX 纳米粒子（NPs-DOX）组。给药剂量：DOX 为 5 mg/kg。

图 1.2.6 显示的是荷瘤小鼠治疗 17 天内肿瘤体积的变化情况。从图中可以看出，相比较于同条件下的生理盐水组和 DOX 组，使用载药纳米粒子治疗的小鼠肿瘤生长速度最慢，说明了空白 NPs 聚合物对肿瘤毒性很低甚至没有，而 NPs-DOX 纳米粒子有较好的抑瘤效果。相比较而言，通过 DOX 治疗后，小鼠肿瘤得到了最大限度的抑制。有意思的是，NPs-DOX 纳米粒子组肿瘤生长速度最慢，肿瘤体积最小，进一步确认了载药纳米粒子有着最好的肿瘤治疗效果，比 DOX 有着更优越的抗肿瘤作用。虽然 H22 肿瘤细胞在体内的转移速度比较快，但在治疗后的第 17 天，载药纳米粒子仍然显示着有效的抗肿瘤活性，并且肿瘤抑制率达 44.76%。

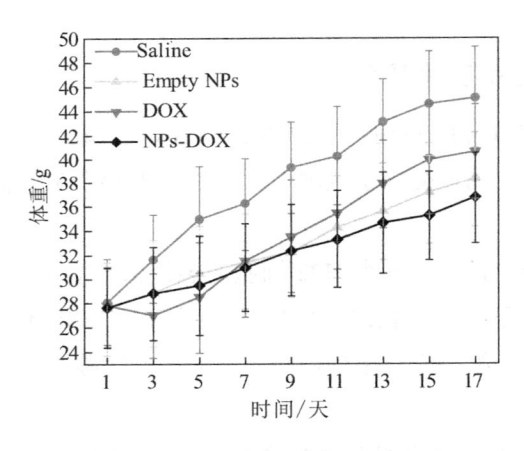

图 1.2.6　荷瘤小鼠体重的变化情况

各组小鼠经过生理盐水、空白纳米粒子、DOX、载药纳米粒子治疗后的生存情况如图 1.2.7 所示。从图中我们可以看到，生理盐水组、空白纳米粒子组、DOX 组的小鼠在 41 天内全部死亡，而在这三组中，空白组的小鼠生存率最高。然而，在 41 天载药组中 10 只小鼠中仅有 6 只小鼠发生死亡。生理盐水组、空白纳米粒子组、DOX 组、载药纳米粒子组的小鼠生存时间分别为 23、36、41、50 天，载药纳米粒子的平均生存时间比其他三组要长。这说明采用载药纳米粒子作为抗癌药物 DOX 的载体可以显著提高 DOX 在体内的抗癌效果，从而大大提高了荷瘤小鼠的存活率。

另外，我们对各组小鼠在治疗期内体重变化情况经行观察，如图 1.2.8 所示。从图中我们可以很明显看到，生理盐水组和空白纳米粒子组的小鼠体重明显比其他两个治疗组的小鼠高，导致这样结果的原因，部分来自小鼠体内增大的肿瘤。我们可以看到，经过 DOX 治疗的小鼠，其体重在 3 天后略有下降，这说明抗癌药物 DOX 有明显的毒副作用。相反，载药纳米粒子治疗组的小鼠的体重呈现比较稳定的上升，此外，小鼠无论是从活动状况、精神状态还是从毛色来看都比较健康。因此，载药纳米粒子之所以在抗肿瘤方面有比较好的效果，可以归功于它能大大提高抗癌药物 DOX 的溶解度及肿瘤富集程度，延长纳米粒子在血液中的循环时间以及其在体内的 EPR 效应。

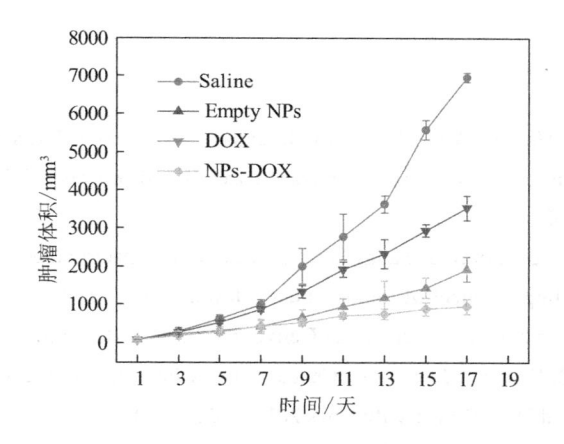

图 1.2.7 荷瘤小鼠肿瘤体重的变化情况

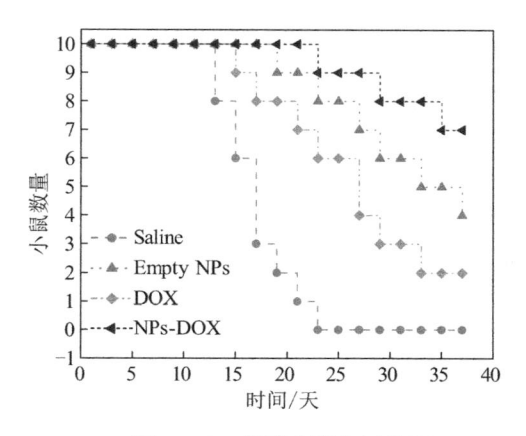

图 1.2.8 荷瘤小鼠存活情况

五、结语

制备了具有三明治结构表面工程化的纳米药物包载体系,该药物包载体系可以实现程序性地靶向释放 anti-Fas 抗体和化疗药物。复合纳米材料通过包载的抗癌药物,不但使药物在体内保持长循环,而且易于聚集在肿瘤部位,并向肿瘤沮织内部渗透,发挥化疗作用。通过抗体和化疗药物联合作用,制备免疫治疗和化疗协同作用的载药纳米颗粒,促进了肿瘤细胞的凋亡,显示了良好的体内抗肿瘤作用,具有良好的临床应用前景。

参考文献

[1] E. Blanco, A. Hsiao, A.P. Mann, M.G. Landry, F. Meric-Bernstam, M. Ferrari, Nanomedicine in cancer therapy: innovative trends and prospects, Cancer Sci. 2011, 102: 1247-1252.

[2] H. Maeda, H. Nakamura, J. Fang, The EPR effect for macromolecular drug delivery to solid tumors: Improvement of tumor uptake, lowering of systemic toxicity, and distinct tumor imaging in vivo, Advanced Drug Delivery Reviews 2013, 65: 71-79.

[3] J.V. Vincent, C. Francis, Jr. Szoka, Cancer nanomedicines: So many papers and so few drugs, Advanced Drug Delivery Reviews 2013, 65: 80-88.

[4] R.K. Jain, T. Stylianopoulos, Delivering nanomedicine to solid tumors, Nat. Rev. Clin. Oncol. 2010, 7: 653-664.

1.3 生成式 AI 参与下的土家族织锦非遗纹样数字化创新实践

王子琪[①]　方赵琦[②]

摘　要：本文聚焦于土家织锦西兰卡普纹样的数字化保护与创新，作为国家级第一批非物质文化遗产，其纹样蕴含了丰富的艺术价值和文化内涵。随着计算机视觉技术的飞速发展，图像生成技术已成为非遗纹样创新的新路径，在非遗数字化保护领域有广阔的应用前景。纹样的合理数字化是实现优质图像生成的重要基础，本实践通过对土家族织锦西兰卡普纹样特征进行分析，利用图像处理技术和聚类算法提取出西兰卡普纹样中的基本颜色单元，以此获得准确表现纹样特征的高质量数字化模板，以期获得较好的 AI 图像生成效果。实践表明基于该模板生成的图像风格更为清晰准确，能更好地表现西兰卡普的纹样特征。该实践将机器图像识别算法与传统纹样的艺术表现形式相结合，助力土家族织锦西兰卡普非遗文化在传承中得到进一步数字化创新和发展。

关键词：非物质文化遗产；西兰卡普；纹样数字化；颜色聚类；生成式 AI

传统纺织纹样是人类在漫长的生产生活过程中，从大自然中总结出来的有规律可循、有历史传承的、蕴含着丰富文化内涵的纹样，是世界非物质文化遗产的重要组成部分。随着科学技术与信息技术不断发展，已有大量的传统纺织

[①] 王子琪，博士研究生，上海出版印刷高等专科学校讲师，主要从事纺织类非物质文化遗产保护的研究。

[②] 方赵琦，硕士研究生，奕算智能科技（上海）有限公司工程师，主要从事图像算法的研究。

基金项目：2023 年度上海出版印刷高等专科学校高层次引进人才科研启动项目"基于深度学习的纺织非遗纹样数字化保护机制研究——以土家织锦西兰卡普为例（项目编号：Y0E-0203-23-18-02y）"。

品得到了数字化的保存，博物馆、非物质文化遗产保护机构对大量的传统纺织品进行了高清的扫描成像，但对扫描图像后续的纹样采集方式，如利用软件描绘纹样等，对现有历史资料利用率还不高。如何运用现代科技手段，对传统纺织纹样进行高效的数字化特征提取和创新设计，使其成为可移动的、活态的文化遗产，使其在未来人类生活中起到积极作用，是数字图文信息技术领域中较为前沿的研究方向。

一、织物图像选择与其纹样特征

本次实践拟选取我国土家族的传统织锦——西兰卡普为研究对象，其纹样色彩鲜明、风格独特，蕴含了独一无二的图文艺术信息[1]。实践以传统纹样的数字图像为出发点，结合西兰卡普织造纹样的具体特征，选择并调整图像处理算法为手段，获得适合该类纹样特点的图像预处理文件，使其在保护传统纹样特征的同时极大提升了采集分类效率。结合公开可用的生成式对抗网络的图像生成能力，AI参与下的创新设计和传播可发挥出更多的创新灵感，丰富设计师与人工智能的协同设计机制。

作为土家族传统织锦，西兰卡普织造技艺使用通经断纬的织造手法，主要包含纺捻线、染色、倒线、牵线、装筘、滚线、捡综、翻篙、捡花、捆杆上机、织布、挑织12道工序[2]，通过织工手工挑织形成形式丰富的纹样。经纱较细，主要起到固定的作用；纬纱较粗，利用不同颜色的纱线进行反织形成大面积纹样，见图1.3.1。

通过多次变换不同颜色纬纱的方式形成纹样，西兰卡普织成的纹样花型丰富、色彩鲜明、多呈现明显的几何化风格。为了兼顾样本的历史真实性和数字图像清晰度，本项目选用了北京服装学院民族服饰博物馆中公开的清代前后的一组西兰卡普图像[3]。观察其整体和局部的纹样状态，可以对西兰卡普的纹样构成特征进行直观的探查，见图1.3.2。

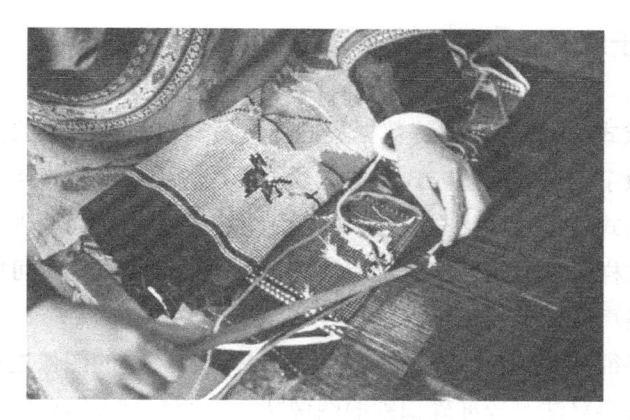

图 1.3.1 西兰卡普织造技艺

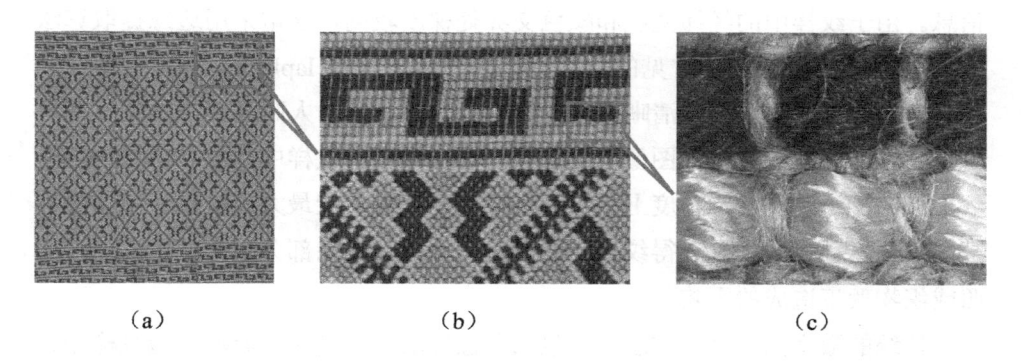

（a） （b） （c）

图 1.3.2 西兰卡普纹样中经纬纱排列效果

西兰卡普独特的织造方式造就了其色块区域鲜明、纬纱形成的色块中夹杂经纱杂色的纹样特征。由于一个幅面的经纱颜色固定，纬纱颜色经常发生变化。较粗的纬纱形成色块其中的一纬时，较细的经纱完成一次提经，将纬纱固定。起到固定作用的经纱一半浮于纬纱表面，一半沉在纬纱背面。浮于表面的经纱虽然不影响整体纹样的外形，但使纹样色块中夹杂了不同颜色的杂点。

丰富多样的色彩正是西兰卡普最鲜明的纹样特征，"黑配白，哪里得。红配绿，选不出。蓝配黄，放光芒"，在传统口诀的引导下，多种颜色对比强烈的纬纱常出现在一个幅面中，单一颜色的经纱无可避免地出现在颜色差距大的纬纱色块中，例如图 1.3.2（c）右侧织物结构图中深蓝色纬纱表面浮有米黄色经纱，在中间的纹样图像中就形成了蓝色色块上的浅色杂点。

二、基于纹样特征的图像算法应用

作为生成式 AI 参与的训练数据集图像，需要对纹样图像的特征做最大限度的提取，数字图像的处理方式至关重要。不同的织物纹样特点需要经过不同的图像处理方式，适合且优秀的模板需要满足杂点少，边缘清晰且平滑，能够准确地还原纹样原本的纹理和色彩特征等要求，以保留纹样尽可能多的细节，同时又避免噪声或杂点的干扰。

纹样的特征主要包含纹理结构和色彩信息，将获得的图像进行基本的预处理后，才能获得算法可较准确识别的图像特征。通常会采用边缘检测等图像处理技术来提取纹样的纹理信息，利用聚类或漫水填充等算法提取图像中的颜色信息。由于纹样中的经纬交织和颜色交界处梯度较高，通常采用边缘提取算法来提取纹理特征结构，常见的边缘提取算法有 sobel，laplacian，以及 canny[4]等。但上述方法很难获得清晰简洁的纹理结构，不符合人眼观察的结果。

西兰卡普的织造纹样图像色块分明，利于提取其纹样中的色彩信息，但经纱形成的颜色杂点一定程度上影响了图像质量。为了能最大限度地保留纹样特征，需要一种方式同时获得纹理及色彩特征，并能消除部分因为拍摄条件，光照或织物瑕疵造成的影响。

传统的数字图像处理方法主要包括图像提取、灰度化、滤波、边缘检测、分割、特征值提取等一系列步骤[5]。针对西兰卡普纹样的图像特征，传统的处理方法不完全适用，本实践提出通过颜色模板的形式来表示纹样特征。在提取纹样色彩之前，需要对图像进行简单的处理来消除部分经纱杂点和减少颜色明暗的干扰。为了保留颜色信息不考虑灰度化，滤波步骤采用图像处理中的中值滤波，调整中值滤波的核大小以消除图像噪点，如图 1.3.3 所示，并利用形态学的闭运算[6]，调整核大小和形状来尽可能减少颜色的明暗变化，如图 1.3.4 和图 1.3.5 所示。据此形成西兰卡普纹样图像预处理的基本流程，主要包括图像提取、中值滤波、闭运算、颜色分割等步骤。

第1部分　出版、印刷、包装专题

图 1.3.3　中值滤波处理前后图像对比

图 1.3.4　闭运算处理前后图像对比

0	255	255	255	0
255	255	255	255	255
255	255	255	255	255
255	255	255	255	255
0	255	255	255	0

图 1.3.5　闭运算核示意

从上图的结果可知，中值滤波能够有效地去除纹样图像中的经纱杂点，同时又不影响整体的纹样结构及色彩特征。从闭运算的结果来看，当核的尺寸越大，其滤掉噪声的能力越强，去掉的纹理细节也会更多，直观上来看图像变得越来越模糊。由于纹样图像由线圈组成，本实践采用5×5的核来完成闭运算，其形状更接近圆形，用类圆形的核来进行闭运算时能够更好地保留原本的边缘信息。

三、颜色单元聚类算法的应用

由于聚类算法[7]应用于图像分割时能够获得较好的分割效果，其得到了广泛的关注和应用。在数字图像的颜色处理中，可将相近颜色的像素聚集形成色块，以更好地表示同类的色块同时和其他色块区分。图像分割将图像表示为物理上有意义的连通区域的集合为特征提取、目标识别等高层的图像理解工作提供有用的信息[8]。

纹样是由几种不同颜色的纱线交织而成，但因为拍摄，光照等影响，颜色在图像中并不是均等的像素值，而是针对RGB三通道的一个范围。为了能尽可能完整地捕捉相应的颜色范围，将相同颜色纬纱形成的部分归为一类，同时消除因织造特点造成的色块中的经纱瑕疵点，分割西兰卡普图像的色块聚集区域，本实践采用Kmeans聚类[9]的算法。通过预估纹样的颜色数量来匹配Kmeans的K取值，达到均衡图像颜色、消除纹样杂点的效果。不同K值下纹样图像呈现效果如图1.3.6所示。

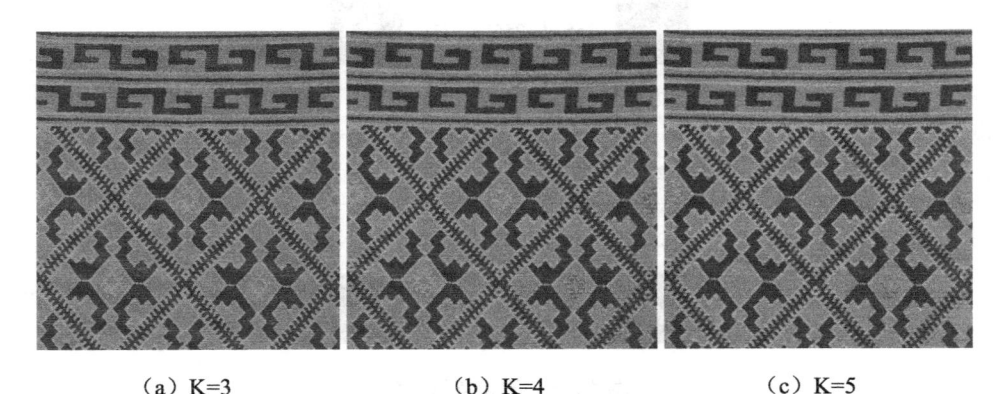

(a) K=3　　　　　　(b) K=4　　　　　　(c) K=5

图1.3.6　Kmeans算法中K值变化前后图像对比

Kmeans 算法中的 K 值该如何选取一直是学术界和工业界研究的重点，在本案例中，K 值代表了最后聚类得到的纹样模板所包含的颜色数量。K 值越大，其色彩信息和原图更为接近，但同时又会因为拍摄成像，光照等因素导致部分像素点的色彩范围过大，被错误地分给了其他的簇，如图 1.3.6（b）(c) 中间纹样和环绕纹样。为了尽可能去除杂点的影响，对该纹样采用 K=3 的方案进行后续的生成训练。

本实践基于西兰卡普的纹样特征，改进了其图像预处理的基本流程，提出了聚类算法应用于消除织造杂点的方法，综合形成了西兰卡普纹样图像处理流程，如图 1.3.7 所示。

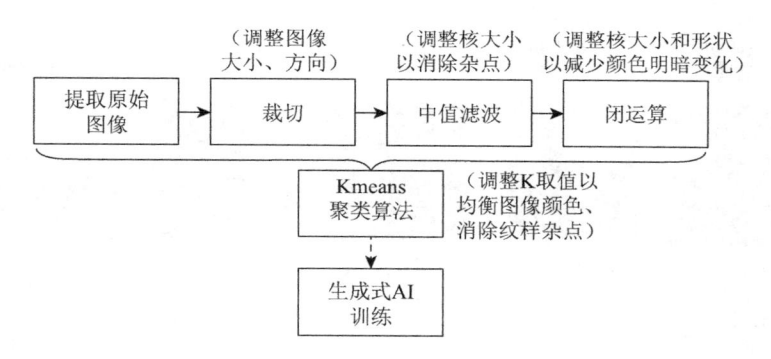

图 1.3.7 西兰卡普纹样图像处理流程

四、生成式 AI 参与下的数字化纹样创新效果比较

采集提取纺织非遗纹样的数字图像，利用生成型网络进行纹样的创新设计和多元传播，在非物质文化遗产的保护和传播中发挥积极作用。当下已有少数学者利用数字图像处理建立某一类非遗纹样的数据集[10]，进行生成相关的尝试[11]，主要集中在中国传统纹样及其修复方面[12]。

生成式 AI 又称 AIGC，即 AI Generated Content，是指利用人工智能技术来生成内容。对于利用已有的非遗纹样来生成创新纹样的过程，属于从图像到图像的单模态图像生成行为。生成相关的 GAN 网络等需要大量图像的数据集进行训练，现有资料条件难以满足，当下主流的图像生成平台如 Midjourney、

DALL-E 2 等多为根据文本描述生成符合语义的图像平台，本实践选择可以导入少量图片训练生成类似风格图像的 MUSEAI 平台，作为纹样图像预处理的效果检验。

本实践选取民族服饰博物馆中公开的 10 张西兰卡普纹样图像，经过图像裁剪以突出纹样特征，得到初始图像数据集如图 1.3.8 所示。

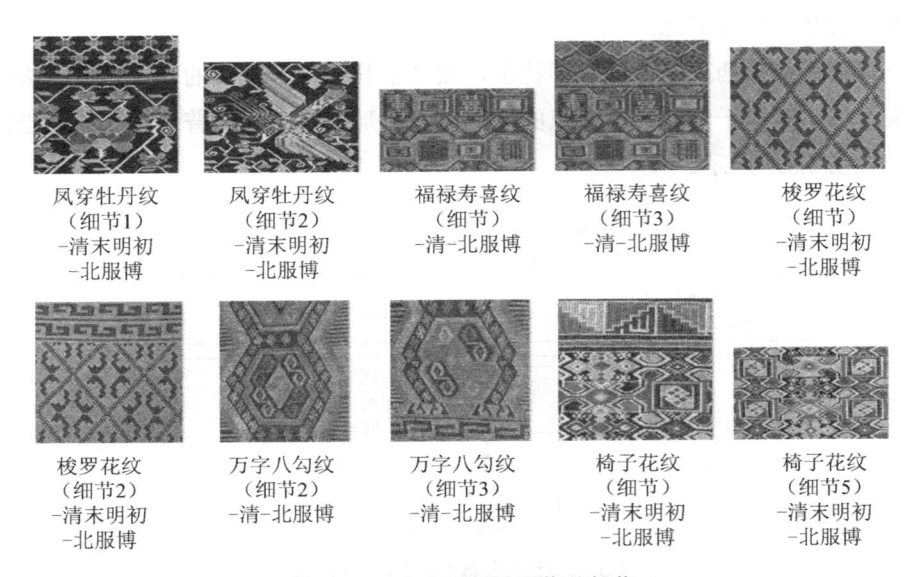

图 1.3.8　本实践初始图像数据集

参与纹样创新效果比较的数据集分为两组，一组是未经处理的初始图像数据集，另一组是在初始图像的基础上经过预处理的图像数据集。

未经处理的图像导入 MUSEAI 平台进行图像生成训练，给予相应 prompt "brocade"，经训练后得到的部分生成图效果如图 1.3.9 和图 1.3.10 所示。

从训练生成的图片来看，未经处理的西兰卡普图像可以生成有一定民族特色的创新纹样，但距离真实设计师的创作，其图像精细程度还有较大差距，存在较为明显的毛边、噪点、边缘不清晰等问题。生成模型更多地关注了一些线圈短绒在图像上呈现的特点，而干扰了纹理的线条以及色块的均匀度。由于经纱颜色产生的杂点较大，明显影响了生成图像的效果，不仅出现在生成图的色块内部，还出现在了色块轮廓边缘，导致纹样模糊、边缘较为杂乱，对于纹样的创新设计会形成一定的阻碍。

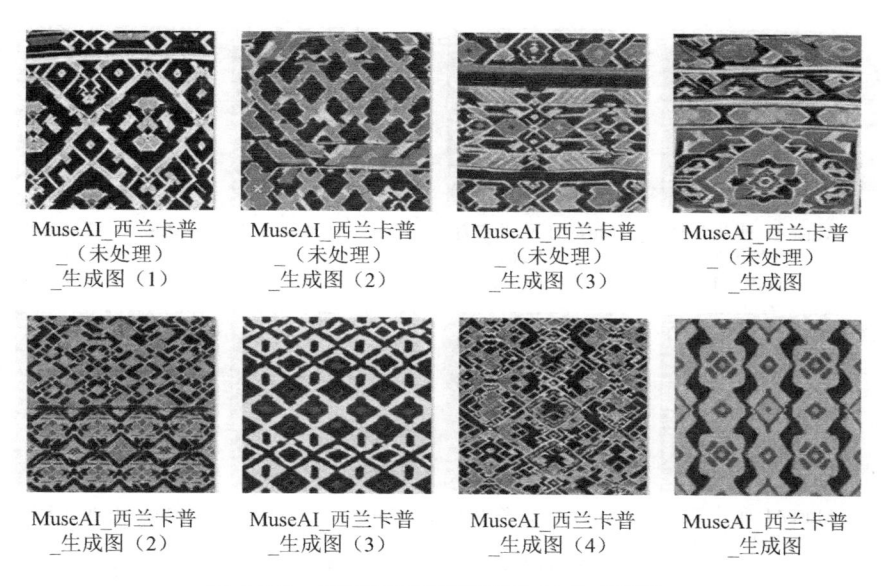

MuseAI_西兰卡普_（未处理）_生成图（1）	MuseAI_西兰卡普_（未处理）_生成图（2）	MuseAI_西兰卡普_（未处理）_生成图（3）	MuseAI_西兰卡普_（未处理）_生成图
MuseAI_西兰卡普_生成图（2）	MuseAI_西兰卡普_生成图（3）	MuseAI_西兰卡普_生成图（4）	MuseAI_西兰卡普_生成图

图 1.3.9 纹样原图训练得到的 AI 生成图像

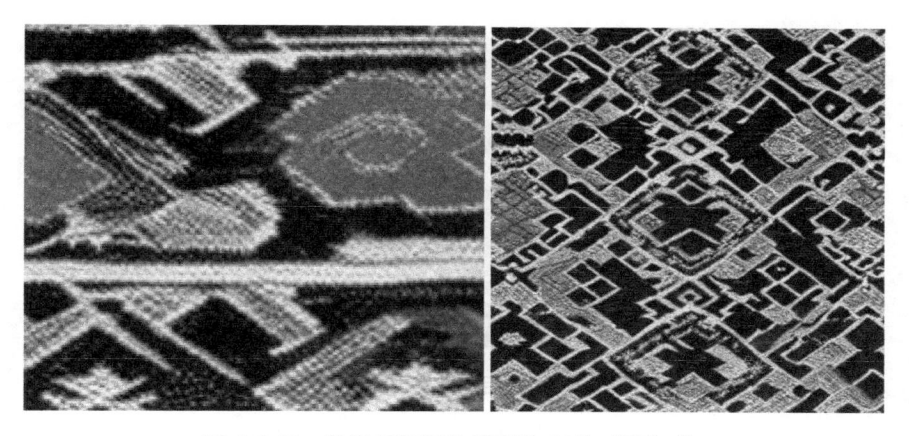

图 1.3.10 纹样原图训练得到的 AI 生成图细节

根据前文提出的图像预处理方案，将初始图像数据集经过适合西兰卡普特征的处理后，导入 MUSEAI 平台进行图像生成训练，给予同样的 prompt "brocade" 和相同设置，经训练后得到的部分生成图效果如图 1.3.11 和图 1.3.12 所示。

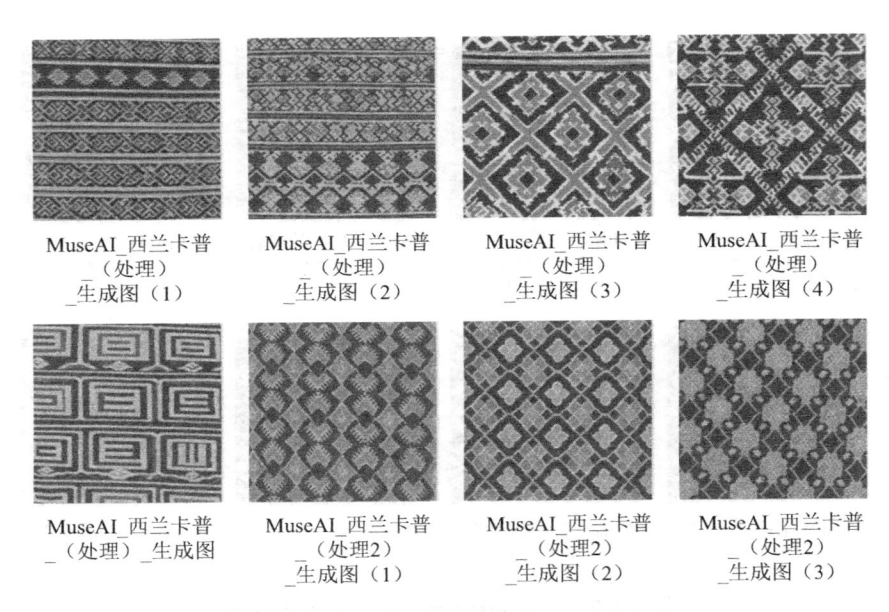

MuseAI_西兰卡普_（处理）_生成图（1）　　MuseAI_西兰卡普_（处理）_生成图（2）　　MuseAI_西兰卡普_（处理）_生成图（3）　　MuseAI_西兰卡普_（处理）_生成图（4）

MuseAI_西兰卡普_（处理）_生成图　　MuseAI_西兰卡普_（处理2）_生成图（1）　　MuseAI_西兰卡普_（处理2）_生成图（2）　　MuseAI_西兰卡普_（处理2）_生成图（3）

图 1.3.11　预处理后训练得到的 AI 生成图像

图 1.3.12　预处理后训练得到的 AI 生成图细节

从预处理后训练得到的 AI 生成图来看，整体生成图片的颜色由于 Kmeans 算法中 K 值的限制而呈现较为均一的效果，单张图片中纹样的色块区分较明显，色块内部颜色基本均匀，边缘清晰度还有待提升。

在本实践中，利用生成式 AI 得到的图像对比可以用来直观地检验图像预处理效果。通过生成图像的效果反馈，可以指引西兰卡普图像模板的改进方向，以提升西兰卡普非遗纹样图片的处理质量，助力形成高质量的纹样保护合集，为西兰卡普纹样的数字化保护和传承提供切实的实施路径。另外，生成式

AI 强大的模仿生成能力可以快速获得大批量的创新纹样，在设计师的协同创作下可以发挥源源不竭的生命力，促进土家族非遗文化的多元传播。

五、结语

本实践聚焦土家族的传统织锦——西兰卡普，针对其特殊的通经断纬织造方式和色块鲜明的颜色特点进行分析，发现织物纹样中同色经纱固定多色纬纱造成了杂点，一定程度上损害了其纹样的数字图像质量。针对西兰卡普纹样特点，本实践提出了利用图像处理技术和聚类算法的方法，提取出西兰卡普纹样中的基本颜色单元，以此获得准确表现纹样特征的高质量数字化模板。通过在生成式 AI 上进行处理前后纹样图像生成效果对比，表明经过一系列预处理后生成的图像风格更为清晰准确，能更好地表现西兰卡普的纹样特征。该实践将机器图像识别算法与传统纹样的艺术表现形式相结合，助力土家族织锦西兰卡普非遗文化在传承中得到进一步数字化创新和发展。

参考文献

[1] 杨蓓，肖弋. 湘西土家织锦——西兰卡普纹样研究 [J]. 美术，2012，532（4）：114-115.

[2] 土家族织锦技艺——中国非物质文化遗产网·中国非物质文化遗产数字博物馆 [EB/OL]. https://www.ihchina.cn/project_details/14282/.

[3] 北京服装学院民族服饰博物馆 [EB/OL]. http：//www.biftmuseum.com/collection/list?cat=8&nation_sid=15.

[4] Canny J. A computational approach to edge detection[J]. IEEE transactions on pattern analysis and machine intelligence，1986，8（6）.

[5] 胡慧. 羌绣纹样与针法的智能识别及数字化方法研究 [D]. 绵阳：西南科技大学，2021.

[6] Haralick R M，Sternberg S R，Zhuang X. Image analysis using mathematical morphology. [J]. IEEE transactions on pattern analysis and machine intelligence，1987，9（4）.

[7] Norman A. Graf. Clustering algorithm studies[J]. AIP Conference Proceedings，1901，578（1）.

[8] 胡博. 彩色图像分割算法研究 [D]. 成都：电子科技大学，2009.

[9] Amir Ahmad，Lipika Dey. A k –means type clustering algorithm for subspace clustering of

mixed numeric and categorical datasets[J]. Pattern Recognition Letters，2011，32（7）.

[10] 张华涛. 三类传统龙纹图案数据集构建与系统实现 [D]. 北京：北京邮电大学，2020.

[11] 贾小军，叶利华，邓洪涛，等. 基于卷积神经网络的蓝印花布纹样基元分类 [J]. 纺织学报，2020，41（1）：8.

[12] 丁世宇. 基于边缘预处理与特化扩张卷积的分阶段生成对抗网络的中国传统纹样修复应用研究 [D]. 北京：中央民族大学，2022.

1.4 基于熵权TOPSIS法的高价值专利识别研究

张孝芳[①] 陈媛媛[②]

摘　要：准确识别高价值专利是知识产权创新成果的直接体现，对建设中国特色知识产权强国具有重要的现实意义。本文通过对现有文献的爬梳和细读，首先对高价值专利的概念和识别方法进行综述，论述了高价值专利指标体系与高价值专利识别之间的关系。其次对熵权TOPSIS法的概念、发展历史、详细公式和在专利中的创新应用进行了归纳，认为熵权TOPSIS法在高价值专利识别中更具有客观性、全面性。最后总结了基于熵权TOPSIS的高价值专利识别结合人工智能技术的未来发展趋势，为未来的研究提供建议。

关键词：高价值专利；熵权TOPSIS；专利价值；指标体系

一、引言

以习近平新时代中国特色社会主义思想为指导，深入学习贯彻党的二十大精神和2022年中央经济工作会议精神，认真贯彻落实习近平总书记关于知识产权工作的重要指示论述和党中央、国务院各项决策部署，全面落实《知识产权强国建设纲要（2021—2035年）》和《"十四五"国家知识产权保护和运用规划》，围绕推动专利事业发展的重点、难点、热点问题，以及国家关键核心

---

① 张孝芳，新疆师范大学计算机科学技术学院研究生，主要从事高价值专利的研究。
② 陈媛媛，上海出版印刷高等专科学校，硕士生导师，主要从事智库建设与评价、网络计量与挖掘等的研究。

技术领域开展研究，着力形成一批高价值的研究成果，扎实推动知识产权事业高质量发展，为建设知识产权强国提供有力支撑。

识别及培育高价值专利，无论是对于推动国家整体创新发展，还是促进各地方经济社会发展转型，乃至激励某一企业和产业的高质量发展，均具有十分重要的现实意义。从国家层面来看，识别及培育高价值专利，是我国产业经济和科技高质量发展的需要，是深入实施创新驱动发展战略和加快建成创新型国家的需要，是建设知识产权强国的需要[1]。王思培、韩涛[2]认为高价值专利识别、预测的动机则是为了从海量专利中挑出高价值专利，使高价值专利的价值得以更好实现，将人力、物力等资源分配对其倾斜，有针对性地采取培育措施，以期为社会的发展作出更多贡献。

二、相关研究

（一）高价值专利的定义

一般来说，高价值专利是指具有较高技术水平和市场竞争力、能够为企业带来重要经济效益的专利。不同的学者根据其研究领域和背景，对高价值专利的定义和评价标准有所不同。马天旗、赵星[3]认为狭义上的高价值专利是指具有高经济价值专利，广义上的高价值专利包括高市场价值和高战略价值专利。晁蓉、席宏正[4]认为以技术创新为核心内容，以策略性申请为外在手段，使专利权人具备极高产品竞争力、市场占有率、利润创造力的专利是高价值专利。从专利质量方面考虑，韩秀成、雷怡[5]认为高价值专利应该满足三个条件：一是高水平高技术含量或者好的技术方案；二是撰写的高质量专利申请文件，对发明创造作出了充分保护的描述；三是权利具有较好的稳定性。国家知识产权局对高价值专利给出了明确范畴，明确将以下5种情况的有效发明专利纳入高价值发明专利拥有量统计范围：战略性新兴产业的发明专利、在海外有同族专利权的发明专利、维持年限超过10年的发明专利、实现较高质押融资金额的发明专利、获得国家科学技术奖或中国专利奖的发明专利。

（二）高价值专利的识别

我国每年专利申请量很高，其中普通专利占多数，相比之下高价值专利数量寥寥无几，并且其鉴别方法非常困难，使得高价值专利的识别更加具有挑战性。现有高价值专利识别方式主要分为定量评估、定性评估、定性与定量相结合评估三种方法。

1. 定量评估方法

定量评估是基于特定标准对专利进行分类和打分，从而得到专利的价值。常用的定量评估方法可归纳为统计分析法和人工智能。

（1）统计分析法

回归分析法。回归分析法将专利的定量指标与相关因素进行回归分析，建立专利价值评估模型。晁蓉、席宏正[4]对中国发明专利金奖进行研究，提出高价值专利研究假设并分析其主要特征，构建高价值专利产生概率的回归模型。但回归分析法需注意数据质量、样本代表性、模型假设是否成立等问题。

方差分析法。詹勇军等[6]结合方差分析法和专利价值分布的帕累托法则开展对专利的价值评估。

（2）人工智能。

近年来机器学习技术也得到了快速发展，在专利领域的应用也越来越广泛。①基于机器学习或深度学习的专利价值识别方法。白利敏等[7]提出了一种适用于互联网领域的基于神经网络算法的潜在高价值专利智能识别方法，对高价值专利的挖掘与培育提供较为准确的智能评价模型。王思培、韩涛[2]提出了一种基于随机森林算法的潜在高价值专利预测方法，在识别早期潜在高价值专利取得了较好识别效果。刘澄等[8]采用BP神经网络理论，构建基于粗糙集和BP神经网络专利价值评估模型。Trappey Amy J. C.等[9]提出了一种基于深度学习模型的专利价值分析方法，采用主成分分析（PCA）自动选择专利指标应用深度神经网络模型进行专利价值估计。机器学习或深度学习识别专利预测效率高且适用于大部分专利领域，但对专利数据的需求高，需要大量的数据来训练，若没有足够的专利数据，模型的准确性和可靠性将会受到影响，并且识别方法中的每个步骤都需要仔细设计和调整，确保模型性能的稳定和可靠性。

基于人工智能的专利评估系统。中国对人工智能技术的专利评估系统的开发高度重视。中国科学院自动化研究所开发了基于深度学习的专利分类系统，可以对数百万份专利文献进行分类和索引；香港中文大学的研究人员开发了一种基于深度学习的专利价值评估模型，可以根据专利文本内容和其在市场上的表现预测其商业价值；刘佩佩等[10]设计一种由数据库、指标体系、用户管理和可视化等功能模块构成专利竞争力评估软件系统，可实现千件级专利数据的快速导入、评分和可视化结果导出。在国际上，美国、欧洲等发达国家一直是机器学习技术研究和应用的领先者。美国 IBM 公司推出的 Watson 专利分析系统，通过自然语言处理和机器学习技术，对大量的专利文本进行分析和比较，帮助用户快速找到类似的专利和相关知识；欧洲专利局官方认定的普及版专利评估软件 IPScore[11]，被欧洲公司尤其是欧洲的中小企业广泛使用。

2. 定性评估方法

专利的定性评估方法主要为德尔菲法。郑国雄等[12]通过德尔菲专家调查法结合层次分析模型，甄选出生物医药领域的"卡脖子"程度最高的技术；汪治兴等[13]选用了层次分析法，并采用德尔菲法作为专利强度的层次分析结构模型的方法，提出了评估指标体系的构建的原则。德尔菲法不足之处在于过度依赖专家主观经验，且冷门领域专家资源匮乏，所以专家识别专利价值并不能保证获得最佳结果。

3. 定性与定量相结合的评估方法

层次分析法通过制定专利的目标、准则和权重，选取多个评估指标并进行加权计算，得出专利的总体评分。李娟等[14]通过改进的层次分析法（AHP）和熵权法分别计算并修正指标权重，确定专利综合价值度评估模型。李小童、徐菲[15]认为高价值专利可以通过内部特征和外部评价两方面识别，总结出权利要求的长度及撰写烦冗度、说明书对发明构思的撰写清晰度、发明对人类生活的影响程度及影响人群数量和支付意愿等内部特征决定是否属于高价值专利。Ye wei Song 等[16]采用了一种定量分析与定性分析相结合的有效方法，采用层次分析法（AHP）建立了专利价值综合评价指标体系，并采用模糊综合评价法对专利价值进行估算。但层次分析法需要对判断矩阵进行一致性检验，注意专家选择、数据质量、模型假设等问题。Hyunseok Park 等[17]采用 TRIZ 发展趋势作为专利技术评价标准，采用基于 SAO 的文本挖掘技术对专利大数据进行自动分析来识别有前途的专利技术转让。

综上所述，高价值专利的定量评估需收集大量的专利数据，而这些数据难以获得或需要花费较长时间和成本，并且定量评估需要将专利的价值转化为数值指标，难以全面反映专利的多方面价值。高价值专利的定性评估很大程度上依赖专家判断和经验，存在主观性和不确定性，且面临数据缺乏或不完整的问题，难以进行全面、准确的专利价值评估。定量评估和定性评估各有优缺点，二者相结合可以弥补彼此不足之处，可以增强专利价值评估的准确性和可信度，进而更好地识别高价值专利。

三、高价值专利评估指标体系

专利的价值评估是判定和衡量专利价值的重要手段，以确定专利在商业和法律上的价值。这个过程需要综合考虑多个因素，包括技术水平的先进性、市场需求的潜力、竞争状况的强度以及专利法律风险的大小等。专利的价值不仅来自其技术方案和实施细节，还受到市场环境和产业发展趋势等因素的影响，既需要进行客观的数据分析，也必须依赖主观的价值判断。为了解决这一复杂问题，通常采取将专利评估体系分解为多个维度，再将每个维度进一步分解为多个指标的方法来构建一个可操作性强的专利指标体系，帮助评估人员更全面地了解专利的技术特点、商业前景、法律保护和市场竞争力等方面的信息，提供科学的依据来确定专利的价值范围。

通过构建专利评估指标体系来识别专利价值，学者们做了大量的研究工作。邱一卉等[18]基于CART算法的属性选择方法对专利价值评估指标体系进行研究，提出了一个约减的专利价值评估指标体系。胡泽文等[19]认为高价值专利评估和识别可以从经济价值、市场价值、战略价值和法律价值等维度来衡量，评估数据主要来源于专利案例、专利数据库和专利行业数据，专利价值评估与识别研究主要涵盖三大主题：专利价值的市场评估分析、专利价值影响因素及作用机理、专利价值评估指标组合与模型构建。Wei Tie 和 Liu Ting ting[20]提出了分析高价值专利的技术、法律和市场价值三个维度的理论框架，并在此框架下构建了高价值专利的三维 Lotka-Volterra 模型。2012 年，国家知识产权局发布《专利价值分析指标体系操作手册》[21]，该体系建立了经济价值、技术价值、法律价值三个维度，各维度进一步分解为 13 个一级指标和 43 个二级指标，并给出每个指标的明确定义，这些指标不仅包括专利类型、专利寿命等可量化的专利指标，还包括大量需要专家结合经验主观判断的定性专利指标。

专利指标作为专利计量方法中的主要组成部分，在量化宏观、中观和微观层面的技术水平方面有重要的应用[22]。指标分析法是专利分析中的定量分析方法，具有直观清晰、易获得、可借助软件等优点，是识别核心专利的主要研究手段之一[23]。马瑞敏、尉心渊[24]在技术领域细分的基础上，使用专利4年内被引用频次、同族专利数量、专利宽度、权利要求数量与科学关联度作为指标构建。基于SVM的核心专利预测模型，准确率达到77.27%。所以，关键专利指标是高价值专利评估指标体系的基本构成元素，可以更加准确有效地识别高价值专利，常用的关键专利指标包括被引用数量、同族专利大小、权利要求数量和专利诉讼等。

四、基于熵权TOPSIS法的高价值专利识别方法

通过构建高价值专利评估指标体系，采用不同的方法识别高价值专利。模糊综合评价根据专利的技术水平、市场前景和商业价值等多个指标进行综合评估，得出权重来确定专利的价值。万小丽、朱雪忠[25]通过构建专利价值评估指标体系，借助定性和定量相结合的层次分析法计算各项指标的权重，再用模糊综合评价法解决了专利价值的模糊性问题，并得出计算专利的现时货币价值量；社会网络方法用于分析发明人之间的联系、专利申请者之间的合作关系等，从而识别出与特定技术领域相关的专利。亢川博等[26]借助专利指标体系和社会网络方法将专利的价值分为专利的个体价值和专利的网络价值并对其测度，进而提出了核心专利识别的综合价值模型，以及模型的数学表达和相应指标的测度方法；TRIZ理论可以帮助寻找解决技术问题的创新思路，通过对已有专利的分析和比较，找到其中的优点和缺陷，进而提出更好的方案。杨鑫超等[27]提出了基于专利价值实现的专利价值评估体系，从而分析现有文献中TRIZ的应用方式及高价值专利培育工作的实际情况，结合TRIZ的思维方式及研究成果，提出TRIZ在高价值专利培育工作中的创新应用方式。

以上方法都是辅助决策的分析工具，处理复杂的信息和数据，并解决社交网络分析、创新设计、经济评估和决策支持等领域的多方面问题，其不足之处在于依赖数据收集和分析，需要采用统计学和计算机科学等技术来支持其实施过程。相较于这些方法，熵权TOPSIS方法具有更加客观、全面、准确和灵活等优点，可以更好地识别高价值专利。

（一）熵权 TOPSIS 法

熵权法是一种客观赋权方法，通过计算各个指标的信息熵，来确定每个指标的权重，反映对所要评价对象的贡献度。TOPSIS 法于 1981 年由 C.L.Huang 等[28]首次提出，该方法将备选方案映射到一个多维空间中，并计算每个备选方案与理想解和负理想解之间的距离，以确定其相对优劣程度。熵权 TOPSIS 法是一种常用的多准则决策分析方法，是对 TOPSIS 法的改进和利用，结合了熵权法的客观赋权和 TOPSIS 法的多属性决策排序的优点，能够更好地处理数据的不确定性和主观性因素，并提高决策结果的可靠性和准确性。

熵权 TOPSIS 法可以应用于许多领域的决策问题。例如，杜挺等[29]采用熵权 TOPSIS 法对重庆市各区县经济发展水平进行综合评价；李灿等[30]采用基于熵权 TOPSIS 模型对北京市顺义区土地利用绩效状态进行评价；Kim[31]基于熵权 TOPSIS 对中韩两国港口竞争力进行评价；Yang 等[32]基于熵权 TOPSIS 方法和 BP 神经网络评价煤炭能源安全的程度。总体来说，熵权 TOPSIS 法是一种非常实用的决策分析方法，在许多领域都有出色的表现。

（二）熵权 TOPSIS 法在专利中的创新应用

熵权 TOPSIS 法作为一种综合评价方法，在专利领域中的创新应用也非常广泛，例如专利多个指标的决策选择。Huang 等[33]提出了一种基于熵权法和改进的 TOPSIS 的专利质量评价模型，对老年人专利质量进行了有效评价。熵权 TOPSIS 法与专家主观评议相结合，综合了客观评价和主观评议的优点，并可避免单一评价方法所带来的局限性，有助于提高专利识别结果的准确性。田雪姣等[34]在"技术—经济—法律"一体化框架下构建核心技术识别的评价指标体系，并采用主客观相结合的"熵权—TOPSIS—德尔菲法"求取相应权重，建立核心技术评价模型。熵权 TOPSIS 法与机器学习算法相结合，利用机器学习算法进行特征提取和分类预测，并利用熵权 TOPSIS 法进行多指标综合评价。宋凯[35]基于熵权 TOPSIS 模型的人工评估与基于梯度提升树的机器学习评估相结合，评估在高校专利中具备转让/许可价值和存在失效风险的专利。

（三）熵权 TOPSIS 法的计算步骤

假设有 m 件专利、n 个评估指标，则标准化矩阵大小为 $m \times n$。

$$X = \left(x_{ij}\right)_{m,n} = \begin{bmatrix} x_{1,1} & \cdots & x_{1,n} \\ \vdots & \ddots & \vdots \\ x_{m,1} & \cdots & x_{m,n} \end{bmatrix}$$

（1）对评估指标进行归一化处理，对于每个指标，在标准化矩阵中找到该指标的最大值和最小值，将该指标的值进行线性变换，转化为 0 到 1 之间的数值，公式为：

$$X = \left(x_{ij}\right)_{m,n} = \frac{x_{ij} - x_{\min}}{x_{\max} - x_{\min}}$$

（2）计算每个评估指标的信息熵，公式为：

$$P_{ij} = \frac{x_{ij}}{\sum_{i=1}^{m} x_{ij}}$$

$$e_j = -\frac{1}{\ln m} \sum_{i=1}^{m} p_{ij} \ln p_{ij}$$

式中，P_{ij} 表示第 j 个评估指标在第 i 个专利上的取值。

（3）计算每个评估指标的权重，公式为：

$$w_j = \frac{1 - e_j}{\sum_{j=1}^{n}\left(1 - e_j\right)}, w_j \in [0,1]$$

式中，$\sum_{j=1}^{n} w_j = 1$。

（4）构建加权标准化矩阵，对原始标准化矩阵进行规范化，得到标准化矩阵 Z，公式为：

$$z_{ij} = \frac{x_{ij}}{\sqrt{\sum_{i=1}^{m} x_{ij}^2}}$$

$$Z = \left(z_{ij}\right)_{m,12} = \begin{bmatrix} z_{1,1} & \cdots & z_{1,n} \\ \vdots & \ddots & \vdots \\ z_{m,1} & \cdots & z_{m,n} \end{bmatrix}$$

式中，x_{ij} 是第 i 个专利在第 j 个评估指标的取值。

（5）计算标准化矩阵 Z 中各列的最大值和最小值。

$$Z^+ = \left(\max\{z_{1,1}z_{2,1}\cdots z_{m,1}\}, \max\{z_{1,2}\cdots z_{m,2}\}, \cdots \max\{z_{1,n}z_{2,n}\cdots z_{m,n}\} \right)$$

$$Z^- = \left(\min\{z_{1,1}z_{2,1}\cdots z_{m,1}\}, \min\{z_{1,2}\cdots z_{m,2}\}, \cdots \min\{z_{1,n}z_{2,n}\cdots z_{m,n}\} \right)$$

式中，Z^+ 为标准化矩阵 Z 中每列元素的最大值构成，Z^- 为标准化矩阵 Z 中每列元素的最小值构成。

（6）计算每件专利到正理想解和负理想解的距离，通常采用欧几里得距离（即两点之间的直线距离）来进行计算。

$$D_i^+ = \sqrt{\sum_{j=1}^{n} w_j \times \left(z_j^+ - z_{ij}\right)^2}$$

$$D_i^- = \sqrt{\sum_{j=1}^{n} w_j \times \left(z_j^- - z_{ij}\right)^2}$$

式中，D_i^+ 表示第 i 个专利到正理想解的距离，D_i^- 表示第 i 个专利到负理想解的距离，z_{ij} 表示第 j 个专利在第 i 个评估指标的得分，z_j^+ 和 z_j^- 分别表示正理想解和负理想解在第 j 个评估指标的取值。

（7）根据到正理想解和负理想解的距离，计算出第 i 个专利的综合评价指标 C_i，C_i 值越大，表明专利越具有价值。

$$C_i = \frac{D_i^-}{D_i^- + D_i^+}, C_i \in [0,1]$$

（四）熵权 TOPSIS 法的发展趋势

在专利领域中，每个专利都包含大量的专利摘要、说明书、权利要求以及图纸等数据和信息，且每个专利又涉及多个不同领域，这使得专利数据集变得非常庞大和复杂。传统的熵权 TOPSIS 法面临高维度的数据集时，越来越难以处理日益丰富又错综复杂的专利信息，存在计算复杂度高、结果不稳定等问题。

近年来，随着人工智能技术的飞速发展，自然语言处理、机器学习、深度学习等技术已经被广泛地应用于专利识别中。由于人工智能技术具有强大数据处理和分析能力，使用降维算法可以减少数据维度，更加客观、全面、准确地识别高价值专利，还可以使用并行计算提高计算效率，快速处理海量数据，且专利数据量越大，计算机辅助高价值专利识别的优势越明显。

（1）自然语言处理。将自然语言处理技术与熵权TOPSIS法相结合，实现对专利文本的深入挖掘和分析。在传统的熵权TOPSIS法中，评价指标通常是结构化的数据，如发明人数量、引用次数等，但专利文本是非结构化数据，难以抽取有用的信息并将其转化为可比较的指标。自然语言处理技术可以对专利文本进行分词、命名实体识别等处理，从而提取出关键词、专有名词等信息，并应用到熵权TOPSIS分析中。包清临等[36]在技术机会挖掘过程中加入对技术应用前景的评估，采用机器学习算法，以海量专利数据为样本，结合文本挖掘、MapReduce计算框架和熵权—TOPSIS法，使用Python编程语言，构建三维的专利预测模型。并在钛领域内应用该模型，为其挖掘潜在的技术机会。

（2）机器学习。熵权TOPSIS法计算专利指标权重需要对整个专利数据集进行遍历和计算，如果专利数据集很大则非常耗时。人工智能利用聚类分析技术将大规模专利数据集划分为多个子集，对每个子集进行权重计算，从而减少计算时间。丁坤明等[37]基于领域细分的角度应用熵权TOPSIS方法构建了一种核心专利识别模型，可有效地鉴别出产业全领域和各个细分领域中具有核心价值的专利。

（3）深度学习。卷积神经网络（CNN）常用于图像处理和自然语言处理领域的深度学习算法。在熵权计算时，将CNN提取出的特征作为评价指标的一部分，同时使用卷积层、池化层等结构来实现数据的降维和压缩，从而减少数据噪声和冗余信息，提高分析效率和准确性。另外，CNN可以对专利中的图片进行识别和分类，并与文本数据进行综合分析，从而更加全面的专利分析。冉从敬等[38]构建了高校专利价值评估指标，分别采用熵权法与人工神经网络算法，以人工打分和模型预测相结合的方式，识别高校新能源汽车领域具备转移价值的专利。

五、结语

随着每年专利申请量的爆发式增长，专利总数量也急速增多，信息过量使决策者难以精准聚焦、匹配有价值的专利。通过熵权 TOPSIS 法结合人工智能技术来精准识别高价值专利，可以避免开发低效、低价值的专利，从而集中资源和精力培育高价值专利，提高企业的市场竞争力，保护企业的知识产权和提高技术壁垒，实现创新驱动发展战略，推动经济长期快速发展，建设中国特色知识产权强国。

参考文献

[1] 孙智，冯桂凤. 高价值专利的产生背景、内涵界定及培育意义 [J]. 中国发明与专利，2020，17（11）：37-44.

[2] 王思培，韩涛. 基于随机森林算法的潜在高价值专利预测方法研究 [J]. 情报科学，2020，38（5）：120-125.

[3] 马天旗，赵星. 高价值专利内涵及受制因素探究 [J]. 中国发明与专利，2018，15（3）：24-28.

[4] 晁蓉，席宏正. 中国专利金奖主要特征与高价值专利相关性研究 [J]. 情报探索，2019（10）：1-8.

[5] 韩秀成，雷怡. 培育高价值专利的理论与实践分析 [J]. 中国发明与专利，2017，14（12）：8-14.

[6] 詹勇军，汪丛伟，钟艺峰，等. 基于技术转移转化的专利价值评估与增值管理 [J]. 科技管理研究，2018，38（21）：177-183.

[7] 白利敏，朱哲，刘琳，等. 互联网领域潜在高价值专利的智能识别方法研究 [J]. 中国发明与专利，2018，15（11）：28-32.

[8] 刘澄，雷秋原，张楠，等. 基于 BP 神经网络的专利价值评估方法及其应用研究 [J]. 情报杂志，2021，40（12）：195-202.

[9] Trappey Amy J. C., Trappey Charles V., Govindarajan Usharani Hareesh, Sun John J. H.. Patent Value Analysis Using Deep Learning Models—The Case of IoT Technology Mining for the Manufacturing Industry[J]. IEEE Transactions on Engineering Management，2019.

[10] 刘佩佩，陆丁天，苏伟，等. 专利竞争力评估系统设计与高价值专利识别 [J]. 科技管理研究，2021，41（7）：110-115.

[11] 李红. 基于 IPScore 的专利价值评估研究 [J]. 会计之友，2014（17）：2-7.

[12] 郑国雄，李伟，刘溦，等．基于德尔菲法和层次分析法的"卡脖子"关键技术甄选研究——以生物医药领域为例 [J]．世界科技研究与发展，2021，43（3）：331-343．

[13] 汪治兴，付钦伟，杜启杰．基于德尔菲法的专利强度评估模型构建 [J]．企业科技与发展，2019（6）：132-133，135．

[14] 李娟，李保安，方晗，等．基于 AHP-熵权法的发明专利价值评估——以丰田开放专利为例 [J]．情报杂志，2020，39（5）：59-63．

[15] 李小童，徐菲．高价值专利识别方法有效性实证研究 [J]．科技与法律，2019（1）：11-17．

[16] Yewei Song，Shimin Wen，Weimiao Li，Luorao Yang，Yue He. Evaluation of a Patent value based on AHP fuzzy comprehensive evaluation method[J]. Journal of Physics：Conference Series，2019，1345（2）．

[17] Hyunseok Park，Jason Jihoon Ree，Kwangsoo Kim. Identification of promising patents for technology transfers using TRIZ evolution trends[J]. Expert Systems With Applications，2013，40（2）．

[18] 邱一卉，张驰雨，陈水宣．基于分类回归树算法的专利价值评估指标体系研究 [J]．厦门大学学报（自然科学版），2017，56（2）：244-251．

[19] 胡泽文，周西姬，任萍．基于扎根理论的高价值专利评估与识别研究综述 [J]．情报科学，2022，40（2）：183-192．

[20] Wei Tie，Liu Tingting. Evolution of High-Value Patents in Reverse Innovation：Focus on Chinese Local Enterprises[J]. Mathematical Problems in Engineering，2020．

[21] 国家知识产权局专利管理司，中国技术交易所．专利价值分析指标体系操作手册 [M]．北京：知识产权出版社，2012：1-33．

[22] 高继平，丁堃．专利计量指标研究述评 [J]．图书情报工作，2011，55（20）：40-43．

[23] 范月蕾，毛开云，于建荣．核心专利指标效力研究评述 [J]．图书情报工作，2014，58（24）：121-125．

[24] 马瑞敏，尉心渊．技术领域细分视角下核心专利预测研究 [J]．情报学报，2017，36（12）：1279-1289．

[25] 万小丽，朱雪忠．专利价值的评估指标体系及模糊综合评价 [J]．科研管理，2008（2）：185-191．

[26] 亢川博，王伟，穆晓敏，等．核心专利识别的综合价值模型 [J]．情报科学，2018，36（2）：67-70．

[27] 杨鑫超，张玉，杨伟超．TRIZ 在高价值专利培育工作中的创新应用研究 [J]．情报杂志，2020，39（7）：54-58，86．

[28] Tzeng G H，Huang J J. Multiple attribute decision making：methods and applications[M]. CRC press，2011．

[29] 杜挺，谢贤健，梁海艳，等 . 基于熵权 TOPSIS 和 GIS 的重庆市县域经济综合评价及空间分析 [J]. 经济地理，2014，34（6）：40-47.

[30] 李灿，张凤荣，朱泰峰，等 . 基于熵权 TOPSIS 模型的土地利用绩效评价及关联分析 [J]. 农业工程学报，2013，29（5）：217-227.

[31] Kim A R. A study on competitiveness analysis of ports in Korea and China by entropy weight TOPSIS[J]. The Asian Journal of Shipping and Logistics，2016，32（4）：187-194.

[32] Yang Y，Zheng X，Sun Z. Coal resource security 0assessment in China： A study using entropy-weight-based TOPSIS and BP neural network[J]. Sustainability，2020，12（6）：2294.

[33] Huang L，LIU C. Patent quality evaluation with entropy weight method and improved TOPSIS： The case of geriatric technology[C]//2018 International Conference on Management Science and Engineering（ICMSE）. IEEE，2018：156-164.

[34] 田雪姣，鲍新中，杨大飞，等 . 基于熵权 -TOPSIS- 德尔菲法的核心技术识别研究——以芯片产业技术为例 [J]. 情报杂志，2022，41（8）：69-74，86.

[35] 宋凯 . 高校专利技术转移价值评估研究——基于熵权 TOPSIS 模型和梯度提升树算法 [J]. 情报杂志，2021，40（7）：52-57.

[36] 包清临，柴华奇，赵嵩正，等 . 采用机器学习算法的技术机会挖掘模型及应用 [J]. 上海交通大学学报，2020，54（7）：705-717.

[37] 丁坤明，张洁逸，丁晟春 . 产业领域细分视角下核心专利识别研究——以太赫兹产业领域为例 [J]. 江苏科技信息，2022，39（19）：8-11，26.

[38] 冉从敬，李旺，宋凯，等 . 混合智能下的高校专利价值评估方法 [J]. 图书馆论坛，2021，41（7）：78-86.

1.5 虚拟仿真在电竞导播课程实践教学中的应用研究

唐偲[①] 王子豪[②]

摘　要：职业教育数字化转型已经成为当下职业教育发展的必由之路。本文围绕虚拟仿真技术在电竞导播课程中实践教学的应用，首先，分析了电竞导播课程教学现状并探讨了当前教学方法的缺陷和不足。其次，介绍了虚拟仿真技术与电竞导播课程结合的一些探索，对照传统教学方法中的优势和特点。说明虚拟仿真技术能够有效提高电竞导播课程教学的互动性和实践性。本文将对电竞导播及影视编导类课程实践教学的改进和推进具有一定的借鉴意义。

关键词：电子竞技；VR虚拟仿真；导播技术

一、引言

（一）虚拟技术赋能电竞专业教育

近年来，以大数据、元宇宙、人工智能为依托，以虚拟仿真技术为主要载体的第四次工业革命正在席卷全球，随着电竞产业的快速发展，电竞赛事转播对导播技术的要求不断提升，电竞导播作为电竞赛事竞技的关键环节之一，涉及众多知识与技能，要求导播人员需要具备专业知识和丰富经验。但由于电子竞技运动与管理专业教育起步较晚，目前电竞导播技术人员大部分都是从影视

---

① 唐偲，硕士研究生，上海出版印刷高等专科学校动漫与电竞系教学副主任，主要从事新媒体设计与制作、虚拟仿真技术应用、电子竞技运动与管理专业相关领域的研究。

② 王子豪，硕士研究生，上海出版印刷高等专科学校动漫与电竞系电竞专业专任老师，主要从事平面设计与制作、计算机编程技术、电子竞技运动与管理专业相关应用的研究。

导播转行过来的，他们往往缺乏对电竞赛事的充分认识和理解，同时，与电竞赛事策划和运营等其他技术岗位人员配合需要有一定的磨合期。电竞导播专业技术人员的培养迫在眉睫。

（二）电竞导播课程中实践教学环节现况

目前有诸多高校开设"电子竞技运动与管理"专业，电竞专业人才匮乏的问题，正在通过高等教育体系逐渐解决。但就目前来看，传统的电竞导播课程实践教学中存在一些问题，同时也包括影视编导专业相关课程实践。首先，导播类课程实践教学由于实训设备昂贵，各高校可用的导播实践设备数量极少，这种情况下，限制了学生动手实践的机会。其次，实践教学内容单一、缺乏互动性和体验性，难以激发学生的学习热情和兴趣。为了更好地满足电竞产业对导播人才的需求，我们需要不断探索新的、更加有效的电竞导播教学方法。

（三）虚拟仿真技术及其在电竞导播课程中的应用潜力

虚拟仿真是一种借助计算机软硬件结合，通过软件模拟、重构真实世界中无法实现的视觉和感觉技术，让用户在模拟环境中进行交互，从而达到学习、测试或评估的目的。上海出版印刷高等专科学校于2022年建设了未来教室（一期），通过该平台，可以在虚拟仿真技术加持下实现部分专业课程模拟实践教学，见图1.5.1。

图1.5.1　上海出版印刷高等专科学校"未来教室"实训环境

在电竞导播课程中，虚拟仿真技术拥有巨大的应用潜力。首先，它可以模拟真实的电竞比赛环境，让学生在近似真实的环境中学习和操作，提高他们的实践技能。其次，它可以提高课程的互动性。学生既可以在虚拟环境中直接操作，与环境进行交互，同时也可以提高教学的效率和效果。通过模拟，教师可以更直观地解释复杂的概念，学生也可以通过实践更好地理解这些概念。此外，虚拟仿真技术还可以为教师提供详细的反馈，帮助他们更好地评估和改进教学方法。

（四）本课题研究平台——未来教室简介

首先，依托高算力图形加速卡（未来教室工作站配置双 NVIDIA RTX6000 系列显卡），该显卡是目前市场上量产型顶级图形加速卡，能提供 91.1 万亿次/秒的浮点运算能力。我们将电竞导播的虚拟资源库建设在云空间中，借助实验室的 5G 网络技术，实现了一个具有"5G+ 虚拟 + 云存储"等特点的电竞导播实践教学创新平台，该平台特点包括低延迟、互动性强和易于维护等。

其次，通过云储存，我们可以借助企业专家的力量，共同维护资源库中的相关内容，并可以分享我们的研究成果为更多相关专业服务，实现产教融合，知行合一的最终目的。

二、电竞导播课程实践教学现状

（一）电竞导播课程主要教学内容和实践教学纲要

电竞导播课程的授课内容主要包括导播设备介绍、导播流程讲解、电竞节目策划和电竞节目转播等基本知识点。学生需要掌握包括赛前导播画面的准备、比赛解说画面的切换、赛后音视频处理等在内的常见流程和操作规范。通过课堂讲授和老师的演示，学生会以小组形式分组走进电竞场馆实践，实践包括熟悉导播设备的基本使用、电竞导播现场工作流程，学生需制作一段较为完整的电竞节目转播画面录像。

（二）当下电竞导播课程实践教学的教学方法的缺陷和不足

目前以作者所在学校电竞专业导播课程实践教学为例，主要是以电竞赛事作为导播内容，分组进行项目制实践，主要使用到导播切台、摄像机、监视器等。但受制于设备数量和实践环境大小的影响，同时又要兼顾分组实践的时长，每组同学实际能操作设备的机会和时间是相当有限的，无法得到充分训练。

电竞导播课程教学中包含大量的理论知识，然而缺乏足够的实践环节，这导致学生虽然理解相关概念，但却无法真正掌握实际操作的技能。目前的导播课程授课形式缺乏创新，无法满足不同层次、不同需求学生的教学需求，同时由于授课教师缺乏一线工作经验，使得人才培养过程与实际产业存在脱节的现象。

三、虚拟仿真技术在电竞导播课程教学中的应用

虚拟仿真技术是一种依托计算机技术的教学辅助方式，它可以模拟真实的场景和操作过程，提供交互式的学习体验，并在实践中逐步掌握相关技能。虚拟仿真技术已被广泛应用于各个领域，如机械制造、飞行模拟和医学教育。在电竞导播课程教学中，虚拟仿真技术可以为学生提供真实的游戏场景和操作界面，帮助学生更好地了解电竞竞技赛事转播的规则和流程，并提高学生的操作导播设备的技能和思考能力。下面我们将分别从优点、应用场景和实例等方面介绍虚拟仿真技术在电竞导播课程教学中的应用。

（一）虚拟仿真技术在电竞导播课程教学中的主要优点

提供真实的游戏场景和操作界面，让学生在虚拟环境中进行练习和实践。通过模拟真实的电竞赛事场景和导播操作界面的切换，学生可以更真实地体验电竞导播的工作环境，并进行仿真操作训练。这种教学方法可以帮助学生熟悉电竞赛事的流程和规则，同时掌握直播平台和设备的使用，提高他们的实践能力和操作技巧。学生可以在该环境中扮演导播的角色，进行比赛解说和直播操作，使用诸如切换摄像机视角、添加弹幕、控制画面特效等不同的功能和工具，以此模拟真实的导播操作过程。

提供交互式的学习体验，让学生能够更深入地理解知识和技能的本质。通过搭建的虚拟电竞场馆，学生可以在安全和可控的环境中进行实际操作与实验。平台将学生训练后的数据上传到教师端，这使教师可以根据学生实训数据

进行有针对性地指导，并根据这些反馈对日后的教学进行调整和改进。学生借助数据眼镜（VR 头盔或数据杆）可以身临其境地体验不同的学习情境。依托平台数据交换，还能与其他同学一起合作模拟办赛和进行讨论，从而激发创造力和合作精神。

（二）虚拟仿真技术在电竞导播课程中的具体应用案例

1. 虚拟现场导播操作训练

我们创建了一个逼真的电竞赛事环境，其中包含了真实比赛的所有重要元素，如选手、比赛场地、观众、摄像机视角等，最重要的是创建一个详细和实际工作接近的虚拟导播控制室，包括了电竞导播工作流程中的大部分设备和系统，比如多画面切换器、音频混合器、虚拟现场摄像机等。学生通过佩戴 3D 眼镜跟随教师的视角观看相应的场景、学习相应的知识和操作方法。进入一些日常教学难以接触到的实训或者操作场景，掌握画面切换器（见图 1.5.2）、音频混合器（见图 1.5.3）和灯光调整（见图 1.5.4）等导播工作岗位的操作方法，这种教学模式可以增强课堂教学效果，通过模拟各种问题，培养学生应对电竞导播过程中发生的情况，提升课堂教学效率。

图 1.5.2　导播台切换模拟操作界面

图 1.5.3　赛场声音设备模拟操作

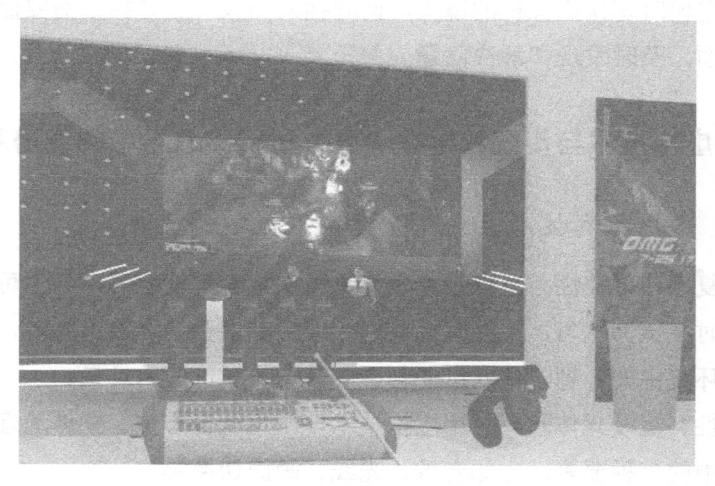

图 1.5.4　舞台灯光设备模拟操作

2. 策划虚拟电竞赛事

利用"未来教室"电竞导播虚拟仿真创新平台,创建一个电竞比赛的模拟环境。学生可以选择不同的游戏,然后根据游戏的规则和策略,来设计和执行他们的导播计划。例如,他们可以设置和控制虚拟摄像机的位置和角度,以捕捉比赛的关键时刻。他们也可以实时切换不同的镜头,以展示比赛的全貌。此外,他们还可以为比赛添加解说和评论,以提高比赛的观看体验。学生构建一个虚拟的电竞赛事策划团队,可以在这个环境中与其他学生进行协作。

3. 虚拟电竞赛事现场体验

该案例是为了让学生能够全面理解和体验到电竞比赛现场导播的角色与责任。

环境模拟。通过"未来教室"电竞导播虚拟仿真创新平台,模拟出一个电竞比赛现场的环境,包括舞台、观众区、播控室等。这个环境应该尽可能地接近真实电竞场馆,包括现场的光照、声音、观众的反应等。

角色分配。学生将被分配到各种导播相关的角色,比如主导播、副导播、音频控制、灯光控制等,每个角色都有自己的职责和任务,学生需要在模拟比赛中完成这些任务。

模拟比赛。在虚拟环境中,将会有一场模拟的电竞比赛。学生需要按照他们的角色,控制现场的各种设备和系统,以保证比赛的正常进行。比如,主导播需要决定何时切换摄像机的镜头,何时插入回放,副导播则需要监控各个摄像机的画面,及时发现和解决问题。

四、虚拟技术与传统教学在电竞导播实践教学中的优势和改进

(一)虚拟仿真技术在电竞导播实践教学的优势

可重复性和可控性。虚拟技术允许无限次数的重复练习,学生可以在虚拟环境中随时尝试、练习,不会有设备损坏或资源浪费的风险。同时,教师可以控制虚拟环境中的各种条件,以便制造出具有教学价值的场景。

交互性和沉浸式体验。利用虚拟技术使学生能全方位、立体地理解和掌握导播过程中的各种要素,比如音效、光线、画面切换等。

容错性。在虚拟环境中,学生可以尝试各种可能的操作和应对策略,即使出现错误或故障,也不会影响真实的设备或比赛。

实时反馈。虚拟技术可以提供实时的反馈和建议,帮助学生及时发现并改正错误,提高学习效率。

灵活性。虚拟环境可以随时搭建和调整,不受时间、地点的限制,非常适

合远程教学和自主学习。

模拟复杂场景。虚拟技术可以模拟出电竞馆中难以复现的复杂或特殊场景，比如大规模的电竞比赛、突发的设备故障等，以便让学生在多样化的环境中学习和成长。

（二）引入电竞导播虚拟仿真创新平台课程后学生的反馈

"未来教室"电竞导播虚拟仿真创新平台建设于2022年暑假，经历了2022年下半年线上辅助教学，2023年全面恢复线下教学的经历，笔者采访了上海出版印刷高等专科学校电竞专业的学生，并对他们的回答进行了总结。

1. 电竞导播传统实践教学

实操体验。很多学生反馈在传统教学模式中，他们能接触到真实的导播设备，能亲手操作体验对于学习电竞导播技术有非常重要的作用。

有限的实践机会。由于电竞馆内导播设备的数量有限，往往无法满足同时多位学生同时进行实践的需求。有些学生反映自己在课程中的实践机会较少。

难以模拟真实比赛。在传统教学模式中，学生可能很难有机会体验到大型电竞赛事的导播工作，无法充分理解导播在实战中的挑战和应对策略。

2. 虚拟技术加持下的电竞导播实践教学

互动性和沉浸式体验。许多学生反映，虚拟技术提供的交互性和沉浸感有助于他们更好地理解和掌握导播技术。模拟的电竞赛事环境让他们感觉就像在真正的比赛现场一样。

更多实践机会。在虚拟环境中，更多的学生可以同时进行操作练习，不需要像传统导播课程实践教学中，在电竞馆里分组操作，必须等前面一组从导播台上换下来下一组才能开始。这样可以提供更多的实践机会，帮助学生更好地掌握导播技术。

模拟复杂场景。虚拟技术可以模拟电竞场馆中难以实现的复杂或特殊场景，如大规模的电竞比赛、突发的设备故障等，学生反映这些情境让他们对现实工作环境有了更深入的理解。

不足的真实感。虽然虚拟技术可以提供高度仿真的环境，但仍有一些学生反馈，他们仍然觉得缺乏真实的设备操作感，尤其是对实体导播台等设备的触感和反馈。

（三）电竞导播虚拟仿真技术对其他课程的影响和启示

电竞导播虚拟仿真技术的应用并不局限于电竞导播课程，还可以延伸到许多其他需要实践教学的课程中，如电视、电影、新闻、广播、音乐制作等相关课程。

1. 提升教学效率和效果

虚拟仿真技术的应用可以为学生提供无限的实践机会，使他们可以在理解和掌握基本理论知识的同时，获得更多的实践机会。这有助于提高学生的学习效率和效果。

2. 扩大实践教学的覆盖范围

在传统的实践教学中，由于实体设备和场地的限制，学生可能无法接触到所有的实践内容。虚拟仿真技术可以模拟出各种复杂的现实情境，让学生能够在学习中应对更多可能的问题和挑战。

3. 降低教学成本

在虚拟环境中，学校无须投入大量资金购买和维护昂贵的导播设备，可以大大降低实践教学的成本。同时，虚拟环境也可以随时实现场景搭建、实践教学调整、资源内容维护、虚拟环境升级等各项灵活操作，在满足提高了教学的同时，还能保证虚拟资源内容与行业岗位中实体设备的一致性。

4. 强化学生的创新思维和问题解决能力

在虚拟仿真环境中，学生可以尝试各种可能的操作和策略，通过不断地试错和反馈，减少后期在操作实体导播设备时可能存在的失误，更好地发展自己的创新思维和问题解决能力。

5. 提供新的教学模式

虚拟仿真技术的应用，打破了传统的面对面教学模式，提供了新的在线教学和自主学习的可能性，符合国家对高等教育混合式教学模式改革要求。

五、结语

虚拟仿真技术在电竞导播课程中的应用正在不断深化和拓展，具有显著的教学优势和巨大的发展潜力。

虚拟仿真技术可以模拟各种导播设备和环境，为学生提供更多的实践机会。相比于传统的实践教学，虚拟仿真技术不受设备数量和实际环境的限制，这意味着学生可以根据自己的需求，反复进行操作练习，直到他们完全掌握导播技术。此外，虚拟仿真技术还可以通过智能算法提供实时的反馈和评价，帮助学生及时调整学习策略，提高学习效率。

虚拟仿真技术可以创建一个高度真实的电竞赛事环境，从而提供了一个完全沉浸式的学习体验。在这个虚拟环境中，学生可以体验到电竞赛事现场的各种情况，如观众的反应、比赛的紧张气氛，以及突发的设备故障等。这种真实的环境模拟，不但使学生能够更好地理解和应对现场的各种复杂情况，而且有助于他们提高情境反应能力和压力处理能力。

在虚拟仿真环境中，学生可以在安全和可控的情况下，面对各种复杂的问题和挑战。这样的复杂场景让学生可以尝试各种可能的操作和策略，通过不断地试错和反馈，他们可以更好地发展自己的创新思维和问题解决能力。

虚拟技术可以让学生随时随地进行学习和实践，非常适合在线教育和自主学习。与传统的实践教学相比，虚拟技术可以让学生在自己的节奏和时间表上进行学习，这样的自主性和灵活性，可以大大提高学生的学习效率和效果。

总地来说，虚拟仿真技术在电竞导播课程中的应用，为实践教学提供了全新的可能性。它不仅提供了丰富的实践机会，模拟了真实的电竞比赛环境，还有助于培养学生的复杂技能和决策能力，同时降低了教学成本，提高了教学效率。虽然虚拟仿真技术具有这么多优点，但我们也应该意识到，它并不能完全取代传统的实践教学。理想的情况是，我们应该将虚拟仿真技术和传统的实践教学方法相结合，以提供更全面、更高效的学习体验。

参考文献

[1] 吴大伟.基于虚拟现实技术的《现代控制理论》课程教学模式探索[J].科教导刊—电子版（上旬），2021：3（133-135）.
[2] 杨修凯，邱鹤.基于虚拟仿真技术的电子竞技教育模式探索[J].现代教育科技，2018（8）：156-159.
[3] 陈国政.多媒体技术在高职计算机教学中的应用探析[J].休闲，2020.

[4] 张炜，宋亚鹏.虚拟仿真技术在电子竞技教育中的应用研究[J].电教研究，2021（4）：72-80.
[5] 任伟杰，靳春华.仿真实验在国家级实验示范中心建设中的作用[J].实验室科学，2010：119-121.
[6] 曾光.云桌面技术在高职计算机实验室建设中的应用研究[J].电脑知识与技术，2021：2（93-94）.
[7] 王佳祺.基于翻转课堂的教学模式在高职院校体育教学中的实验研究[J].才智，2022：4（80-83）.
[8] 王岩燕，岳军琳.项目教学法在高职实验教学中的应用研究[J].科技风，2020：36.
[9] 郭娇娇.高职院校VR技术在计算机教学中的应用研究[J].电脑爱好者（电子刊），2021：1（1302）.
[10] 卢洪喜.高职院校虚拟仿真实验中心建设的必要性[J].大科技，2021：2（62-63）.

1.6 人工智能软件参与包装创意设计生成的应用实践

姚大斌[①]

摘　要：探究人工智能技术软件在包装设计创意生成中的应用，并实践相应的应用结果评估方法。通过实验方法，选择合适的包装设计相关数据集进行数据清洗和预处理，采用人工智能模型进行训练和调优，生成具有创意的包装设计作品。制定创意设计评估指标，通过分析用户反馈，了解用户对人工智能生成设计作品的反应和意见。实验展示生成的包装设计作品，并进行了案例分析，从独特性、创意度和美感等方面进行了综合评估。综合分析评估结果、设计师意见和用户反馈，讨论了人工智能技术在包装设计创意生成中的优势、局限性，以及实际应用和操作可行性。人工智能技术在包装设计创意生成中具有巨大潜力和令人满意的视觉效果，但需要注意其局限性和不可控性。建议在实践操作中充分数据清洗和预处理，随着人工智能技术软件进一步改进和研究的深入，将进一步促进人工智能技术在包装设计领域的应用和发展。

关键词：人工智能技术；包装设计；创意生成；模型选择和训练；创意评估

在包装设计领域，创意生成一直是重要的挑战之一。包装设计需要满足多个方面的要求，包括吸引消费者注意、传达产品信息、与品牌形象相符等。设计师需要不断提出创新和独特的设计概念，以满足市场需求和赢得竞争优势。

---

① 姚大斌，硕士研究生，浙江纺织服装职业技术学院设计媒体学院副教授，主要从事数字媒体和视觉传达设计的研究。

基金项目：2023 年度浙江纺织服装职业技术学院校内第一批科研项目"人工智能时代艺术设计职业教育的挑战与应对（项目编号：2023-1D-006）"。

然而，创意的生成过程是复杂且主观的，设计师面临着时间压力和创意枯竭的风险。在这样的背景下，人工智能技术展现出了在包装设计创意生成中的潜力。人工智能技术具备大规模数据处理和模式识别的能力，可以通过学习和分析现有的包装设计作品，从中提取规律和特征，进而生成新的创意设计。通过机器学习和深度学习算法，人工智能技术能够模仿设计师的创意思维和风格，以及对用户喜好的理解，从而生成符合市场需求和用户喜好的创意设计[1]。人工智能技术还能够提高设计师的效率，减轻其工作量和时间压力，让设计师更加专注于创意的提炼和优化。人工智能技术在包装设计领域的应用前景广阔，未来将成为包装设计创意生成的重要工具和趋势。通过案例形式来研究人工智能技术在包装设计中的应用及结果评估，可以更加具体地了解其优势和局限性，从而更好地探索其应用前景和发展方向。

一、人工智能技术在包装设计和相关设计领域应用现状

人工智能技术在设计相关领域的成功应用包括图像生成和修复、风格迁移和图像转换、用户个性化设计以及市场趋势分析和预测。通过生成对抗网络（GAN）等技术[2]，人工智能可以生成逼真的图像并修复或改进现有图像，为包装设计提供更多创意选择[3]。人工智能还能实现图像风格迁移和设计样式转换，对于包装设计中的品牌统一和风格调整非常有帮助。通过分析用户的偏好和历史数据，人工智能可以生成个性化的设计作品，满足用户的个性化需求[4]。此外，人工智能还能通过分析市场数据和消费者行为，预测设计趋势和用户喜好，为设计师提供准确的市场趋势和需求信息。这些应用展示了人工智能在设计创意生成方面的潜力和创新性。人工智能技术可以为包装设计提供自动化、个性化和创新化的解决方案，提高设计效率和质量，满足市场需求和用户喜好[5]。

现有的包装设计创意生成方法和工具主要包括基于规则的生成、数据驱动的生成和混合创意生成。基于规则的生成方法使用预定义的规则和模板来生成创意设计，而数据驱动的生成方法通过分析大量的包装设计数据和趋势，利用统计和机器学习算法来预测及生成符合市场需求与用户喜好的创意设计。混合创意生成方法结合了人工创意和计算机生成的方式，通过设计师和计算机系统

的交互生成创意设计[6]。

人工智能技术在解决包装设计创意生成方案方面具有以下潜力。

（1）自动化创意生成。通过人工智能技术可以实现对大量包装设计数据的分析和模式识别，从而自动生成符合要求的创意设计，减轻设计师的工作量和时间压力。

（2）多样性和个性化设计。人工智能技术能够从大量的设计数据中提取不同风格和趋势，生成多样性的设计作品，满足不同品牌和用户的需求。

（3）创新和突破传统框架。人工智能技术能够通过学习大量设计作品，从中发现新的创意和设计模式，打破传统设计框架，带来更具创新性的设计概念[7]。

（4）有效的市场反馈。通过将人工智能生成的设计作品与用户进行反馈和评估，可以快速了解市场对设计的反应和喜好，从而及时调整设计方向和优化产品形象。

二、人工智能技术在包装设计创意生成中的应用的方法

（一）数据集准备和预处理

1. 确定项目目标

明确商业项目中包装设计创意生成的具体目标，例如提升产品销售、增加品牌认知度或与目标市场的连接。确切的目标可以指导数据集的选择和后续的预处理步骤。

2. 收集包装设计数据

收集相关的包装设计数据，可以包括公司历史上的包装设计案例、市场上的成功包装样本、竞争对手的包装设计以及相关行业的趋势和创新。此外，也可以考虑收集消费者反馈和喜好数据，以了解他们对包装设计的偏好。

3. 数据清洗和标注

对收集到的数据进行清洗和标注，确保数据的质量和一致性。这可能包括删除重复数据、去除噪声数据、修复图像中的损坏或模糊部分，以及标注关键设计元素（如颜色、形状、标志等）。确保数据集的干净和准确对后续的模型训练至关重要[8]。

4. 利用数据预处理

对清洗和标注后的数据进行预处理，使其适用于后续的机器学习算法和模型训练。这可能包括调整图像的大小、裁剪图像以去除不相关的区域、调整图像的亮度和对比度，以及将图像转换为特定的色彩空间[9]。确保数据的一致性和格式对于模型训练的有效性至关重要。

5. 数据增强

应用数据增强技术来扩充数据集，以增加样本的多样性和数量。这包括旋转、翻转、缩放、添加噪声等操作，以生成更多的样本[10]。数据增强可以增加模型的泛化能力，并减轻过拟合的风险。

6. 数据集划分

将准备好的数据集划分为训练集、验证集和测试集。通常建议使用70%～80%的数据作为训练集，10%～15%作为验证集，10%～15%作为测试集[11]。训练集用于模型的训练和参数优化，验证集用于调整模型的超参数和验证模型性能，测试集用于最终评估模型的泛化能力。

（二）人工智能模型选择和训练

1. 调研和评估可用的 GAN 应用软件

调研不同的人工智能模型，了解不同类型的人工智能模型，特别是生成对抗网络（GAN）在图像生成和创意设计方面的应用。GAN 是一种包含生成器和判别器的模型，可以通过对抗训练的方式生成逼真的图像和创意设计[12]。评估可用的 GAN 应用软件，Midjourney、Stable Diffusion、Leonardo 等。这些软件提供了实现 GAN 模型训练和调优的工具，可用于生成创意包装设计。

2. 数据集准备和预处理

根据前面提到的数据集准备和预处理的步骤，准备适用于 GAN 训练的数据集。确保数据集包含丰富的包装设计样本，以提供多样性和创意的基础[13]。

3. 模型训练和调优

使用准备好的数据集和设计的模型架构，进行模型的训练和调优。在训练的过程中，通过反复迭代优化生成器和判别器的参数[14]，使其能够生成逼真且具有创意的包装设计。

4. 模型优化和迭代

根据评估的结果，对模型进行优化和迭代。这可能包括调整模型参数、增加训练样本的多样性、改进参数等，以提升生成创意包装设计的质量和多样性。

5. 输出创意设计

根据优化后的模型，输出生成的创意包装设计。这些设计可以作为商业项目中的候选方案，进行进一步的评估和选择。通过选择合适的人工智能模型，如生成对抗网络（GAN）应用软件，并进行训练和调优，可以实现在包装设计创意生成中的创新和个性化。

（三）设计师参与创意评估指标定义

设计师在创意评估指标的定义中起着重要的角色，因为他们具有专业的包装设计知识和经验。设计师的参与可以确保创意评估指标的定义与包装设计领域的实际需求和专业标准相一致。设计师们可以基于他们的经验和专业知识，提供宝贵的意见和洞察，确保评估指标的准确性和有效性。通过用户调研、焦点小组讨论等方式，收集用户对人工智能生成设计作品的反馈和意见，并进行分析和总结。组织设计师团队，邀请专业的包装设计师组成评估团队。确保团队成员具有丰富的包装设计经验和对市场趋势的了解。与设计师团队共同讨论并确定评估指标的重要性。这些指标应该与商业项目的目标和要求相符，并能够全面评估创意包装设计的质量和有效性。定义创意设计评估指标：将生成的创意包装设计提交给设计师团队，让他们根据定义的评估指标进行评估和比较[15]。设计师可以分别对每个设计作品进行评分、提供意见和建议，或者通过小组讨论和共享意见来达成共识，制定具体的创意评估指标。这些指标可以包括但不限于以下方面指标（见表1.6.1）。

表1.6.1 包装设计创意生成评估指标表

指标要素	指标内涵	比值分配
独特性	典型性特征明显，原创形态以及独特的形式感，区别于市场上已有的包装设计	10%
美感	形式、色彩、配色方案，排版逻辑，与品牌调性的统一度	20%
可读性	品牌信息空间、产品信息空间、标识及规格信息空间	15%

续表

指标要素	指标内涵	比值分配
可识别性	产品与包装关联度，品牌与包装的关联度	15%
功能性	包装结构合理性，人机结构的便捷性，材质的体现与生产匹配度	30%
其他	文化、地域、风格化等特征	10%

独特性：创意设计是否与市场上的其他包装设计区别开来，是否能够吸引消费者的注意力。

美感：设计的视觉吸引力、配色方案、排版布局等，是否符合品牌形象和目标市场的审美观念。

可读性：包装上的文字和标识是否清晰可读，是否能够传达产品信息和品牌价值。

可识别性：包装设计是否能够与特定品牌或产品关联，使消费者能够快速识别和记住。

功能性：包装设计是否符合产品的使用需求和操作便捷性，是否能够给消费者提供良好的用户体验。

其他：未被列出的诸如地域特色、文化特征、风格化特征，以及特别需要强调的设计要素。

设计师团队共同参与评估标准和量化方法，以便对创意包装设计进行客观的评估和比较。可以使用打分系统、问卷调查或定性评价等方法来量化评估结果。根据设计师团队参与的评估结果，综合考虑各个评估指标的权重，得出最终的创意包装设计评估结果[16]。这将有助于确定最优的设计方案，并满足商业项目的要求和目标。

（四）用户反馈收集和分析

1. 多样化的用户反馈收集方式

除传统的调查问卷和焦点小组讨论外，可以探索使用先进的技术手段来收集用户反馈。通过眼动追踪技术可以记录用户在观察货架包装设计时的注意力分布，通过生物传感器可以捕捉用户的生理反应，通过社交媒体数据分析可以获取用户在互联网上的评论和反馈等。这些方法能够提供更加客观和细致的用户反馈数据。

2. 文本和情感分析

在用户反馈数据的分析中，可以运用自然语言处理和情感分析技术来提取与分析用户在评论、评分和意见中所表达的情感与情绪。这有助于更好地理解用户对包装设计的喜好、厌恶和期望，以及他们的体验和感受。

3. 用户需求的细分和个性化

通过用户反馈数据的分析，可以将用户需求细分为不同的群体和个体，并有针对性地生成个性化的包装设计创意。通过聚类分析可以识别出不同用户群体的共同特征和偏好，从而为每个群体提供定制化的设计方案。

4. 迭代设计和反馈循环

将用户反馈的洞察应用于包装设计的迭代过程中，实现持续的改进和优化。这可以通过构建反馈循环机制，定期收集用户反馈，并将其纳入设计调整和改进的决策中来实现。这种循环过程可以不断地提高包装设计的质量和用户满意度。

三、人工智能技术参与包装设计创意生成实验与结果

生成包装设计作品展示和案例分析，利用人工智能生成式软件 Midjourney，以一个具体的商业项目（瓶装橄榄油护肤品包装设计）进行人工智能技术软件参与包装设计创意生成实验，以下是具体步骤、结果和结果分析。

步骤一：按照客户需求与市场定位来做数据准备与预处理，得到训练人工智能软件的关键词信息；

步骤二：按照预处理数据关键词进行人工智能软件训练，并修正关键词与数据集，判断生成结果与设计预期拼配度，见图 1.6.1；

步骤三：模型优化与创意选择，统筹内外包装结构合理性，视觉设计的美观度与材料适配度，确定创意设计方案，见图 1.6.2；

步骤四：通过模型优化与迭代，最终确认包装设计方案，见图 1.6.3，再由设计师对最优方案进行加工，如品牌、品名、规格、产品信息，以及材料工艺等修正和再加工。

图 1.6.1　人工智能软件生成初步包装形态

图 1.6.2　人工智能软件匹配内外包装后的包装设计形态

图 1.6.3　最终选择人工智能软件生成的设计方案

经过对人工智能软件的训练与设计师的选优，最终的包装设计作品在独特性方面给人一种独特的冲击力，它与市场上其他包装设计明显不同，为产品带来了视觉上的新鲜感。同时，创意度的表现令人赞叹。作品巧妙地融合了抽象几何形状和有机元素，打破了传统的包装设计形式，呈现出独特而时尚的视觉效果。这种创意度的展现表明人工智能软件在训练后对市场趋势和目标消费者的了解，并将其巧妙地融入包装设计中。视觉美感方面，设计作品呈现出一种简洁、优雅的风格。明亮的色彩和柔和的渐变效果赋予整体设计一种时尚感和高端感。字体的选择和布局与整体设计风格相得益彰，突出了品牌标识和产品信息。整体而言，这幅作品给人一种精致、专业和引人注目的印象。

通过这幅人工智能软件设计的包装效果图，我们可以看到人工智能技术在包装设计创意生成中的巨大潜力。它不仅为设计师提供了丰富的创意资源和灵感，还提高了设计效率和精确度。人工智能技术与设计师的协同工作模式相结合，使得包装设计能够更好地满足市场需求，赋予产品以独特而吸引人的形象。通过人工智能技术的参与，设计师能够以更高效、创新的方式生成出令人惊艳的包装设计。人工智能技术为设计师提供了丰富的设计资源和灵感，使他们能够突破传统的设计限制，探索新的创意可能性。

四、人工智能技术在包装设计创意生成中的应用的讨论

（一）优势性和局限性

1. 优势性

（1）创新灵感的提供：人工智能技术可以通过对大量的设计数据进行分析和学习，提供新颖的设计灵感和创意元素，激发设计师的创造力。

（2）提高设计效率：人工智能技术能够快速生成大量设计作品，减少了设计师烦琐的重复劳动，节省了时间和精力，从而提高设计效率。

（3）多样性的创意生成：通过调整人工智能模型和设计参数，可以实现创意生成的多样性。这有助于满足不同品牌和用户的需求，为包装设计带来更广阔的创意空间。

（4）数据驱动的决策支持：人工智能技术可以通过分析大量设计作品数据，帮助设计师做出更明智的设计决策，预测趋势并提供市场洞察。

（5）可持续发展的设计：人工智能技术可以通过优化设计方案，减少资源浪费和环境影响，推动包装设计朝向更可持续的方向发展。

2. 局限性

（1）主观性和情感因素：人工智能技术在评估美感、审美价值和情感方面存在局限性，因为这些因素往往是主观的，难以通过算法精确捕捉和表达。虽然人工智能可以生成创意设计，但其生成的创意可能受限于已有的数据和模型训练，难以超越传统的设计范式，缺乏突破性的创新。

（2）缺乏设计师的主观判断和专业知识：人工智能技术在包装设计中缺乏设计师的主观判断和专业知识，无法完全取代设计师的角色。设计师的独特见解和创意仍然是创意生成的关键要素。目前人工智能无法真正理解人类情感和直觉，这在包装设计中经常起到重要作用，如传递品牌的情感和价值观。

（3）数据和技术要求：人工智能模型的训练和生成结果通常需要大量高质量的训练数据和复杂的技术实现。获取和处理这些数据可能存在困难，并需要相应的技术支持。使用人工智能技术进行包装设计创意生成需要大量的数据，可能涉及用户隐私和数据安全的问题。确保数据的合法和安全使用是一个重要的挑战。人工智能技术的应用还受到技术限制和复杂性的影响。虽然技术不断发展，但在实际应用中仍面临一些技术挑战，如模型的准确性、效率和可解释性等方面的问题。

（4）用户接受度和信任：一些用户可能对由人工智能生成的设计作品持怀疑态度，对其可信度和质量感到不确定。因此，在推广人工智能技术应用于包装设计时，需要逐步建立用户对其的接受和信任。

3.应用的实操性

协同工作模式在人工智能技术与包装设计师之间的合作中起着重要作用。通过人工智能技术的辅助，包装设计师可以借助自动生成的设计初始版本或灵感，节省时间和提高效率。人工智能可以通过分析大量的包装设计数据和趋势，发现新的设计思路和元素，为设计师提供创意的起点。设计师在此基础上，运用自身的专业知识和审美判断对设计进行深化与优化，加入个人的创造力和独特性。这种协同工作模式使得人工智能技术成为设计师的创意助手，同时保留了设计师的主观判断和专业洞察力，进一步提升设计效率和创意生成能力。

人工智能技术应用于包装设计领域时，应综合考虑技术成本、市场需求和用户接受度等因素。技术成本涉及人工智能模型的开发和训练成本，市场需求和用户接受度是决定技术的适用性和可操作性。目前看来，市场上对于人工智能技术在包装设计中的需求和态度是欢迎的，根据市场需求制定相应的设计策略，针对不同客户群体实施不同的定制化设计服务。

在实施人工智能技术于包装设计过程时，技术的可行性包括所选人工智能技术软件的可靠性、稳定性和可扩展性。这需要经过充分的研究和测试，确保技术能够在实际应用中达到预期的效果。设计师需要能够轻松使用人工智能工具和软件，无须过多的技术培训和专业背景，友好的用户界面和简化的操作流程可以帮助设计师更好地使用人工智能技术进行包装设计创意生成。

五、结语

对人工智能技术在包装设计创意生成中的应用与效果评估方面进行了初步探讨后，我们发现了人工智能技术在包装设计领域的巨大应用潜力和效果。通过使用人工智能模型进行训练和调优，我们成功实现了自动化的包装设计创意生成，并生成了一系列具有独特性和美感的设计作品。这些结果表明，人工智能技术在提高包装设计效率和创造力方面具有显著的优势。在实践和未来研究领域，需要不断地改进人工智能技术和算法，以提升创意生成的多样性和个性化。优化人机协作模式，使设计师与人工智能技术形成有机的合作关系，充分发挥各自的优势。此外，引入用户参与的机制，将用户需求和喜好纳入创意生成过程，实现更好的用户体验和满意度。人工智能技术在包装设计创意生成中的应用提供了实证研究和实践经验，凸显了其潜力和效果。随着人工智能技术的不断发展和创新，将为包装设计领域带来更多机遇和突破。未来在开展更深入应用和探索中，将不断尝试生成软件技术、优化协作模式，并引入更多用户参与，以推动人工智能参与包装设计创意生成中的应用取得更大的成功和实践价值。

参考文献

[1] 黄小平，李小雷，杜亚军．浅析人工智能技术在软包装行业中的应用[J]．电脑知识与技术，2021，17（36）：112-113，118．

[2] 姜利华．人工智能技术在机械设计与制造中的应用[J]．电子技术，2023，52（3）：337-339．

[3] 杨晓犁．人工智能背景下的视觉设计方式变革与思考[J]．美术大观，2020（10）：131-133．

[4] 王熠．人工智能与数字创意产业：融合、发展与创新[J]．上海大学学报（社会科学版），2023，40（3）：100-111．

[5] 荆伟. 人工智能驱动下的设计产业融合创新探究 [J]. 包装工程，2021，42（16）：79-84，93.
[6] 徐悬，刘键，严扬，等. 智能化设计方法的发展及其理论动向 [J]. 包装工程，2020，41（4）：10-19.
[7] 钟福民. 以设计表征文化多样性——当代中国土特产包装的地方性表达 [J] 南京艺术学院学报（美术与设计版），2008（5）：153-154，162.
[8] 解学芳，臧志彭. 人工智能在文化创意产业的科技创新能力 [J]. 社会科学研究，2019（1）：35-44.
[9] 吴宇鹏. 机器学习在数据预处理中的应用研究 [J]. 信息与电脑（理论版），2022，34（13）：16-18.
[10] 胡晓斌，彭太乐. 基于数据增强视觉 Transformer 的细粒度图像分类 [J]. 西华大学学报（自然科学版），2022，41（6）：9-16.
[11] 毛溪，梁天一，严城雨，等. 3D 打印和生成技术结合下短线智能化产品设计模式探索 [J]. 包装工程，2021，42（16）：16-21.
[12] 董永生，范世朝，张宇，等. 生成对抗网络的发展与挑战 [J]. 信号处理，2023，39（1）：154-175.
[13] 孙立健，周鋆，张维明. 一种新的多任务朴素贝叶斯学习方法 [J]. 信息工程大学学报，2020，21（2）：221-226.
[14] 高峰，焦阳. 基于人工智能的辅助创意设计 [J]. 装饰，2019（11）：34-37.
[15] 唐真. 包装设计评估的回顾与展望 [J]. 包装工程，2019，40（10）：52-58.
[16] 牛中奇. 电媒作品价值评估参考算式及其设计原理 [J]. 传媒，2021（3）：49-52.

1.7 ChatGPT 在编程教学中的应用与启示

陈小红 [①]

摘 要：人工智能技术的发展催生了很多辅助编程工具，其中最近问世的 ChatGPT 给编程和教育领域带来了诸多机遇和挑战。该研究基于 ChatGPT 在编程领域的核心功能，通过具体编程教学实例探讨其在教师教学、学生学习、学习评价三个方面的教育应用。并进一步探讨了以 ChatGPT 为代表的 AI 辅助编程工具在编程教学应用中的潜在问题及对教学的启示，以期能给编程学习者和广大一线教师提供借鉴。

关键词：ChatGPT；人工智能；编程教学；辅助编程

一、引言

随着信息技术的快速发展和互联网的普及，编程已经成为现代职业所必备的技能之一。编程教学也在教育的各个阶段越来越普及。人工智能（AI）技术的发展也催生了很多辅助编程工具，如 GitHub Copilot，TabNine，Visual Studio IntelliCode，以及近期火爆全球的大语言模型——ChatGPT。这些 AI 辅助编程工具为开发者提供了更智能和高效的开发体验，同时也能为编程提供更加个性化、高效和实践导向的学习方式。本文从编程教学的实际出发，结合具体案例探讨 ChatGPT 在编程教学中的应用以及存在的局限和启示。

[①] 陈小红，硕士研究生、上海出版印刷高等专科学校印刷包装工程系副教授，主要从事信息技术教育应用的研究。

二、ChatGPT 的使用现状

ChatGPT（Chat Generative Pre-trained Transformer）是 2022 年 11 月由美国人工智能研究实验室 OpenAI 推出的一款人工智能聊天机器人程序。OpenAI 使用大规模的语料库和 RLHF（Reinforcement Learning from Human Feedback，人类反馈强化学习）技术对 ChatGPT 进行了训练，并加入了更多人工监督进行微调，使其具备了广泛的语言理解和生成能力[1]。ChatGPT 通过人类自然对话的方式用文字进行交互，可以完成自动生成文本、自动回答、自动概述、自动编写代码等多种任务。能够应用在客户服务和支持、辅助内容创作和编辑、教育培训指导、电子商务和营销、信息查询和解答、辅助代码编写等多个领域。

在辅助编程方面，ChatGPT 可以根据用户提供的问题或描述，自动生成相关的代码片段并提供示例；可以分析和优化代码，指出潜在的错误、漏洞并提出改进的建议；可以回答关于编程语言、数据结构、算法等技术问题，并提供解释、示例和指导，帮助用户理解和解决问题；还可以提供创意和项目建议，帮助开发人员在思考项目架构、功能设计和解决方案时提供灵感与指导。有了这些功能的支撑，目前很多代码编辑器开始尝试推出由 GPT 驱动的聊天辅助编程工具。GitHub Copilot X 是 GitHub 的代码自动补全工具 Copilot 的拓展，是 Copilot 推出的以代码为中心的聊天模式——Copilot Chat，专门用于帮助开发人员编写、调试其代码，并能针对某个问题查找答案。如此强大的功能也引发了人们对人工智能可能会导致大量程序员失业的担忧。

ChatGPT 的强势"入侵"也迅速引发教育领域的风暴。尽管不少教育组织和个人对 ChatGPT 表现出了积极拥抱的态度，并已经开始尝试在教育实践中进行推广使用[2]，但也有不少人认为学生们可以利用 ChatGPT 完成各种作业及测试，容易养成怠于思考的习惯，甚至把它变成作弊的工具。ChatGPT 发布之初，全球范围内有部分学校采取了"禁用"AI 工具的手段[3]，然而这种"禁用"手段并不能真正限制学生使用 AI 工具。近日，多所学校已宣布取消该禁令，从"禁用"转变为"使用"，很可能会给教育带来巨大的变革。当意识到新技术革命的巨轮已经启动时，最好的办法是学会去探索、去适应它，并能为己所用。AI 不会取代人类，只有不会使用 AI 的人才会被取代，AI 的发展让人们重新定义自己的工作和价值。

三、ChatGPT 在编程教学中的应用

正如 ChatGPT 的出现，也是人类学习编程的成果。在人人学习编程技能的时代，教师在编程教学中，要学会自己使用 ChatGPT 等 AI 工具来辅助教学，并引导学生正确地使用 AI 工具的核心能力进行编程学习，使之成为自己的 AI 伴学导师。结合 ChatGPT 在编程领域的主要功能，从教学中的三个关键环节——教师教学、学生学习、学习评价来梳理 ChatGPT 支持的编程教学应用[4]。

（一）教师教学的支持

ChatGPT 在教师编程教学中可以给予教师以下三个方面的支持。

1. 教学策略的辅助

教师可以向 ChatGPT 提出关于编程教学的问题，例如如何讲解某个概念、如何引导学生解决问题等，让它提供教学策略，帮助改进教学。

2. 提供课程资料和资源

ChatGPT 可以帮助教师寻找和整理编程课程所需的相关资料与资源。它可以提供学习网站、编程练习题等方面的推荐，让课程内容更加丰富有趣。

3. 提供代码示例和演示

ChatGPT 可以为教师提供与特定编程语言教学内容相关的代码示例和演示，以便教师在课堂上或教学材料中使用这些示例来帮助学生更好地理解和掌握编程知识。

例如，当教师输入"我要教学生 Python 里面的'for in'循环语句，请给我一个演示案例"时，ChatGPT 不仅快速给出了一个计算列表中每个元素平方的示例，并对示例代码进行了详细的解释，给出了程序输出的结果，还解释了学生通过这个示例可以看到代码运行过程，甚至还鼓励学生尝试修改示例来巩固对语句的理解。也就是说，它不仅对该提问给出了答案，甚至还进行了解释，并给出了额外的建议。辅助教学示例如表 1.7.1 所示。

表1.7.1　辅助教学示例

用户输入	系统生成内容（部分）
我要教学生Python里面的"for in"循环语句，请给我一个演示案例	当教学生Python中的"for in"循环语句时，可以通过一个简单的示例来演示其用法。以下是一个计算列表中每个元素平方的示例： numbers=[1，2，3，4，5] for num in numbers： 　　squared=num ** 2 　　print（squared） 在这个示例中，首先我们创建了…… 运行这段代码后，输出将会是…… 学生们可以观察循环…… 学生可以尝试修改示例代码……

（二）个性化学习过程的支持

在学习编程的过程中每个学生遇到的学习障碍和困难可能都是不一样的，ChatGPT作为学生的伴学导师，可以给学生提供个性化学习的支持[5]：①学习指导。ChatGPT可以为学生提供关于学习方法、自学资源、课程安排等方面的指导，帮助学生制订学习计划和提高学习效果。②解答疑问。学生可以向ChatGPT提问关于编程概念、语法、算法等方面的问题，并获取即时回答和解释，帮助他们更好地理解复杂的概念和技术。③提供示例代码。学生可以向ChatGPT请求某个编程问题的示例代码，以加深对概念和技巧的理解。

例如，在学习编程的过程中，学生如果对"面向对象编程"的概念不太理解，可以对ChatGPT进行提问："我正在学习Python，请解释一下什么叫面向对象编程？请举例说明。"ChatGPT首先提供了面向对象编程的概念，其次通过模拟动物园里各种不同类型的动物来对此概念进行举例说明。它把"动物"这个类作为其他具体动物类的父类，然后创建不同类型的具体动物如"狗"和"猫"，最后创建具体的动物对象如一只叫"Tom"的猫。系统不仅给出了此案例的代码，并对代码进行了详细解释，最后总结了面向对象编程的优点。这样的解答不仅可以给学生的学习提供个性化的帮助，也能给教师的教学带来启发。

需要注意的是，同一个问题用户输入的提示语不一样，得到的答案可能是不一样的，想得到理想的回答需要掌握好输入提示语的技巧。例如刚才的问题，如果你想要案例说明，一定要明确输入"请举例说明"的提示。

表 1.7.2　解答疑问示例

用户输入	系统生成内容（部分）

我正在学习Python，请解释一下什么叫面向对象编程？请举例说明	面向对象编程（Object-Oriented Programming，OOP）是一种编程范式，它……
	让我们以一个简单的例子来说明面向对象编程……
	首先，我们可以创建一个"动物"类，……
	其次，我们可以创建具体的动物类，如……
	通过这种面向对象的设计，我们可以创建具体的动物对象并对其进行操作。……
	class Animal:
	　　def __init__（self，name，age）：
	　　　　self. name=name
	　　　　self. age=age
	　　def eat（self）：
	　　　　print（f"{self. name} is eating."）
	　　def sleep（self）：
	　　　　print（f"{self. name} is sleeping."）
	class Dog（Animal）：
	　　def bark（self）：
	　　　　print（"Woof! Woof!"）
	class Cat（Animal）：
	　　def catch_mouse（self）：
	　　　　print（f"{self. name} is catching a mouse."）
	# 创建对象
	tom=Cat（"Tom"，3）
	tom. eat（）　　# 调用父类方法
	tom. catch_mouse（）　　# 调用子类方法
	dog=Dog（"Buddy"，5）
	dog. eat（）
	dog. bark（）
	在上面的例子中，我们定义了一个父类……
	通过面向对象编程，我们能够更好地……

（三）学习评价与反馈的支持

编程学习中，学习者需要花费大量的时间检查和调试代码，教师并不能对每个学生的求助及时响应，ChatGPT 能够对给出的代码进行分析并进行纠错处理，因此可以提供对学生的学习进行评价与反馈的支持：①代码评估。学生可以将编写的代码提供给 ChatGPT，以获取关于代码质量、错误修复和改进建议的反馈。②编程练习和测验。ChatGPT 可以为学生提供编程练习和测验，帮助他们巩固知识和提升编程技巧。

例如，学生初学 Python 时最容易犯的错误就是语法错误，如冒号漏写或者忘了缩进，学生可以让 ChatGPT 帮助改错。当输入你的代码以后，ChatGPT 会立即指出你的错误，并给出正确的代码，不仅如此，它会逐句解释更正后的代码并给出程序输出的结果，最后还会提醒你遵守语法规则。

表 1.7.3　代码检查与反馈示例

用户输入	系统生成内容（部分）
请帮我更正一下如下代码： a='12345' for i in a print（i）	你的代码示例中缺少了缩进和冒号，这是 Python 语法所要求的。请使用正确的缩进和冒号来修正代码如下： a='12345' for i in a: 　　print（i） 在此修正后的代码中，我们使用"for-in"…… 这样修正后，代码将逐个打印字符串…… 请确保你的代码在编写时遵循缩进和语法规则……

四、ChatGPT 在编程教学应用中的局限与启示

（一）局限与问题

虽然 ChatGPT 能够在编程教学中给予师生部分辅助，但由于系统本身的限制和使用者自身的知识储备等，在使用中可能会出现一些局限和潜在的问题。首先，ChatGPT 的输出依赖数据的质量和偏见。ChatGPT 的输出是根据其训练数据和用户输入的内容生成的。如果训练数据存在偏见或不准确性，可能会产生有误导性的或不正确的建议。在不考虑插件的情况下，ChatGPT 的训练文本截至 2021 年 9 月之前的公开数据，输出的答案或代码片段可能会引用较旧的框架版本、具有安全缺陷或已弃用的功能。此外，使用者很难知道怎样的输入一定会有好的结果，如果用户提供的问题或描述不准确，ChatGPT 可能也会给出错误的答案或建议。

其次，ChatGPT 可能无法准确识别编程代码中的错误或潜在问题。这是因为它主要基于语言模型，而并不具备编译器或调试器的功能。这意味着它可能无法提供关于代码错误的详细解释或指导，尤其是涉及复杂的语法或逻辑错误

的情况。同时也会导致它不能提供动态的、实时的编程支持。比如它可能无法调试需要实时观察和交互的错误。

最后，生成式人工智能的过程仍然是神秘的黑箱。ChatGPT 有着很多不可解释性，ChatGPT 的创造者 OPENAI 首席执行官 SAM Altman 曾在媒体前说过：有时候就连 OpenAI 的研究者自己都搞不明白，GPT 系列为何会出现推理能力。这样会导致系统输出的答案没有明确的来源和科学的依据，即使生成的复杂代码可以正确运行，也并不适合直接挪用到实际项目中。此外，ChatGPT 受训的大规模数据集可能会涉及知识产权保护的数据，存在侵犯他人产权的风险[6]。

（二）启示与展望

学生在应用 ChatGPT 学习时，教师的角色仍然至关重要。未来的 ChatGPT 版本可能会具备更强大的代码生成功能和更新的训练数据，对于初学者来说将是一个有价值的工具，可以帮助学习者快速入门并提高编程效率。教师可以指导学生如何使用 ChatGPT 等 AI 工具来寻找答案、解决问题和学习新知识，培养学生的自主学习能力和信息获取能力。但需要注意的是使用者必须清楚地知道自己在做什么，并能甄别和验证 ChatGPT 输出的代码正确性。学生要不断提高信息筛选能力，尤其是识别虚假信息的能力[7]。老师的专业知识和指导能够弥补 ChatGPT 的不足，确保学生获得准确而全面的编程学习辅助。

对于编程教学来说，教师需要更新教学方式和教学内容，才能培养出未来的从业人员。教育的未来取决于教师们现在如何使用 ChatGPT 等技术。当前生成式人工智能技术已经具备较好的代码自动生成与调试能力，专业代码编辑器与 GPT 驱动的 AI 聊天辅助编程工具的整合，弥补了 ChatGPT 不能实时动态调试代码的不足，初级程序员的工作岗位可能会被逐步取代。因此在教学中，教师需要有效地整合和应用这些 AI 工具，以提升教学质量。自动编程时代，编程思维的训练变得更加重要。在编程教学的内容方面，相对于程序语言的语法和知识点，更加需要强调高阶的编程思维能力的训练[8]，让学生能更好地运用新技术，帮助自己高效地达成目标。

五、结语

基于大语言模型的编程智能化水平会不断地提升，ChatGPT 会彻底改变编程与软件行业，但它一定是程序员的辅助者而非替代者。在这个技术变革的时期，我们更要学习编程，成为新技术的主导者而不是牺牲者。ChatGPT 在编程教学应用中具有一定的潜力和局限性，但教师仍然是教学的核心，AI 工具仍需在教师的引导下科学而谨慎地应用。以打造更为高效和灵活的编程教育环境，培养出更多优秀的编程学习者和专业人才。

参考文献

[1] 沈书生，祝智庭. ChatGPT 类产品：内在机制及其对学习评价的影响[J]. 中国远程教育，2023（4）：8-15.

[2] Jimenez, K. 'This shouldn't be a surprise': The education community shares mixed reactions to Chat GPT［EB/OL］. Retrieved from https://www.usatoday.com/story/news/education/2023/01/30/11069593002，2023.

[3] 焦建利. ChatGPT 助推学校教育数字化转型——人工智能时代学什么与怎么教[J]. 中国远程教育，2023（4）：16-23.

[4] 卢宇，余京蕾，陈鹏鹤，等. 生成式人工智能的教育应用与展望——以 ChatGPT 系统为例[J]. 中国远程教育，2023，43（4）：24-31，51.

[5] 张志祯，张玲玲，米天伊，等. 大型语言模型会催生学校结构性变革吗？——基于 ChatGPT 的前瞻性分析[J]. 中国远程教育，2023（4）：32-41.

[6] 周洪宇，李宇阳. ChatGPT 对教育生态的冲击及应对策略[J]. 新疆师范大学学报（哲学社会科学版），2023（4）：102-112.

[7] 吴砥，李环，陈旭. 人工智能通用大模型教育应用影响探析[J]. 开放教育研究，2023，29（2）：19-25，45.

第 2 部分
艺术与科技专题

2.1 乡村振兴背景下少数民族乡村网红非遗短视频的传播实践与功能探析

徐萌[①]

摘　要：党的十九大首次将乡村振兴作为国家战略提出，在此背景下如何结合融媒体传播技术，因地制宜加快推进脱贫地区乡村产业、人才、文化、生态、组织等全面振兴值得深入研究和探讨。2020年11月"理塘丁真"首次走红，并带动甘孜县文旅发展成为显现级"网红县"。如今两年半过去，"理塘丁真"不仅没有昙花一现，还以"少数民族乡村网红＋非遗短视频"为定位带动甘孜县走出一条独特的乡村振兴之路。本文以"理塘丁真"为研究对象，试析少数民族乡村网红非遗短视频在乡村振兴中的功能与实践。

关键词：乡村振兴；短视频；非遗；乡村网红；"理塘丁真"

2021年，中共中央、国务院印发的《关于全面推进乡村振兴加快农业农村现代化的实施意见》指出，把乡村建设摆在社会主义现代化建设的重要位置，全面推进乡村产业、人才、文化、生态、组织振兴，充分发挥农业产品供给、生态屏障、文化传承等功能，走中国特色社会主义乡村振兴道路[1]。在此背景下，结合融媒体传播技术推进乡村文化传播和乡村文化传承显得尤为重要。

非物质文化遗产（简称"非遗"）是中华优秀文化的重要组成部分，少数民族优秀传统文化亦是中华优秀传统文化的重要构成部分。2021年2月，习近平总书记赴贵州看望慰问干部群众谈及非物质文化代表之一苗绣时曾指出，

---

① 徐萌，上海市出版印刷高等专科学校讲师。

特色苗绣既传统又时尚，既是文化又是产业，不仅能够弘扬传统文化，而且能够推动乡村振兴，要把包括苗绣在内的民族传统文化传承好、发展好。[2]进一步明确了非遗与民族传统文化传承、推动乡村振兴之间的密切联系。

2020年11月"理塘丁真"首次走红，并带动甘孜县文旅发展成为显现级"网红县"。如今两年半过去，"理塘丁真"不仅没有昙花一现，反而走出了一条以"少数民族乡村网红＋非遗短视频"为明确定位，稳定持续输出高质量藏族优秀文化传统及康巴地区民俗风貌内容，全面带动甘孜县文旅产业及文化传播的乡村振兴之路。本文以"理塘丁真"为主要研究对象，试析少数民族乡村网红非遗短视频在乡村振兴中的功能与实践。

一、研究综述及问题的提出

由于历史、地理等因素，少数民族聚集地多在偏远地区和山区农村，交通、经济及居住环境相对落后，少数民族聚集地与乡村之间有着天然的重叠关系。少数民族聚集地多在高海拔的山区、沙漠、草原等地，有着独特的自然风光和人文风貌，对于发展乡村文旅来说有着得天独厚的自然条件。与此同时，少数民族拥有独特的文化和传统，不仅留下了众多物质文化遗产，更孕育了非物质文化遗产的优渥土壤。因此，少数民族、非遗、乡村振兴三个关键词之间具有着与生俱来的深度关联，探讨如何通过少数民族"乡村网红＋非遗短视频"的方式路径推进乡村振兴具有重要意义。

但是，截至2023年6月30日，笔者在知网上以"非遗＋乡村振兴"为关键词进行主题搜索，共搜索到2200条内容，其中"学术期刊＋学位论文"仅1500多篇；以"乡村网红＋非遗"为关键词进行主题搜索，仅搜索到相关内容21条，若再加上"少数民族"的限制，相关条目仅剩3条。可见，目前国内学术界对少数民族"乡村网红＋非遗"的主题研究明显不足，仍属新兴议题，有待进一步完善和扩充。

其中，韦秋雯在《乡村振兴战略下乡村非遗短视频的传播研究》中分析研究了乡村非物质文化遗产短视频的传播现状，并尝试探讨了乡村非遗短视频的传播意义和非遗短视频可能存在的问题。研究问题的提出非常新颖且极具研究价值，但内容分析与观点的提出相对宏观、浅尝辄止，略显遗憾。栾轶玫、张杏《"多元传播"赋能的非遗扶贫新模式——以脱贫网红贵州"侗族七仙女"为例》一文提出了非遗扶贫的模式，并以贵州乡村网红"侗族七仙女"为例探讨了乡村网红通过多元传播非物质文化遗产脱贫的路径，为本文的研究提供了部分可参考的内容文献。

二、少数民族乡村网红非遗短视频的实践

如今，"李子柒""手工耿""华农兄弟""张同学""山村小杰"等乡村网红早已令人耳熟能详，他们不仅在自己的垂直领域形成巨大声浪，还突破圈层限制形成跨圈层传播甚至跨国传播。与一般乡村网红相比，少数民族乡村网红在数量和传播力上相对较弱，但也有不少出色代表如"云南傈僳小伙""迷藏卓玛""某色苏不惹""侗族七仙女""理塘丁真"等。少数民族乡村网红与一般乡村网红最大的区别在于，他们除了在"前台"完成自我形象建构与传播外，更多的是以短视频为媒介与自己所在的乡村区域建立更加紧密的联系，并透过这种深刻的联系传播本民族文化传统尤其是非物质文化遗产，带动所在地的经济、文旅发展推动乡村振兴。其中，抖音平台粉丝数777.3万，获赞9109.5万[①]，少数民族文化传统及非遗短视频内容占所有短视频至少一半以上的"理塘丁真"在本研究的议题之下则最具讨论价值。笔者观看并分析抖音平台"理塘丁真"目前发布的总共196条短视频作品后综合认为，以"理塘丁真"为代表的少数民族乡村网红非遗短视频在推进乡村振兴实践过程中主要有以下特点。

（一）客观条件：短视频平台提供重要舞台

2021年8月，中共中央办公厅印发《关于进一步加强非物质文化遗产保护工作的意见》指出，要加强非物质文化遗产的传播和普及，鼓励各类新媒体平台做好相关传播工作，设立非物质文化遗产专题和栏目。[3]

根据抖音近两年发布的《非遗数据报告》显示，2021年抖音上国家级非遗项目相关视频播放总数3726亿，获赞总数94亿，覆盖国家级非遗项目99.74%；截至2023年5月，抖音上平均每天非遗直播1.9万场，平均每分钟

---

① 统计数据截至2023年6月30日。

就有13场非遗内容开播。抖音2023年《乡村文旅数据报告》显示，过去一年，平台内新增乡村内容视频数累计超4.59亿个、播放量超23901亿次，同比增长达65%。这些内容引发网友415亿次点赞，分享次数达28.05亿次，同比增长126%。"乡村+非遗"的主题内容数量在乡村文旅视频内容中排名第四。加之各类短视频平台的"乡村计划""非遗计划"的扶持之下，如今以短视频平台为代表的新媒体已然成为"乡村文旅传播+非遗传播"的重要舞台。

（二）双向奔赴：少数民族乡村网红与非物质文化遗产的彼此成就

截至2023年6月30日，"理塘丁真"于抖音平台发布的总计196条短视频中，涉及康藏少数民族文化风貌内容的短视频147条，其中几乎均涉及非遗元素，如藏袍、哈达、藏戏、锅庄舞等，占比约在75%。2021年8月，丁真成为甘孜州第七批省级非物质文化遗产代表性传承人，传承项目为理塘县文化馆民俗——赛马节。2022年11月，丁真正式签约担任成都非遗品牌推广大使。

根据理塘融媒发布的《丁真与非遗》短片统计，"理塘丁真"短视频所涉及的康藏地区非物质文化遗产包括：赛马节（四川省级）、藏族天文历算（国家级）、唐卡（人类非物质文化遗产）、珞巴族服饰（国家级）、藏戏（人类非物质文化遗产）、金石篆刻（国家级）、林芝工布毕秀竞赛（西藏自治区级）、藏族雕版印刷（国家级）、弦子舞（国家级）、传统帐篷编织（国家级）、藏族碉楼营造（国家级）、酥油花（国家级）、藏纸（国家级）等。共涉及联合国人类非物质文化遗产2项，国家级非物质文化遗产9项，西藏自治区级非物质文化遗产1项，四川省级非物质文化遗产1项。

"理塘丁真"从2020年11月首次走红至今，根据其发布的短视频内容主题可以简单分为三个阶段。第一阶段诞生期。以"康巴少年"野性粗犷的高颜值形象外加甘孜地区得天独厚的雪山、草地等自然风貌为主要传播内容。第二阶段成长期。该阶段内容主题相对混杂，在保持康藏文化及自然风貌传播主题的基础上，开始尝试参与"中餐厅""天天向上"等综艺，进入摸索阶段，一定程度丧失自身主体特色的同时也获得了一些负面信息并因此损失了部分流量。第三阶段稳定期。明确自身定位，锁定康藏地区非物质文化遗产，借助本区域非遗优势加强自身传播的同时，也促进了本区域非物质文化遗产的推广传播，实现了少数民族乡村网红与本区域非物质文化遗产的彼此成就。

（三）多元传播：少数民族乡村网红非遗传播形象的自塑与他塑

走红于抖音平台的"理塘丁真"，在其他新媒体平台上同样也取得了不错的成绩，B站作品25条，粉丝59.4万，获赞149.6万，视频播放数3649.4万；微博作品361条，粉丝300.8万。通过自建新媒体矩阵完成非遗短视频内容自我传播，构建"康巴少年＋非遗传播使者"人物形象完成形象自塑的同时，还分别于2020年11月与"时差岛"完成了90分钟纪录片《丁真的世界》；2021年7月与人民网人民文旅共同创作展示藏地风光，弘扬藏族文化传统的8集系列短片《丁真的自然笔记》；2023年2月与中央广播电视总台农业农村频道、中共甘孜州委、甘孜州人民政府、新浪集团乡村振兴合作办公室携手打造9级纪录短片《跟着丁真探乡村》，该片主要以助力少数民族地区建设宜居宜业和美乡村为主题。与主流媒体、政府、企业的不断合作共创中，逐渐完善"康巴少年＋非遗传播使者"人物形象的塑造。

2021年6月，丁真加入湖南卫视综艺《中餐厅5》节目录制，与谢霆锋等明星一起品尝酥油茶等藏餐，次月首播创下全网同时段节目收视率第一。2022年5月丁真又加入湖南卫视综艺《天天向上》主持团队，带着一众明星前往四川省甘孜藏族自治州德格县"中国藏族传统手工艺之乡"宿镇学习点藏香、画唐卡，真实体验、传播藏族非物质文化遗产。通过综艺节目休闲轻松的表达方式，在乡村与城市之间、古朴与现代之间、传统与科技之间碰撞出更为绚烂的火花，最终以少数民族乡村网红深度结合非物质文化遗产的方式实现跨平台、跨圈层、多元、复次传播，帮助少数民族乡村地区、非物质文化遗产提升社会能见度。

（四）场景还原：少数民族乡村网红携非遗"返乡"

与大部分网红走红后纷纷前往一线城市签约MCN机构的发展道路不同，乡村网红尤其是少数民族乡村网红走红后往往选择了一条"返乡"之路，即"我从哪里来（走红）我回到哪里去"，以家乡城市/城镇为依托，呈现出叠加身份的特质。[4] 少数民族乡村网红的"场景化"表达主要包括以下模式："视觉系统"场景——少数民族服饰、美妆、美食、风光；"文化系统"

场景——少数民族节日、庆典、非遗技艺；"仪式系统"场景——少数民族习惯、风俗、礼仪；"社交系统"场景——少数民族日常生活、带货。[5]

乡村文化振兴并非是对乡村文化简单复现或将其束之高阁，而是在乡村文明与现代文明的对话中实现价值共生与共融[6]。"理塘丁真"得以爆火源于多个自带标签，如少数民族、野性纯真、田园牧歌、民俗风情等，而这些标签正是康巴藏族文化和甘孜山区风貌赋予的，一旦"离乡"将造成所有标签的消弭与人物形象的崩塌。因此，抓准少数民族、乡村、非遗等标签"返乡"，以草原、雪山、湖泊、赛马、牧牛等元素展现康巴藏族地区农民的原生态生活场景，以情感为导向构建善良质朴、自由豪迈的藏族少年形象，以少数民族乡村网红视角为切入点，通过跟拍、真实纪录、实操体验、媒介建构等方式还原非物质文化遗产的诞生场景。在非遗文化的双重效应加持之下，势必促进"理塘丁真"形象与非物质文化遗产的双向传播。受晕轮效应影响，受众因为偏爱丁真，进而也会将这种关注延伸至藏地文化[7]。

三、少数民族乡村网红非遗短视频在推进乡村振兴过程中的功能与作用

少数民族地区推进乡村振兴的过程中已有相对成熟的模式，如政府、企业、产业相结合，产业扶贫，文旅扶贫等，但在规模效应、社会能见度等方面仍然存在一些难点。以"理塘丁真"为代表的少数民族乡村网红的非遗短视频实践与传播正好对这些难点做了一些补充和推进，具体而言有着以下重要功能与作用。

（一）赋能乡村文旅振兴

2020年11月"理塘丁真"首次走红，月末"理塘"搜索量巨幅上涨至620%，4倍于国庆期间的搜索量，理塘随即迎来旅游业的爆发式增长。借助"丁真热"，甘孜地区还挖掘培育出行甘孜央措、迷藏卓玛等系列网红，以少数民族乡村网红深度结合非物质文化遗产从而带动"旅游热""产业热"，将网络流量转化为推动经济社会高质量发展的助力器[8]。2021年五一期间，受"丁真效应"影响，甘孜州再次登顶新浪热搜榜首，当日有72000台车进州，12万人进入甘孜地区旅游。2022年甘孜州还推出"承文化之远"非遗主题旅

游，专门围绕"格萨尔文化""藏医药浴法""藏雕版印刷""藏戏"等非物质文化遗产，结合对应文旅景点如格萨尔王庙、德格印经院、理塘县藏戏馆等，以少数民族"乡村网红＋非物质文化遗产"双剑合璧的形式全面赋能当地文旅产业振兴。

（二）赋能乡村经济振兴

中国人民大学教授栾轶玫就曾提出过"非遗扶贫＋多元传播"的模式，即先借由融媒体传播打响知名度，随后带动当地经济的多方位发展，在原有基础上强化了非遗文化的传播效果，延伸了非遗扶贫的深度和广度[9]。"理塘丁真"的案例也再次证明，少数民族"乡村网红＋非遗短视频"的模式能够先借由网红热度形成网红效应，再借助融媒体传播获取社会关注度，随后带动当地文旅产业的发展，进而促进经济发展赋能乡村经济振兴。

甘孜州旅游局局长刘洪接受采访时曾表示："借助网络强大的宣传力量，甘孜州的知名度有了很大提升。"2021年，甘孜州接待游客3500万人次，旅游综合收入385亿元，分别是2016年的2.6倍、2.9倍[10]。2023年1—5月，甘孜州接待游客1237万人次，旅游综合收入133亿元，同比2022年分别增长76.15%和74.91%，文旅创新融合助推文旅产业高质量发展[11]。借由网红直播助推"圣洁甘孜"农特产品销售，也创造了1.54亿元销售额，同比增长22%。在网红效应的基础上把握非物质文化遗产传承与文旅结合，甘孜州推动炉霍郎卡杰唐卡、理塘县藏戏传习所等11家省级非遗扶贫就业工坊和文创企业，取得了明显的经济效益和社会效益。[12]

（三）促进"文化传播＋乡村传播"

文化传播与乡村传播分属两个不同细分研究领域，既有区别也有交叉，有学者专门撰文研究乡村文化传播，如中国社会科学院新闻与传播研究所的沙垚的《乡村文化传播》一文，专门探讨乡村文化传播的研究历史、概念以及研究方向[13]。但少数民族"乡村网红＋非遗短视频"的模式不仅拓展了乡村文化的传播，还拓展了少数民族优秀文化传统在全国甚至海外传播的广度与深度，故笔者认为此处还应把文化传播与乡村传播分开来看。

"理塘丁真"走红后，随即而来的是16个热搜榜首，21家中央级媒体，

121家地方媒体，156081家其他媒体的介入报道，相关报道和点击量超百亿[14]。随后不久，纪录片《丁真的世界》全网传播量也超百亿。如前文所述，以"理塘丁真"为代表的少数民族乡村网红抓准少数民族、乡村、非遗等标签"返乡"，其短视频内容主要围绕少数民族田园牧歌和非物质文化遗产展开。因此，在其人物形象和短视频全网爆火获得百亿传播的同时，其短视频内容中所包含的藏族文化传统、非物质文化遗产、康藏地区优秀人文风貌均获得了前所未有的传播与关注，促进了少数民族文化传统与非遗的文化传播，以及康藏地区人文及自然风貌的乡村传播。据抖音最新发布的《2023非遗数据报告》，藏族三大民间舞蹈之一的国家级非遗锅庄舞，在抖音演艺类非遗播放量中，已位居播放量增长榜首，有效提升了其社会能见度。

（四）增强文化软实力与民族自信

经过多年的努力与建设，我们在国家软实力和文化自信方面取得了喜人的成绩。但也应注意到由于大多数少数民族地区多处偏远山区、农村，经济条件、基础设施、信息传播等各方面仍距平均水平有一定差距，因此他们在自我认同和民族自信等方面也还有较大提升空间。

文化认同包括自我认同、内部认同和外部认同三个方面。以"理塘丁真"为代表的少数民族乡村网红非遗短视频在爆火过程中，其本人完成"自我认同"的同时还带动整个区域少数民族同胞一起完成了民族内的"内部认同"，让他们的优秀传统文化、非物质文化遗产得以被大众看到、喜爱、接受，让他们发自肺腑的感到了自豪与满足。借助YouTube、Twitter等海外新媒体的传播，以"理塘丁真"为代表的少数民族乡村网红非遗短视频也一度火到了国外，最终完成了"外部认同"的三级跳，在增强文化软实力与民族自信方面有着更加独特的功能与作用。

四、结语

以"理塘丁真"为代表的少数民族乡村网红非遗短视频在助推乡村振兴的实践过程中确实取得了诸多成绩：有效赋能文旅产业振兴、赋能经济振兴、促进"文化传播+乡村传播"、增强文化软实力与民族自信，也在一定程度上弥补了过去传统模式上的一些缺憾。同时，我们也应看到，推进少数民族地区乡村振兴以及传承与保护少数民族非物质文化遗产的道路仍然充满艰辛。本文在研究"理塘丁真"个案的基础上，试图为少数民族乡村网红非遗短视频助推乡村振兴模式的研究提供一份基础文献，也希望能够有更多的人关注并加入这一研究领域之中，为加速推进少数民族地区乡村振兴作贡献。

参考文献

[1] 中华人民共和国中央人民政府．中共中央国务院．关于全面推进乡村振兴加快农业农村现代化的意见 [EB/OL]. https:// https://www. gov. cn/xinwen/2021-02/21/content_5588098.htm.

[2] 光明网．弘扬优秀传统文化 非遗赋彩新时代画卷 [EB/OL]. https:// https://m. gmw. cn/baijia/2022-08/14/35952274. html.

[3] 中华人民共和国中央人民政府．中共中央办公厅国务院办公厅印发《关于进一步加强非物质文化遗产保护工作的意见》[EB/OL]. https:/ /www. sohu. com/a/442893269_441449，2021-11-19.

[4] 徐榛，王先伟．乡村振兴故事的自媒体短视频叙事——兼论新农人"川香秋月"VLOG 的主体性建构 [J]. 福建师范大学学报（哲学社会科学版），2023（2）.

[5] 李天语．少数民族文化类短视频场景传播研究 [J]. 中国出版，2023（7）.

[6] 吴占勇．发展传播学视角下乡村文化振兴短视频实践策略探析 [J]. 中国出版，2022（11）.

[7] 徐榛，王先伟．乡村振兴故事的自媒体短视频叙事——兼论新农人"川香秋月"VLOG 的主体性建构 [J]. 福建师范大学学报（哲学社会科学版），2023（2）.

[8] 甘孜州文化广播电视和旅游局．甘孜州下好"网红"先手棋助力地方经济社会发展"破圈突围"[EB/OL]. http：/wglj. gzz. gov. cn/zjdt/article/377312.

[9] 栾轶玫、张杏．"多元传播"赋能的非遗扶贫新模式——以脱贫网红贵州"侗族七仙女"为例 [J]. 云南社会科学，2020（5）.

[10] 甘孜州文化广播电视和旅游局．"网红"局长刘洪：网络传播带来发展红利 2021 年甘孜接待游客 3500 万人次 [EB/OL]. https:// wglj. gzz. gov. cn/rdzx/article/377170.

[11] 甘孜州文化广播电视和旅游局．融合创新·甘孜文旅产业高质量发展——2023 年 1—5 月我州旅游接待突破千万人次 [EB/OL]. http：//wglj. gzz. gov. cn/zjdt/article/480138.

[12] 甘孜州文化广播电视和旅游局．甘孜州下好"网红"先手棋助力地方经济社会发展"破圈突围"[EB/OL]. http：//wglj. gzz. gov. cn/zjdt/article/377312.

[13] 郭继强．2020—2022 年我国乡村传播研究综述 [J]. 东南传播，2023（3）.

[14] 甘孜州文化广播电视和旅游局．成功营销"丁真事件"，掌舵把控舆论风向 [EB/OL]. http：//wglj. gzz. gov. cn/gzzwgl/c100353/202012/450b81109fcc45cca56e962dca8c6b3a. shtml.

2.2 数字媒体技术赋能创新展演呈现

朱姝[①]

摘 要:随着数字媒体技术不断变革,传播媒介方式也随之创新演化,虚拟现实展演在计算机实时交互系统下不断呈现创新形式,让观众在更多场景里多维度的感受作品,甚至观看现实中不存在的演出。本文回顾虚拟现实的概念与发展,针对数字展演领域创新进行分析,并对未来虚拟现实展演的发展趋势进行展望。

关键词:数字媒体技术;虚拟现实展演

人工智能技术、数字制作技术的不断演化发展,数字媒体艺术中的空间展演形式逐渐由实物搭建向虚拟加现实结合制作演变。利用数字媒体技术和计算机实时交互系统,通过模拟和重建真实或虚构的场景、空间与情境,创造全新的感知和体验方式。在这种交互系统下,以创建虚拟空间模型的形式,解决现实世界中时空制约问题,降低线下搭建成本的花费,为观众提供了更加丰富、真实、立体的艺术体验,也为艺术家提供了更加广阔、自由的创作空间和方式。

一、虚拟现实的概念与发展

虚拟现实的概念最早出现在法国作家安托南·阿尔托的《戏剧及其重影》中,它将戏剧描述成一种虚拟现实。虚拟现实技术则是以计算机模拟出一种虚

---

① 朱姝,硕士研究生,任教于山东工艺美术学院,助教,主要研究方向为数字媒体艺术、互动影像与装置。

拟的空间环境来使观众得到空间沉浸感，仿佛置身在仙灵奇境之中，于是也曾被称为"灵境技术"[1]。虚拟现实展演可以理解为由"虚拟现实"与"艺术展览演出"两个概念相融合而成的。以科技为媒介，视听结合的体现，运用虚拟现实技术，将虚拟场景与真实表演内容结合，是一种新型的数字化表演展出形式。它具有沉浸性，在计算机模拟的虚拟空间中，各类技术设备刺激着观众的感官，使观众似乎听得见、看得见、摸得到、闻得到甚至可以品尝环境中的一切，因此观者会觉得自己置身于一个真实的环境中。

虚拟现实艺术的发展历史可以追溯到 20 世纪 60 年代，当时科学家和工程师们开始研究如何使用计算机图形学、仿真技术和交互设备来建立虚拟现实环境。在 20 世纪 80 年代至 90 年代，虚拟现实技术得到了广泛应用，成为游戏、模拟训练、医学和航空等领域的重要工具。同时，一些艺术家也开始探索将虚拟现实技术应用于艺术创作中生成图片、影像等。2000 年以后，虚拟现实技术日渐成熟，艺术家们开始利用虚拟现实、增强现实等人工智能技术作为制作工具和创作媒介，探索不同的主题和表现形式包括环境保护、社会问题、身份认同等。

二、数字媒体技术下展演的形式与特征

在传统的展演中，需要以实景来搭建演出的空间环境。这样的场景受时间、季节和光线条件的制约，一般的演出从采购到搭建需要数周乃至几个月的场地准备时间，许多制作精良的演出甚至需要半年以上的制作周期。除了较长的制作周期，还有较高的搭建成本，仅有少量头部的艺术家和表演者能够负担。随着数字媒体技术的不断演化进步，以虚拟现实技术为主导的展演空间应运而生 。在虚拟现实展演中，可以借助虚拟现实技术等手段对演出空间进行环境的再造和虚拟化展示，通过科技的力量让观众在更多样的场景中多维度感受作品，也帮助艺术家解决时空制约线下搭建场域的消耗，让艺术作品被恰如其分且更合时宜的展现。虚拟现实展演颠覆了人们以往的时空观念，重塑了时空的意义及人机交互的新概念，其主要特征体现在沉浸性与交互性两方面。

沉浸性指的是当人们作为主体在虚拟环境中时所感受到的真实程度。虚拟环境越逼真，越接近现实，人们所体验到的沉浸性就越强[2]。随着日益精密技

术进步，开发者们从模仿现实环境空间到呈现完全沉浸性的空间。打破了真实和虚拟之间的界限，在所创造的时空中，所有视觉存在都转化成为可编程和可操控的信息，进入其中意味着进入一个完全数码化的感官世界。在创建的这个世界中总是呈现出另一种现实性和真实性，使观众在其中穿行，获取新的感知经验，甚至在某些潜在层面上颠覆了以往人们的思维方式和逻辑。

虚拟现实展演的交互性决定了其沉浸性的强弱程度。在虚拟空间中，一切事物都会随着观众的互动与想象而无限地扩展和延伸，并通过这种互动与想象不断演进自身的能力和形态，这种持续的演化使观众沉浸在一个无限可能性和不断变化的领域中。对于观众而言，艺术作品不再是被动地观看接受，而是被赋予了体验参与互动的权利，参与者可以根据自己的意愿对作品施加影响，甚至可以从第一人称视角出发，通过系统提供的技术帮助在其中创造属于自己的角色。

三、数字媒体技术下展演的创新与融合

新兴技术的涌现、科学技术的进步给虚拟现实艺术领域带来了无限的可能性，观众对观看体验需求的不断提升，促使虚拟现实展演的形式越来越多样化。

一是在交互手段和立体影像技术上的创新，利用数字技术可以提供更加真实的交互体验，如手势识别、头部追踪、触摸反馈等技术可以采集到精准的数据信息。以及使用立体影像技术来呈现三维虚拟环境，借助头戴式显示器、立体眼镜等技术可以提供更加逼真的立体影像效果，在沉浸式体验和游戏互动领域应用最广泛。通过虚拟现实技术，游戏设计师可以创造出令人沉浸的游戏世界，为玩家带来沉浸式游戏体验。此外，立体影像技术还常应用于影视制作中的特效和场景设计中，利用计算机生成的虚拟景观，为影片和电视节目增添更真实和宏大的背景。这些虚拟景观可以用于创造外星世界、历史场景、未来世界等环境。

二是在感官体验和协同创作上的融合，虚拟现实展演作品中使用感官体验技术来提供逼真的感受，如触觉反馈、气味发生器等技术可以增强作品的表现力。一些品牌也借助虚拟现实技术开发虚拟试衣间或虚拟试穿系统，让消费者

在虚拟环境中试穿商品，提高消费者的购买体验。例如，运动品牌 Nike 推出了一款名为 SNKRS 的虚拟试鞋的应用程序，消费者可以在虚拟现实环境中试穿不同的鞋子，以了解鞋的外观和感觉。还有一些汽车品牌利用虚拟现实技术展示汽车的内部和外部设计，甚至提供虚拟驾驶体验，让消费者更好地了解汽车性能。在品牌营销中提供多种互动和展示方式，让品牌能够更好地与消费者互动和沟通，从而提升品牌的曝光度和影响力。此外，使用协同创作技术来支持多人同时参与到作品的创作中，如实时通信、协同编辑等技术可以提高创作效率。

四、虚拟现实展演与音乐演出的个案分析

虚拟现实展演作为一种新兴的文化艺术形式，并结合舞蹈、音乐、戏剧等多种艺术形式，给观众带来了更加丰富的体验。虚拟现实技术的发展让虚拟现实展演变得更加立体化，借助全息投影、互动技术、人工智能等，让观众感受到更加真实的虚拟世界。虚拟现实展演变得更加智能化，结合大数据运算等，为观众提供更加个性化和定制化的展演内容，以及更加智能的互动体验。

虚拟现实技术常用于艺术展览中的互动和沉浸式体验。艺术家用极具个人风格的方式表达所思所想及对社会的洞察，技术团队通过新科技，辅助作品更具有视觉冲击力。通过恰当的商业化方式，以线上的平价模式，面向公众推广，实现艺术作品从制作研发到展出销售的创新呈现。例如，以电子音乐人 Karma Fields 与视觉艺术家兼创意技术工作者曹雨西和郭锐文共同打造的线上音画演出作品"HEX_WORLD"为例如图 2.2.1 所示，技术团队利用先进的 Web 端渲染技术和实时交互系统，设计出更加细腻、立体的虚拟现实场景，使观众可以在虚拟演出空间中自由游走。这样的展演形式有很多优点，一方面，缩短开发周期，线下演出的制作与搭建成本远远高于线上空间，利用线上平台可以更高效的使演出呈现；另一方面，线上演出可以被永久保留，或日后以开专场、巡演的方式展出，供观众反复观看。

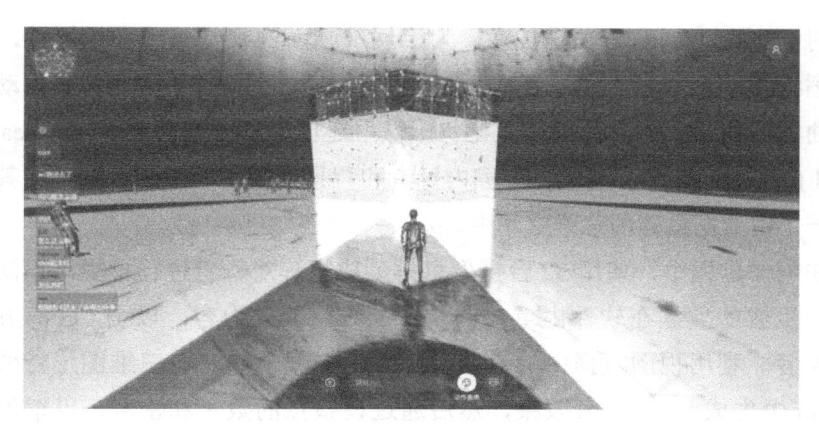

图 2.2.1 线上音画演出作品 HEX_WORLD

日本艺术家真锅大度（Daito Manabe）以其对虚拟现实技术的创新和艺术创作的媒介探索而闻名，他的作品让人们领略到虚拟现实艺术的美感和无限可能性。"Come Behind me. So Good！"是真锅大度与 Kenichiro Shimizu 联手制作的音乐 MV 如图 2.2.2 所示。该 MV 在制作中结合了摄影测量技术（Photogrammertry）和混合现实技术（Mix Reality），创造出梦幻般无缝对接的画面。

图 2.2.2 "Come Behind me. So Good!"

摄影测量技术是指为舞者从不同角度拍摄照片，生成三维图像，将二维图像转换建构三维图像的技术。对于无法移动的地貌景观和无法使用照片建模技术时，则会用到激光扫描技术。为了展现画面的视觉美感和趣味性，作品在舞蹈编排方面也与一般的现代舞有所不同，通过同步展示每个舞者的动作，将歌曲的结构以人的身体来视觉化。影像中还使用了无缝混合现实（Seamless Mixed Reality）技术，通过提取棚内舞者和背景中地貌的三维数据，让其存在于同一个由数据搭建的三维空间中。

在创作过程中，使用32台摄像机排列成矩阵对舞者进行拍摄，不间断地扫描、生成的数据在软件内重新构建了三维空间的内容，以全CG的方式再现了舞者。利用视图数据中的点或轮廓数据的颜色信息在三维图形特效软件Houdini中生成Kazu点云效果，然后通过调整点的数量和密度，以增加与歌曲或人声波形相对应的噪声。除了粒子跟踪效果，这些模型内的点云在计算机实时交互系统下也随着视图数据进行波浪运动，使舞者在现实世界和三维世界之间来回舞动，创造了一个无缝对接的梦幻般景观。以真锅大度为代表的新媒体艺术家，持续探索虚拟现实技术在艺术创作中的应用，同时也表现出对科技和自然的探索和思考。

五、对未来的发展与展望

媒介始终是推动艺术创新发展的重要力量，当人工智能以势不可当的姿态涌来，人类生活、文化、艺术和社会必将掀开一个新的篇章，未来虚拟现实展演将有着广阔的发展前景和无限可能性。随着虚拟现实技术的不断进步和发展，将注重让观众感受到更加真实的环境和情境，与作品进行更加深入地互动。展演内容将会更加多元化，涵盖艺术、文化、科技、娱乐等方面，吸引更加广泛的观众群体，提供多样化的体验和参与方式。未来虚拟现实展演将能够通过技术手段跨越时空界限进行展示，让观众可以参观和体验历史上的文物和场景，以及未来科技的展示。此外还会将实体和虚拟进行融合，通过虚拟现实技术将真实的展品呈现出来，同时也可以将虚拟的展品呈现在实际的展览中，实现真实和虚拟的无缝对接。

总体来说，未来虚拟现实展演将会成为一种重要的文化、科技和娱乐形式，它将会引领着人们进入跨文化、跨时空的展示体验。数字艺术不是技术与艺术的简单叠加，更不是多种技术手段的堆叠。在合理运用技术手段的基础上，兼具情感温度与思想深度，数字艺术才能走好未来之路。媒介与技术的进步不再局限于为艺术实现提供手段，数字媒体艺术不断地将最新的数字媒介运用到艺术创作中，将艺术与科技紧密联系，加速多领域、跨学科之间的相互渗透。

参考文献

[1] 石宇航：浅谈虚拟现实的发展现状及应用 [J]. 中文信息，2019（1）：20.
[2] 薄一航. 虚拟空间设计中的关键技术分析 [J]. 现代电影技术，2022（1）：20-24.

2.3 试论 AIGC 技术对视觉艺术创作的多元影响

于蒙群[①]

摘　要：随着人工智能生成内容（AIGC）技术的不断发展，其生成图像的效率与能力不断提高，对视觉艺术创作产生了一定的冲击与影响，并且使艺术家开始反思何为视觉艺术？何为视觉艺术创作？本文通过梳理多种 AIGC 生成图像的技术逻辑，AIGC 生成图像过程探索与案例分析，举例说明 AIGC 技术辅助视觉艺术创作的路径、对比与视觉艺术创作过程的异同等方法。发现 AIGC 技术将会对视觉艺术创作领域带来巨大变革，同时存在提高创作效率、辅助内容衍生、改变创作方式、模糊版权归属等影响。这些影响将在未来改变视觉艺术创作的形式与生态，同时将改变人类与视觉艺术的交互模式，让人们重新思考人工智能时代下视觉艺术的意义。

关键词：AIGC；人工智能；视觉艺术；创作；影响

2022 年底，OpenAI 发布的大型语言生成模型 ChatGPT 爆红网络，引发社会各界对人工智能的高度关注与热烈讨论。本轮讨论关注的聚焦点在于人工智能生成内容（AI-Generated Gontent，AIGC），以往 AI 给我们的印象更多的是自主学习、计算、识别、博弈等，偏重分析与计算能力，如应用在社交媒体中的算法推荐等。而 AIGC 与之不同，它通过各种训练数据与算法模型，可以衍生创造出新的文本、图像、音频、视频等不同形式的内容和数据。实现了人工智能从认识、计算到生成、创造的突破。

---

① 于蒙群，上海出版印刷高等专科学校艺术设计系讲师。
基金项目：上海出版印刷高等专科学校高层次人才项目（项目编号：2023RCKY07）。

其中，AIGC在图像生成领域发展迅速，通过如生成对抗网络（GANs）、创意对抗网络系统（CAN）、稳定扩散模型（Stable Diffusion）、DALL-E2模型等生成算法，能够实现以文生图或以图生图的技术目标。如此一来，由于AIGC的高效率和低成本，未来的图像生产的数量与质量将以指数级的速度递增。在这里有一个概念需要澄清，目前AIGC生成的各种图像能否被称为"艺术作品"？笔者认为虽然目前艺术的概念与范围正在逐渐扩大与泛化，但人作为艺术创作的主体始终是毋庸置疑的，人工智能通过各种算法所生成的图像，是以大量的训练数据和计算机的算力为来源的，而训练数据仍然来源于人的创作。因此AIGC生成的各种图像目前还不能被归类为艺术，但其对艺术，尤其是视觉艺术创作的影响却十分深远。本文试图从AIGC生成图像的技术逻辑、AIGC生成图像过程与视觉艺术创作对比讨论、AIGC技术辅助视觉艺术创作案例分析等方面展开，探讨AIGC对视觉艺术创作的多元影响。

一、AIGC生成图像的技术逻辑

目前AIGC在图像生成领域主流的技术算法包括生成对抗网络（GANs）、创意对抗网络系统（CAN）、变分自编码模型（VAEs）、稳定扩散模型（Stable Diffusion）以及DALL-E2模型等。

生成对抗网络出现较早，由Ian J. Goodfellow等在2014年提出，该网络一个是基于对抗过程的深度无监督学习框架，由捕捉训练数据分布并生成新数据的生成器（Generator），另一个是判别真实数据还是生成样本的判别器（Discriminator）[1]。生成器根据训练数据不断生成新的数据样本，其目的是尽可能接近训练数据并通过判别器的分辨，而判别器的目标则是识别出生成的数据，通过二者不断的对抗博弈，能够让生成的内容尽可能地接近训练数据，从而提高生成的质量。生成对抗网络也存在不足之处，如陈永伟认为："不仅其模型本身缺乏可解释性，而且不能保证生成数据和训练数据来自同一分布，因而其生成的内容具有不稳定性。"[2] 因此，对生成对抗网络的改进成为人工智能科学家们的一项重要工作，相继出现深度卷积生成对抗网络（DCGAN）、创意对抗网络系统（CAN）等。

创意对抗网络系统通过观察人类艺术和学习不同艺术风格来生成图像；通过偏离所学的风格来增加所生成图像的创新潜能，从而使生成的图像变得更富有创造性。[3]该系统的主要特点是，它在生成图像的过程中了解了艺术风格的发展流变，但在风格概念的背后却没有对艺术的任何语义理解。它对艺术的主题、元素或艺术原理一无所知，这里的学习只是基于对艺术形式和风格的接触。从这个意义上说，这个系统有能力不断地从新的艺术中学习，然后能够根据所学的内容调整它的生成。研发出创意对抗网络系统的科研团队还做了一个问卷调查，让受访者评判生成出来的图像与2016年巴塞尔艺术展上的抽象艺术作品，结果生成的图像反而评分更高。

VAEs（变分自编码器）是一种基于概率建模的生成式 AI 模型，它试图将输入数据映射到潜在空间中，并从该空间中采样新数据。VAEs 通过最小化重构误差来学习数据的分布特征，从而生成新的数据样本。以 Midjourney 为例，它综合性的应用了变形注意力生成对抗网络（Deformable Attention GAN，DAGAN）以及变分自编码器。

稳定扩散模型（Stable Diffusion）以及 DALL-E2 模型都属于扩散模型，其基本原理是通过对训练数据添加高斯噪声的方式进行数据编码（前向扩散过程），之后再逐步降噪、解码并生成新的数据（反向扩散过程）。这种基于高分辨率的扩散生成方法对时间与算力的要求均较高，因此也产生了极高的成本，2022 年 Robin Rombach 研究团队提出潜在扩散模型（Latent Diffusion Models），将扩散过程在低维的压缩空间中进行，在不降低生成图像质量的情况下节约大量成本。[4]

从上述算法模型生成图像的技术逻辑来看，无论是生成对抗模型还是扩散模型，都需要基于大量的训练数据，而这些数据则来源于人类创作的各类艺术作品或影像作品，因此从某种角度来说，AIGC 的生成只是将人类既有的艺术图像数据进行分析解码，又根据人类的指令将这些解码后的数据重新编码生成一种既熟悉又陌生的视觉图像。

二、AIGC 生成图像过程与案例分析

2018 年，法国艺术团体 Obvious 使用生成式对抗网络模型制作出的 AI 肖

像作品《埃德蒙·德·贝拉米》（Edmond de Belamy）如图 2.3.1 所示，在纽约佳士得拍卖行以 43.2 万美元的高价拍出。

图 2.3.1　Obvious 制作的 AI 肖像作品《埃德蒙·德·贝拉米》
图片来源：https://obvious-art. com/portfolio/edmond-de-belamy/。

　　Obvious 将 15000 余幅西方历史上不同时期的肖像画投入算法系统中，通过生成器学习这些图像并输出新图像，判别器负责判断鉴别生成的图像，然后分析新图像与训练数据的差异情况，并将其反馈给生成器，目标是让生成器生成与数据样本足够相似的新形象，也就是要生成众多在风格形式上近似于数据样本新图像，并且提供足够的差异性，通过生成器与判别器之间不断对抗与反馈，直到生成出判别器无法识别的图像，Obvious 再从大量的图像中进行选择。最终选出《埃德蒙·德·贝拉米》（Edmond de Belamy）等 11 幅肖像作品，可以说生成出来的肖像作品具有一种似曾相识又抽象模糊的特点，它的人脸是模糊不清的，只有双眼与嘴唇的大致轮廓，似乎穿着带有白色领口的黑色正装。从中我们可以发现，AIGC 艺术的逻辑是基于大量图像的识别、学习与反馈。并不知道它要生成的图像是艺术，也没有掌握任何创造艺术的方法与逻辑。

　　在摄影领域，今年索尼世界摄影奖（SWPA）上，来自德国柏林的职业摄影师鲍里斯·埃尔达森（Boris Eldagsen）的肖像作品《电工》（见图 2.3.2）赢得创意类别优胜奖。他承认这件作品是他通过 AI 图像生成模型 DALL-E2 创作的。这件作品在生成之前应该学习了大量的历史影像，从光影、透视甚至胶片摄影所特有的光斑都有所表现。但是《电工》皮肤纹理细节不足、手部结构特征显得不自然，这些细节暴露了 AI 的不足，说明 AIGC 技术还有进步的空间。笔者尝试使用百度出品的文心一格模仿《电工》的生成路径，设置了以"黑白影像风格，8k，胶片光影，光斑，欧美女性肖像，细节丰富"为关键词的生成提示，最终生成如图 2.3.3 所示的画面。该图像光影自然，人物轮廓清晰，但是在眼部细节中还是可以看出与真实影像的差别。总体来说，AIGC 在人物肖像生成领域已经显示出相当的能力。

图 2.3.2　鲍里斯·埃尔达森制作的 AI 肖像作品《电工》　　图 2.3.3　文心一格生成的黑白人物肖像
图片来源：https://www.bjnews.com.cn。

笔者使用百度出品的文心一格平台进行绘画创作的实验，当输入"传统书法背景，一男一女两个古装人物在下围棋，水墨画风格"关键词文字，并使用其智能推荐的画面类型，生成如图 2.3.4 所示的画面，画面呈现出类似水墨山

水的背景，笔者所期望的传统书法背景的要求则以题跋的形式出现，但问题是它所生成的书法字体（见图 2.3.5）为乱码，只是模仿了一种书写的样貌，因此可以得知，AIGC 无法理解书法的意义，也无法生成完整的汉字，只是根据训练数据进行解码再编码。这一点也可以在男女人物之间的棋盘上得到验证，百度的 AI 模型还无法理解围棋，仅仅拟合了一种网格棋盘和类似国际象棋的棋子，实为不伦不类的拼凑。出现这种情况存在多重原因，其一是文心一格基于扩散模型的算法尚存在提升空间，其二是笔者所设定的关键词难度较大，最后，也是最根本的原因，是 AIGC 的生成过程是一种知其然而不知其所以然的过程，它所依赖的只有训练数据和生成算法，所有的文字都需要和数据去对应编码，并且进行下一步的生成工作，它无法理解文字的语义，自然也就无法生成出正常的书法字体。

图 2.3.4　文心一格按照笔者关键词输出的画面

图 2.3.5　画面中书法字体局部

上述案例充分说明 AIGC 目前发展的程度及其不足，AIGC 生成图像的过程与视觉艺术创作迥然不同，它基于大量的训练数据，根据不同的算法模型进行从解码到编码的过程，这一过程中 AI 并不理解人类所提供的关键词，它仅仅是将关键词解码后与训练数据对应，再编码生成新的图像，与人类的视觉艺术创作有着本质的不同。

三、AIGC 对视觉艺术创作的多元影响

AIGC 以其庞大的训练数据与卓越的算法能力，根据提示词在短时间生成各种图像，从某种程度来说，改变了图像生产的格局，也使视觉艺术创作受到一定的冲击与影响，这种影响体现在多个方面。

（一）AIGC 辅助视觉艺术创作

如果把 AIGC 当作一种媒介，它可以成为视觉艺术创作者的助手，能够让创作者们关注创意、观念、情感、精神等更形而上的问题，而在技术、表现、实施等层面 AIGC 将以快速、强大的生产力生成各种图像，辅助创作，从而降低视觉艺术创作的技术门槛，使得无论是基于数字媒介还是传统媒介的视觉艺术创作技法变得不再重要，而 AIGC 各种算法模型的训练方式，以及提示词、关键词的语法与格式开始成为一种新的技术。

较早尝试使用生成算法辅助视觉艺术创作的艺术家是乔恩·麦考马克（Jon McCormack），他 2012 年创作的作品《五十姐妹》（Fifty Sisters）（见图 2.3.6）是一系列 50 张 1m×1m 的计算机合成植物形态图像，使用人工进化和生成语法从计算机代码中通过算法生成。每一种植物状态的形式都源自石油公司标志的原始图形元素。

图 2.3.6　乔恩·麦考马克生成算法作品《五十姐妹》
图片来源：https://jonmccormack.info/project/fifty-sisters。

为了创作这件艺术品，乔恩·麦考马克制作各种"数字基因"，这些数字基因先被用来在计算机中生成想象中的植物物种，然后计算集中经历突变和交叉的进化过程。这些数字有机体的几何形状来源于石油公司标志的几何形态，这些标志形态巧妙地被引入植物和环境。在最终的图像中，一些原始元素仍然非常明显，其他元素则因进化而发生扭曲或变形。乔恩的创作路径在于他为生成算法提供了最初的素材，而生成算法负责演变出各种不同的形式，在这一过程中，算法成为一种创作工具。

中国青年雕塑家张超同样也将 AIGC 作为一种创作的工具，他首先将自己原有的实体雕塑作品进行数码解构、扫描成为丰富多样的视觉语料数据。使用生成对抗网络模型，让生成器根据数据自由随机的组合与变化图形，让判别器对其进行判别与分配，通过二者的不断对抗，再由艺术家本人进行辅助的判别与筛选，生成一系列既具备艺术家自身风格的同时又是陌生的新形象作品（见图 2.3.7）。随着训练的加深，AI 的创作能力也越来越高，最终艺术家赋予辅助他创作的 AI 一个全新的身份——"AI 张超"。

图 2.3.7　AI 张超《公元》2022
图片来源：艺术家提供。

从上述两则案例中，AIGC 作为视觉艺术创作的辅助者，能够根据创作者的需求快速大量的生成作品，随着越来越多的视觉艺术创作者掌握 AIGC 的基本逻辑和语法，视觉艺术将呈现出更加丰富多彩的样貌，人类借助 AI 的算力将进入一个史无前例的图像时代。

（二）AIGC 改变视觉艺术创作方式

AIGC 的出现将改变视觉艺术创作的方式，众所周知，无论是绘画还是雕塑，视觉艺术自旧石器时代就已经成为人类记录形象、沟通天地的重要方式，随着人类的进步，视觉艺术的材料、工具、媒介不断发展衍生，但始终离不开人的手、脑、眼三个器官的协调，因此视觉艺术创作从本质上来讲是人类所独有的行为。其创作方式也是根据人的思维、视觉和动作展开。AIGC 生成图像的方式与视觉艺术创作有着本质的不同，首先视觉艺术创作具有一定的材料属性，根据不同的材料，衍生出不同的艺术类型，如油画、雕塑、国画、工艺美术等，这种属性 AIGC 并不具备，AIGC 虽然可以模拟各种不同的艺术风格，但终究是基于数字媒体的二维、三维图像，因此，AIGC 的大量应用势必会逐渐消解视觉艺术的材料属性，使得数字图像成为视觉艺术的主流表达形式。

从创作思维的角度来说，视觉艺术创作主要依靠形象思维与发散性思维，偶尔也会使用逻辑思维。与此相对应的是，AIGC 无论是使用生成对抗网络还是扩散模型等始终是以有步骤、有逻辑的线性思维，尤其是在提示词的编写中，目前已经形成了一套层级鲜明、逻辑清晰的提示词编写格式。根据权重分布，提示词一般包括画面质量与风格板块、主体特征板块、细节板块。画面质量与风格板块从整体上决定了生成画面的基本面貌，该板块中还包括构图、镜头效果、光影效果等。主体特征板块从主体对象的姿态、装饰、道具、神情等着手，描绘出画面主体的基本特征，细节板块包括场景环境的细节、画面的辅助要素等。通过这一系列的提示词，能够从多个维度锚定生成图像的基本特征。根据这一提示词的格式，笔者使用文心一格平台，输入提示词"4k 分辨率，漫画风格，男孩，跑步状态，运动服，神情兴奋，海鸟围绕，蓝色的海浪和天空，橘红色的夕阳"，最后生成如图 2.3.8 所示的四张图像，四张图基本都表现出提示词的要求，并根据不同的视角和构图进行衍生。

AIGC 的出现对视觉艺术创作的影响是显而易见的，一方面，在于消解了视觉艺术的材料属性，使其完全由数字图像表达，因此未来的视觉艺术创作势必也会越来越依赖数字媒介，这从根本上改变了视觉艺术以往基于材料的创作方式。另一方面，根据 AIGC 文生图、图生图的性质，视觉艺术创作中所应用的形象思维与发散性思维将逐步让位于符合算法原理的逻辑思维。由此看来，AIGC 从材料媒介转向和创作思维转变两个方面改变了视觉艺术创作的方式。

图 2.3.8　文心一格生成的漫画风格人物形象

（三）AIGC 影响视觉艺术作品的版权归属

AIGC 进入视觉创作领域，是基于大量的训练数据，这些训练数据有的是来源于视觉艺术创作者自己的设定或作品元素，更多的则是来源于互联网上的视觉图像资源。这里就出现一个问题，虽然 AIGC 最终呈现的图像具有创新性，但我们不能排除其部分元素来源于其他创意劳动者。如何界定 AIGC 生成图像的版权归属成为一个难题。《中华人民共和国民法典》第 123 条规定，只有民事主体才享有作品的专有权利。而 AI 并不属于民事主体，只能算作一种科学技术。

美国版权局 2023 年 3 月 16 日生效的关于 AIGC 版权注册最新指南的内容指出："当 AI 只接收来自人类的提示文本，并输出复杂的文字、图像或音乐时，创作性的表达是由 AI 技术而非人类确定和执行。上述内容不受版权保护，不得注册为作品。"[5] 由此可以看出，中美两国均未赋予 AIGC 的版权保护，作为一种科学技术，其成为"权利义务的主体显然相较于法人这种法律拟制人格具有很大的跨度与难度，这种权责无法一致的断然性使得其无法成为法律主体"。[6] 因此，人类仍然是视觉艺术创作的首要主体。

但随着 AIGC 在视觉艺术创作领域应用的愈加广泛，未来视觉艺术创作领域的版权问题将更加难以厘清，进而导致优秀原创视觉艺术创作者的权益受到损失，形成劣币驱逐良币的现象，如果任其发展而不纠正的话，视觉艺术的思想性、技术性、创新性将受到 AIGC 的冲击，视觉艺术创作将进入一种衰退状态。

四、结语

AIGC 的发展无疑使人工智能的应用领域进一步扩展，基于其庞大的训练数据与强劲的算力，在图像生成方面出现了颠覆行业的生产力。AIGC 的图像生成能力无疑开始撼动人作为视觉艺术创作主体的地位，在 AIGC 之前无论是传统的基于各种材料的视觉艺术如绘画、雕塑、版画等，还是基于计算机处理的数字艺术，人都是当之无愧的创作主体。如今，只需要根据提示词或输入示例图片、参数调整等方式，就可以依靠 AI 的算力快速生成各种图像。AI 似乎变得愈加重要，成为创作的参与者，在这一过程中，AIGC 对视觉艺术创作的影响体现在三个方面：其一，能够辅助视觉艺术创作者进行相关创作活动，不但降低了相关创作成本，也能够为视觉艺术创作者提供更多灵感。其二，AIGC 改变了视觉艺术创作的方式，使其从过去基于材料转变为完全基于数字媒介，从依赖人类的形象思维，到更加倚重逻辑思维，这两点从根本上改变了视觉艺术的创作方式。其三，由于 AIGC 依靠大量训练数据才得以生成图像，其生成图像的版权难以确认归属，借助 AIGC 创作的视觉艺术作品也会面临版权模糊的问题，势必导致原创作者的权益受损，进一步影响行业的发展。因此我们要全面的看待 AIGC 对视觉艺术的影响，既然科技发展的势头不能阻挡，如何更好地在视觉艺术创作领域应用 AIGC，规避相应风险，成为每个视觉艺术创作者都需要谨慎考虑的问题。

参考文献

[1] Goodfellow I，Pouget-Abadie J，Mirza M，et al. Generative Adversarial Nets[C]//Neural Information Processing Systems. MIT Press，2014.

[2] 陈永伟. 超越 ChatGPT：生成式 AI 的机遇、风险与挑战 [J]. 山东大学学报（哲学社会科学版），2023（3）：128-129.

[3] Elgammal A，Liu B，Elhoseiny M，et al. CAN：Creative Adversarial Networks，Generating "Art" by Learning About Styles and Deviating from Style Norms[J]. 2017. arXiv. 1706. 07068.

[4] Robin Rombach Andreas Blattmann et al. High-Resolution Image Synthesis with Latent Diffusion Models[J]. 2022.

[5] Copyright Registration Guidance for Works Containing AI-Generated Material [EB/OL]. https://www. copyright. gov/newsnet/2023/1004. html.

[6] 郭欢欢. AI 生成物版权问题再思考 [J]. 出版广角，2020（14）：38.

2.4 论 AI 绘画的版权保护
——基于 13 个 AI 绘画平台用户协议的文本分析

云晓钰[①] 李雨绢[②] 傅文锦[③]

摘　要：近年来，AI 绘画的飞速发展和商业化运用不仅对艺术家造成了冲击，同时也对传统的《版权法》提出了挑战。本文选取了 13 个具有代表性的国内外 AI 绘画平台，对平台的用户协议进行文本分析，发现平台在版权保护过程中面临现实的困境：用户协议在形式和内容上均存在版权转让、用户和平台权责失衡等问题，平台在权利义务分配方面明显向自身利益倾斜。研究认为，AI 绘画平台的版权保护既要对具有"软法"性质的用户协议进行优化，又要建立全流程的版权保护机制，构建全流程、高效率的 AI 绘画版权治理体系。

关键词：AI 绘画；版权保护；用户协议

一、选题背景

2022 年 10 月，"绘画是否会被 AI 替代"的话题冲上了热搜，成为全网的热点舆论。在这场全网的大讨论中，围绕着"AI 绘画是否具有艺术性""AI 绘画是否会替代人工绘画""AI 绘画作品是否受到法律保护"等一系列问题，产生了诸多的争议，引起了全网乃至学术圈的思考。事实上，这一舆论热点的出现，是与近年来人工智能技术的飞速发展离不开的。2022 年 8 月，这一话题就已经成为美国推特的头号热搜。起因是在 8 月举办的科罗拉多州

---

① 云晓钰，浙江传媒学院硕士研究生，主要研究方向为数字媒体与智能传播。
② 李雨绢，浙江传媒学院硕士研究生，主要研究方向为数字媒体与智能传播。
③ 傅文锦，浙江传媒学院硕士研究生，主要研究方向为数字媒体与智能传播。

艺术博览会上，游戏设计师 Jason Allen 利用 AI 绘画工具 Midjourney 创作的画作《太空歌剧院》赢得了一项冠军，这让大量艺术家和创作爱好者认为是对艺术的亵渎。中美同样的舆论风潮，透露出了中外舆论场对于 AI 绘画的共同忧虑。舆论之下，实际上是社会各界对于未来人机关系的一次集体探讨和群体隐忧。

近年来，人工智能已经成为社会发展的重要动力，其理念、技术、应用不仅迅速在各行各业传播，更是在信息传播领域产生了革命性变化。《法兰西共和国官方杂志》（*officiel de la république Fran aise*）将人工智能定义为"一个理论和实践的跨学科领域，旨在理解认知和思维的机制，以及以辅助或取代人类活动为目的的硬件和软件设备对它们的模仿"。在人工智能的加持下，现有的信息与内容生产模式不断被颠覆。内容生产逐渐从 PGC 转向 UGC，最后逐步转向 AIGC。新晋 AIGC 行业独角兽公司以各式各样的"AI 炫技"名声大噪。商业化的运作逻辑和庞大的用户市场使其迅速完成了原始用户积累与品牌影响力扩散，同时也给艺术创作等领域带来了无限的可能，也带来许多以往不存在的社会问题。

AI 绘画以算法作为其运作逻辑，AI 系统通过对海量"绘画作品"数据的整理和收集，抓取已有图像的数字特征，并根据其对人类绘画产生的趋向性认知，智能生成绘画作品。随着 AI 绘画的进一步发展，AI 生成的画作在艺术市场上日益占据份额，其惊异的技术水准与创作能力已跻身海内外技术领域的顶流概念之一。国内外已出现众多以"AI 生成绘画"为主打的网站和软件平台，用户只需输入描述性文字或上传图片素材，即可通过平台算法快速生成一幅精美的 AI 画作。AI 绘画逐渐占据绘画市场，也是其成为舆论热点的现实原因。

作为人工智能生成物，AI 绘画也适用于学术界关于 AI 生成物是否具有可版权性的探讨。在 AI 绘画的应用和创作领域，也有属于其特有的版权问题。本文拟通过对当前国内外 AI 绘画平台的用户协议进行内容考察和比较分析，探索不同平台中 AI 绘画版权的归属划分，从而对 AI 绘画的版权保护提出新的思考。

二、文献综述

自 2015 年以来，我国对人工智能生成内容相关问题进行了大量的研究。

进入 2016 年后，随着人工智能生成音乐作品、人工智能原创诗歌出版、AI 绘画等相继成为事实，国内学者再次正视人工智能生成作品是否可版权性这一问题。对此，主要争议在于人工智能生成物是否属于在满足独创性标准前提下的作品。另外，认为作品可以由人工智能构成的学者，也对版权的保护方式和所有权提出了质疑。认为人工智能无法构成作品的学者将进一步探讨相邻权制度或其他著作权法制度对人工智能的保护。

目前，对于人工智能产生内容可版权性，学术界观点呈现出相对立的形势。一是"支持论"，肯定人工智能"生成物"具有可版权性。杨立华教授认为人工智能"生成物"属于可被人类理解的思想、情感或认识的表达，体现出了一定程度的创作智力性，且与现有作品存在差异，能让读者感受到新内容的产生，因此具有可版权性[1]。郑远明教授从结果视角下判定人工智能"生成物"具有"独创性"和"可复制性"，即认定为属于受著作权法保护的作品[2]。熊琦教授认为，人工智能"生成物"是体现了程序设计者或者操作者的意志，在无法通过形式内容对人工智能"生成物"与人类创作的作品做出辨认的情况下，应先将其视为满足最低创造性的作品[3]。易继明教授认为，著作权所保护的不仅限于人类创作力，认为应以"额头出汗"原则作为人工智能"生成物"的判断标准，其"生成物"是人工智能对设计版权的演绎作品[4]。吴汉东教授认为，人工智能"生成物"是"人机合作"的产物，而人工智能也是人类带有目的性所研发出来的，是具有智力贡献的，故具有独创性应认定为作品[5]。

二是"反对论"，否定人工智能"生成物"的可版权性。王迁教授认为，人工智能"生成物"是算法、模板和规则的产物。与人类的创作过程相比，人工智能"生成物"的产出过程不能体现创作主题的独特个性，即没能体现"人类智慧"，与此同时，我国著作权法的激励创作制度只针对人类本身，人工智能不能成为创作主体，故不应认定为作品[8]。罗翔、张国安认为，人工智能"生成物"创作思想的独创性无法达到传统著作权理论中关于"独创性"的判断标准，判断是否符合独创性标准则需以生理意义上的人的存在为前提，因此，不能赋予人工智能"生成物"作品属性[9]。

（一）人工智能是否具有法律主体资格

邹晓玫和陈彦霞认为人工智能的工具属性决定其不可能也不应该具有独立的法律主体资格，但这并不必然否定将人工智能生成内容作为作品获得法律保护的可能性[10]。易继明也提出自己的观点，认为人工智能不是物，但"它"同样也不是人。在人工智能领域，我们不能以创作物的创作主体是否为自然人，来判断作品是否具有可版权性[4]。而吴汉东认为，只要是由机器人独立完成的创作物就是受著作权保护的作品，至于这个创作物的用途如何、价值如何、社会评价如何则根本不是我们需要考虑的因素[5]。

回过头来再看 AI 绘画，同样也属于人工智能及人工智能生成物的一种。学者石冠彬提出了以支配性行为概念否定智能机器人民事主体资格的解释路径。他主张将智能机器人的创作行为视为人类的一种支配行为，智能机器人本质上仍然是充当了一个工具的角色。作为完全由人类创作所利用的工具，人工智能创作形成的作品权利自然应当归属于人类。在 AI 绘画的情形下，支配性概念依然成立。与其他 AI 生成物不同的是，AI 绘画工具的机器性并不停留在生成内容时的数据分析、演绎与执行策略上，而在灵感、想象、策划、方法运用、模型建构都具有决定性作用。

AI 创作者们在神经网络技术的基础上，根据数字转图片的规则，从原理上实现了"通过句子生成图片"的目标。因为影响神经网络输出结果的因素是神经网络的权重。因此，制作者就会使用大量的素材去训练神经网络，调整其权重，使其在"配色、构图、笔触、线条和光影"五个方面达到人们想要的效果标准。这一个过程看似是极具人类意志，甚至与人类的思维活动相同，但它仍然需要根据人类输入的文字文本，来迅速调整神经网络的权重，最终生成图像作品。而在 AI 训练其神经网络的过程中，创作者所提供的训练素材质量和数量，决定着 AI 绘画神经网络的灵敏度和准确性。因此，在 AI 绘画的过程中，人的意志虽然没有介入创作过程，但在创意和物质基础上起着支配作用。在 AI 绘画中，人工智能不具备支配作用。

（二）AI 绘画是否可以作为"作品"

《中华人民共和国著作权法》规定，著作权保护的作品，是指文学、艺术和科学领域内具有独创性并能以一定形式表现的智力成果。孙山认为人工智能生成内容要想获得《著作权法》的保护，必须证明其独创性和智力成果属性[7]。王迁教授表示，虽然人工智能生成物与人类作品具有外观上的高度一致性，但实际只有人发挥了其聪明才智，展现个性，作品是具有独特性的作品。人工智能作品缺乏个性和创造力，所以它们不是有版权的作品。[8]。王渊和王祥认为只是按照人类设计的算法、规则、模板而生成的内容，不具有独创性，就不能成为著作权法意义上的作品[11]。按照熊琦的观点，人工智能生成内容与人类创作的作品相比，在没有明确标明来源的情况下已很难区别。既然已无法根据表象分别人与人工智能生成内容的差别，就意味着该内容应被认定为作品[3]。王思文也这样认为，作为新出现的具体表达形式，司法不能因为人工智能生成内容主体的特殊性而否认其著作权客体的身份[12]。

AI 绘画是否能构成作品，主要关注点在于 AI 生成内容是否属于智力成果，是否具有独创性。"智力成果"应当是来自人的智力，AI 绘图软件及其蕴含的算法本身都是人的智力成果，但借助 AI 系统二次生成的内容是否还属于人的智力成果，则需要予以分析。"独创性"是指"作品是作者自己的创作"，包含"独"和"创"两个维度。"独"是指独立，即作者独立创作完成作品，不存在对他人作品的抄袭或复制。"创"是指创造性，即作品应当体现作者的构思、思想或者感情，并带有创作个性。

笔者认为，随着 AI 的逐步发展，人工智能生成物已经具备了"独创性"，拥有了成为"作品"的可能。在 AI 绘画的情形下，人工智能已经可以通过深度学习使自身达成"算法自由"。在大数据的支持下，机器学习不断促进人工智能深度学习、自我学习与自主进化。甚至在现有的技术条件下，就已经形成了"物生物"模式，即由一代人工智能技术，自主生成下一代人工智能技术的情况，这完全脱离了以往人们认知中 AI 生成物是严格根据人类所设立的算法、规则和模板直接生成的情况。在艺术创作领域，AI 绘画为创作者的想象力赋能，为艺术想法的表达提供了更多可能性。

（三）从立法角度看 AI 绘画版权保护

对于人工智能生成物是否应该纳入我国著作权法的保护范畴，国内学者的观点不一。一方面，张艺藐认为将人工智能生成内容纳入著作权法保护，以法律规定的制度规范相关行为，既能够保护权利人的正当权益、激励权利人进一步创作，又能够保障权利人之间的交易秩序，实现相关智力成果的经济价值，从而有利于社会发展。相反，若法律不认可人工智能生成表达的可版权性，对人工智能生成表达的利用就会呈现出无序的状态，更难以期待相关产业可以持续、健康发展[13]。陶乾认为《著作权法》对独创性的标准设置得较低，其政策导向更多倾向于鼓励更多有潜在价值的新成果而非较强创造性的智力付出[14]。将形式上符合作品独创性要求的人工智能生成内容纳入《著作权法》保护的客体范围符合这一政策导向[15]。另一方面，陈虎认为，从当下案例的司法实践中看，仅将表现形式作为可版权性判断的充分条件缺乏合理性，我国立法与司法实践不应当采用外观主义确权模式认定人工智能生成内容构成作品[16]。近年来，读者中心主义兴起，这种发端于西方结构主义思潮以索绪尔为代表的结构主义语言学认为"作者"不再是构成作品的灵魂。在"主客体分离评价"的视域下，即使作者并非人类，也可以将其纳入著作权法保护的范畴之中（2021，徐小奔）。总体来看，学术界对于AI绘画的可版权性仍存在极大的争议，但纳入著作权法保护的范畴中，确定其可版权性，其实是当前版权法存在空白时的最优解。

易继明教授提到，对人工智能作品的著作权归属首先应该重视投资人的利益，需要重新重视人工智能设计者、所有者、使用者之间的合同安排，并且按照合同优先的原则确定权利、解决权属纠纷[14]。在AI绘画的情境中，究竟要判断最后的AI绘画权利归属于谁，还需要根据双方具体的合同进行分析。综上所述，笔者认为若通过我国现有法律条文对AI绘画进行版权保护尚有很长的路要走。而用户协议是AI绘画版权界定和合理使用的重要合同形式，更应是用户权益的合理保障。据此，本文拟从AI绘画平台用户协议的视角出发，探究AI绘画的版权保护问题。

三、研究内容与方法

（一）研究内容

本文选取了AI绘画平台具有代表性的权责界定规范——用户注册协议（以下简称"用户协议"）进行分析。互联网用户协议即用户在最初注册账号时与网络平台签订的协议。用户协议对互联网平台与网络用户的权利义务进行明确约定，通过协议的方式规定用户与平台之间的权利和义务关系。在 AI 绘画软件的内容生成和用户使用中，平台用户协议理应明确约定 AI 生成画作的著作权归属，从而保证创作者的合法权益，规避侵权风险。笔者通过研究发现，当前国内外 AI 绘画平台的用户协议的知识产权条款中，均对用户依据知识产权法享有的合理使用进行了不同程度的限制。此类条款在客观上形成了 AI 绘画平台的自治规则，同时引导着人工智能生成内容的版权形态在互联网环境下的发展走向。在 AI 绘画的创作与使用过程中，一旦用户与平台发生版权纠纷，此类条款的约定内容和效力情况将直接影响纠纷的解决结果。因此，从多个 AI 绘画平台的用户协议视角出发，结合用户协议中的服务内容、用户行为和知识产权条款等进行分析，对研究 AI 绘画的版权问题具有充分的必要性和可行性。

（二）研究方法

本文采用文本分析法进行研究。如表 2.4.1 所示，根据当前国内外 AI 绘画平台的应用热度和用户使用频次，本文选取了 13 份以 Midjourney、无界 AI、滴墨社区等为代表的国内外 AI 绘画平台的用户协议进行文本分析，将研究结果与当下相关法律进行比较，来考察当前 AI 绘画平台生成内容的权责划分和版权归属，为 AI 绘画的可版权性探讨和版权保护提供参考意见。

表 2.4.1　平台用户协议链接网址

平台名称	用户协议链接网址 （最近更新时间为：2023 年 3 月 20 日）
Midjourney	https://docs.midjourney.com/docs/terms-of-service
Styleart	http://www.styleshopapp.com/abouts/UserAgreement.html
滴墨社区	https://help.domo.cool/terms-of-service
飞推	https://static-takbo.s3.amazonaws.com/feitui/ios_user_agreement.html
梦幻 AI 画家	移动端应用
AI 作画 Wow	移动端应用

续表

平台名称	用户协议链接网址 （最近更新时间为：2023年3月20日）
AI 大作	https://www.bigbigai.com/wiki/details/206.html
LensaArt	http://img.picstyle.cn/official/PicstyleUserAgreement.html
UniDream	https://www.thirteenleafclover.com/agreement_unidream_cn.html
无界 AI	移动端应用
Dall E-2	https://www.emojiworlds.com/end-user-license-agreement/
ToonMe	https://pho.to/terms
6pen Art	https://6pen.art/tos.html

注：上表13份用户协议均通过该软件的应用"设置"页面用户权限信息或官方网站查询获取，部分软件的用户协议可能随着时间变化出现内容更新和变动，一切内容均以笔者上述调查时间为准。

网络平台的用户协议主要分为服务条款、隐私声明、免责声明三类。细读文本后发现，AI绘画平台的用户协议亦大致如此。其中，服务条款包括：服务内容、用户行为、知识产权、服务变更、中断或中止；协议更新提醒。隐私声明包括：用户个人信息收集与存储，信息使用与共享，隐私保护。由于AI绘画平台协议中的版权相关问题主要分散在了服务条款中，所以本文从服务条款这一项中选取与AI绘画生成内容和用户行为具有相关性的条款进行文本分析。

四、研究发现

如表2.4.2所示，本文所选的13份AI绘画平台的用户协议中，均涉及服务条款。尽管在不同的协议文本中各平台的规定详略不一或表述有所差异，但总体上均涉及服务内容、知识产权条款和用户行为三个部分。以下将结合研究结果进行具体分析。

表 2.4.2　平台用户协议服务条款约定情况一览

平台名称	对平台服务/数据内容的商业使用	版权归属 用户	版权归属 平台/第三方	免责声明条款中是否存在侵权风险
Midjourney	√	√（付费使用）	√（免费使用）	√
Styleart		√		√
滴墨社区		√		√
飞推		√		√
梦幻 AI 画家			√	√
AI 作画 Wow			√	√
AI 大作	√	√		√
LensaArt		√		√
UniDream	√	√		√
无界 AI		√		√
Dall E-2		√		√
ToonMe			√	√
6pen Art	√	√（/CC0 协议）		√

注：表格以"√"的方式对用户协议中的条款约定情况进行标记。其中"√"的默认含义为"许可"和"是"，未标记则表示协议条款中未提供该项服务内容。

（一）服务内容

在研究所选取的 13 份用户协议文本中，只有 Unidream 在协议中明确规定了平台在 AI 绘画的创作过程中提供的具体服务内容，表述为"UniDream App 是依托各种自研和开源的深度学习算法、图像算法创新推出的'AI 绘画创作'产品，旨在提供文本生图、以图画图及相关的图像编辑、特效编辑功能，致力于为大众进行视觉内容创作提供灵感，辅助其进行艺术创作的软件"。其余平台均未对软件中人工智能技术提供的具体服务内容进行概述。

用户通过平台所生成的内容可否被商用，也是平台提供的服务内容之一。在 Styleart、飞推、梦幻 AI 画家、LensaArt 等用户协议条款中，明确提到"公司许可您个人的、可撤销的、不可转让的、非独占地和非商业的合法使用软件及相关服务的权利"。条款明确禁止用户对软件及其提供的相关服务进行商用。而 UniDream 协议条款中则规定"您可以基于一切符合所在国家或地区法律的使用用途，包括商业和非商业用途，使用我们的 AI 服务制作的图片和视频"。即用户可以在法律范围内对平台提供的创作内容进行商用，具有商业版权。此外，AI 大作、Midjourney 和 6pen Art 三个平台也同样规定用户拥有对于平台所生成内容合理范围内的商业版权。

艾瑞咨询（2019）对商用版权的定义是为广告营销、内容制作、商超公播等商业活动所用的版权。[17] 结合用户协议内容可知，商用版权是指用于商业用途的版权（著作权），其更侧重于经济权利范畴，以商业盈利为目的，更加强调版权在商业领域的价值和财富创造力。AI 绘画版权是智能时代下版权的一个细化概念，而 AI 绘画的商用版权是指在合法范围内以盈利为目的而使用的 AI 绘画版权。以 Unidream 为代表的 AI 绘画平台中，用户拥有了 AI 生成画作的商业版权，协议同时指出"在不违反所在国家或地区法律法规的前提下，您通过我们服务所创作的作品版权和使用权归您"。当用户协议中 AI 生成画作的商业版权归属于用户时，其作品版权和使用权也同样归属于用户。

（二）知识产权

从内容上看，用户协议中的知识产权条款实为版权许可使用协议条款。根据我国《著作权法》第二十四条规定，对版权的权利种类、专有权与否、地域范围、期间、付酬标准及办法、违约责任和其他内容进行约定的合同为版权许可合同。目前网络用户协议中的知识产权条款基本内容包括两个方面：一是对平台作品的版权归属进行声明，二是与用户就作品的修改、复制、转播等各类版权权利的授权方式进行说明和约定。本文将从用户协议的知识产权条款本身出发，根据对其版权条款的主要表现进行总结归纳，探究 AI 绘画在不同平台的版权归属及应用。

通过对用户协议中知识产权相关条款的分析可知，由于各平台提供服务的差异，不同平台用户协议之间对 AI 绘画合理使用类型、方式的约定也有较大的差异。《中华人民共和国著作权法》规定"著作权的归属可以协议约定"。由此可知，当 AI 绘画软件开发者、平台与用户通过用户协议或使用前提示等方式，对 AI 绘画的著作权归属进行了约定和明确，这种情况下，应根据具体约定判定作品的著作权归属。

在研究所选取的 13 份用户协议样本中，有 10 份用户协议的知识产权条款明确规定用户通过平台生成或创作的内容，其版权归属于用户本身。例如，Midjourney 规定，免费用户生成画作的所有权利（包括复制、改编、展示、表演、转授权等）均归属于平台，而对于付费用户，平台则仅保留了画作的部分商业权利。而以 StyleArt、无界 AI 为代表的平台在用户协议中明确规定"用户通过平台上传、发布所产生内容的知识产权归属于用户或原始著作权人所有"。尽管"梦幻 AI 画家"对平台所生成内容的版权归属未做明确规定，但协议中明确表示"平台对于软件产生的所有数据和信息等享有法律法规允许范围内的全部权利"，即可默认平台是各项权利的全部主体。此外，6pen Art 主张"不保留版权"。若无特殊情况，用户生成的作品版权均归属于用户或遵循 CC0 协议。CC0 是知识共享组织（英文名 Creative Commons）于 2009 年发布的一种版权声明工具，即作者或创作者通过对特定作品声明 CC0，在法律允许的最大范围内，放弃其在该作品上的全部著作权和邻接权，将作品贡献于公共领域。可见，6pen Art 对作品的版权采取了无保留式的"放弃"态度。

由此可见，不同平台均通过此类合同文本方式与用户达成协议，但对于 AI 绘画著作权归属的界定具有明显差异。用户在使用 AI 绘画平台时应提前查看用户协议，确保用户有权将 AI 绘画作品用于特定领域。若软件明确约定作品无权利限制的，则用户可以放心使用；但若已经设定使用限制，则用户应遵守相关协议合理使用 AI 绘画作品。

（三）用户行为

用户行为是指用户与特定平台进行交互的方式。在 AI 绘画的内容创造过程和平台用户协议的条款规定中，均对用户行为进行了不同程度的界定和规范。在 AI 绘画的生成过程中，平台在提供人工智能技术进行内容创造的同时，用户参与也发挥了至关重要的作用，主要表现为上传图片素材、撰写描述性文字和服务充值，如表 2.4.3 所示。

表 2.4.3　AI 绘画生成过程中的用户行为

平台名称	用户上传内容	服务充值是否必须
Midjourney	文字	否（限定创作数量）
Styleart	文字	否（限定创作数量/风格）
滴墨社区	图片/文字	否（限定创作数量）
飞推	图片	否（限定创作模板）
梦幻 AI 画家	图片/文字	是
AI 作画 Wow	图片/文字	是
AI 大作	文字/图片	否（限定创作功能）
LensaArt	文字/图片	否（限定创作数量）
UniDream	文字/图片	是
无界 AI	文字/图片	否（限定创作数量）
Dall E-2	文字/图片	是
ToonMe	文字	是
6pen Art	文字	否（限定生成速度）

通过分析用户协议的条款，可知用户行为主要涉及用户上传内容和用户行为规范两个方面。在用户上传内容方面，协议中均提到"用户制作、发布、传播的内容应自觉遵守法律法规、社会主义制度、国家利益、公民合法权益、社会公共秩序、道德风尚和信息真实性'七条底线'要求"。各 AI 绘画平台的规定均未脱离互联网信息服务管理的"七条底线""九不准""十严禁"等政策要求范围。同时，协议还提出用户需保证在使用软件及相关服务时上传的文字、视频、图片、音乐等不侵犯任何第三方的知识产权、名誉权、姓名权、隐私权等权利及合法权益。此外，大多数平台均要求用户付费进行服务充值后，才能够在平台中上传文字或图片进行 AI 创作。以飞推、AI 大作和无界 AI 为例，尽管平台为用户提供了免费的创作机会，但在未付费的情况下，平台对绘画的创作数量、功能范围和创作内容权限等进行了一定程度的限制。只有在开通付费服务后，用户才能使用平台所提供的完整的技术服务。由此可见，

在 AI 绘画的生成过程中，用户不仅提供图片素材和绘画关键词，同时还需要花费金钱为平台所提供的智能技术买单。若从 AI 绘画生成的贡献程度层面评测，用户显然是内容创作主体，而平台仅仅提供了"可被购买"的技术服务。

在用户行为规范方面，各平台的具体规定有所区别，但综合起来可以概括为两点：一是对于平台的使用应符合法律规范和道德准则，不危害公共利益；二是用户应对内容和信息的任何使用自行承担相关风险，平台方不予承担侵权损失。

五、研究结论与建议

通过对 13 份用户协议文本的对比分析，笔者发现，用户协议的内容及文本特征与平台的自身属性有着潜移默化的关系，协议内容的差异化体现是平台功能及其背后权力的"隐性标签"。对此，笔者对协议的文本特征和权责约定进行了进一步挖掘，拟从用户协议的角度对 AI 绘画的版权保护提出可行性建议。

（一）用户协议的对比分析

1. 敏感问题在不同规范中同义互现："版权"意识隐涉平台开发理念

同义互现是指相同或相近的内容在不同规范、或同一规范的不同条文中相互提示、或重复出现，显示出平台对这类问题的高度重视。同义互现指涉较多的内容主要有隐私问题、免责问题、版权问题等[19]。用户协议是平台自治的主要手段，帮助 AI 绘画平台管理数以万计、地域分散、背景各异的网络用户，并对双方的权利义务以及侵权责任进行分配。笔者所研究的 13 份用户协议中，尽管表述不同，但大多数协议都在不同条款中对版权问题进行了不同程度的说明，版权相关内容不仅出现在知识产权条款内，在免责声明、用户行为等具体条款中都有所涉及。对 AI 绘画的版权保护既是基于法定义务的履行，又是出于平台经营的需要，可见平台对此类敏感问题的高度重视。

"版权"意识的凸显隐涉平台的开发理念。一方面，平台若在协议中将 AI 绘画的版权归属用户，在最大限度上激发了用户的创作热情，用户对于通过平台所生成的 AI 绘画拥有强大的能动性和自主权，对平台的依赖和黏性增加。

以无界 AI 为例，作为集 AI 创作、版权交易为一体的综合性平台，在提供 AI 创作服务的同时，其版权市场内也提供作品版权、许可使用权、改编权的销售、购买等服务。基于平台商业性的开发理念，此类版权约定能够吸引更多优秀的 AI 创作者入驻平台，为平台的进一步开发和市场化运作积累高质量用户。另一方面，基于保守视角，部分平台在协议中约定 AI 绘画的版权归属于平台本身。笔者认为，此类约定主要出于两点原因。其一，AI 绘画的版权归属于平台，即默认平台拥有了在合理范围内对 AI 绘画的开发、使用等权限，为平台功能的拓展带来更多可能性。其二，用户无法拥有 AI 绘画版权的同时，对 AI 绘画的使用权限也受到了一定程度的限制。因此，平台能在最大限度上避免因用户对 AI 绘画的不合理使用所产生的权责纠纷，规避法务风险。

2. 多元因素下的差异性使用约定：AI 绘画"商用"需谨慎

通过用户协议条款可知，对于平台生成的 AI 绘画可否商用，不同平台的约定具有差异性。研究范围内的多数平台对 AI 绘画的使用途径采取严格态度，明确禁止用户对其进行商用。只有部分平台的用户能够拥有 AI 绘画的商业版权，可以对其进行商用。笔者认为，协议条款中 AI 绘画商用与否的约定主要取决于平台的商业考量及责任风险。

一方面，以 Midjourney 为例，协议规定免费用户不可将生成画作用于商业用途，而对于付费用户，平台则仅保留了画作的部分商业权利。Midjourney 的创始人 David Holz 也在科技媒体 The Verge 的专访中表示："Midjourney 的许可证允许商用生成的图像。但如果你是一家年收入超过一百万美元的公司工作，则需要购买许可。"从平台的使用层面来看，用户在使用平台提供的智能技术时所支付的服务费用实则是在为 AI 绘画的版权和商用价值买单。作为新兴崛起的人工智能技术产业，赋予用户 AI 绘画的商业版权从服务内容上提升了平台的竞争力，无疑成为平台吸引用户的显著优势，也成为其进一步抢占 AI 绘画创作市场的有效途径。另一方面，对于不允许将 AI 绘画进行商用的平台，大多是出于 AI 绘画侵权风险的担忧。人工智能的训练数据大多来源于互联网，平台在互联中提取他人作品作为数据样本进行学习，再利用算法进行"二次创作"。很多平台为了快速积累素材，通过网络爬虫技术抓取并使用未获得授权的图片，此类"盲目型"的数据使用方式存在侵犯原作者著作权的法律风险。当前，AI 绘画平台仍处于探索和野蛮发展阶段，商用若产生侵权问题，平台也难以脱离追责范围。可见，出于不同的考虑因素，平台用户协议中关于 AI 绘画可否商用的条款呈现出差异。因此，对 AI 绘画的商用也应更加谨慎。用户需持续关注平台的用户协议，一旦变更则需要及时停止使用，否则可能产生侵权风险。

3. 同类型平台用户协议内容区别显著：冲突与对抗下版权治理面临新困境

本次研究所选择的 13 个用户协议文本均为 AI 绘画平台，其同属于 AI 绘画的创作领域，在平台提供的服务类型和实践运用中，都具有明显的同一性和相似性。但通过对协议文本的分析，笔者发现不同平台的协议内容有着显著区别。首先，在协议文本的字数上，以飞推、无界 AI 为代表的平台用户协议文本字数达一万以上，而 AI 大作等平台的协议文本字数仅在两千上下，相当一部分平台的协议内容仍然不够完善。其次，不同平台协议条款中的具体约定也呈现出明显差异。对此，笔者认为，多平台关于 AI 绘画版权问题的对抗、冲突、失衡为版权治理带来新的困境。

现阶段，AI 绘画版权相关问题均通过平台的用户协议予以约定，不同平台出于自身的商业考量和风险权衡对 AI 绘画的版权约定区别显著。AI 绘画作为人工智能领域的新兴产品，不同平台的开发背景和应用成熟度均有所参差，平台用户协议条款的专业性和全面性仍有待考量，均处于不断优化的状态，用户协议中司法的可鉴性略显不足。此外，当前国内外相关司法实践对于 AI 绘画的版权治理存在分歧，我国版权法研究领域内有关 AI 画作的可版权保护以及侵权风险问题也尚未厘清。针对 AI 绘画拟出现的版权问题，多平台的对抗、冲突、失衡使制定统一的规范标准和治理措施举步维艰，AI 绘画版权治理面临新的困境。

（二）用户协议的问题探讨

1. "阅读知晓"："同意"法则遮蔽下的版权转让

用户协议属于电子合同的一种，其内容大多表现为格式条款[22]，《民法典》第四百九十六条规定："格式条款是当事人为了重复使用而预先拟定，并在订立合同时未与对方协商的条款。"因此，用户协议具有格式条款的特殊性，即单方拟定和不协商，协议提供方拥有绝对话语权。通常情况下，用户在注册、使用 AI 绘画软件或平台时，都会有一个选项："您已阅读和知晓以上

《用户协议》。"用户点击"同意"则可以继续使用该软件,如若"不同意"或不点击"同意"选项,用户则无法继续软件的下一步操作。此类程式化的必要流程和看似民主的选择,实质上却是不容拒绝的"霸王条款"。我国《个人信息安全规范》第 5.3 款明确规定:"不应通过捆绑产品或服务各项业务功能的方式,要求个人信息主体一次性接受并授权同意其未申请或使用的业务功能收集个人信息的请求。"显然,捆绑产品使用迫使用户"同意",实则为强制同意,而非用户自愿同意。用户出于习惯和对软件使用的迫切心理,往往会默认点击"同意"选项,而对于协议内容本身却缺乏关注和思考。基于这样的使用习惯,往往会导致用户很容易被蒙蔽,在很大程度上丧失选择权。

尽管大多数 AI 绘画平台规定通过智能技术生成的 AI 画作版权属于用户,但仍有部分平台通过用户协议"抢占"绘画版权。以梦幻 AI 画家为例,其中规定"公司为本开发、运营提供技术支持,并对本软件及相关服务的开发和运营等过程中产生的所有数据和信息等享有法律法规允许范围内的全部权利"。这无疑是让平台用户做出"选择":要么同意平台的协议,将 AI 绘画的版权及相关使用权让渡给平台;要么放弃使用平台的功能进行艺术创作。此外,以 LensaArt 为代表的用户协议中,其知识产权条款明确规定:用户知悉、理解并同意,对于软件使用过程中产生的内容,用户授予公司各项权利。这些强制用户进行知识产权授权的规定,让平台无偿享有用户著作的相关财产权利,严重侵犯了用户权益。

2. "免责声明":"规避"法则遮蔽下的权责失衡

平台对于可能造成的危害及承担的责任,往往倾向于通过事先声明的方式来免责。"免责"即"免除责任",它包括了法定免责和约定免责两种类型,前者是指只有符合法律明文规定才可以免除责任,后者是指与现行法律不相违背的情况下,当事人之间约定认可的责任免除[21]。显然平台的用户协议属于后者。用户协议中的免责声明条款对 AI 绘画的版权归属界定以及用户与平台的权责划分等方面具有重要意义。

笔者发现,平台免责声明中的回避倾向,存在转移侵权风险于用户的嫌疑。分析用户协议可知,通过人工智能技术创造的绘画作品,平台在其生成内容的规范性和风险性等必要因素上,采取了模糊性解释和回避式的处理方式,且将其背后所需要承担的相关责任转移给用户。例如,无界 AI 的用户协议中提到"用户使用无界 AI 网络服务发布作品及进行其他相关行为所存在的风险与后果，由其自己承担，无界 AI 对用户不承担任何责任"。AI 大作也在条款中声明"您确认并知悉当前体验服务生成的所有内容都是由人工智能模型生成，我们对其生成内容的准确性、完整性和功能性不做任何保证，并且其生成的内容不代表我们的态度或观点"。可见，不论用户协议规定 AI 绘画的版权是否归属于用户，在免责声明条款中，平台均存在刻意规避责任的倾向。笔者认为，平台作为智能技术的提供者，理应对其生成内容的规范性和合理性承担相应法律责任，不应当由用户承担平台在技术创作层面的潜在风险。平台通过用户协议将侵权风险转嫁给用户，一旦发生实际纠纷，用户将承担不明的侵权责任，造成财产损失。

3. "协议修改"："更新"法则遮蔽下用户自我救济难

AI 绘画平台的用户协议是用户和平台之间进行约定的重要形式，也是处理 AI 绘画侵权问题时的重要依据。笔者研究发现，多数平台对于用户协议的修订有如下规定："若您继续使用本软件及相关服务，即视为您认可并接受修订后的协议内容。"AI 绘画平台不仅单方拟定协议，还通过用户协议声明赋予自己随时更改协议的权利，且更新频率完全由平台自行决定。合同长期处于不稳定状态，将为用户权利带来极大风险。用户协议虽然在不停修改更新，但旧协议却没有公开备案。通过研究发现，我国目前尚未存在一家移动社交程序主动公开储备历届用户协议。平台拒绝公开储备旧协议，一方面是缺乏法律、行政规范或者行业规范要求，另一方面则是因为用户协议本身不合理的规定较多[23]。

这种不公开储存旧协议的行为，会严重影响用户的自我救济。在信息不对等的情况下，一旦平台的行为有违旧用户协议规定，对用户权利造成损害，但为逃避责任，即刻更换了新协议，那么用户将难以拿出旧协议作为证据进行举证说明，不能及时有效保护自身权利，无疑是给用户维权难的现状雪上加霜。AI 绘画作为目前艺术创作领域的新风向，平台的诞生和运用也仍处于初期探索阶段，用户协议自然也处于不稳定和待修订的状态，会随着平台规则的逐步建立而日趋翔实完善。因此，协议本身所存在的不稳定因素，使用户不得不承担一定使用风险。

（三）关于 AI 绘画版权保护的可行性建议

1. 强调用户参与细节：AI 仍为"高级绘画工具"

通过对 AI 绘画软件的实践操作和对其用户协议的文本分析可知，无论是上传指令内容还是开通平台付费服务，用户的参与对 AI 绘画的创作结果起着决定性作用。在 AI 绘画的创作过程中，平台的开发者会收集和选择大量画作以对人工智能的图片生成能力进行训练。同时，用户通过上传图片或输入不同详略的描述性文字要求人工智能进行绘画创作，并且可以不断调整所输入的文字内容，直至呈现出令用户满意的 AI 画作。在各个过程中都充分体现出自然人的参与。Midjourney 的创始人 David Holz 在谈到 Midjourney 的使命时说道："Midjourney 的目标是让人类更有想象力，而不是制造富有想象力的机器。"技术是想象力的发动机，而人工智能增强了人的想象力。用户作为使用者输入详细的指示与安排，而 AI 生成的画作内容能够与用户的指示和安排相对应，在这种"指令—生成"相对应的情况下，人工智能可以被视为一个高级的绘画工具，而不是一个进行独立创作的作画主体。其创作成果仍然是人的思想表达，因此受到《著作权法》保护的可能性也更高。

在人工智能生成绘画这一事实已经被披露的语境下，若要对人工智能生成的画作主张享有著作权，尽可能记录绘画和创作过程乃是必要举措，尤其是体现出自然人的指令对于 AI 绘画过程和结果的影响。这一过程离不开平台提供基础算法和相应配合，平台可以通过设置相应的功能以保障终端使用者充分体现和还原绘画过程。

2. AI 绘画版权登记：主张作品权利

在以往的知识产权中，著作权是采用"自动获取"的方式。也就是说，在不需要正式授权的情况下，作品就可以获得权利。但是，对人工智能所生成的作品来说，它既要区别于人类作家的创作，又要在准入制度上设定一个新的界限，以应对未来会出现大量该种作品的局面[24]。在传统图片侵权案件中，原告往往仅需提供著作权登记证书、创作完成时间、发表记录等作为初步证据，证明原告为著作权人。但是，在著作权侵权诉讼中，若非原告主动披露创作过程（原告主动披露的动因在于该类案件可以提供审判尺度上的参考，为原告后续的商业模式提供重要依据），被告往往难以知晓原告的画作是否由人工智能生成。

因此，当满足用户在平台内上传的内容（包括但不限于文字、图片等）均为原创或已获合法授权这一前提条件时，若用户通过平台对人工智能下达创作指令，并且对人工智能生成的画作主张著作权，则可以进行著作权登记。著作权登记只进行形式审查，不审查实质上是否有独创性，因此，如果以个人或单位而非人工智能的名义为绘画作品申请著作权登记，一般可以获得登记证书，在主张作品权利时则可以作为有力证据。

3. 建立第三方备案平台：让协议更新"有迹可循"

在协议更改后，平台应特别提示用户协议已经发生更改，要求用户重新阅读和同意已变更后的协议后才能继续使用软件。同时，还应当以明显方式突出更改内容，以此使用户具有主动的同意选择权。

针对协议变更问题，可以设置专门第三方进行备案监督，以美国为例，Lotus公司创始人米切尔·卡普尔发起创办了电子边疆基金会（Electronic Frontier Foundation），即"EFF"，被称为计算机业的美国公民自由协会（ACLU），由"EFF"建立的"The Terms-Of-Service Tracker"项目（以下简称"TOSback"）就是一项专门追踪保存网络服务条款修改的项目。作为中立的第三方，"TOSback"将网络服务平台修改条款的时间、内容全部记录保存下来，可供用户随时查阅。目前"TOSback"已持续针对44个比较大型的网络服务平台使用者条款进行备份。借鉴此类项目，我国可以由App专项治理项目中的评估协会和市场监督管理局共同发起建立第三方备案监管平台，要求已进行过工商注册登记的AI绘画平台方遵循"公开变更信息—收集用户意见—更改公证—用户同意生效"的协议更新程序，并对其应用的用户协议积极主动备案。AI绘画平台用户协议的更新"有迹可循"，不仅能进一步对AI绘画的合理使用加以规范，从而保障平台和用户双方权益，更是为AI绘画的版权治理提供了可溯源的有效依据。

六、结语

AI绘画的席卷造就了艺术创作领域前所未有的分享盛宴，而平台则是举办这场盛宴的场所。AI绘画的版权保护不仅与用户、平台乃至公共利益密切相关，更是互联网内容产业健康、可持续发展的基石。平台单方制定的用户服务协议是实现平台自治的主要手段，但其存在的版权合规问题使之异化为平台攫取用户合法权益的工具。当前，AI 绘画的版权治理在我国法律体系中尚未形成完整体系。在此背景下，平台用户协议的制定更应从利益平衡与权责一致的视域出发，建立体系化的版权保护机制，形成平台与用户共赢的良性循环。此外，使 AI 绘画创作者切身体会到人工智能技术赋能艺术创作的开发理念，享受更加优质和高质服务，有利于进一步提升用户对 AI 绘画版权治理的积极性和参与性。法律与技术的结合，法治与行业自律的联动，正是数字时代多元治理的典型体现[25]，也是 AI 绘画平台版权保护的大势所趋。

参考文献

[1] 杨利华. 人工智能生成物著作权问题探究 [J]. 现代法学，2021，43（4）：102-114.

[2] 郑远民，贺栩溪. 结果视角下人工智能生成物的保护路径检讨 [J]. 科技与法律，2020，No. 145（3）：14-21.

[3] 熊琦. 人工智能生成内容的著作权认定 [J]. 知识产权，2017（3）：3-8.

[4] 易继明. 人工智能创作物是作品吗?[J]. 法律科学（西北政法大学报），2017，35（5）：137-147.

[5] 吴汉东：《人工智能时代的制度安排与法律规制》，载《法律科学（西北政法大学报）》2017 年第 5 期.

[6] 《中华人民共和国著作权法》.

[7] 孙山. 人工智能生成内容著作权法保护的困境与出路 [J]. 知识产权，2018（11）：60-65.

[8] 王迁. 论人工智能生成的内容在著作权法中的定性 [J]. 法律科学（西北政法大学学报），2017，35（5）：148-155.

[9] 罗祥，张国安. 著作权法视角下人工智能创作物保护 [J]. 河南财经政法大学学报，2017，32（6）：144-150.

[10] 邹晓玫，陈彦霞. 人工智能生成内容之著作权保护——以人工智能的工具属性为视角 [J]. 传播与版权，2021（11）：112-117.

[11] 王渊，王翔. 论人工智能生成内容的版权法律问题 [J]. 当代传播，2018（4）：84-87.

[12] 王思文. 人工智能生成内容的著作权研究 [J]. 出版广角，2022（5）：64-68.

[13] 张艺蕤. 人工智能生成表达的著作权法保护 [J]. 法制与社会，2020（13）：218-219.

[14] 陶乾. 论著作权法对人工智能生成成果的保护——作为邻接权的数据处理者权之证立 [J]. 法学，2018（4）：3-15.

[15] 郭如愿. 人工智能生成内容的定性及其权属论断 [J]. 重庆邮电大学学报（社会科学版），2020，32（5）：51-59.

[16] 陈虎. 论人工智能生成内容的不可版权性——以表现形式为中心 [J]. 重庆大学学报（社会科学版），2020：1-13.

[17] 艾瑞咨询. 数字音乐商用版权市场现状研究.

[18] 王迁. 著作权法 [M]. 北京：中国人民大学出版社，2015.

[19] 钟瑛，刘海贵. 网站管理规范的内容特征及其价值指向 [J]. 新闻大学，2004（2）：82-85.

[20] [加] 文森特·莫斯可，凯瑟琳·麦克切尔. 信息社会的知识劳工 [M]. 曹晋、罗真，等译，上海：上海译文出版社，2014.

[21] 刘冬，黎江宁. 论新媒体免责声明的法律效力 [J]. 出版广角，2018，326（20）：23-25.

[22] 王婧蓉. App 格式条款环境下网络隐私权的保护研究 [J]. 法制博览，2019（14）：137-138.

[23] 易海菱. 论中国移动社交程序用户协议的用户权利保障 [D]. 上海：上海师范大学，2020.

[24] 吴汉东，张平，张晓津. 人工智能对知识产权法律保护的挑战 [J]. 中国法律评论，2018（2）：11.

[25] 陈颖. UGC 平台的版权保护困境及其对策 [J]. 法律适用，2022，489（12）：142-151.

2.5 展览设计的"情感化设计"探析

梁爽[①]

摘　要：情感化设计是"以人为中心"的设计，也是当下和未来展览设计发展的趋势。本文分析了"情感化设计"在展览设计领域应用的背景，并阐述了展览设计中"情感化设计"的运用和表现，其中，本能层面，展示色彩、材质和空间会刺激观众的感官本能，使其产生即时的情感反应；行为层面，依托数字信息技术，展览通过情境式体验、交互式体验和沉浸式体验等交互设计，让观众在体验中实现"心流"；反思层面，展览设计运用情境故事设计或人文关怀设计，启发观众产生共鸣和思考。

关键词：展览设计；情感化设计；感官；体验；情感

一、引言

顺应经济社会的多元化发展，我国日渐形成了诸多的展览类型，如历史类、文化艺术类、自然类、科技类、主题类等。展览业的蓬勃发展使得观展成为大众休闲娱乐、获取信息、专业提升的又一热门选择。随着心理认知研究的逐渐深入，展览设计界也掀起了由"以展品为中心"向"以人为中心"转变的浪潮，主张在展示设计过程中更多地考量人的视角、感受、体验和需求。此外，大众价值取向日益向新奇化、个性化、消费化转变，并重视体验过程中情感需求的满足，促使当代展览设计呈现出明显的高科技与高情感融合的发展态势。早在2005年，唐纳德·诺曼就提出"情感化设计"这一设

---

① 梁爽，硕士研究生，主要从事文化传播、品牌传播和新媒体的研究。

计心理学概念，他从本能—行为—反思三个层面，阐述了情感在设计活动中所具有的重要地位和作用，深入地分析了如何将情感元素融入产品设计中。展览作为设计师与大众之间沟通的重要载体，在展览设计中也应重视情感化设计的运用。

二、情感化设计概述

情感化设计是在认知心理学的基础上，从"人"的角度出发，综合考虑人的认知与情感的设计。它把影响人们情感的因素融入设计中，使人们能够结合自身的文化、经验和历史背景等因素，对被设计对象的价值进行判断，产生相应的情感。

美国心理学家唐纳德·诺曼提出了"情感化设计"的三个不同层面：本能层、行为层、反思层，最初该理念主要运用于产品设计领域。诺曼指出本能层面的设计源于人的天性，关注的是产品给人感官形成的第一印象，如外型、色彩、材质等；行为层面与产品的功能和与之带来的体验有关，其中体验包含了功能、性能及可用性等。当人们在使用产品的过程中如果感到迷惑或失望，会产生负面情感。如果产品满足了用户需要，并为用户带来了意外的惊喜或收获，便会产生积极正面的情感；反思层面体现在用户在产品使用前、使用中和使用后对产生的思考，这种思考是差异性的，与用户的所处的文化背景和已往经历有关，在反思过程中，用户会寻求产品对自我形象和社会地位身份的满足。本能和行为层面影响的是"现在时"，而反思层面的影响则会持续很久，因此反思设计是关于长久的关系。

在观众观展的过程中，从本能层面来说，展厅的空间布局环境和展品的形态特质会刺激观众的感官，让观众产生即时的情感变化；从行为层面来说，在观众体验展厅交互性的展品装置后，充分的沉浸体验感会带给观众情感进一步的刺激，让观众更立体、全面的体验到展览活动的乐趣；从反思层面来说，当展览内容涉及历史、文化、社会、情感等题材时，巧妙的展览设计能够让观众产生回味和反思，引发精神和情感上的共鸣和升华。

三、情感化设计融入展览设计的原因

（一）观众需求的增加

一般来看，观展人群可分为游览型观众、学习型观众和专业型观众，观展目的主要也是以消遣娱乐、艺术品观赏、科普知识探索为主。但随着大众消费形态的多样化，人们不再满足于视觉层面的刺激，越来越多的观众在观展时更加注重感性的心理需求的满足——一种身在其中的情境感和富有人情味的体验。情感化设计可以更好地传播展览内容信息，创设情感共鸣情境，使展览更受欢迎，吸引更多的人关注。

（二）观展方式的转变

近年来，展览设计呈现出静态陈列向动态的数字媒体化展陈形式发展，由单一展品展示向展品与文化背景合一的展陈形式发展，由物质向非物质相结合的展陈形式发展，由单向的信息传播形式向互动的展陈形式发展的趋势特点。以往，展品被陈列在展柜中供人观赏；如今，展品与观众的关系发生了根本性变化，借助智能化的展示技术、延伸的传播媒介、多元的艺术表现手法，展品和观众实现了越来越多互动，提升了彼此的交流感。

（三）技术手段的保障

现代信息技术的迭代和发展为多元化展示提供了技术支撑，实现了展陈方式的巨大变革。目前，与传统静物展陈方式最主要的区别在于实现人与计算机之间，人与信息源之间以及它们之间的通信、控制和变化。现代展览从人类视觉、听觉、味觉、触觉等多方面的体验出发，结合数字成像、虚拟现实、全息投影、影视技术、三维动画等技术手段和巨幕、球幕、环幕、水幕等技术设施，多维度构建展览数字化体系，使展览中的互动和身体感受更加逼真和现实，最大化地丰富观展中的情感体验。

四、情感化设计在展览展示中的运用

（一）本能层面

人类在接收和反馈信息时主要依靠感官，特别是视觉感官、听觉感官与触觉感官，其中视觉在普遍情况下占绝对主导地位，本能层面的感官是观众从观展过程中获得情感体验最直接、最有效的方式。展览设计中的情感化设计体现在通过视觉、听觉、身体等生理反应使观众对于展览环境中的形状、色彩、体积等做出的即刻的情感反应。人们总是对优雅流畅的外形、鲜活明亮的色彩以及轻快活泼的音乐等，抱以积极的情感反应，人们认为在这样的环境中是令人"愉悦的"。相反，对于那些形状怪异、色彩沉闷、空间狭窄以及嘈杂的声音，抱以消极的情感反应，认为这些是使人"压抑的"，当观众靠近展品、融入展览环境，视觉元素的合理设计和传达更能为展览活动奠定情感基础，给予观众良好的情感体验。情感化设计在展览设计中的运用主要体现在展品的色彩、材质和空间氛围三个方面。

1. 色彩

在展览设计中，色彩决定了整个展览的定位和调性。色彩能够促进甚至强化观众对展品的感知能力，设计师通过对色彩的对比与统一、色彩的节奏感与空间划分的处理，通过色彩与展览主题的搭配，通过物理色彩和心理色彩的共同运用，唤起观众的各种情感以及让观众情感随观展内容产生变化。简单来说，色彩既能凸显展品的内容，又能影响展览整体的效果。此外，色彩情感化的运用和联想会把具体事物抽象成某种情绪与意境，直接传达给观众，帮助观众在相应环境下更好地理解展品。高纯度的色彩令人兴奋，富有视觉冲击，如红色容易引起激动的情绪；中明调使观众感到轻松、愉悦，如绿色唤起清新、平静的情绪；暗清色调则给人一种庄重、沉稳的感觉。人的情感体验，如兴奋、喜悦、宁静、优雅等都可以由色彩引起，展览活动中色彩的合理搭配会给人在情感上产生不同的心理慰藉，满足观众的情感需求。

2. 材质

材质是展览设计的重要元素，不同材质、质感的运用能够展示展品本身的特点，还能呈现出更丰富的情感魅力。展品和展示环境质感、肌理、大小、重量的差异给人的感受是不同的，如粗糙和光滑、坚硬和柔软、重和轻、大和小、冷和暖等。设计师结合展览内容，运用不同材料之间的反差对比，进行综合运用来展示展品和传达主题，如文化展示空间多采用石材、木材等视觉稳重的材料；娱乐空间则多采用活跃、时尚、新颖的材料，如玻璃、钢材、发光材质等新型材料。此外，设计师还可对材料进行特定的视觉处理，赋予它们新特质和新功能，以刺激感官体验，如纸质肌理效果，营造随意感和手工感，可以给人一种既简单又质朴的感觉；水墨肌理表现中国或东方文化形式和内涵，呈现出古风典雅的气质，可唤醒观众民族记忆和文化认同感；金属肌理具有金属亮度，视觉上具有时尚感、高级感，给观众稳固厚重，冰冷理性，炫酷硬朗的感受，能很好地表现出艺术张力和情感的冲击力；玻璃材质的使用，可以让整个展示空间凸显年轻、未来和开放，给人既清晰又梦幻，丰富而神秘感觉。展览空间不同材质的融入，能使展览主题更加明确，展览氛围更加浓厚，观众观感更加丰富，情感更加投入与沉浸。

3. 空间氛围

在展览空间设计中，设计师通常通过对方形、圆形、三角形等几何图形进行运用组合，或创造异形，塑造空间感受，帮助展品情感的传播和引起观众情感的共鸣。方形无论是运用在展示空间中的平面还是立面，都给人稳重、大气的感受，在一定的空间尺度下会使人驻足、停留，越接近正方形，越给人以严肃、崇敬、神圣的情感体验；圆形没有方向指示特征，也没有首尾之别，通常被认为是和谐、圆满的象征，在圆形界面的展示空间中，呈现出的无限、包容的特征，会让观众产生被环抱、被接纳的归属感；三角形相较前两种基本形态，在空间中的情感表达更为灵活多变，会给人稳定、坚固以及冲突感，当三角形夹角的角度越小，空间给人带来的情感体验也越特殊、极端。异形空间是结合展示对象及展览主题进行专门设计的空间形态，差异化的空间形态能更好地传达展览内容，营造展示氛围和可能性，带给观众冲击感。

（二）行为层面

行为层面上的情感是观众与展品进行交互时所感知和体验到的沉浸感、愉悦感及满足感。观众和展品之间的交互情感来自观众与展览环境融为一体时，因体验所能流露出来的情感和感知体验。体验性展览的出现基于多媒体信息技术的快速发展，多媒体信息技术将文字、图像、音频、视频等信息进行融合，通过多种信息的逻辑连接，集成一个完整的交互系统。体验式展览给观众的感受主要集中在两个方面：一是交互操作中和空间沉浸中的强参与感，进而带来愉快、惊喜、好奇等心情，这种展览往往是游戏化、娱乐化的；二是通过视觉、听觉、感觉营造场景，做到身临其境的沉浸体验，给观众留下难忘的印象，这种展览多注重多媒体技术的应用。

在体验式艺术展览中，其体验模式不尽相同。根据展览的外部特征与观众的体验方式，体验式艺术展览可分为三种体验模式——情境式体验、交互式体验和沉浸式体验。

情境式体验即通过在展览中创设合适的情境，通过对展厅进行特别的布置，拉近观众与艺术作品的距离，帮助观众更好地理解和感受作品表达的内涵，在体验中获得审美感受和艺术知识。2018年在四川省乐山市美术馆开展《"境界"——西南色彩风景油画展》，可作为情境式体验展的代表案例。该展览以风景油画作品为展览内容，为优化观展效果，现场通过时尚的沙发、精美的工艺摆件、怀旧的唱片机等物品将展厅布置成多个独立空间，并以优美的钢琴曲为伴奏，还有演员现场演奏大提琴。这种展览模式使优美的风景油画作品与环境与音乐和谐地融为一体，其创造性的展览方式使得观众耳目一新。

交互式体验是通过展品与观众间的交互，提升观众体验的展览类型，在交互体验中通常运用视觉导览、电子屏幕、穿戴设备、物理设施等技术设备，并将文字、视觉呈现、物理空间与实体、时间和操作行为纳入设计维度，让展陈叙事方式更加立体化，让观者更有代入感，使展览主题更加饱满丰富。比如美国底特律艺术博物馆利用Tango虚拟现实技术，用户可使用手机透过石棺看到木乃伊，还可以看到内部的骨骼。故宫数字展览《发现·养心殿》结合学者的学术研究成果，利用互动屏幕、体感交互等技术，开发出"召见大臣""批阅奏折""亲制御膳"等项目，不仅让观众通过走进"数字养心殿"，弥补无法参观养心殿的遗憾，还能以轻松有趣的方式，了解养心殿的建筑功能和清代宫廷生活知识。

沉浸式体验是物理空间与认知空间相结合的沉浸式展览体验，通过虚拟与现实交织的全场景还原，营造感官全包围的沉浸氛围，使观者沉浸式地感受艺术作品，形成与静物展览完全不同的审美体验。Teamlab是目前世界上数字艺术界最有影响力的团队之一。该团队常运用电子投屏技术、虚拟现实技术营造出一种无边界的幻境，使观众沉浸其中，以至于模糊了身体与作品间的界限。在整个过程中，由于作品虚拟技术的高超，使观众仿佛进入艺术家所营造的世界中，使意识和情感集中甚至进入"心流"的状态。

（三）反思层面

约翰·伯格在《观看之道》所言："我们从不单单注视一件东西；我们总是在审度物我之间的关系。"单纯的感官体验不足已成为一个展览经典甚至伟大的原因，由此引发观众的思考才是。尼尔·波兹曼的代表作《娱乐至死》一书中，他提醒我们警惕传播媒介对大众的迎合，不要沦为娱乐的附庸。"最后，大家为这些表演鼓掌，这也是一个好的电视节目所希望得到的，也就是说，它需要的是掌声，而不是反思。"毁掉我们的也许不是我们所厌恶的，而可能恰恰是我们所喜爱的。作为传播媒介的展览，尽管如同电视节目一样，需要观众的掌声，但却更需要给观众带来智识提升与反思。

展览的反思情感设计是一种展览内容引起人的联想、共鸣和思考之后，所产生的一种高级的、深层次的心理感受，如温馨、甜蜜、忧愁、感叹、崇敬等，也就是从"展品"到"思考"再到"感受"的过程。反思性情感化设计主要通过情境故事设计和人文关怀设计来满足观众的精神需求，旨在使观众形成情感的识别与理解，感受到展览活动对人的尊重和关爱。在展览中，虽然有特定的形式和内容激发展品与观众的意识交流，但展览活动更希冀通过特定的形式和内容唤起观众的情感共鸣，促进观众对主题，乃至自身的固有观点进行批判性的思考。展览反思层面的情感化设计，它并不寻求即时的反映，而是更乐于观众经过理解后生成情感和感受，这种情感和感受由于地域、文化、时代的影响会有很大差异，与观众思维水平、个人经历和受教育的程度也有很大关系。反思层面的情感设计的实质是：一切都在观看者的脑海中。观展过程中的反思性活动实际上是观众与自己对话的心理活动，在这样无声的对话中，展品可能唤醒观众的陈年记忆，可能激发观众对现实社会的思索，可能形成观众对时代变迁的认知，展览中观众所获取的新信息与先前的知识储备或人生阅历相碰撞，进一步深化或者拓展观众原本的观念和视域，从而也实现了展览的策展目标。萨格勒布博物馆是世界第一家失恋博物馆，馆内展示了 1000 多件爱情"遗物"，如情书、婚戒、地图、斧头等。每件展品旁边都有捐赠者写下的说明文字，解释此件展品的来源和意义。通过阅读这些文字说明，观众往往会被展品背后的故事和情感所打动，进而反思自己的爱情或重新审视对爱情的理解。这种围绕展品和文字进行的情感化设计指引着观众进入激荡起伏的情感世界，让观众产生共鸣或者认知。

五、结语

在物质生活充裕的当下，人们并不仅仅追求单一的功能，更重视情感需求的满足。设计师要在展览设计中重视"情感化设计"的运用，在本能层面、行为层面和反思层面融入情感元素，利用展览这个设计师和观众之间的媒介进行情感交流，让观众不仅对展示内容有直观感受更能产生情感上的共鸣甚至依赖。

参考文献

[1] [美] 唐纳德·诺曼. 情感化设计 [M]. 付秋芳, 译. 北京：电子工业出版社, 2006.
[2] [美] 尼尔·波兹曼. 娱乐至死 [M]. 章艳, 译. 桂林：广西师范大学出版社, 2004.
[3] 孙楚格, 周越. 新媒体艺术影响下的博物馆展陈设计研究 [J]. 艺术教育, 2019：193-194.
[4] 唐可星, 蒋凡. 色彩设计在展览环境中对观众认知的影响 [J]. 艺术设计研究, 2022：63-68.
[5] 吕晓彦, 王春鹏. 产品设计中的"情感设计"探析 [J]. 美与时代：创意（上），2015：110-112.
[6] 缪晓宾, 许佳. 城市家具情感化设计 [J]. 郑州轻工业学院学报（社会科学版），2008：66-68.
[7] 夏颖翀. 博物馆数字媒体展陈设计中的情感化设计思考 [J]. 美术观察, 2019（10）：80-81.
[8] 高萍. 体验式艺术展览研究 [D]. 北京：中央美术学院, 2021.
[9] 罗娟. 沉浸式新媒体艺术视域下的互动体验性展示空间设计探索与实践 [D]. 昆明：云南艺术学院, 2015.

2.6 新媒体时代下"非遗"微纪录片的创作与传播策略研究

舒鑫淼[①] 林秉初[②]

摘　要：本文主要通过内容分析的方法，对B站上的20部非遗微纪录片的特点进行分析，包括单一的主题、微时长的内容、富有多元化的创作主体和新的表达方式。同时，也探讨了"非遗"微纪录片所面临的创作和传播困境，如"非遗"文化的完整性与受众阅读习惯的对垒、创作手法的单一性、文化的墨守成规、其他类型纪实短视频的冲击以及数字技术问题所导致的传播地域局限等问题。在此基础上，提出了新媒体时代下"非遗"微纪录片的传播策略，包括坚守初心下的创作革新、模式创新下的传承、技术加持下的多维度话语叙事以及数字化建设丰富"非遗"的传承路径等。

关键词：非物质文化遗产；微纪录片创作；传播策略

一、引言

2021年8月，中共中央办公厅、国务院办公厅印发了《关于进一步加强非物质文化遗产保护工作的意见》，将非物质文化遗产（以下简称"非遗"）的地位提到了新的高度，同时也肯定了保护、传承"非遗"对于延续历史文脉、坚定文化自信、推动文明交流互鉴、建设社会主义文化强国的重要意义[1]。

---

① 舒鑫淼，浙江传媒学院国际文化传播学院硕士研究生，主要从事中国传统文化对外传播、英国电影研究等的研究。

② 林秉初，浙江传媒学院国际文化传播学院硕士研究生，主要从事国际传播、媒介素养和情绪传播的研究。

在"非遗"的保护和传承中，我们也应该学会运用现代的先进技术和方法进行辅助，大众媒介的"社会遗产代代相传"功能就是其中之一[2]。

大众传媒中的纪录片又以其纪实性、文化性、思想性等特点很好地承担了传统文化、多元风俗的保护和传承任务[3]。随着互联网技术的不断进步和发展，碎片化传播成为新媒体时代的主流，短视频传播、竖屏模式的出现，更加分散了受众的注意力。在技术、环境、政策等的助力下，传统的纪录片形式也在发生改变，一种全新的"微纪录片"模式诞生了。这种模式包含了传统纪录片的特点但同时又具有时代性，对"非遗"的保护和传承起到了重要的作用。[4]

二、研究方法及实施步骤

（一）样本选取

微纪录片近年来逐渐受到大家的欢迎，许多主流媒体、自媒体创作者甚至传媒艺术类高校毕业生的作品都采用微纪录片的形式。而"非遗"又成为了微纪录片作品题材的又一重要选择。本文从 B 站上按播放量排序，综合考量了题材、市场、点赞、评论等，选取了 20 部"非遗"微纪录片进行研究。

（二）类目设计

类目设计环节是内容分析法的重中之重，本文根据 20 部"非遗"微纪录片的影片创作特点、传播效果等情况设置了主题、类型、主要摄影手法、音乐选取、主要视觉效果、解说方式、语言、互动情况、视频时长、是否多平台播放、传播效果（点赞评论量）11 个一级类目，并进行编码说明，见表 2.6.1。

表 2.6.1　分析类目

编码类目	编码说明
主题	1：传承与保护；2：创新
类型	1：表演艺术；2：民俗风情；3：民间工艺；4：节庆活动；5：传统美食
主要摄影手法	1：运动摄影；2：缓慢镜头；3：鸟瞰、俯瞰镜头；4：特写镜头；5：基本都有
音乐选取	1：无音乐；2：流行音乐；3：轻音乐；4：戏曲
主要视觉效果	1：剪辑手法；2：色彩运用；3：字幕设计；4：画面构图；5：基本都有

续表

编码类目	编码说明
解说方式	1：旁白；2：字幕；3："字幕＋旁白"；4：无解说
语言	1：普通话；2：方言；3：外国语
互动情况	1：无互动无评论；2：有评论无互动；3：有评论有互动
视频时长	1：2-3min；2：3-7min；3：7-10min
是否多平台播放	1：是；2：否

（三）预编码和信度检验

本文选取了一名来自浙江传媒学院新闻与传播专业的研究生及另一名湖南中医药大学的本科生作为编码者，通过1个小时的线上讨论，辨析各种类目标准。抽取了总样本量的40%进行预编码。采用霍斯提（Holsti）公式对结果进行一致性检验[5]，具体运算公式为：

$$信度 = 2M/(N1+N2)$$

其中，M是两位编码者进行编码后一致的编码数，N1和N2是两位编码者的编码总数，经过预检验，两位编码者的信度达到100%>90%的标准，因此，信度可信。

（四）正式编码

由于霍斯提公式较为简单，未考虑编码员间意见一致的随机概率，容易高估，因此正式编码的信度检验采用spss进行Cohen's Kappa系数分析。据结果显示，渐进显著性值为0.00<0.05，说明是显著的，存在一致性。具体kappa值为0.84>0.75，说明两位编码员对20部"非遗"微纪录片的分类一致性较高，见表2.6.2。

表2.6.2 测量结果

对称测量	值	渐近标准误差[a]	近似T[b]	渐进显著性
协议测量Kappa	0.840	0.084	14.895	0.000
有效个案数	20			

注：a表示未假定原假设。
b表示在假定原假设的情况下使用渐近标准误差。

三、新媒体时代下"非遗"微纪录片的特点分析

将编码数据导入 spss 进行频数分析，从而探讨目前"非遗"微纪录片的特点。

（一）"明主题"：视频主体单线性

所谓单线性就是主题明确，用几乎所有篇幅和时长来描述同一个事件、同一个主题。在传统纪录片中，由于时间跨度长，制作时间长，创作者有更多的时间去描述和展现多个主体。而微纪录片由于时间的限制，很难在5～10分钟去表述多个主题。因此，这种单线性的表述方式也是微纪录片的创作诉求。就像央视前几年所推出的微纪录片《故宫100》，这部微纪录片的时长虽然只有6分钟，但主题非常鲜明，就是表现故宫的恢宏、紫禁城的古韵以及当时的皇室生活。这些主题的底层逻辑也是基于传承和保护，根据20部微纪录片的归类情况来看，80%的"微"纪录片都在"传承与保护"方面多着笔墨。

（二）"微时长"：视频内容短而精

根据B站词条"微纪录片"搜索得到的数据可以看出，3～10分钟的视频几乎占据了九成以上，同时也深受观众喜爱。因此，一个"非遗"微纪录片的"时长"定义基本在10分钟以内，并且3～7分钟的视频时长，可以比较充分地展示"非遗"文化的精髓，同时也不会由于时间过长让观众感到疲劳。但需要注意的是，在这个时间范围内，视频内容更应该精减，注重讲故事的能力和视觉效果的呈现，以吸引观众的注意力，让观众对非遗文化有更深入地了解和认知。我们熟知的自媒体品牌"一条"就在前几年做了许多有关文化类的纪实短视频，时长在10分钟以内，并且"一条视频"的所有视频都如画报一样精美，虽然10分钟以内的视频拍摄时长要在十几个小时以上，但这与传统的纪录片拍摄时长相比，时间成本已经大大降低了。

（三）"富主体"：创作主体多元化

新媒体的发展不仅能够给受众带来更多碎片化的内容，还给予了受众发布

传播的平台，受众可以在社交媒体上转发或者创作自己的作品。"非遗"微纪录片的创作就不仅局限于视频网站、媒体平台或者各级电视台，许多自媒体创作者、"非遗"文化的保护和传承者都可以在任何时间任何平台创作出自己想要的内容，传播主体大大增加。例如我们之前提到的"一条""二更""三顾""知了青年"等，这些自媒体平台，创作出了许多有关"非遗"的微纪录片，像《二十四节气》《弋阳腔》《连四纸》等。创作主体的下沉，也会伴随作品的良莠不齐。在主要的拍摄手法和视觉呈现上，许多自媒体包括部分技能不太成熟的大学生群体与专业的官方媒体还是有很大差距的。其摄影手法大部分都是单一的特写镜头，视觉呈现上也基于简单的画面构图。

（四）"去严肃"：表达方式新探索

相比于传统的"非遗"纪录片，微纪录片更加注重表达方式的创新。在解说方式上的创新更为明显，传统的"非遗"纪录片通常采用严肃的语调和正式的文字解说，强调专业性和权威性，注重传递文化知识和历史背景。而微纪录片则在语调、词汇和表达方式等方面进行了创新，旨在更加贴近观众的生活和情感需求。此外，微纪录片也更加注重多样性和包容性。在语言选择方面，除普通话外，还尝试使用方言和外语，以更好地满足不同地区和文化背景的观众需求，并且微纪录片中还出现了无解说、无音乐的现象，更加注重画面构图、色彩色调的表达，让观众通过自己的感官去感受非遗文化的魅力。总体来说，"微纪录片"在表达方式上有着比传统"非遗"纪录片更多的尝试和创新，注重以轻松、诙谐的方式让观众更容易接受和理解非遗文化的内涵。

四、新媒体时代下"非遗"微纪录片所面临的创作和传播困境

（一）"冲突"："非遗"文化的完整性与受众阅读习惯的对垒

如前文所述，"非遗"微纪录片最明显的特点是创作内容和创作时长较短。在新媒体时代，从潜在受众到现实受众之间的鸿沟因为传播信息的海量而难以填平，同时这种海量的信息轰炸和智能信息获取方式，培养了大众碎片化阅读的偏好[6]。那么"非遗"微纪录片的这种特点就迎合了受众碎片化阅读的习惯。但"非遗"文化的表达本身就需要一定的完整性，需要长时间、长内容

的输出。例如二十四节气的介绍，不能仅简简单单的局限于其每个节气的具体含义。它的起源、发展、节气习俗甚至含义的延伸都需要向受众传输，而这些内容在时长只有3～10分钟的微纪录片中显然难以做到。因此在"非遗"文化完整性输出和大众阅读习惯之间必然存在冲突。并且即使"非遗"微纪录片在短时间内将这些内容呈现了出来，可能更多的也只是流于表面或者局部。再加上当前媒介产品需要受众的阅读量和点击量来获取经济效益，那么在"非遗"纪录片的制作中就会更加迎合受众的喜好，这也使"非遗"微纪录片的创作和传播更加脱离"非遗"保护和传播的初心。

（二）"单一"："非遗"微纪录片创作手法的欠缺

新媒体平台的发展和壮大，使影视作品的创作门槛降低。大批自媒体创作者的涌入，一方面的确有利于"非遗"微纪录片的创作和传播；但另一方面，眼球经济驱动下，这些作品的质量更多的可能是为了迎合观众，出现了泛娱乐化、同质化、作品质量低下的现象，并且不少作品的拍摄手法、表现形式比较单一，缺乏创新。而受众更愿意为拍摄手法多样、表现形式多元的作品买单。也许存在一些作者是因为自己的兴趣爱好而进行"非遗"微纪录片的创作，但这些创作者很少是"非遗"的研究者或者民俗文化的专家，他们的创作和展示更多的是基于自己的理解，因此会存在创作内容不充分、创作理念不到位、创作理解有偏差的现象。这样就会导致对于"非遗"文化的创作和展示仅仅只是流于表面，缺乏深刻的理解和认识。

（三）"藩篱"："非遗"文化的墨守成规

当下非遗微纪录片的创作大多集中在对"非遗"文化的传承和保护上，笔者并非认为这种形式不好，只是纪录片一味地以这种形式呈现，在一定程度上也会成为创新和传播的"藩篱"，显得有些僵化和缺乏活力。为了让"非遗"文化能够更好地适应时代的发展和变化，我们需要在传承和保护的基础上，积极推动其现代化的创新，让其更好地适应时代的发展和变化使其更具生命力与传承价值。而"微纪录片"以这样的形式呈现，也将会获得更强的传播效果。以本论文选取的"非遗"微纪录片——《梦回牡丹亭》为例，该部作品是音乐类"非遗"微纪录片，创作者未遵守传统的创作手法，从背景故事、传承人、舞台表演、技艺教学等模块出发，甚至连传统的解说都不存在，而是将现代流行的说唱与音乐类"非遗"——昆曲进行融合，虽内容创作、表演效果、作品呈现还有瑕疵，但节目敢于突破传统藩篱，收到的效果也是显著的。

（四）"对手"："非遗"纪实性短视频的冲击

在"非遗"微纪录片的传播中，也受到一定阻碍。当下大众的阅读方式是碎片化的，并且这种需求还在不断扩大，微纪录片的出现正是迎合了这样的需求，但是"更短""节奏更快""表现手法更灵活""视觉冲击力更大"的纪实短视频却拥有更强地传播优势。第一，相比于时长在 10 分钟的"非遗"微纪录片而言，"非遗"纪实短视频能够更好地将时长控制在 5 分钟以内，并且还迎合了社交媒体上的竖屏传播的模式，基于移动终端的 App，能够更快地传递到受众的面前，这在无形中也会对"非遗"微纪录片的传播造成影响；第二，"非遗"纪实短视频具有更快的节奏，一般会直接抓住所要表达的重点，然后集中输出，直抓大众的眼球；第三，"非遗"纪实性短视频有更强的视觉冲击。如图 2.6.1 所示是"非遗"纪实短视频《非遗来了 ICFH》的几期视频内容，这些剪纸艺术、木偶戏技艺、书法艺术、陶瓷制作等"非遗"类的纪实短视频都更加具有过程、表演、可视性，运用了蒙太奇的剪辑手法，省略其他部分，来完成文化的展示，相较于"非遗"微纪录片来说更有视觉张力；第四，在表现手法上，"非遗"纪实短视频的表现形式多样，它们可以借用网上的热词、热梗、热点事件与"非遗"相结合，这样更能够让大众所了解和接受，也能得到更广泛的传播。

（五）"区隔"：数字技术问题所导致的传播地域局限

在"非遗"微纪录片的创作方面，还有一个问题需要注意，就是"非遗"的数字技术问题。主要分为两个方面：首先，目前来说我国的数字化技术还未成熟，所能获取到的"非遗"数字资源以及形式有限，并且也无法做到完全统一，这样可能会造成一些区域性的文化遗产以及这些文化遗产的衍生资料只能在有限的范围内流通，无法做到全网传播，而这与非物质文化遗产数字资源共享精神相违背。其次，由于技术发展的不成熟，部分"非遗"机构存在数据后台服务水平不高的现象，但是数字化信息软件的更新周期较短，这就会使数据更新较为频繁，也会从侧面导致"非遗"保护和传播的阻碍加大。

图 2.6.1　"非遗"纪实短视频《非遗来了 ICFH》

五、新媒体时代下"非遗"微纪录片的创作及传播策略

（一）"平衡"：坚守初心下的创作革新

"非遗"微纪录片在新媒体时代下势必会发生变化，为了更好地传承和保护也势必会迎合当下受众的喜好。但是每一类媒介产品的创作均有其本质的规律，这是确保其产品属性的前提[7]。虽然，"非遗"微纪录片与传统"非遗"类纪录片相比下在内容时长、表现手法、创作理念上会有出入，但是其本质上还是对"非遗"文化的保护和传承，因此这种创作的初心是其底层逻辑，是不能改变的。无论用何种方式，在对"非遗"文化进行创作和传播时，都应该深入地了解内容的主体部分，保证创作内容的完整性，在此基础上谋求对媒介产品的创作变革。

图 2.6.2 节选自"非遗"微纪录片《匠人故事》，每一集时长只有 6 分

钟，但却包含了音乐、解说词、技艺以及对传承人的深入采访。这样的作品在一定程度上就保证了对"非遗"文化完整性的叙事，也迎合了时代的创新。

图 2.6.2　《匠人故事》

（二）"品牌"：模式创新下的传承

美国广告教父、奥美公司创始人大卫·奥格威首次提出具有现代意义的品牌概念，[7] 他认为：品牌是名称、属性、价格、包装、声誉、历史、广告风格的无形组合，是一种错综复杂的象征。[8] 利用品牌塑造和传播技巧的结合就可以达到品牌营销的目的，因此"非遗 + 品牌"不失为一种好的传播策略。

大众非常熟知的一部"非遗"美食类纪录片《舌尖上的中国》，如图 2.6.3 所示，从推出以来就受到观众广泛的好评，这种文化品牌的转变，大大提升了中国文化和中国形象在海外的影响力。

图 2.6.3　《舌尖上的中国》

《舌尖上的中国》虽然是美食类纪录片，但是它大部分美食的烹饪手法和技巧都属于是国家级的"非遗"，并且相比于名厨名店，《舌尖上的中国》的取材都来自民间，拍摄选取也并非完全是令人垂涎的成品，而更注重于对美食背后制作的拍摄。正如，顾问沈宏非说的那样，筛选标准就是要尽量避开工业化生产。《舌尖上的中国2》就更加注重中国的传统文化，每一集的片名都变得非常具有文化内涵：脚步、心传、时节、家常、相逢……也正是因为这档节目注重"非遗"的传承理念，坚守创作初心，才能够吹响"非遗"纪录片品牌化的号角，名扬海内外。因此，对于"非遗"微纪录片而言，建立一档品牌式的创作类节目，对于其创作收益和创作初衷来说都是一个极佳的选择。

（三）"创新"：技术加持下的多维度话语叙事

"非遗"微纪录片的创作也应该运用较为先进的技术手段进行创作，并且也许要在镜头语言、解说词、叙事节奏等方面进行探索，构建多维度的话语叙事[6]。"非遗"微纪录片《东方神韵·太极拳》就是在数字技术的运用下，以多维度话语打造出了电影的质感。用全息投影技术缓缓展现太极族谱、太极场景，虚实相结带来奇妙的视觉效果，再加上行云流水的运镜和后期的光感、调色，向受众展现出了淋漓尽致的意境之美；微纪录片《西湖》更是借助VR技术让观众沉浸式体验胡庆余堂、江南铜屋等国家级的非遗项目。这些"非遗"微纪录片作品就是将中国传统文化的厚重感与当下科技发展的数字感巧妙地结合起来，并且运用了多维度的话语叙事进行展示，更增添了"非遗"的神韵感。

（四）"赋能"：数字化建设丰富"非遗"的传承路径

数字技术所导致的"非遗"数字资源所获取的有限，依旧可以运用数字技术进行解决。当代非常多的有关"非遗"的影视作品，如《我在故宫修文物》《国家宝藏》等，都能给我们提供灵感。依托虚拟现实、增强现实等不同交互体验技术，数字化博物馆逐渐出现在大众视野中，这种新型展示模式有效地改善了当下非物质文化遗产保护与传承工作效果[9]。这种数字化博物馆能够很好地将"非遗"文化进行保存，方便人们随时查阅和引用，并且，数字化的建设还突破了地域上的限制，避免"非遗"文化仅仅在一片区域内传播。与"非遗"相关的影视作品也拥有了更便捷、更权威、更专业的取材地。

六、结语

本文旨在探讨新媒体时代下"非遗"微纪录片的创作和传播问题，并提出相应的创作策略。总体来说，新媒体时代下"非遗"微纪录片的创作和传播面临着多方面的挑战，如文化的完整性与受众阅读习惯的对垒、创作手法的单一性、文化墨守成规、其他类型纪实短视频的冲击以及数字技术问题所导致的传播地域局限等。然而，这些挑战也同时代表着机遇和发展空间。在新的背景下，创作者需要在坚守初心的基础上，打破创作模式的限制，创新表达方式，使"非遗"文化得以更好地传承和发展。数字化建设也为"非遗"文化的传承与发展提供了新的途径和平台。因此，对于"非遗"微纪录片的创作和传播，我们需要继续努力，共同推进其发展，让更多的人了解和认识"非遗"文化的价值和魅力。

参考文献

[1] 何志武，马晓亮. 融媒体时代的非物质文化遗产微纪录片传播 [J]. 中国编辑，2022（9）：42-47.

[2] [美] 拉斯韦尔. 社会传播的结构与功能 [M]. 何道宽，译. 北京：中国传媒大学出版社，2017：37.

[3] 杨阳. 新媒体时代非物质文化遗产类纪录片的传播研究 [J]. 湖北民族学院学报（哲学社会科学版），2016，34（2）：153-157.

[4] 焦道利. 媒介融合背景下微纪录片的生存与发展 [J]. 现代传播（中国传媒大学学报），2015，37（7）：107-111.

[5] 李本乾. 描述传播内容特征检验传播研究假设——内容分析法简介（下）[J]. 当代传播，2000（1）：47-49，51.

[6] 张之琨，彭勃. 浅析融媒体语境下非遗纪录片的突围之策 [J]. 当代电视，2021（10）：74-78.

[7] 郑子艺. 基于 SICAS 模型的美妆品牌营销传播策略研究 [D]. 济南：山东大学，2021.

[8] 奥美公司. 奥美观点精选品牌卷 [M]. 北京：中国市场出版社，2009.

[9] 史学峰. 文化产业背景下的非物质文化遗产数字化保护与传承路径研究 [J]. 文化创新比较研究，2022，6（16）：89-92.

2.7 "瞻仰"与"互动":新媒体语境中公众看展的观看方式变形

谢汶君[①]

摘 要:得益于展现技术的发展,公众得以在不同的艺术展览中欣赏到不同层级的作品,更有丰富的观看方式让公众经历多样的体验。本文着眼于"瞻仰"和"互动",过去国家博物馆主导着作品的观看方式,而新媒体社会的到来更强调艺术作品本身和公众的主体性相联结,因此观看方式从被动到心智、身体寓居于作品的艺术环境并与之互动。笔者试图抓住两者的差异以及关系演变,得出公众在艺术展览中承担之角色,以期为现代艺术展览提出思考。

关键词:公众看展;观看方式;艺术展览;主体性

传统意义的展览以如何展览作为主要部分,发展到今天,如何"观看"具有了更为重要的意义。普通公众作为"观看"的核心主体,与艺术作品、艺术家、博物馆空间及策展人之间有着重要的联结关系。因此,不论是在传统社会还是在现代消费社会中,艺术展览的观看方式本身都是需要设计的。在科技发展进程中,公众的观看愈加变得"机械式",这种"机械式"并非指一尘不变的观看形式,而是在公众的自然之眼中加入了许多人为制造的因素,使公众的感知途径不再单一。

正如本文中笔者提到的,在传统社会,公众看展的方式多为"瞻仰式"的仰望国家博物馆中收藏的艺术作品,但是如今为技术导向的时代,得益于展现技术的发展,公众能在不同的艺术展览中欣赏到不同层级的作品,更有丰

---

① 谢汶君,南京大学艺术学院硕士研究生,主要从事艺术与科技和媒介文化的研究。

富的观看方式让公众经历多样的体验。本文的关键点在于"瞻仰"和"互动"两词,表明在过去的传统形式中国家博物馆主导着作品被展示及公众看展的观看方式,然而在新媒体语境下更强调的是艺术作品本身和公众主体性的联结,因此观看方式产生了从平面单一的观看到立体沉浸的具身观看,从被动的"瞻仰"到公众的心智和身体寓居于作品所创造的艺术环境中并与环境产生互动,即机械化和智能化时代的到来使得人们的观看方式变形。

一、"瞻仰式"到"互动式"的流变:观看方式的权力变迁

当代艺术的转向受到了社会经济和政治变革的影响,例如波普艺术这类与流行文化有关的当代艺术流派则源于商业化的大众文化。在越来越强调个人主义至上的现代社会中,观看方式的变形显示的是权力从传统向现代、从国家向个人、从被动接受到主动选择的转移,甚至是一种打破规则和话语体系的重新解构。

在任意一家国家博物馆或城市博物馆举行的艺术展览中,或是在任意一家画廊中,用约翰·伯格的话来说,油画是服务于财务,歌颂的是购买力、处置权和所有权的。"观看处处包含禁律,布满忌讳。譬如,庶民不可抬头仰面帝王,只能埋头下跪;在日本,切勿直视女性脸庞,只允许观望脖子以下部位……这些均为观看禁忌的日常案例。"[1]这决定了以往哪些人有权或无权观看。在过去的绘画展览中,只有知识阶层的权贵才有机会观看到各类艺术展品的真迹。公众在仰望或品析油画的色彩、构图或人物关系时,他们一定不是随意或普通的观看者,而是能以一定理论基础和对艺术生命的感知来瞻仰一幅艺术作品的雏形、创作过程和最终成品。然而来到博物馆时代即20世纪,公众的观看仍然受到限制。此时处于上层阶级的公众大多具有良好的教育背景和社会地位,所以他们的"瞻仰"其实是一种艺术家与公众接受的教育之间的经验交流,而经验交流的构成者则是博物馆的策展人或画廊主理人。在学者殷曼楟的文章中说到,如果对我国改革开放以来博物馆的展陈模式的转变做梳理,可以发现博物馆叙事的第一阶段为"收藏主导期"[2],展览只是单纯以藏品展出的形式让公众进行观看,公众只能通过基础的理论知识和博物馆呈现的展览说明来试图了解艺术家们高深的创作理念与绘画技巧。换言之,这些艺术空间的

叙事范式是站在"主导者"的角度上对公众进行着"教育式"的视觉形象表意输出。在艺术家们的创作时，他们不希冀甚至不是以为了让公众明白他们的创作意图的角度出发，博物馆主理人同样也是以博物馆、画廊彰显文物故事为目标，只不过公众是他们完成这一项形象表意输出的一个环节。甚至，在形象表意输出的同时，过去我国博物馆所承担的更多的角色是艺术教育者或文化自觉与文化自信的宣传者，强调的是对公众世界观的引领。这就意味着，国家意识形态话语在台前幕后起着强化的作用凸显出来，公众的视觉话语并非是纯粹的艺术欣赏和个人层面的理解，而有着较强的意识形态色彩。

当我们讨论到当代中国社会变迁时期和变迁后期阶段时，博物馆等艺术展览空间开始向以讲述故事的策略发展，将各展品拟为故事中的一个元素的策展方法来鲜明表现一段故事的主题或者一个理念的价值引领。在这其中，随着科技迭代速度越来越快，应运而生的新媒体技术能配合展厅实现重新景观化的功能，通过为公众创造新的视觉效果来传播信息，新的视觉效果依托公众进行观看的感官体验从而达到具身沉浸参与的效果。新媒体时代的到来，使公众的自主选择范围扩大，公众在观看的同时也是输出者，各类艺术展览并不再是过去单一的"艺术教育者"或主导者的身份来决定公众如何观看。换言之，得益于现代社会的发展，越来越讲求个人差异化与个体消费，曾经博物馆、画廊等"崇高"的智慧形象逐渐变为普通公众可以与其互动的日常艺术经验交流的文化场所。同一时期，大众文化的流行使消费主义甚嚣尘上，公众反被动接受为主动选择，使博物馆等一众艺术生产和展览空间须利用更丰富的手段来吸引公众的视线。这样一种态度的转变即从过去的单一输出变为以知识普及出发，让公众自主探索。显然这种转变标志着博物馆等艺术展览的文化禀赋进入了一个公私权力转移，公众自觉观看的阶段。

二、当代艺术的转向：观看方式的体制改革

上述提及的权力变迁是话语体系的解构，公众观看的自主选择权扩大，当代艺术的社会转向也体现在艺术家对于作品创作的投入产生重大变化，公众的认知观念和观看方式也与以往的模式有较大差异。因此，实则是当代艺术受到了消费文化的影响从而进行转向，因此才促成了观看方式的改变。在公众进入

博物馆或者画廊之前，可能关于艺术展览中呈现的作品的相关信息在公众通过大众传播媒介就已经有所了解，也即是说艺术通过公众介入他们的生活当中。正是由于展览的主客关系也发生了变化，过去的美术馆、展览机构和藏品是主体，美术馆决定的展览方式决定了公众的观看方式。而在当下的艺术展览中，公众反而成为展览中的主体。

首先，在过去的艺术展览中，传统艺术史的重点往往在于对作品的单一呈现，换言之就是展览的重心在于博物馆、美术馆等机构纯粹基于对艺术作品作为"物体"的呈现。当公众抬头凝视任意一幅绘画的时候，作品离公众的距离甚至特别远，公众只能基于对展览空间的整体把握和作品的风格类型进行大概的了解，此时的展览体制和观看规则是为了收藏服务的。在现代社会，新兴电子媒介的出现改变了两种体制。我们现在要讨论的不光是作品本身，还有作品与作品的关系，作品与公众即与时代和社会的关系，作品及其周围一切的空间、理念是如何形成一个闭环的系统来被公众观看。那么，在此基础上的观看不仅是单向的凝视，而是变成了双向的互动与感受。正如麦克卢汉那个著名的观点：技术不仅是一项工具，而且是人类器官的延伸。

其次，过去的艺术展览具有明显的边界感，这种边界感分为两类。一类是客观物理状态上的远近距离造成的公众与作品之间的相隔，此边界为显性边界；另一类是艺术场域的区隔性使不同文化阶层的人与艺术作品形成的文化区隔的心理距离，此边界为隐性边界。客观物理状态上距离的遥远使公众在观看艺术作品时内心会自发产生一种崇高感，并会使公众产生想要通过长时间凝视的方法探寻当时艺术家创作时的感受，换言之这一段客观存在的距离同样也能加强艺术家与公众之间的模糊感，让公众能从艺术作品中感知到艺术是庄严、神秘且崇高的美。由于观看权力被限制，这种隐性的边界感来源于经济政治地位和文化经验的不平等，实质上是权力统治者与被统治者之间存在的矛盾。由于过去能够观看到绘画真迹的主体在社会现实中是具有高雅文化素质的群体，所以人与人之间的边界已然存在。在进入艺术场所后，鉴赏力又让不同文化阶层的人形成了观看的界限，同时又强化这种已经形成的边界。

为了打破传统体制从而让公众的日常美学实现打破不平等的文化区隔现象这一目标，将新媒体这一孕育于现代性消费文化中的新兴技术用于打破传统观看范式之中。虽然绘画最重要的本质是无声、静止的图像，但是在镜头运动的改变下，应用于私人电子媒介里的动画和声音可以生动展现出艺术作品中呈现的一切包括场景、人物外貌特征以及人物对话等，甚至可以篡改绘画本身的意义。这些功能最终都指向使观众能够沉浸式体验艺术家创作时的感受以及作品中的情境传达给公众的意义，即指向观众与艺术家之间的界限变得模糊，甚至很多艺术品构成的完整性须依赖公众的参与才能完成。比如，现在的数字策展大多会依托一段历史时期为背景，公众观展的方式是选取这段时期中的某一人物作为自己的角色，通过私人电子媒介（手机）来操控展览中自己所选取的角色进行艺术感受。换言之，展览的最后一个完成环节是要通过来观展的公众领取到了角色后，才能够讲述完整的艺术故事。因此不论是博物馆主理人还是艺术家，借助数字媒体技术，普通公众也能获得以往只有知识阶层才能享有的艺术感知特权，人们突破了艺术传播的障碍，打破了知识和理论为基础的界限。人们不再需要精英文化进行"赋权"，而是在自主思维下的观看中进行自我创造与自我解放。曾经被少数位于文化上层的人占据的权利——艺术创作、艺术欣赏、艺术评论如今被新媒体艺术送到了普通公众手中。例如，南京的青少年科技馆中的模拟地震馆就给人以全新且沉浸式的地震体验，当屏幕上的画面与四周制造出来的地震现场声音相配合时，以及地板抖动，给公众极强的震感体验。在当下艺术转向的时期中，多种媒介聚合的使用让观看体验本身就变得丰富，意义和内涵也具有了多样性。因此，现代社会的发展和数字时代的来临带给了人类审美体制的变革，因此就影响了观看方式的变形。

因此，观看方式趋近于现代制度的体制改革造成的是艺术的多元化转向。从博物馆主理人、策展人到艺术家和公众个体，这三个层面的意义核心都逐渐转向强调个人差异和关注社会问题。艺术家和公众的主观意识变得更强烈，尤其是对于公众来说，整体体制的改革影响的是他们自主选择观看方式和艺术展览的意识与形式。

首先，对于艺术市场来说，当代艺术进行了立场和心理情感转向。对于博物馆而言，承办一个艺术展览可能要宣传的是博物馆的主要观念与态度，对于艺术家来说也同样如此。艺术家在创作一个作品时，他们完整的创作阶段以及最后的成品都是为了表现他们的立场、态度，换言之即心理情感，或称其为艺术情感。当代艺术展览无外乎也会受到新媒体的影响，公众通过私人媒介能够选择不同的艺术形式来感受艺术，所以博物馆和艺术家在此时会改变固有的刻板立场，而选择多去思考社会现实中与公众相关的日常问题。对于博物馆和策展人来说，他们会主动从公众接受的角度出发去思考展览如何展陈，比如现在有很多新媒体艺术展览的承办地会选址于城市的"网红打卡"场地中，借用"网红打卡地"本身的流量和在新媒体平台上的造势宣传吸引更多普通观众进入艺术空间中。对于艺术家来说，新媒体语境带来的是他们更注重个人情绪表达的结果。由于信息传播的速度较之以往呈指数性增长，所以越来越多的社会问题比如性别对立、环境污染、种族歧视等会被更多的人关注，当代的艺术家们生活在这样的大环境之中，他们的艺术原则和艺术情感必然会受到社会现实的直接影响，因此这些情感融合到作品中呈现出的是更广的表现幅度与更大的个体差异。对于公众来说，在立场和心理情感层面，公众更多的是立场转向的承受者。博物馆和艺术家都是从公众的角度利用视觉呈现的手法将与普通公众相关的情感、日常生活问题和人类命运进行表达，他们关注更多公众的生存情况。因此，公众的日常态势也成为艺术原则、立场和心理情感转向的基础。

其次，对于观看媒介来说，当代艺术考虑了更多新媒体技术的因素。当代艺术相较于传统艺术来说，在作品的创作过程中就能加入丰富的媒介。例如2022年在南京德基美术馆承办的"金陵图数字艺术展"，就是艺术家们利用室内高精度定位系统（UWB）、Unity引擎和智能管理技术将代表南京的《金陵图》制成了一幅长达110米的动态长卷。公众可以在手机上操纵自己选取的角色，并利用特制的手环将自己在展厅中的定位与选取角色在《金陵图》中的定位联系起来，在大屏幕上与古画同步移动，实现"公众进画，同步跟随"的互动效果。在艺术作品的传播过程中，作品的风格和实质会从"内容优先"转向为"形式优先"。如今的公众更注重的是身临其境的体验感，他们讲求能否以新颖的媒介形式来使自身获得超强的沉浸效果。因此，当代艺术的判断标准不再是色彩、造型和语言等方面对比统一的表达，而是让公众进入一种体验式的观看模式。[3]

由此，立场和媒介的转向必定带来的是对艺术审美的转向。策展人展陈、艺术家创作和公众观看模式的改变会导致传统审美观念的改变。新媒体的介入，让艺术家和公众的自主选择权扩大，同样公众的审美取向性趋向多元，其中涉及的艺术教育问题与文化建构问题变成了当代艺术要考量的因素。对于艺术系统而言，如何在抛却过去艺术主导者"教育式"的观念但同样能形成文化表征的结构，成为新的时代问题。

三、"多媒介之眼"丰富"艺术之眼"：观看方式的如何变形

柏拉图的洞穴理论实则是一类关于观看的预言，未被理念阴影笼罩的观看方式，远离事物的本相，事物的显现需要理念的指导，只有依靠中介（即媒介），我们才能形成正确的观看——以恰当的方法去看。在西方哲学的体系中，对于眼睛用于观看之道上有丰富的论述，西方的科学技术观始终被如何观看的发展路径所影响。此外，学者祁林指出，整体艺术效果的达成不仅取决于艺术信息的传播效果，更是艺术接受者的体验和参与[4]。笔者认为，媒介的多样性不仅丰富了观看的环境，同样丰富了公众本身观看作品的渠道，实际上这是观看媒介化的过程。当代艺术的转向体现在观看方式的变形上最突出的一点是，公众不再或者不仅只关注"看什么"（即对作品的关注），而愈加追求"怎么看"。当然，现代社会对"怎么看"的要求即达到真正"互动"的标准。

首先是完成观看时空的虚拟化。当下许多城市的美术馆都会举办多种主题的新媒体艺术展，其中尤以电子媒介为依托的赛博朋克风格的技术反而引起了更多艺术含义的思考。当然，这一特征是技术导向的成果，所以在实现观看时空虚拟化的同时应注意技术导向的未来不应该只是完全机械化的，如凯文凯利在《失控》中提及，真正复杂的系统往往需要的是最底层的生物逻辑，反之，技术逻辑也被带到了生命之中。[5]计算机程序主导运算的赛博时空的出现为虚拟世界带来了时间和空间的线性融合，其不仅在于绚丽耀目的绮丽景观，更重要的在于赛博技术扩展了时空的内涵，将艺术世界的界限进行外散，让公众产生艺术时空幻觉的视觉效果。这种技术的出现使得创作者和策展人们注意到了时空这一特性对于艺术作品的观看有着巨大的影响，从线性到非线性结构的变化使我们平常认知的二维世界和三维空间联系到一起，在观看节奏和观看视觉上有了迭代速度更加快的变化。

其次是实现"具身性"的观看，这种"具身性"观看强调的是公众身体上的全感官参与和心理上的沉浸式体验。德克霍夫指出，"人们认为三维图像是

视觉的,但三维图像的主导感官则是触觉。当你在 VR 中四处闲逛时,你的整个身体都与周边环境接触,就像你在游泳池中身体与水的关系那样"。[6]在传统的艺术展览中,视觉效果的重要性是无可替代的。传统艺术史中视觉中心主义的观看方式占据着主体地位,但是新媒体时代的到来改变了公众的观看方式甚至艺术家的创作形式,使得公众在观看时除眼睛外其他被忽视的器官重新被调动起来。在笔者看来,全感官参与讲求的是公众整体的感受能力,其实笔者认为,仅仅将二维视觉图像简单做成三维空间的立体场景是不构成真正全感官式体验过程的,全感官参与要求博物馆、美术馆中的策展首先创造出虚拟现实的环境,再利用其他辅助设备让公众的感官与周围的环境产生联系,从而打破客观物理状态存在的距离,以期获取真实的全感官参与感受。笔者认为,全感官参与强调的是心智的"在场性",是一种让公众能够实现沉浸式体验的实在技术,它不单指公众在某一场景中的客观存在,而是更加强调公众的客观存在与周围景观、社会关系的线性结构处理。只有把这种结构关系处理到位,才能够真正形成一个交互性的艺术空间。心理上的沉浸式体验要求的是一种信息的交流,艺术家创作的作品和博物馆打造的艺术空间其实都作为文化输出者这一环节,观展的普通公众作为文化接受者这一受众环节,实际上表明作品不单只是作品,而是建立在大部分公众认知基础上对作品的相同符码信息理解。因此,笔者认为,作品与作品的关系、作品与公众即与时代和社会的关系、作品及其周围一切的空间之间形成的互文关系,才是艺术展览真正想要做成全感官和沉浸式体验所需要关注的重点,只有将各要素之间的结构关系组织成一个合理化的场域,才能真正实现数字化生命奇观的幻象空间。

当然,多媒介之眼强调的应该是利用不同媒介的组合和连接将艺术作品能够更好地被公众所观看,而不是利用技术之便利来随意操控艺术进行敷衍。同样,也不能以偏概全将多媒介的组合认为是单纯机械替代眼睛来感受艺术的生命力。而我们不能忽视的一个矛盾是,对于一些世界级的艺术作品真迹,新媒体艺术应该如何做到在保护艺术独创性和历史性的前提下被广泛转码并传播,毕竟电子媒介的出现打乱了公众参观艺术展览的传统观看秩序,电子媒介的碎片化和即时性让公众随时随地可以了解到关于艺术作品的一切信息,公众既是当下的网民,他们也会下意识地迎合这种惯习。因此存在曲解艺术家创作本身内涵的可能性。涉及新媒体艺术作为当下数字化时期艺术的表现和观看方式,应该思考的方向是如何让数字美学观念有利于艺术作品含义有效传达给普通公众，从而提升普通公众的审美能力。

同样，也应区分虚拟艺术空间和自然世界的差异。换言之，策展人应该思考仿真（虚拟空间）与原作（自然世界）如果达到一模一样的效果，会不会出现灵韵消失的情况。不可否认的是，如今我们生活在信息爆炸的时代，信息的工业化生产让我们必须要学会分辨真实与虚假（模仿）的一切事件，虚拟现实给予我们的触感再真实，也仍然取代不了现实或原作的真实魅力。如本雅明曾提出，曾经的艺术作品是独一无二的，大量的机械复制会使艺术作品失去其固有属性，而导致"灵韵"的消失。来到新媒体时代，原作的重要性对于大量复制品来说不仅在于画面的内容优越性，更在于作品的独特存在性，因此笔者认为这种差异在虚拟艺术空间中仍应该被提及。虽然现在的技术还难以让公众产生"真实"与"虚拟"混淆的感受，但是从策展人的角度出发，应该将"真实"与"虚拟"的规则在艺术空间中提及或被呈现，至少应让公众具有主观意识。

四、结语

笔者在简单论述了观看方式的权力变迁和体制改革问题后，得出不论哪个时期观看方式的变形其实归根为权力的转移和当下时期流行的文化形态。笔者提出的新媒体语境中"瞻仰"与"互动"的区别实际在于公私权力的赋予和被赋予，这种权力的差异在当下社会形态中仍然存在。同样，我们的观看虽然受到了大众娱乐的影响，但仍应该理性看待新媒体技术导向带来的便利和弊病。因此，这一条逻辑链条关键在于技术革新让艺术品展出的方式有了更多可能性，也为公众提供了更加多元化的选择，反过来迫使观看权力来到了公众本身，观看主体性便由内而外延展。艺术展览的日益发展不仅要依托技术的革新，同样也应保持艺术创作的崇高性、生命性与原创性，并且鼓励普通公众试图越过权力的障碍和规限去观看图像。

参考文献

[1] 谢宏声. 图像与观看：现代性视觉制度的诞生 [M]. 南宁：广西师范大学出版社，2012：199.
[2] 殷曼楟. 从见证之物到形象——论国有博物馆体制叙事立场的转变 [J]. 学术界，2015（12）：53.
[3] 邱爱艳. 当代艺术展览观看方式与设计研究 [D]. 北京：中央美术学院，2016.
[4] 祁林. 技术导向路径与艺术理论建构 [J]. 学术月刊，2021，53（7）：154.
[5] [美] 凯文·凯利. 失控 [M]. 东西文库，译，北京：新星出版社，2010：3.
[6] [加] 德克霍夫. 文化肌肤：真实社会的电子克隆 [M]. 汪冰，译，保定：河北大学出版社，1998：57.

2.8 作为数字影像的游戏视频：何为新媒体艺术创作新逻辑？

金蒙兰[①]

摘　要：游戏视频是指创作者录制玩家玩电子游戏的过程影像，通过剪辑重组、编排故事情节、配音等方式发布于互联网平台的电子游戏的衍生影视作品。游戏视频属于用户生成内容，其应当是一种具有"创新性"的创作。作为"拾得影像"的游戏视频是创作者对新媒体素材"选择"与"组合"后生成影像素材的创作形式，是一种新媒体艺术创作。同时，游戏视频的创作也基于数据库聚合与选择的逻辑，将数据空间中聚合的元素按照一定组织模式串联。对游戏视频创作方式的探索，帮助我们认识数字世界影像的更多可能。

关键词：游戏视频；数据库思维；新媒体艺术

《王者荣耀》的操作技能解说、《原神》配乐 MV、《恋与制作人》恋爱 CP 线故事……根据游戏内容创作的游戏视频成为流媒体平台备受欢迎的创作形式。游戏视频是指创作者根据录制的玩家玩视频游戏的过程影像，通过剪辑重组、编排故事、配音等方式生成的原有游戏的衍生影视作品，部分流媒体平台如 Bilibili（简称 B 站）为游戏视频划分了专门的内容板块。游戏视频作为电子游戏的衍生短视频，既可以将玩家间的交流拓展至更多媒介，又可以反哺推广电子游戏，对电子游戏起到提升商业价值与延长生命周期的作用。动辄几亿播放量的游戏视频、如火如荼的游戏视频创作比赛、职业教授游戏视频制作的课程……游戏视频作为一种独特的内容形式进入我们日常视觉文化的内容组成。

[①] 金蒙兰，浙江师范大学硕士研究生，主要研究方向为影视艺术、媒介研究。

一、作为 UGC 的游戏视频："创作"抑或"生成"？

《剑魔：出 BUG 了？对面怎么没有装备？什么鬼？》这一游戏视频在 B 站获得了 108.6 万的播放量和 15.5 万的点赞量，该视频 UP 主录制并剪辑在《英雄联盟》游戏中攻打"剑魔"Boss 的操作。此游戏视频中所演示的其不经意的操作配以搞笑的解说风格，呈现给观众娱乐化的游戏技能展示。电子游戏的玩家将自己的游戏经验录制成影像，再通过剪辑后生成"游戏视频"上传至流媒体平台，是典型的"用户生成内容"（User-Generated Content，UGC）。UGC 是用户将一定原创性的创作内容发布至互联网平台分享的一种模式。根据世界经济合作与发展组织（OECD）在 2007 年的报告中所描述的 UGC 需集合三个特点：（1）互联网上公开可用的内容；（2）此内容具有一定程度的创新性；（3）非专业人员或权威人士创作[1]。

其一，分享、交流游戏体验的需求是"游戏视频"诞生的原因之一。游戏视频的发布从早期游戏论坛的交流走向流媒体平台，无论平台为何，可公开访问是其基本的特征与核心。因此，"游戏视频"符合 UGC 要求其内容发布于互联网的标准。

其二，UGC 由非专业人士或权威人士创作。游戏视频中的用户身份多样，但游戏视频仍属于大众"个体"的创作。游戏视频的创作者首先必定是电子游戏的玩家，游戏视频的内容以玩家在游戏中的操作为基础。游戏视频按照内容粗略可分为三大类。第一种是竞技类游戏视频，该种游戏视频侧重于游戏经验的回顾，竞技乐趣延伸至游戏世界后无限放大，"对抗"的竞技活动贯穿电子游戏发展历史。从初始的格斗类游戏发展至 MOBA 类游戏，操作技能交流一直是玩家热衷的话题。早期的玩家拿着摄像机拍摄其玩游戏的过程画面上传至互联网同玩家交流；后期游戏公司举办该各类游戏职业操作比赛，将过程录制至 DVD 发售；发展至现如今，许多游戏的操作界面增设了录屏功能，玩家可随时随地录制游戏经验分享交流。第二种是介绍类游戏视频，市场中新上线的游戏呈井喷式发展，游戏公司建立账号周期性制作游戏视频介绍新更的操作或剧情内容，以此预热游戏、吸引玩家。同时许多游戏 UP 主，以向观众介绍各类游戏的主线剧情、通关方式或是对游戏体验进行个人测评以内容创作游戏视频。第三种为剧情类游戏视频，玩家在游戏空间中操纵角色行动，录制出连续的动态影像，再选取素材剪辑后配以声音、旁白、字幕等制作出的具有故事情节的视频。此类视频的创作更为复杂，对电子游戏的选择具有一定的限制，拥有精美画面、庞大叙事线、较灵活的玩家操作自由的大型的 3D 网络游戏成为制作剧情类游戏视频的最佳选择。而这三类视频的创作者都不是"官方认证"的"专业人士"或"权威人士"。

其三，UGC 应当具有一定程度的创新性。而关于"具有一定创新程度"，即 UGC 要求作品具有原创性，我们却似乎难以对游戏视频内容的"创新"下一个准确定义。不管是何种内容的"游戏视频"，都建立在对电子游戏的元素挪用之上。游戏视频是否为"原创的艺术作品"？甚至这一行为是否为"艺术创作"？这些问题还需要进一步检验。

二、游戏视频："选择"与"组合"作为一种创作

游戏视频是玩家对电子游戏的录像的剪辑组合而来，拾得影像（Found Footage）同样采取了此类将影像素材挪用、拼贴而生成作品的创作形式。拾得影像是对现有影像的"发掘、重访"，通过"挪用、拼贴与重塑的影像生产方式"对原影像再使用。20 世纪 20 年代出现的"修正电影"是拾得影像的最早尝试，影片《罗丝·霍巴特》的影像素材来自《东婆罗洲》中霍巴特的镜头，导演约瑟夫·康奈尔将这些镜头素材重组并增添新配乐；20 世纪 60 年代，阿伦·雷乃创作的纪录片《夜与舞》影像，创作者对影像的重组使原有影像的含义被消解；到了 21 世纪，拾得影像的创作更为多元，伴随流媒体平台的兴起，"混剪""鬼畜视频"等拾得影像形式进入大众视野。[2] 由此可见，拾得影像不仅只是对原有影像素材的简单拼接、组合，其对影像文本的修改具有极大开放性。游戏视频创作者与游戏玩家的身份是重叠的，玩家对电子游戏这一文本拥有无限访问权和任意的素材选取权，这使得游戏视频与拾得影像一样允许创作者高度个性化表达。

游戏视频与拾得影像的不同之处在于，"拾得影像"是对"现有影像素材"的再创作，"游戏视频"则是需要由创作者"生成影像素材"再进行剪辑创作。许多电子游戏中可以设置"摄影机"与"画框"的界面操作，《巅峰极速》中玩家进入驾驶室可以选择斜后方、主驾驶位、引擎舱盖三种不同的驾驶

视角，驾驶视角的画面添加了模拟画框；《动物森友会》中玩家可在操作页面中开启相机，有手持模式和三脚架模式可供选择，手持模式以第一人称视角拍摄，三脚架模式则可用第三人称视角记录玩家操纵的角色。电子游戏为玩家提供一个"模拟摄像机"的视角，正如我们今天拿起摄像机拍摄现实生活，游戏视频的影像来自创作者的分身——以玩家身份在游戏空间中的所视影像。游戏视频的所得影像素材，来自玩家在游戏世界中的个性生成。

因此如果"拾得影像"对现有影像素材的再编辑可以被视为一种创作，那么"游戏视频"无疑是一种创作。甚至，"游戏视频"的影像素材也是由创作者"生成"的。也就是说"游戏视频"的原创程度比"拾得影像"更胜一筹。电子游戏则依靠玩家的操纵来产生运动影像片段，游戏视频挪用的则是电子游戏中的元素。以《王者荣耀》游戏的竞技类游戏视频为例，游戏原本设定的角色技能是既定影像片段，而玩家则能控制技能放出战术、使用时间的快慢，不同的游戏玩家操纵相同角色在此场竞技的影像皆有细微差别。游戏视频所剪辑组合的影像片段，是由玩家操纵人物将电子游戏这一数据库中的元素串联组合成的轨迹，由创作者"生成"的"游戏视频"的影像素材是一种"选择与组合"的创作逻辑。

列夫·马诺维奇认为新媒体艺术的创作特性之一为"对现有符号的修改"，"选择"是新媒体语言的一种创作逻辑，因为"原创性已被菜单中的选项所取代"，这是计算机技术发展对文化形式影响的必然趋势。电子游戏正是由多创作者对新媒体元素进行"选择"后创作而成，游戏制作商根据几种游戏引擎创建出游戏商店中不同种类的电子游戏，例如《明日方舟》《龙之谷2》等游戏都是基于 Unity 引擎所创作。游戏引擎为电子游戏创作提供一套可视化的创作工具，建模、渲染、动画等电子游戏组建的必要元素皆可在引擎平台完成。这也就是说，电子游戏的制作商在引擎平台所提供的基础代码上"选择"素材编织游戏框架，而游戏视觉素材如人物形象的创造同样来自对建模平台的基础素材"选择"。电子游戏是根据新媒体素材的"选择"创作，而基于电子游戏所创作的游戏视频，是一种对新媒体素材的"再选择"创作。"只要从现有的总语料库中做出一个新的选择，任何人都可以成为创造者"，[3] 玩家在开始游戏前选择人物角色，角色关乎到游戏人物的形象与游戏剧情支线，玩家甚至还可以在某些电子游戏中自己修改容貌、制作衣物。游戏视频的叙述同样跟随玩家操纵角色的"选择"而展开,如《江南百景图》是国风基建类游戏,玩家可以支配不同的角色先建造建筑,后将不同建筑集合布局成城市,基于《江南百景图》所创作的游戏视频有大量是在分享玩家所建设的城市布局;同时此游戏也设有"探险"的剧情支线探索,相应地也出现了"杭州府白居易"等的探索攻略视频以及据此叙述支线创作的剧情类游戏视频。

与此同时,游戏视频的创作还需要在"选择"的基础之上增添"组合"。如玩家在电子游戏中选择了角色形象、叙述之后,还需对其选择的元素进行组合。组合有双重含义,一重来自玩家在电子游戏中所"生成影像素材"时对游戏中各个元素的组合,另一重是创作者对所得游戏影像素材的组合。例如根据《永劫无间》游戏所创作的竞技类游戏视频《穿上这身飞鱼服》,玩家选择与飞鱼服衣服匹配的游戏场景战斗,演示的武术动作结合了武打与京剧动作。人物塑造的线索藏匿于角色所选择的服装、武器等,叙述围绕人物动作展开,组合成流畅的"生成影像素材"展示呈现游戏战斗。后期,游戏视频创作者选取不同场景、不同动作的"生成影像素材",剪辑组合为最终的连续动态影像。因此,"游戏视频"是一种"选择与组合"的创作。

三、游戏视频:基于数据库聚合与组合的创作

数据库由文档集合的形式发展而来,意为各式各样的数据根据一定组合顺序存储、管理于计算机空间中,多个用户可进行共享访问。列夫·马诺维奇在《新媒体的语言》一书中提及计算机数据库在数字化的时代逐渐变为一种文化形式,新媒体艺术的创作趋势逐渐从线性叙述的特征走向将一系列"有同等重要性"的"诸多单个项目"按照非线性叙述的结构组织在一起。李迅在马诺维奇的基础上概括出根据数据库逻辑所创作影像的特点:依据某种逻辑建立的各项序列;个项或"模块场景"的空间化呈现;非线性、非因果的叙述组合。[4] 韩晓强补充数据库影像以数据库逻辑作为组织影像的基本结构,因而影像需要体现"数据库"想象。[5] 有趣的是,马诺维奇认为电子游戏是与数据库完全相反的,因为数据库是一种数据结构,而游戏变为一种玩家触发后跳转下一步的"算法"。从玩法机制上来看,电子游戏纵然不是"数据库";而在影像创作的层面,游戏视频是录制玩家在游戏空间中通过行动轨迹选取各类元素串联成

运动影像素材，后期再将录制素材重新编排整合的一种创作。游戏视频基本符合以上学者论述的数据库创作逻辑，从这一角度而言，游戏视频必然是基于数据库逻辑所创作的数字影像。

（一）聚合与"非叙述"组合

列夫·马诺维奇从符号学的角度出发，指出数据库中各个元素呈"聚合"的状态，也就是李迅认为的"依据某种逻辑建立的各项序列"，"聚合"的元素之间依靠非线性、非因果的叙述连接组合。竞技类游戏视频《瞬狙，甩狙，背狙，夹角狙，守约狙击技巧合集》主要解说《王者荣耀》游戏中百里守约这一角色的技能技巧，玩家展示具体的操作画面，例如"背狙"这一招式的释放需要踩中敌人脚下红圈来提高命中率，接着面对"司马懿""阿珂"等不同的敌人需要如何操作。此视频的影像素材，由玩家操纵的"百里守约"角色在不同的竞技场景中面对各类敌人轮番演示技能录制组成，视频素材之间根据技能展现的顺序衔接，这种串联并无因果关系，呈现数据库的"聚合"状态。根据《原神》游戏所制作的介绍类《仅此 206 秒，让你痴狂于原神的极致魅力之中！》游戏视频，创作者将不同角色的身体部位、技能释放、人物动作跳切剪辑一起，起到介绍游戏人物与技能的作用；再将游戏世界各个场景的画面、角色的剧情台词继续接连切换剪辑在一起，展现游戏的世界观与剧情线。电子游戏中的零散的元素被玩家"选择"后集合剪辑于一体，从 A 元素到 B 元素的组合轨迹并不以讲故事的形式呈现，这种"非叙述"的组合逻辑依靠的是视频创作者的数据库想象力。

不同的运动影像在电子游戏空间中被模块化，模块化的影像变为零散的单个视觉元素，随着玩家操纵角色触碰而展开。也就是说，从全视角来看游戏空间中的视觉元素是静止的，而切换至第一人称视角时影像开始运动，这依靠玩家的操作而触发，如许多竞技游戏中玩家挑战任务 Boss，在输出对战中 Boss 才会运动起来。影像模块合成组建了游戏空间，让游戏影像"动"起来是由玩家驱动的。《"光遇景点"玻璃平台系列》以玩家操纵角色在《光遇》游戏中从晨岛玻璃平台跳转至试炼山谷玻璃平台，再连续前往另外十五个玻璃平台的画面所组成。此游戏视频记录了玩家在不同空间中的行动轨迹，游戏空间中静止的元素随着玩家的行走串联组合成运动影像。玩家行为轨迹串联起电子游戏数据库空间中呈"聚合"状态的各类元素，影像画面由一定"非叙述"的结构框架组合构成了游戏视频的"生成影像素材"。

（二）聚合与"非叙述"组合

现下电子游戏的发展趋势是开放玩家的数据库修改权，以便能在人机交互中投入更多感知，加速主体置身于电子游戏所建构的虚拟空间的进程。当玩家创作游戏视频之时，本游戏的人物、画面、声音、叙事线构成一个庞大的数据库。计算机数据库是可被"统计与检索"的，而这在影像中被延伸为一种文本索引。玩家通过可导航界面随时对电子游戏的元素进行检索，也可以在游戏视频看到对其他文化形式的索引。数据库电影《头号玩家》中对多部电子游戏和电影进行文本索引，电影本身呈现为一个"数据库"。游戏视频除了电子游戏元素，在创作中同样不自觉包含其他文本索引，例如 B 站 GMV 板块（Game-Video-Music）的游戏视频通常配上动漫类主题歌曲，基于游戏《逆水寒》所创作的介绍类游戏视频在剧情、人物介绍时常引用温瑞安武侠小说等。

游戏视频对于游戏数据库素材的处理可分为两种：一种是对游戏基础素材的修改，另一种是对原有的数据库素材的检索。玩家对游戏素材进行修改之后，由于计算机的存档机制，这种修改变为数据库既定素材的补充。电子游戏玩家可对游戏提供的基础素材进行拓展修改，小到角色形象塑造，大到剧情任务的选择。以《永劫无间》游戏为例，此游戏拥有一套复杂完整的捏脸系统，玩家可对人物脸部 200 多个部位进行修改。玩家可以在 AI 生成的预设脸的基础上自己调整参数，在游戏空间中获得独属于个人的身份形象。与此同时，玩家可以将自己创作的人物形象以二维码的形式分享，对方扫码后即可在游戏中获得相同形象造型。而剧情的选择例如《仙剑奇侠传 7》中玩家操纵角色去冽风谷的路途中，燕归谷有新的支线任务可领取，玩家若是选择完成燕归谷支线任务后得到的是《仙剑奇侠传 1》游戏女主角的事迹。叙事支线的选择并不影响本游戏主线任务的进行，而玩家选择是否选择触发本游戏隐藏的故事线索关系到对游戏叙事的拓展。总体而言，玩家掌握了电子游戏画面和叙事的基础修改权，通过玩家的操作，补充丰富了电子游戏数据库。

又或者，游戏视频的创作者可对原有数据库素材的检索。例如介绍《王者荣耀》中某一英雄人物所有属性的游戏视频，玩家通过操作界面展示其不同的技能，录制成若干影像素材后剪辑成视频，并辅以配音解说。而一些角色扮演类游戏的玩家则更常见调取各类角色的CG动画录制，重新改编故事线剪辑集合。这类似于电影的剪辑逻辑，然而除了实拍与三维虚拟的影像性质的不同，更不同的是电影由导演与剪辑师从影像数据库选取素材，游戏视频的素材检索者则是"玩家""创作者""观众"三者身份的合一，这正是计算机数据库的特点——任何主体可对数据库进行访问与索引。

（三）可导航空间与"线性"叙述

与传统小说、戏剧影视的线性叙述不同，数据库自诞生之日起其排列组合就具有空间性。列夫·马诺维奇将游戏空间与叙述的关系描述为"故事情节由主人公在空间中行动所驱动"，游戏的叙述推进可被描述为"叙述动作"与"探索"。这似乎也可以被戏称为一种"线性"叙述，从时间线的串联变为人物轨迹"线"连的组合。游戏叙事设计与影视叙事的不同在于，游戏的剧情线索伏笔需要传送至每个做出不同操作的玩家挖掘。在电子游戏的三维立体空间之中，人物的轨迹串联起不同空间的运动变换，这被称为"可导航空间"。手机游戏《荒野行动》的"荒野乐园"地图中有16处地点，但整个游戏空间却并不只是16个空间的集合。地点坐标是建筑群的集合，里面分布着不同的室内空间，而地点与地点之间也被模拟出的自然空间所阻隔。玩家在A处地点探索时，可模拟第一人称视角接连探索不同小空间；从A地点前往B地点时，可从操作界面调出游戏地图前往目的地，这时玩家处于全视角状态。全视角的设定尽管不利于玩家的沉浸投入，却能增加玩家的掌控感——游戏的叙述跟随玩家的探索才能展开。

游戏视频正是围绕玩家在游戏空间的探索而记录的影像，《荒野行动》属于竞技类游戏，与本游戏有关的游戏视频多与玩家穿梭于多处地点战斗有关；《原神》游戏以角色养成与世界探索为游戏卖点，开放世界的设定令玩家可以自由选择任务、地图等数据资源，玩家操纵人物穿梭空间的灵活度更高，这也使《原神》衍生的游戏视频的创作更为丰裕。这种角色穿越不同空间而推进叙述的影像令人不禁联想到20世纪60年代风靡美国的公路电影，其主人公驾驶汽车穿过不同的空间后获得结局。类比游戏视频与公路电影，其最主要的区别为：公路电影的主人公必定是因为激励事件而踏上旅途，[6] 剧情存在因果关系，主人公的行走也许是主动的也许是被动的；而游戏视频中的主人公则全然是主动探索不同空间，所有的叙述仅存在于主人公的探索过程。这种探索过程本身是有价值的，组成了影像的重点。叙述不再遵循主角因为激励事件而做出改变的电影叙事，叙述中心被消解。因此在游戏视频中，对话、人物心理都几乎不存在了。

在基于数据库逻辑所创作的游戏视频中，人物的过程轨迹被放置到了中心位置。玩家在游戏世界中投入感知，除了穿梭空间所带来了见闻的新奇感，更为重要的是玩家掌握了叙述的建构权。而游戏视频不仅继承了游戏中的叙述权，而且在其素材合成中进一步扩大叙述权，为游戏或是游戏视频选择开放多样的结局。

四、结语

本文从游戏视频这一创作现象出发，追溯新媒体时代语境下的艺术创作逻辑。游戏视频属于用户生成内容，但同时其视频内容成为围绕游戏视频的最大争议：对于录制电子游戏视频后剪辑而成的影像，是否为原创影像？答案是肯定的，游戏视频是建立在"选择"之上的新媒体艺术的创作方式，同时其创作过程体现了数据库逻辑。

观看根据现如今的大型 3D 游戏制作的游戏视频时，我们也许疑惑这类影像与 CG 电影究竟有何区别？人物动作的连贯度正在被算法朝乾夕惕的优化，相信在不远的将来将会与真人 CG 完全无异。而游戏视频较之其他影像的根本不同之处是，其影像完全由创作者选择电子游戏的数据库元素合成。尽管创作主体仍有按照电影媒介的视听语言制作游戏视频，但基于数据库逻辑的创作为游戏视频成为更新的文化实践。这是一种全新的数字影像创作方式，列夫·马诺维奇将之称为"计算机文化新逻辑"。

参考文献

[1] 范哲，朱庆华，赵宇翔. Web2.0环境下UGC研究述评[J]. 图书情报工作，2009，53（22）：60-63，102.

[2] 王杉. 从编纂电影到混剪视频——基于现成物的拾得影像文化研究[J]. 当代电影，2022（12）：136-143.

[3] [俄]列夫·马诺维奇. 新媒体的语言[M]. 车琳，译. 贵阳：贵州人民出版社，2020.

[4] 李迅. 数据库电影：理论与实践[J]. 北京电影学院学报，2017（1）：48-54.

[5] 韩晓强. 数据库电影叙事：一种操作性媒介图解[J]. 当代电影，2021（1）：68-76.

[6] [美]罗伯特·麦基. 故事：材质、结构、风格和银幕剧作的原理[M]. 周铁东，译. 北京：中国电影出版社，2001.

第3部分
人文社科与传媒技术专题

3.1 智媒时代科普期刊知识服务模式构建
——基于传播游戏理论的视角

于风[①]

摘　要：智媒时代如何掌握用户心理，注重用户体验，挖掘用户个性化需求，成为科普期刊面临的重要课题。传播游戏理论认为传播是一种游戏，强调了受众在游戏过程中的主观体验，这与科普期刊知识服务相契合，为智媒时代下期刊知识服务模式的构建提供了新的思路。本文在阐释传播游戏理论价值内涵的基础上，分析了传播游戏理论与科普期刊知识服务的契合之处，尝试提出游戏范式下，科普期刊知识服务模式的构建路径为：以"传播快乐"为要义，关注用户的自我观照与自我存在，构筑游戏情境的平台。

关键词：智媒时代；游戏；用户；知识服务

知识服务兴起于 20 世纪 90 年代，为了满足知识经济浪潮下人们对知识的多元需求而产生。随着信息技术的推进及用户知识需求的变化，国内外学者围绕知识服务的概念与实践的探索也逐渐深入。国外学者较常使用"Knowledge Industries"（知识产业）、"Knowledge-focused Management"（知识管理）等概念，国内学者则一般表述为"知识服务"（Knowledge Service）[1]。张晓林认为知识服务的内涵是对信息和知识进行搜寻、组织，进而根据用户的问题和环境，为用户提供能支持知识应用和知识创新的服务[2]。凭借对知识的个性化

---

① 于风，博士研究生，武汉大学新闻与传播学院博士研究生，主要从事媒介与社会和出版理论的研究。

基金项目：2022 年度山东省社科规划专项项目"传统文化基因视角下沂蒙精神的文艺生产研究（项目编号：22CYMJ08）"。

应用，知识服务在实际应用过程中得到人们的青睐。在新媒介技术的加持下，知识服务作为服务领域的重要研究分支，亦受到出版行业的关注。2020年，中国新闻出版研究院副院长、中国音像与数字出版协会副理事长张立，在中国科技期刊发展论坛上提出，知识服务和融合发展将成为科技期刊出版行业的未来走向[3]，明确了科技期刊出版行业进行知识服务建设的重要性。

科普期刊作为大众日常生活中较为常见的出版物，是五大类科技期刊中的一类，其主要社会功用是向人们普及科技知识，传播科学思想，进而丰富人们的阅读生活，满足知识需求，益于日常决策。当今信息化社会下，可满足人们知识需求的媒介载体众多，如何在诸多媒介平台竞争中得以繁荣发展，如何吸引用户，为用户提供优质知识服务，如何进行知识服务建设，凡此种种，皆为科普期刊需着重思考和探索的问题。既有研究中，虽有学者对期刊知识服务模式进行了相关讨论，但从期刊的类型来看，主要集中于广义上的科技期刊、学术期刊，鲜有学者聚焦于科普期刊的知识服务模式进行探讨。么慧贤等运用PEST-SWOT矩阵对我国科技期刊知识服务的政治、经济、文化、技术环境进行分析，并根据矩阵分析结果提出科技期刊知识服务的发展模式。[4]李晶、刘天星以场景研究为理论视角，对学术期刊知识服务的发展脉络进行梳理，总结了智能传播语境下知识服务进化的实施路径[5]等。

总体来看，相关研究无论是在理论视角还是在知识服务的发展路径方面，都为本文带来了一定的启发，但研究者多是从外在影响因素或传播者角度，对科技期刊、学术期刊的知识服务模式进行分析，忽视了受众作为知识服务对象的主体性对愉悦体验的追求，以及作为科技期刊的分支——科普期刊因其具有大众化、普及化等特性而异于其他科技类期刊，更因知识服务的细分性，使得科技期刊知识服务建设不能广而论之，这都为本文的展开留有余地。综上所述，本文拟引入传播游戏理论，试图从"游戏"的视角出发，以用户在接受知识服务过程中的主观体验为着力点，探讨科普期刊知识服务模式的构建路径，以期为科普期刊的良性发展提供借鉴。

一、传播游戏理论的引入

20世纪60年代，兼具物理学、心理学背景的英国传播学者威廉·斯蒂芬森（William Stephenson）通过对受众的使用动机进行考察，从而对主流传播效果研究能够影响人们的心理这一观点产生怀疑。加之，"二战"后美国的大众媒介和流行文化兴起，斯蒂芬森开始关注大众传播过程中的娱乐元素，注重从个体主体性角度思考受众在使用媒介过程中获得娱乐体验的问题。在荷兰史学家约翰·赫伊津哈（Johan Huizinga）"游戏人"思想的启发下，斯蒂芬森于1967年在《大众传播的游戏理论》中正式提出"传播游戏理论"（play theory），该理论认为大众传播最美妙之处在于，允许阅读者沉浸于主观游戏（subjective play）中。他不仅肯定了"游戏"在社会文化发展过程中的独特价值，其关于"游戏精神才是文化发展的本质"的阐述，实际上也回应了赫伊津哈"文化取决于游戏"的观点[6]。

不难看出，斯蒂芬森主张以"传播快乐"为主旨的"传播的游戏观"，与以施拉姆为代表的主流传播学界所秉持的以"传播是社会控制"为核心的"传播的传递观"相比，因其研究旨趣置于"受众解放"的人本主义研究方面，实质上否认了主流传播学术界所推崇的"受众控制"的行为——功能主义研究。斯蒂芬森认为，受众接触媒介就是一种游戏，翻阅报纸，打开电视，选择自己感兴趣的版面或者频道，按照自己的主观兴趣对报刊或者电视招之即来，挥之即去，这些都可以被看作游戏行为[7]。由此，从斯蒂芬森的传播游戏理论中可以窥见，受众在与媒介的博弈中占据上风，他们并非是毫无还手之力的"靶子"，而是不仅可以对媒介内容进行挑选，还可依据个人主观意愿选择进行会话、社交、"选择聚神"等互动和交流，从而在多种传播游戏形式中体验乐趣。

概言之，虽然斯蒂芬森的传播游戏理论未在主流传播学术界占有一席之地，甚至遭到"传播学鼻祖"威尔伯·施拉姆的冷嘲热讽，但不可忽视这一以人为中心的传播观，因关注受众在传播过程中的自我满足与自我存在，而蕴含着人本主义的底蕴，并且为我们提供了一种认识传播的新视角，即传播不仅是信息传递，传播亦是游戏，传播是"传播快乐"。本文所关注的科普期刊，因其语言通俗易懂，内容生动有趣，相比于学术性期刊、技术性期刊等专业性较强的科技期刊，其所具备的游戏特征更为明显，且与大众联系甚为密切。正因如此，传播游戏理论为我们思考科普期刊如何为用户提供知识服务，提供了新的思路与理论观点。

二、传播游戏理论与科普期刊知识服务的契合

（一）科普期刊知识服务是一种游戏，要义在于"提供乐趣"

传播游戏理论将传播当作一种主观性的游戏，媒介和信息被视为受众把玩的玩具，以为受众提供乐趣。以此来看，科普期刊知识服务作为一种传播活动，亦可视作一种游戏，为用户带来愉悦。而斯蒂芬森基于对"新闻阅读具有乐得属性"的思考，将"乐趣"进一步细分为"纯粹乐趣"与"乐得乐趣"。"纯粹乐趣"产生于初级阅读行为中，是指人们在阅读一般报刊、杂志等相对缺乏组织规则的阅读类型时所获得的乐趣，"乐得乐趣"则存在于高级阅读行为中，是指人们在阅读哲学、诗歌等富有规则仪式的高级人文艺术时所获得的乐趣。[8] 可见，无论是初级阅读行为中的"纯粹乐趣"抑或高级阅读行为中的"乐得乐趣"，对用户而言，当其在接受科普期刊知识服务时，都可依据服务内容的规则程度来获得。换言之，当用户漫不经心地看一眼这儿，又翻一下那儿时，用户得到的是"纯粹乐趣"，而当用户依据已有的知识系统对内容进行有针对性的选择时，则将得到"乐得乐趣"。因之，科普期刊知识服务可依据用户的兴趣、习惯，设计"游戏机制"，从而提供差异化的"乐趣"。

（二）科普期刊知识服务以用户为中心，注重用户的主观体验

正如前文所提及的，主流传播学术界认为受众在传播活动中处于被动位置，只能一味地接受媒介内容的灌输，所提出的"议程设置""魔弹论"等经典传播理论，也无一不忽视了受众的主体性。而传播游戏理论则将受众置于主导地位，认为受众不会依据媒介设定的议程去阅读，而是能够结合自身意愿进行媒介及内容的选择，甚至在阅读的过程中都可招之、弃之、参与之、分享之。这一受众观不仅为传播者重新思考受众特性，提升传播效果提供了参照，也无疑与科普期刊知识服务的核心理念相契合，即以用户需求为主导，注重用户的主观体验，满足用户自我存在与自我愉悦的需求。唯有如此，科普期刊知识服务才能够吸引用户，掌控用户市场，从而保持自身的竞争力。

（三）互联网时代激活了人们的游戏心理，科普期刊知识服务迎来新机遇

互联网时代的到来，为人们的生活创造了诸多可能，人们不仅能够刷着抖音、快手等短视频进行碎片化时间的消遣，还可通过直播带货、成为职业UP主赚钱，利用淘宝、京东等电商平台进行生活购物，在美团、饿了么等外卖平台点餐，从医疗平台丁香园进行网络诊疗等。网络的出现，逐渐地消弭了现实与虚拟之间的界限，也使得"互联网+万物"近在咫尺。这一切似乎印证着一个意欲通过传播彰显自我存在，一个通过传播游戏去获得自我快乐和自我提升的世界变得越来越强大[9]。当网络世界遍布着游戏元素，可以预见，谁掌握了用户的游戏心理，谁就能在这场游戏之战中成为胜者。喻国明、景琦更是直言，传播游戏理论将有助于我们在广域的网络空间中实现人与人、人与内容、内容与内容之间的价值匹配与功能整合，在此过程中不断挖掘用户潜在的个性化需求，并最终确立全新的传媒运作范式。[10] 因此，科普期刊知识服务也应乘着网络的东风，把握发展机遇，为用户营造更为优质的游戏情境，提供愉悦的游戏体验。

三、传播游戏理论视角下科普期刊知识服务模式构建路径

（一）知识服务的对象：关注用户的自我观照与自我存在

1. 细分用户需求，提供垂直化服务

智媒时代的到来，使一部联网的手机或平板、一台计算机即可解决用户获取信息之急。当用户被信息所包围，知识鸿沟渐趋缩小，传统媒体时代所固有的信息匮乏的问题看似已不存在，然而，面对海量的信息资源，如何在最短的时间内，获取所需要的、有价值的、感兴趣的信息则成为用户新的困扰，从用户所需的角度来看，信息过载又何尝不意味着信息匮乏。在此情形下，科普期刊知识服务不能笼统地、一味地向用户提供大量的信息，解决用户信息之困的根本在于细分用户需求，帮助用户有效筛选需要的信息，提供量身定制式的垂直化服务。在这一点上，斯蒂芬森也强调大众传播应注重对受众进行细分研究。为此，科普期刊知识服务可在微博、微信、抖音等平台矩阵引用算法推荐

技术、大数据技术，依据用户的页面浏览时间、停留时间、浏览内容等行为数据[11]，精准把握用户需求，从而为其推送个性化、定制化内容。例如，国际知名出版服务公司 Trend MD 出版商，通过与 AAAS、Elsevier、IEEE 等建立合作，使期刊论文可以进行跨平台推荐，出版商将 Trend MD 插件安装在网站上通过算法自动向读者精准推荐文章，形成长尾读者群[12]。科普期刊知识服务还可重点推进编辑制作方面的工作，如对抖音页面的内容进行菜单化、模块化处理，使用户打开该期刊抖音页面后能够迅捷地获取信息。

2. 把握统觉机制，强化用户依赖

"统觉"是一个心理学概念，斯蒂芬森用身为棒球迷的小男孩和主修植物学的女伴分别选择了路边的石头和木棍以及火烧兰花朵的事例来对此进行阐释，人们在进行信息选择时，并不会对所有信息感兴趣，而是按照统觉机制进行信息预选，也即用户会遵从已有的习惯，选择自己感兴趣的内容。据此，科普期刊知识服务，应把握用户的统觉机制，对接用户的原有旨趣，遵从并培养用户的使用习惯，强化用户依赖。美国作者查尔斯·都希格在《习惯的力量》中指出，习惯回路由触机（cue）、奖赏（reward）、惯常行为（routine）构成[13]。因而，科普期刊也可从中汲取有益借鉴，培养用户的使用习惯。首先，触机意味着对用户的提示。科普期刊可通过发送消息通知，举办知识讲座、开展在线课堂等活动来提示用户接受期刊的知识服务。其次，奖赏代表事情做完后的回报，也意味着激励。科普期刊可通过记录用户的学习时长、参与活动的次数、购买服务的次数、进度排名等数据，给予用户知识币、知识券、知识积分等奖励，激发用户的参与热情，从而吸引用户积极参与到期刊提供的知识服务过程中，形成良性循环。最后，在触机与奖赏的刺激作用下，惯常行为逐渐形成，用户对此形成依赖，成为忠实用户。

3. 培育 KOL，引导用户进行信息解码

斯蒂芬森认为，传播者与受众之间存在一种"理解游戏"，双方基于各自的意识形态框架，对信息进行编码、解码，这与英国文化研究学者斯图亚特·霍尔所提出的编码解码理论在本质上有相通之处。如何在传播者与受众间搭建沟通"理解游戏"的桥梁，如何使受众充分地解码传播者的信息，这有赖于 KOL 的参与。KOL（Key Opinion Leader）的概念源于营销学，译为关键意见领袖，意指在这一领域拥有更多信息，且具有较强影响力与公信力的人，他

们不仅能得到普通大众的信任与拥护，还能够影响人们的态度和行为。现如今在美妆、图书、母婴等诸多领域，已涌现出李佳琦、薇娅、樊登、孙秋宁等为代表的 KOL，他们不仅引导用户更好地进行信息解码，还为品牌方增加了带货利润。科普期刊也可通过培育 KOL 的方式，助力知识服务。第一，可以从用户群中挖掘已积累了一定数量的粉丝，且具有较强号召力的用户，将其培养为期刊的 KOL；第二，可签约该领域的专家、学者、名人等，借助其专业能力与影响力，对用户进行引导；第三，可培育期刊团队的 KOL，从期刊的工作人员中进行遴选，基于对期刊有着更为充分的了解，这类 KOL 往往在专业能力上占据优势。此外，期刊还需对 KOL 进行定期培训，如通过举办在线讲座、论坛等形式，进一步提升 KOL 的专业素质。

（二）知识服务的内容：传播快乐

1. 建构知识符号，实现符号消费

斯蒂芬森在《大众传播的游戏理论》中，以消费者购买香皂的例子来说明消费者购买香皂并非仅在于消费香皂本身，而是追求"符号消费"带来的满足感。如今，消费已经成为人们生活中最为平常的事情，这也意味着我们已然处于鲍德里亚口中的"消费社会"。"物品的使用价值和交换价值开始向符号价值转变，物品不再仅仅是消费对象，'符号—物'的指涉关系结构得以建立，消费过程开始转变为'符号—物'之间的抽象系统的关系。"[14] 在"符号消费"主导的消费社会中，当"符号价值"被放大，人们的"符号需求"也就成为企业销售商品时需要考虑的因素。而这也不得不引起传播者的注意，就科普期刊而言，其在向人们提供知识服务的过程中，也需考虑用户的媒介消费欲望，从而建构自身的知识符号系统。

2. 打造品牌 IP，延伸产业价值链

IP 即"Intellectual Property"，原译为"知识财产"。后来随着 IP 电影、IP 游戏等现象的出现，IP 逐渐演变为一种经济模式，其核心是以优质的内容来吸引粉丝进行消费，推动商业变现。顺而推之，品牌 IP 则是以打造 IP 的方式进行品牌建设，进而提升品牌价值，扩大品牌影响力。以《中国国家地理》为例，"地理味"可认为是该期刊打造得极为成功的 IP。截至 2023 年 6 月 1 日，其拥有微博粉丝 1145.1 万，视频累计播放量 1.17 亿，微信预估活跃粉丝

数超过 100 万，抖音粉丝数 354.2 万，强有力的数据影响力可见一斑。成功的品牌 IP 价值的实现，不仅在于所销售的原有产品本身所带来的经济效益，更在于产业价值链上的进一步延伸。具体而言，第一，可以开发 IP 衍生产品，促使用户实现消费中的"边际效用递增"效用。比如《中国国家地理》推出的"科学考察"产品，其售价依活动地点及内容而定，一般设置在 468 元至 115000 元不等。第二，开发相关文创产品，满足用户的物质需求。如中国国家地理优品商城上线的文房套装、吊坠、扇子等，地理商城的中国国家地理景观大道旅行装备礼包、《中国景色》专辑、《选美中国》精装修订版，博物文创旗舰店上线的毛绒玩具、丝巾、飘带等，这些极具品牌文化特色的产品既为期刊本身带来收益，又满足了用户的消费偏好。第三，开展品牌合作，进行跨界营销。例如，《中国国家地理》与微信视频号联合推出"看见世界另一面"系列直播活动；与完美日记化妆品推出联名彩妆等，在不同行业领域实现了品牌价值收益。

3. 主动连接用户，促进知识内容价值共创

目前，关于期刊知识服务的探讨多基于期刊本身，研究者试图借线性传播模式为期刊寻求知识服务路径出谋划策，鲜少从"用户参与"的互动模式来寻求知识服务路径的创新。传播游戏理论认为传播应具有"分享、参与、共有、共享、联合"等特性，这一观点与价值共创理论不谋而合。J. Spohrer 和 P. Maglio 对价值共创理论进行讨论时提出，该理论实质是指在各个环节中，所有利益相关者共同参与、紧密协作、发挥各自优势，创造、传递和扩散价值的过程。[15] 由此来看，知识内容的价值共创是指从知识生产到服务的过程中，知识生产者、传播者与用户相互协作、共同参与的过程。科普期刊知识内容价值共创，既需要期刊工作人员的努力，也需要知识生产者的支持以及用户的积极参与。循着这一理论，科普期刊在知识服务的过程中，应主动连接用户，努力为用户提供参与平台，与用户进行合作，促进知识内容的价值共创。比如《中国国家地理》举办的"影赛"活动、开设的"征稿"专栏，吸引用户进行投稿，之后将用户拍摄的优质照片进行系列展示，而这也成为期刊的图片内容之一。并且，在期刊的认证作者页面，除了"《中国国家地理》作者"外，也有"网站投稿作者"，不仅可以看到他们的作者简介，还附有"文集、图集"，供用户浏览观看。可见，这部分作者从用户中来，参与到期刊的内容创造中去，实现了与期刊的价值共创。

（三）知识服务的平台：构筑游戏情境

1. 借助媒介技术，营造多维服务场景

在游戏范式下，人们购买香皂，有时并不在于香皂本身，而是为了迎合自我想象，追求其所带来的沐浴情境体验。或许连斯蒂芬森本人都未曾想到"游戏情境"的力量在互联网时代变得愈加突出，甚至场景思维将成为影响媒介生态的重要变量。美国作家罗伯特·斯考伯和谢尔·伊斯雷尔在《即将到来的场景时代》中，曾断言"未来的时代是场景的时代"，而 Salesforce.com 创始人马克·贝尼奥夫在为此书作序时已然宣称"这个时代已经到来"[16]。可见，场景成为传播内容的有效载体，场景的构建与营造具有重要意义。为了在场景时代提升知识服务的质量，科普期刊可借助媒介技术，为用户营造多维服务场景。纵使场景有现实场景和虚拟场景之分，但无论处于何种场景状态，期刊都应为用户提供与场景匹配的内容，提升用户的体验感与沉浸感。如在直播风潮愈演愈烈的背景下，无论是企业还是个人都想涌入这一风口，从中分取一杯羹。科普期刊当然需要紧跟时代的步伐，适时开启知识服务的直播活动，但这并不意味着主播简单地打开直播摄像头即可，而仍需精心设计直播场景。例如，农业科普期刊《农村新技术》将现实的农业场景与虚拟的直播场景相融合，他们走进水果种植基地，依据直播间中用户的提问，为用户现场释疑，普及水果种植技术，得到了用户的肯定。不仅如此，该期刊还将直播间搬进了中国国际农产品交易会，为用户带来一场农业盛宴。此外，还可打造知识服务虚拟场景，为用户带来具身体验。以《农村新技术》中的农作物种植为例，可借助 VR、AR 等技术，打造虚拟现实劳作场景，充分调动用户的感官系统，将用户带到田间地头，为玉米、小麦、花生等农作物施肥打药，浇水除草，切实掌握农作物种植技术，体验沉浸式的丰收喜悦。

2. 注重会话与社交，建立知识服务社群

会话与社交作为传播游戏中的重要游戏形式，被斯蒂芬森视为传播游戏理论的核心内容。会话既包括人与人之间的社交性会话，又包含受众在接触媒介内容时其内心与媒介中人物的想象性会话。当下，媒介的社交属性日益增强，无论是基础应用类应用微博、微信等，还是公共服务类应用高德地图、滴滴打车等，娱乐类应用抖音、快手等，又或者是商务交易类应用支付宝、美团、淘宝等，皆可发现，人们能够在任何媒介应用中发布信息、进行交流沟通。的确,社交媒体时代以更为多元的社交元素丰富了人们的生活,将人们带入了一个新的"社交场域"。"无社交不传播,无社交不价值"成为这一新场域的通行法则。"社群"则成为麦克卢汉"地球村"中更细微一级的构成单位。可直接感受到的是,人们生活中火爆的"社区团购""社区团购群",将这一准则运用得恰到好处。在科普期刊中,《中国国家地理》也进行了一些尝试,如建立"中国国家地理微博粉丝群",《博物》通过线上注册普通会员与VIP会员的方式,为用户购买相关产品和课程提供优惠折扣,并吸引用户进入博物大本营社群。在线下,则举办"大讲堂"讲座、"科学考察"旅行等活动,借助深度互动将用户个体紧密相连,积累情感能量。当然,用户与媒介人物的想象性会话亦不可忽视,科普期刊可邀请知识产品的作者、编辑等现身直播间与用户互动,如四川人民出版社编辑王其进、山东教育出版社编辑侯文斐等纷纷开启直播,引来大量粉丝围观互动。

3. 运用仪式元素,塑造知识服务的仪式感

斯蒂芬森在谈及新闻阅读游戏时指出,高级阅读中的游戏形式富含仪式元素,能够使人获得更为丰富的心灵体验,有利于自我提升。"仪式"并非一个陌生的概念,从先人流传下的传统节日仪式到如今种类繁多的日常生活中的仪式,仪式元素存在于人们的生活中,并得到人们的接受与认可。在仪式范围中,"服务仪式"作为其中的一部分,因其对企业发展的重要作用,而得到学术界和业界的关注。学者Otnes、Ilhan等认为适宜的服务仪式有利于品牌在同质化竞争中胜出,凝聚参与者互动的强度等。[17]比如,餐饮企业海底捞会为过生日的顾客送上蛋糕、礼物以及长寿面,并由服务人员为顾客献唱生日祝福歌,凭借具有仪式感的特色服务,赢得了顾客的满意和忠诚,使其成为火锅界的佼佼者。同理,科普期刊在为用户提供知识服务时,也可运用仪式元素,满足用户的仪式感需求。一方面,从时间上切入,重视春节、阅读节等特殊时间节点的节庆仪式,开展知识产品促销优惠等活动;创造固定节点,可设置"周度仪式""月度仪式""年度仪式",邀请知名专家开展讲座、举办沙龙、茶话会,或者为知识服务级别高的用户举行颁奖活动等;在每日使用上,可在每次打开知识产品时,为用户提供仪式化服务,如酷我音乐的"好音质,用酷我"等。另一方面,从产品设计上入手,当用户结束一阶段知识服务后,期刊可为用户颁发结业证书、认证证书等,强化"领证仪式感"的意义。

四、结语

智媒技术的发展将促进出版行业的深度变革，科普期刊领域需要进行前瞻性的思考，打造具有市场竞争力的科普类期刊集群。[18]此外，艾媒咨询发布的报告显示，2022年中国知识付费市场规模将达1126.5亿元，预计2025年市场规模达2808.8亿元。[19]可见，知识的价值愈加凸显，为知识"买单"成为越来越多人的选择，而人们对知识的需求将进一步促进知识服务业的发展，同时这也预示着"现代管理学之父"彼得·德鲁克所预见的"知识社会"正在到来。在此背景下，科普期刊作为传播科学知识，提升大众科学素养，推进社会科学普及工作的有力载体，需厘清所处形势，及时抓住机遇，积极入驻知识服务的赛道，以为人们带来更佳体验。为此，本文基于传播游戏理论的视角，围绕科普期刊知识服务模式的构建路径进行了思考，所提出的构建模式，将为智媒时代科普期刊知识服务建设提供参考，有利于其长远发展。

参考文献

[1] ZHANG L，WU S，ZHOU D. A Study on Transitions to Knowledge-Based Service in China's Publishing Industry[J]. Publishing Research Quarterly，2020，36（8）：479-486.

[2] 张晓林. 走向知识服务：寻找新世纪图书情报工作的生长点[J]. 中国图书馆学报，2000（5）：32-37.

[3] 人民网. 知识服务和融合发展是科技期刊发展的重要方向[EB/OL]. http：//yuqing. people. com. cn/n1/2020/1026/c209043-31906376. html.

[4] 么慧贤，贺子岳，陈晓峰. 基于PEST-SWOT矩阵的我国科技期刊知识服务分析[J]. 科技与出版，2021（5）：45-52.

[5] 李晶，刘天星. 场景视阈下学术期刊知识服务的演进脉络及发展方向[J]. 中国科技期刊研究. 2021，32（7）：832-838.

[6] William Stephenson，The Play Theory of Mass Communication[M]. New Jersey： The University of Chicago Press，1967：46-50.

[7] 宗益祥. 游戏人、Q方法与传播学：威廉·斯蒂芬森的传播游戏理论研究[M]. 北京：中国政法大学出版社，2017.

[8] 宗益祥. 游戏人、Q方法与传播学：威廉·斯蒂芬森的传播游戏理论研究[M]. 北京：中国政法大学出版社，2017：15.

[9] 喻国明，景琦. 传播游戏理论：智能化媒体时代的主导性实践范式 [J]. 社会科学战线，2018（1）：141-148，2.

[10] 赖青，李海涛. 大数据时代知识服务数字生态的构建 [J]. 中国编辑，2018（9）：31-35.

[11] 谢曼，石应江，李哲，等. Trend MD 内容推荐平台：提升科技期刊国际影响力的新途径 [J]. 编辑学报，2017，29（S2）：73-75.

[12] [美] 查尔斯·都希格. 习惯的力量 [M]. 吴奕俊，陈丽丽，曹烨，译. 北京：中信出版社，2017.

[13] [法] 让·鲍德里亚. 物体系 [M]. 林志明，译. 上海：上海世纪出版社，2001.

[14] Jim Spohrer，Paul P. Maglio. The Emergence of Service Science： Toward Systematic Service Innovations to Accelerate Co‐Creation of Value[J]. Production and Operations Management，2008，17（3）：238-246.

[15] [美] 罗伯特·斯考伯，谢尔·伊斯雷尔. 即将到来的场景时代 [M]. 赵乾坤、周宝曜，译. 北京：北京联合出版公司，2014.

[16] Cele C. Otnes，Behice Ece Ilhan，Atul Kulkarni. The language of marketplace rituals：Implications for customer experience management[J]. Journal of Retailing，2012，88（3）：367-383.

[17] 中国科协，中宣部，教育部，等. 关于深化改革培育世界一流科技期刊的意见［J］. 编辑学报，2019，31（4）：355.

[18] 艾媒咨询丨2022—2023 年中国知识付费行业研究及消费者行为分析报告 [EB/OL]. https://report. iimedia. cn/repo3-0/43243. html. acPlatCode=bdTG&a.

3.2 人工智能热的冷思考：算法新闻的规制及展望

郜玉金[①]　杨磊[②]

摘　要：进入强人工智能阶段，大数据技术和新的计算工具的迅速发展使新闻业的量化转向成为一个巨大的优势。一方面，技术的进步为新闻行业研究者提出新的研究问题和研究方法，带来了研究范式的转变。另一方面，由于算法本身具有局限性，无形中增加了算法的风险。算法是把"双刃剑"，使用时需要注意正负效应之间的平衡。本文就算法新闻定义、内在机制及其在实践中存在的问题进行分析，对纠正算法新闻偏差的机制做了相应的展望式探讨。

关键词：算法；人工智能；新闻伦理；

一、算法新闻及其内在机制探讨

有学者认为："算法是为了解决问题而输入机器的一系列指令。"[1]从广义上来说，算法就是一种程序编码，通过既定的算法程序把某种录入的数据转化为结果。算法的应用对于新闻行业的输出模式产生了深刻变革，也影响着新闻算法生产的各个环节，使新闻媒体做到可视化呈现，丰富了其表达方式。

在被大数据"包围"的今天，算法和各类信息数据随处可见。汉密尔顿和特纳把算法新闻定义为"算法，数据和社会科学知识的结合，以补充新闻业的问责功能"。[2]追根溯源，算法新闻是基于海量信息和网络爬虫等技术自动化

[①]　郜玉金，教授、硕士生导师，任教于上海出版印刷高等专科学校。

[②]　杨磊，任教于西安医学院第一附属医院。

生产新闻，并实现商业化运营的过程。它具体包括信息的采集、存储、生成、编辑、呈现、数据的运算及运营等业务的自动化实现。英国著名文化研究专家斯科特·拉什曾强调，庞大的数据带给算法巨大的权力，权力越来越存在于算法之中。[3]

一般来说，算法新闻是理性、中立、高效且值得信赖的。在人们对人工智能技术无比"憧憬"的同时，算法这把"双刃剑"，正将人们置于贝克所描述的"风险社会中"。AI技术的不断突破，使得各种风险不断被"生产"出来，使我们置于"风险社会"中。

二、警惕掉进"算法的陷阱"

首先，算法中存在偏见。所谓"算法偏见"是指算法开发者或所有者，以数学方式、运算程序、代码所表达的意见。包括其设计、目的、数据使用过程等，都是开发者自己的主观选择。这种机制使开发者在开发程序过程中，将自己的意志嵌入算法内。一定程度上导致理性、客观、真实等元素被削弱。

近几年来，算法已经多次被证明存在"偏见"。2015年美国芝加哥某法院使用了犯罪风险评估方法系统COMPAS，这一系统对黑人存在明显的政治歧视，黑人自动被纳入高危险犯罪系统中。在经济领域，美国卡内基梅隆大学的调查研究证明，谷歌在广告系统中对待性别有很大不同，例如高工资且体面的工作在发布招聘广告时更易青睐男性，男性接受招聘信息频率较女性更高。

算法"偏见"在新闻的生产、分发、接收各环节得到不断固化。一方面，开发者很容易在经济利益的驱使下受到蛊惑。开发者针对不断细分的受众，制定个性化的算法规则。受众置身于算法"黑箱"之中，不断被算法圈禁在固定的空间内，单方面被强制接受此类信息。另一方面，算法新闻产生的"回音壁效应"，使受众对于某类信息的刻板印象更为严重。在封闭的信息环境内，相似的意见和受众主动搜索的信息会源源不断地出现在受众的周围，从而将受众禁锢在其中，目光越来越狭隘。算法在循环和反馈的过程中，进一步得到固化，如果用不正确或者带有主观偏见的数据去训练算法从而得出的结果，也只会是带有偏见的结果，这一连串的数据输出产生的新数据在算法的循环反馈中得到固化，最终演变成为算法，创造了现实。

其次，大数据时代下隐私堪忧。国外 Facebook 数据"泄露门"事件的再度发酵，再次将 Facebook、Google 等一众社交媒体平台推向舆论的风口浪尖。国内万豪系酒店 5 亿用户数据泄露事件风波未平，近日，多达 3000 万条陌陌用户数据正在暗网上低价销售，用户的信息被"暴露"在大数据编织的算法网上。算法"暗网"基于深度学习的 AI 系统，在服务器之间进行数据交易，促使数据的频繁流动。数据作为一种代码，成为新的流通物。个人对其数据的管制逐渐削弱，特别是在一些敏感数据方面，比如医疗健康数据、金融行业数据、用户画像分析数据等方面，在经济利益的驱逐下可能会被披露出去，对个人的隐私产生不可预估的影响，未来寻求应如何在深度学习过程和受众的隐私中找到平衡。

再次，话语就是权力——个人权益的缺失。法国著名哲学家福柯曾在就职演说《话语的秩序》中提出"话语即权力"。也就是说，谁掌握了话语权，谁就掌握了管理社会秩序的权力。在当今时代，这种权力范式区别于政治学中自上而下的支配和操作，更加突出了实践主体的强大权力，在实际社会秩序的管理中表现出扩散性和立体化的特征。个人既是权利的持有者，又是权利的承受者，算法与权力密不可分，从根源上看是掌握话语权的人通过算法来建构一种新的对于社会环境的理解模式。那些隐藏在算法权力的背后，通过调整代码来完成自己的意志，进一步加剧社会权力结构的不平衡，使公众的个人权益受到威胁。隐私泄露、虚假新闻等负面问题逐渐显现出来。随着 YouTube、Facebook、微信等社交媒体的发展，人工智能技术的进一步成熟，传统的垄断范式被打破。在新媒体传播语境下，人人都有麦克风。话语权的逐步下移使大众在新闻运作中也拥有了一定的民主权力。新媒体赋予受众拥有生产文本、解构、传播、重构的权力和能力。

最后，新贫富差距——数字鸿沟。在 20 世纪 60 年代，美国学者蒂奇诺等提出了著名大的"知识沟"理论。研究发现，随着人工智能技术的不断发展，大众媒介能够获取的信息量剧增，通常社会经济地位高的人比社会经济地位低的人能够更快获得信息，两者之间的"鸿沟"呈现进一步扩大的趋势。[4] 信息通信技术和互联网的迅速发展应用使得"数字鸿沟"议题越来越受到人们的重视。在经济上，数字鸿沟会加剧贫富差距。"马太效应"将会更加明显地反映到信息富有者和信息贫困者之间的经济水平差异中，从而进一步加剧社会经济不平等和两极分化的现象；[5]在政治领域，数字鸿沟的加剧导致了不同群体之间的政治素养差距，间接导致了对政治形势预判力的差距扩大；在文化领域，教育的鸿沟进一步加深，催生出网络文化鸿沟，智媒体时代下人们的媒介素养也参差不齐，加剧了区域间和不同群体间的教育不平等现象。

三、算法在新闻实践中存在许多问题

1. "信息茧房"和"过滤泡"导致群体极化

2006年，美国哈佛大学法学院教授凯斯·R. 桑斯坦在《信息乌托邦——众人如何生产知识》中，对"信息茧房"这个定义进行了确切阐述，指出："公众只注意自己选择的东西和使自己愉悦的通信领域，久而久之会将自己桎梏于像蚕茧一般的茧房中。"[6]简单来说，"信息茧房"就是"我们只选择令我们愉悦的东西和我们感兴趣的知识领域"，习惯性地接受选择过的信息面，形成了"信息窄化"现象。网络媒体的快速发展给受众提供了多种多样的新闻资讯选择，这或许从表面上让社会看起来更加自由和民主。但是受到"个人本位"观念的影响，最终可能对民主产生巨大的打击。

2011年，以利·巴里瑟（EliPariser）在他的著作《过滤泡：互联网没有告诉你的事》中提出了"过滤泡"（filterbubbles）理论。他指出，大数据时代下以机器算法为依托的互联网技术，使用户得到的信息越来越个人化。用户接收到的信息，往往会受到其检索历史、阅读记录等的影响，受到机器算法的控制。[7]"过滤泡"在新闻推送机制方面的应用导致了平台出现了两大重要问题：第一，经"过滤泡"过滤后得到的信息，会受到该用户价值观和喜好的制约，往往受到机器算法的操控，进一步会导致接受出现一定偏向的信息，加剧了接收信息失衡；第二，由于算法自身的缺陷，会出现用户收到他们不需要的信息。

媒体在创造和传播过程中的民主化，对社交媒体平台的影响举足轻重。在2016年的美国总统大选中，伊莱·帕里泽这位政治家将"过滤泡"这一机制应用得十分透彻。社交媒体算法受到用户点赞的驱动，根据用户感兴趣的信息进行个性化的定制，有选择性地"过滤"信息，肯定他们的偏见，进一步强化他们的信念，鼓励他们在社交媒体平台上与自己政治立场相一致结交。华尔街日报在当年创建了一个叫"蓝色推送/红色推送"的网站,受到了全世界的广泛关注。该网站收集使用 Facebook 用户政治态度的研究数据,"划分"两党派支持者,针对同一新闻事件,给不同政治立场的支持者推送不同的内容。如今,生活在强人工智能时代孕育下的"后真相"世界中,情绪往往比现实更能影响人们。

2. 伦理冲突——虚假新闻的持续发酵

2016 年美国大选结束之后,Facebook 被大众口诛笔伐,因为马克·扎克伯格从未承认过假新闻泛滥的问题,他认为假新闻只是互联网内容中的冰山一角,但公众舆论认为算法的引入对于假新闻的泛滥有推波助澜的作用。

在后真相时代,数字媒体的蓬勃发展,使虚假新闻迎来前所未有的"爆发",许多新媒体平台充斥着假新闻。当前专业新闻平台为了抢占市场资源,抢先占取流量,使用社交倾听工具自动化地快速发掘热门话题,对新闻事实并未进行严格把关,随即将消息发布在各个媒体平台。违背了新闻真实性报道原则,导致了网络失范现象层出不穷,虚假新闻报道屡见不鲜。

3. 警惕算法"误入歧途"——走向创新的反面

智能算法不能在有意识的经济利益操纵下,为所欲为地突破法律和制度的限制。如果突破既定合理的秩序,算法可能会发挥其负面作用。

新媒介平台如雨后春笋一般涌现,对于原创优质内容的聚合一直处于一种掠夺式状态,不仅阻碍了高水平内容的输出与流动,而且不利于优质原创内容的产出。并且内容市场版权规范混乱,原创新闻作品正面临着被严重侵权的情况。正如美联社企业发展与战略副总裁吉姆·肯尼迪所说:"过去,我们只是担心人们免费使用它,但现在会有人将这些内容用来制造假新闻和错误信息。"当你授权一家传统媒体公司使用内容时,你可以很好地追踪这些内容。但在互联网上,这不是件易事,内容一旦发布,就可以被随意复制、摘取和粘贴。[8] 算法平台在未经原创作者许可的情况下直接抓取文章,复制转发,缺乏创新机制,新闻版权受到严峻挑战。

4. 缺乏主流价值导向,警惕算法"黑箱"

由于算法"黑箱"的存在,越来越多的学者质疑算法中的不透明导致的主观性或许更甚于记者。尽管记者可能会受到名利场的诱惑,但他们采写新闻时也会受到新闻专业素养和职业道德的制约,每篇报道的署名要求他们对自己所报道内容的真实性、客观性负责。而算法新闻的生产模式，无法知晓其采集的具体数据来源，更不清楚算法在其中分析的逻辑、计算的模型和运行的路径。对读者来说，一篇"机器程序"完成的报道是无法对其真实性、客观性进行问责的。同时，藏匿于算法机器背后的媒体机构可以通过编辑算法模型，控制分发内容给用户。而且决定了用户能够接受到什么样的新闻推送，以何种方式接受到新闻推送。在这巨大的经济利益链条下，存在有偿新闻推送的可能。甚至有学者大胆质疑：算法所属的机构存在操纵算法的现象，推送想让用户看到的新闻内容，对新闻推送内容进行议程设置，不断强化固有认知，从而达成社会共识。[9]

算法机构将收集的用户隐私用于建立"个人信息档案"来帮助实现新闻内容的精准化推送；网络技术的发展对新闻生产产生了巨大的影响。随着平台衡量标准的变化，例如点击量、界面停留时间、历史访问记录等指标，逐步批量打造成"流量工厂"。机器算法虽然优化提升了新闻生产效率，但在价值观方面没有改善。例如，微软机器人聊天程序 Tay 仅仅在半天内从 Twitter 用户中学会了如何仇视他人和种族歧视。算法也并不是客观中立的，也渗透着多层的价值观：追求极致的流量价值，从而实现利益的最大化。算法机构本身受其企业文化影响和利益来设置议题，影响人们偏好，渗透其价值观。可见算法得出的结果并不客观，其中掺杂着算法开发者的主观意志。所以，人类所开发的算法应用，必然带有其个人价值观，深受政治、经济、文化、阶层等因素的影响。

四、解决对策

1. 工具理性——建立合理的个性算法推荐模型

例如，瑞士报纸 NZZ 开发了一款名为 theCompanion 的 App。这款 App 通过机器学习生推送个性化信息，与众不同的是，算法能够保障在每一次给读者所推荐的信息中，至少有一条信息不是读者原本感兴趣的领域。谷歌推出了"逃离泡沫"插件。该插件能够通过对用户的阅读喜好进行分析，将一些容易被用户接纳的信息向用户进行反向推荐。每当用户访问 Facebook 平台时，这个插件会将不同视角的文章自动导入用户的信息流。[10] 除此之外，百度推出了可以根据搜索内容来推荐相关信息的全新模式，该模式能够不断地为传统算法的精准分发提供有效保障，与此同时还能深度挖掘用户搜索的深层次用意，以此获得更加精准的数据来推送。这样不仅可以缓解"信息茧房"的负面作用，还能提升用户使用感。

在智媒时代，针对个人数据分析得出的个性化推送已经成为主流。传统的分析处理数据的算法过于单一，已经不适合时代的需求，更没有办法实行精准的个性化推送，用户体验感较差。目前，广泛应用的媒体推荐系统主要有以下三大类：第一，基于内容的方法（content-based）：利用大数据技术，生成用户精准"画像"，根据产品特点进行个性化的推荐；第二，基于协同过滤的方法（Collaborative Filtering，CF）：深度追踪用户的历史浏览、行为和喜好进行推荐混合方法；第三，将基于内容的方法和协同过滤（CF）的方法进行组合推荐。

例如爱奇艺就在使用协同过滤算法来进行个性化推送，但算法模型作为传播运行的载体工具，要做到拥有正确的价值观，不断升级优化算法推送的合理性。要注意信息的来源是否符合相关规定，自媒体平台是否按照法律规定获取和发布相关新闻，以及受众的使用体验如何等，以此来进一步完善理性的用户推荐工具。

2. 智能决策监管——协调推进算法安全管理

密歇根大学研究人员开发了一种识别假新闻的算法系统 ann arbor。它在正确识别假新闻方面比人类做得更好，在测试中它成功地发现了高达 76% 的假货，而人类的成功率为 70%。此外，他们的语言分析方法可以用来识别假新闻文章，这些文章太新了，无法通过将其事实与其他故事相互参照来揭穿。该系统已经被 Google News 等网站用于打击虚假新闻。项目组的 u-m 计算机科学和工程教授 Rada·Mihalcea 表示，对于那些难以应对假新闻冲击的网站来说，自动化解决方案可能是一个重要的工具。[11]

借鉴美国和欧洲国家的先行经验，IBM 建立起了 AI 伦理审查制度，成立了 AI 伦理审查委员会。在机器算法的设计和运用的同时，运用机器人对其进行管理和监督，目前已经取得了很大的进展：@newsdiffs 机器人在全程监督新闻报道的变化；@rectractionbot 机器人监督美国国家生物技术信息中心从医学期刊收集的研究论文；@GVA_Watcher 机器人可以追踪日内瓦机场内外特定的空中交通路线。[12]新闻厨房通常会使用机器人这种软件程序来监督公共信息的传播，并与受众建立起联系，这种运作模式已经逐渐成为新闻生产监督不可分割的一部分。

我国已经逐步建立和健全人工智能法律体系与伦理框架，"分步走"建立起智能决策算法安全管理体系。实时监控机器人监测软件，在智能机器算法的研发、设计和运用的过程中，实现全面监管。一方面，通过建立起公开、透明、程序正当等更加完善的管理监测体系，来确保人工智能朝着良好的态势发展。另一方面，法律体系和伦理框架要具体延伸到企业与个人。明确指出智能算法的研发者、决策者、使用者等各项相关法律主体的权利、义务和责任，鼓励企业和个人提高算法决策的可解释性，加强风险管控技术，进行实时监测和管控。

3. 区块链助力——建立健全内容规范机制

2018年8月28日，美联社与区块链平台Civil媒体公司达成协议，计划展开合作，打开了专业新闻生产机构与区块链媒体公司的合作之门。目前，随着区块链技术的不断发展，为新闻业的健康发展提供了技术支持，同时可以填补一些传统的缺陷。区块链技术的应用可以帮助建立起保护知识产权的系统，保存自主原创的内容，建立起属于自己的数字版权"区块"，连成由版权作者、所有者和用户在一起的闭环结构，充分解决了各主体之间的信任问题。

区块链技术在新闻业的应用受到了广泛关注。它还可以被用来查验新闻的真实性，防止虚假新闻的扩散和蔓延。"区块链技术是一种互联网数据库技术。顾名思义，区块链是一串加密过的数据区块，每一个区块中包含了一次网络交易的信息，用于验证其信息的有效性（防伪）并生成下一个区块，每一次交易都会记录在案，像堆积木一样，若干个区块连在一起就形成了区块链，也叫作分布式账本（distributed ledger）。这样，即使某一次交易被破解，在其他的区块中仍然保有这一次交易的信息，保证了数据的安全性。"[13]在网络时代，新闻的价值是基于用户的注意力而产生的，用户的评论、点赞、转发越多，意味着其价值越高。人们对虚假新闻的排斥当然会影响其排名，因此，新闻的排名越高，真实性一般也越高。但有时，由于算法在运算中存在不透明性，也会使虚假新闻排在热门前列。波兰的初创企业Userfeeds对网络上的信息和内容排名系统应该如何设计进行了重新思考，并依靠区块链技术，创造了一个公开透明的、能被公众审查的新闻内容平台及其配套的排名算法。类似于比特币的"工作量证明"共识过程（PoW），新闻内容最终在Userfeeds上呈现出来的排名由"评估证明"（Proof-of-Evaluation）的共识过程决定。在Userfeeds的系统里，内容生产者类似于挖比特币的矿工。"评估证明"就是Userfeeds矿工们的"工作量证明"，是证明内容生产者所生产的内容足够可靠的过程，内容只有在被证明了可靠，才会被发表。一个内容生产者的"评估证明"越多，说明他生产的内容越可靠。[14]这个程序尽管在"证明机制"上存在着不完善的地方，但还是为区块链技术的应用奠定了基础，为减少虚假新闻的产生提供了技术支持。

区块链技术除了对虚假新闻"打假"，还进一步实现了数据加密。它设置了复杂权限管理权限，可以保护媒体信源的隐私和数据主权，从而实现对企业和用户的隐私保护。最大限度上识别出网络新闻侵权行为，为新闻原创内容提供跨平台的版权交易和数据增值服务，构建覆盖全网的侵权监测系统。建立起共建、共享、可信度高的媒体平台，实现多个媒体平台一键式发布，构建良好的新闻媒介生态圈。

4. 打破算法"黑箱"——推动完善"基本建设"

从抖音App的"兴趣推荐"到网易云音乐的"年终歌单"，从今日头条的个性化推送到支付宝芝麻信用评分，信息数据被用来分析我们的偏好和个人信息已经随处可见。媒体平台基于自动化的数据，进一步对"用户画像"进行处理、加工、分析、评估和预测，在不同的业务场景中做出有关数据主体的各项决定，但从某种程度上来说，它也有一些缺陷，例如算法缺少客观性等。人工智能时代下的机器算法极度依赖大数据，它们从现实社会中抽取的"数据"信息，必然带有算法研发者个人和企业机构的价值观痕迹，这种痕迹深深藏匿于算法"黑箱"之中。

在人工智能飞速发展的过程中，我们需要持续推动和完善算法。首先，要提高大众的"数据素养"。学者金兼斌指出，所谓数据素养（data literacy），是指人们有效且正当地发现、评估和使用信息和数据的一种意识和能力。数据素养通常包括数据意识、数据获取、分析等能力。[15]程序开发者和设计者在编程过程中应当将算法置于伦理道德的框架下，充分发挥人的主观能动性，用批判式思维处理算法程序，实现对算法开发、决策、运行的全方位监察和管理；其次，进一步完善公共数据库，鼓励公共、公开、公益的数据涌入算法池内，满足各行业对于数据的持续性需要，有利于我国的数据水平的提高和数据基础资源的完善。进一步健全建立数据质量评估体系，建立内部团队或者委托第三方机构进行监测和优化；最后，算法权力应在一定的伦理框架下使用。由于智能算法在运行过程中具有突发性和不确定性等固有风险，需要对其展开必要的"算法审计"。算法审计不仅需要对算法理论进行伦理预设，还要对其运行机制和其实践语境等进行全方位的监察和管理。通过"算法审计"，将提升在算法决策过程中数据的透明度和公正性，使数据和算法更容易被理解和接受，打破算法"黑箱"。

五、结语

目前，机器算法渗透新闻生产的方方面面，给新闻业带来了前瞻性和实用性的飞跃。但是，在机器算法的发展中，带来的伦理矛盾日益凸显，这些伦理问题亟须解决。明确责任主体，不断推动建立健全相关伦理法律，使用户和相关企业在法律制度的框架下平稳运行。只有将新闻专业主义融于算法之中，才能真正实现技术自由，新闻业才能迎来蓬勃发展。

参考文献

[1] Andrew Goffey, "Algorithm," in Matthew Fuller, eds., Software Studies: A Lexicon, Cambridge, MA: MIT Press, 2008, p. 16.

[2] Hamilton, J. T., & Turner, F. (2009). Accountability through Algorithm: Developing the Field of Computational Journalism. Report from Developing the Field of Computational Journalism. Center for Advanced Study in the Behavioral Sciences Summer Workshop, Stanford, CA.

[3] Lash, Scott. 2007. "Power after Hegemony: Cultural Studies in Mutation?" Theory, Culture & Society 24 (3): 55–78.

[4] 陈力丹，金灿. 论互联网时代的数字鸿沟 [J]. 新闻爱好者，2015（7）.

[5] Castells. M. The Rise of the Network Society[M]. Oxford: Blackwell, 1996: 46.

[6] [美] 桑斯坦. 信息乌托邦 [M]. 北京：法律出版社.

[7] Eli Pariser. The Filter Bubble：What the Internet Is Hiding from You[M]. Penguin，2011.

[8] 刘滢，吴潇. 维护内容版权与寻找新客户——美联社应用区块链技术的战略重点 [J]. 青年记者，2018

[9] 张潇潇. 算法新闻个性化推荐的理念、意义及伦理风险 [J]. 传媒，2017（11）.

[10] 喻国明，杨莹莹，闫巧妹. 算法即权利：算法范式在新闻传播中的权利革命 [J]. 编辑之友，2018（5）.

[11] 全媒派. 围观良心外网的"戳泡运动" [EB/OL]. https://news.qq.com/original/dujiabianyi/paopao.html，2017.

[12] malwarebenchmark. 谷歌使用密歇根大学的算法检测假新闻［EB/OL］. http：//www.sohu.com/a/294498313_468696，2019-2-13/2019-3-16.

[13] 刘滢，吴潇. 维护内容版权与寻找新客户——美联社应用区块链技术的战略重点 [J]. 青年记者，2018.

[14] 吴果中，李泰儒. 用区块链技术打击虚假新闻——Userfeeds 与 PressCoin 模式介绍 [J]. 新闻战线，2018.

[15] 吴果中，李泰儒. 用区块链技术打击虚假新闻 [J]. 新闻战线，2018（7）.

[16] 金兼斌. 数据素养 [J]. 新闻与写作，2013（10）.

[17] 范红霞，孙金波. 数据新闻的算法革命与未来趋向 [J]. 现代传播，2018（5）.

[18] 喻国明，曲慧. "信息茧房"的误读与算法推送的必要——兼论内容分发中社会伦理困境的解决之道 [J]. 新疆师范大学学报（哲学社会科学版），2020（1）.

[19] 陈昌凤，宋云天. 算法时代的媒体策略：个性化新闻及其论争 [J]. 新闻与写作，2019（8）.

[20] 崔迪，吴舫. 算法推送新闻的知识效果——以今日头条为例 [J]. 新闻记者，2019（2）.

3.3 国家形象认知及媒介接触行为
——基于"90后"群体的实证分析

程红[①] 朱博研[②]

摘 要：随着中国的综合国力、国际影响力和国际地位的提升，中国的国家形象受到了国际社会和国内民众的密切关注。国家形象塑造是一个重要而复杂的过程，需要从多重视角进行研究。针对"90后"群体，论文通过问卷调查得到相关数据和李克特量表，运用统计和因子分析等方法选取社会形象、政治形象、经济形象、文化形象作为四个潜变量，由此进行单样本T检验来描述"90后"群体对我国的国家形象认知情况；并使用单因素方差分析，对"90后"群体的媒介接触行为和国家形象认知情况进行相关性测量和分析。同时应用认知心理学中的双重系统理论，阐释媒介接触类型对国家形象认知产生影响的因素，并且探讨新媒体传播的一般性路径。

关键词："90后"；国家形象；认知；媒介接触；因子分析

一、研究源起与意义

20世纪50年代以来，国际学术界对国家形象（national image）已有诸多研究。近年来，其相关研究引起了国内学者越来越多的关注。国家形象是党的十九大报告指出的"道路自信、理论自信、制度自信、文化自信"这四个自信

[①] 程红，博士研究生，上海出版印刷高等专科学校讲师，主要从事新闻史及传播理论的研究。
[②] 朱博研，博士研究生，上海对外经贸大学讲师，主要从事国际传播的研究。
基金项目：202晨光计划"智能媒体视域下高职学生新媒介素养提升机制研究（项目编号：21CGB11）"。

中"文化自信"的重要组成部分，同时国家形象的研究有助于提高国家文化软实力和推进传播能力的建设及其相关研究的进展。

我国"90后"群体是伴随互联网发展而成长的一代，所拥有的世界观、人生观与价值观迥异于以往年代成长的群体。通常，"90后"群体被认为是思想独立的一代或"叛逆"的一代。互联网时代的到来和知识爆炸使"90后"群体可以通过更多渠道获得信息；同时他们是实现"两个一百年"奋斗目标和未来中国发展的重要力量，因此他们对国家形象的认知将影响国家形象的塑造及相关政策的施行。从经典传播学理论出发，媒介接触可能影响"90后"群体对于国家形象的认知，通过媒介接触情况对"90后"国家形象认知影响的研究，既可以了解国内形象的一个侧面，也可以对媒体舆论引导起借鉴作用。因此，"90后"群体国家形象认知及媒介接触行为是一个值得关注和研究的问题，有助于国家形象的塑造，也为我国形象的国际传播提供了新的视角。

二、文献回顾和研究内容

本文中"90后"是指20世纪90年代（1990年1月1日至1999年12月31日）出生的中国公民群体。目前，他们处于青年阶段，是当前和未来我国各项事业的重要建设者和参与者。勇于冒险，多元化发展，极富个性是"90后"群体的特征和标签。他们又被称为"互联网原住民"，对新鲜事物接受能力强，其世界观、人生观和价值观具有多样性，与其前辈相比存在诸多不同。

在国际学术界，"国家形象"具体含义的讨论由来已久，不同学者从不同视角对"国家形象"的语义进行界定。例如，学者布丁（K. E. Boulding）认为"国家形象是一个国家对自己的认知，以及国际体系中其他行为体对这个国家认知的结合；国家形象是一系列信息输入和输出产生的结果，是一个'结构十分明确的信息资本'"。[1] 学者尼默（Dan D. Nimmo）和萨瓦格（Robert L. Savage）将"形象"定义为"人对目标之物、事或他者建构的认知与态度"。[2] 据此定义，学者李（Suman Lee）提出了"国家形象可以定义为他国公众或政府对本国特征及属性的感知或推测"。[3] 帕索（Tanja Passow）等学者在设计国家声誉量表的时候将其总结为六个维度："情感吸引力、物质吸引力（一个地方及其基础设施的吸引力）、经济吸引力、领导力、文化魅力和社会吸引力（作为国际社会成员的责任感和对良好事业的明显支持）"。[4] 阿拉苏塔里（Pertti Alasuutari）等学者更加强调文化形象的重要地位，他们认为民主国家的自我形象或者说对自己国家的认同，是由该国的核心价值所决定，而这一核心价值的根源是国家文化，如国家神话和历史故事。[5]

国内学者对国家形象的界定主要分为两种观点。一种观点认为国家形象即国家的国际形象，主要从国际传播和国际关系视角进行研究。例如，学者徐小鸽的研究认为"国家形象是国际新闻流动中所形成的形象，或者说一个在他国新闻媒介的新闻和言论报道中所呈现的形象。"[6] 学者李寿源认为"国家形象是一个主权国家和民族在世界舞台上所展示形状相貌及国际环境中的舆论反映"。[7] 学者杨伟芬认为"国家形象是国际社会公众对一国相对稳定的总体评价"。[8] 学者刘继南认为"国家形象是其他国家（包括个人、组织和政府）对一国的综合评价和总体印象"。[9] 另一种观点则认为国家形象应该有更广泛的含义，不仅包括国际评价，也应包含本国民众的认知和评价，是对外传播与对内传播的结合。例如学者程曼丽认为国家形象不仅只是表面与形式化的东西更在于其内容，"是一种涵盖国家与民族精神气质的主体意识，并在传统文化的基础上融入现代文化元素"。[10] 学者刘小燕则更明确的把国家形象的构成总结为"国家的社会制度、民族文化、综合国力、政治局势、国际关系、领袖风范、公民素质、社会文明等"。[11] 学者段鹏将国家形象界定为"某一国家外部公众对该国政治（包括政府信誉、外交能力与军力实力等）、经济（包括金融实力、财政实力、产品特色与质量、国民收入等）、社会（包括社会凝聚力、安全与稳定、国民士气、民族性格等）、文化（包括科技实力、教育水平、文化遗产、风俗习惯、价值观念等）与地理（包括地理环境、自然资源、人口数量等）等方面状况的认识与评价"。[12]

综合上述观点，国家形象就是一个国家内在综合实力的外部表现，包括国际形象和国内形象，二者相互作用，彼此关联影响。从传播的角度看，国家形象是受众（国内与国外）对于一个国家社会体系的总体认知和评价。

本文主要关注我国的国内形象及如下研究内容。从可行性和可操作性的角度出发，参考国内外学者关于国家形象的相关研究及其他因素，设计问卷题项。面向"90后"群体进行问卷调查，针对所得到的数据和李克特量表（Likert Scale）进行统计、分析与综合，从而探知"90后"对我国形象的认知情况。同时讨论"90后"媒体接触行为对其认知情况的影响,并阐释媒介接触对国家形象认知产生影响的因素。此外,将探讨新媒体传播的一般性路径以利于我国的国家形象塑造。为此,将媒体分为传统媒体和新媒体。相对于"新媒体"而言,"传统媒体"是指不以互联网为载体的媒介形式,包括平面媒体、广播、电视、电影和印刷品等。"新媒体"是指互联网技术发展之后,利用数字网络端口、计算机、便携或平板电脑、手机等为载体向受众提供信息的媒体,如各类门户网站、社交平台、微博、微信等。

三、研究方法与假设

通过问卷方式对"90后"群体进行调查,收集相关数据。基于这些数据观察和分析"90后"群体对国家形象的认知态度,以及媒体对其产生的影响。

(一)问卷设计

根据所查阅的文献,目前针对国家形象的研究尚无标准化调查问卷和量表,因此,需要进行问卷设计。国家形象的研究内容涉及多种因素,调查问卷借鉴国内外的相关研究,根据党的十八大报告指出的"经济、政治、文化、社会、生态文明"五位一体建设的总体布局,确定问卷内容包括"经济形象、政治形象、文化形象、社会形象"四个大项。将生态文明,如"生活环境和社会环境"和"自然环境、野生动物保护"两个题项,融入社会形象和文化形象。在国际上,各国国情不同,因此不同的学者在设计问卷时,其关注点和关注程度是不同的;比如,各国房地产业在国民经济中的地位和作用是不同的。

在问卷设计过程中,遵循相关的原则、标准、要点和禁忌等,[13, 14]如选取题项或变量的观测指标时,综合考虑并遵循"代表性、针对性、独立性、自治性、完备性、便于获取性"等原则;同时考虑题项数量的多少和语义的"正反",尽力使问卷的题项简明、客观、完备,便于回答、有吸引力。

首先,问卷包括"90后"群体的性别、年龄、学历、党派、工作情况、身处国内国外等信息。其次,采用最常见的五级李克特量表,针对"90后"国家形象认知情况进行测量。最后,针对"90后"群体使用媒体的时间与信任程度进行测量,分析其认知与媒介接触行为的相关性。

调查问卷的题项及变量设计请参见附录。将应用 SPSS 和 AMOS 软件，通过信度和效度分析来检测问卷的质量，包括可靠性和有效性。

（二）研究假设

关于"国家形象的认知"，提出相应的假设 H_1 如下：

H_1："90 后"群体对于国家形象的认知趋于中立或认同。

这一假设具体分为如下四个子假设：

H_{11}："90 后"群体对于中国社会形象的认知趋于中立或认同。

H_{12}："90 后"群体对于中国政治形象的认知趋于中立或认同。

H_{13}："90 后"群体对于中国经济形象的认知趋于中立或认同。

H_{14}："90 后"群体对于中国文化形象的认知趋于中立或认同。

针对"媒介接触的影响"，提出相应的假设 H_2 如下：

H_2："90 后"群体的中国国家形象的认知会受到其媒介接触行为的影响。

假设 H_2 将具体分为如下两个子假设：

H_{21}：媒体接触时间对"90 后"群体的中国国家形象的认知有影响。

H_{22}：媒体接触类型对"90 后"群体的中国国家形象的认知有影响。

（三）数据统计方法

对于回收的样本数据，运用软件 Excel 2013、SPSS 22 和 AMOS 22 进行数据处理和统计，并通过以下方式进行描述与分析。

描述统计：对样本变量取值分布的直接观察，分析频数、均值、标准差等，获得样本的人类学特征内部结构的直观认识。

信度分析：将国家形象的各个变量进行统合，采用 Cronbach Alpha 系数，对量表内部各项一致性进行可信度检验。

效度分析：本文讨论的核心概念"国家形象"目前在国内外没有共识的量表进行量化统计，其内容结构尚不明晰。因此，采用 SPSS 和 AMOS 分别进行探索性因子分析（Exploratory Factor Analysis，EFA）与验证性因子分析（Confirmatory Factor Analysis，CFA），并根据分析结果，得到相关的潜变量及其组成。

单样本 T 检验（One-sample T Test）：通过单样本 T 检验，分析国家形象各潜变量均值与"中间值=3"之间是否存在显著差异,从而判断"90后"群体对于国家形象的认知情况。

单因素方差分析(One-way ANOVA):运用单因素方差分析来观察国家形象各潜变量在媒介接触的不同题项上是否具有显著性差异,从而判断"90后"国家形象的认知与该媒介接触因素是否相关。

四、分析与阐释

调查问卷使用问卷网(http://www.wenjuan.com)发放并回收,每人一份问卷,共回收来自国内外11个地区的有效问卷357份。

通常问卷调查的样本采集和数量受多种因素和条件的影响。在查阅的关于国家形象研究的国际论文中,学者怀特(Candace L. White)[15]研究品牌形象和国家形象联系,其样本是美国东南部一所大学的488名本科生,样本数量大于300。其余论文的样本数量在100~300,例如,学者韩崇敏(C. Min Han)[16]用电话采访方式研究国家形象与品牌形象的评价,其数据来自116个应答受访者;卡斯塔诺(Emanuele Castano)等学者关于国家形象塑造和刻板印象的研究中,[17]样本为美国一所私立大学的162名本科生。又如,学者袁亚聪(Yacong Yuan)关于媒介报道框架和受众对国家形象认知态度的博士论文[18]通过在线调查平台Qualtrics得到188个有效样本。鉴于此,本文的样本数量可用于相应的统计、分析和研究。

(一)样本基本特征描述性分析

在357个样本中,男女比例分别为38.94%和61.06%;年龄分布为16~17周岁占5.32%,18~21周岁占45.38%,22~26周岁占49.30%;学历分布情况为高中及以下占2.52%,专科占1.12%,本科占61.34%,硕士占34.17%,博士占0.84%,由于调查人群主要为高校学生,因此本科及以上学历的人数较多;政治面貌为群众的占5.88%,共青团员占68.07%,中共党员(含预备)占26.05%,民主党派占0.00%;就业状况有工作的占8.96%,在校学习的占90.20%,待业占0.84%;所在地区为96.92%的受访者在国内,另外3.08%在国外。

就传统媒体的使用情况来看，每天使用三小时以上的受访者占 20.17%，每天使用三小时以下的占 23.25%，每周使用三小时以下的占 23.25%，而不怎么使用的占比最高，为 33.33%；对新媒体的使用情况，每天三小时以上的占 67.51%，低于三小时的占 29.41%，不存在不使用的情况。对时政新闻报道的信任情况，相信国内媒体的占 28.57%，相信国外媒体的占 15.13%，认为报道都很客观占 18.49%，认为都不客观占 37.81%。

（二）信度效度分析

1. 信度分析

信度是指测量结果的稳定度和一致性程度。利用 SPSS 统计软件，通过 Cronbach Alpha 系数（a 系数，a 在 0 至 1 之间）来分析量表的信度。通常，当 a>0.8 时，表示量表信度很好；a 在 0.7 至 0.8 之间，表示量表的信度可以接受；在 0.6 至 0.7 范围内，表示量表也可以接受但需改进。问卷中关于国家形象的量表共 21 题项，Cronbach Alpha 系数 a=0.852>0.8，因此，量表具有较好的可靠性和稳定性，这 21 个题项具有较高的内在一致性。

2. 效度分析

（1）因子分析的可行性检验

采用 KMO（Kaiser-Meyer-Olkin）检验和 Bartlett 球形检验对量表进行因子分析的可行性验证。问卷中关于国家形象的 21 个题项量表的 KMO 值为 0.895，Bartlett 球形检验卡方值为 3792.615。Kaiser 指出，当 KMO 值小于 0.5 时不适合进行因子分析，本问卷 KMO 值大于 0.8，Sig 值为 0.000<0.05，达到显著性水平，说明适合进行因子分析。

（2）探索性因子分析

由于国际上对于"国家形象"没有标准量表，因此需要对所设计的 21 个题项的李克特五级量表进行探索性因子分析和验证性因子分析。使用 SPSS 进行探索性因子分析，在保证其信度效度的基础上，根据各题项的聚敛情况，从问卷的 21 个题项中提取 16 个题项，并将该 16 个题项划分为 4 个主成分因素，累计的解释变异量为 62.695%，数值大于 60% 的提取界限。从 4 个主成分因素得出 4 个潜变量分别命名为：社会形象（S）、政治形象（Z）、经济形象（J）、文化形象（W），其 Cronbach Alpha 系数（即 a 系数）分别为

0.867、0.832、0.762、0.799，皆大于信度基本要求值 0.7，且 16 个题项构成的量表的 Cronbach Alpha 系数为 0.900>0.8，说明在其内部一致性可靠的情况下，每一个潜变量也具有内部一致性，可认为量表设计和因子分组具有可信度，因此可以进行验证性因子分析。

（3）验证性因子分析

对于上述 4 个潜变量 S、Z、J 和 W，使用 AMOS 软件进行验证性因子分析，按照收敛效度对 16 个题项的因素载荷量，组合信度（Composite Reliability，CR）和平均方差抽取量（Average Variance Extracted，AVE）进行测量。各项拟合度指标皆符合标准：CMIN/DF 为 2.844，小于 3；GFI 为 0.931，NFI 为 0.932，IFI 为 0.955，TLI 为 0.926，CFI 为 0.954，皆大于 0.9；RMSEA 为 0.072，小于 0.08。如表 3.3.1 所示，CR 值皆大于 0.7，AVE 值皆大于 0.5，表明模型整体拟合度可以接受，具有较好的拟合效度。此外，表 3-1 还包含单样本 T 检验结果的相关数据。

表 3.3.1 验证性因子分析（CFA）与单样本 T 检验结果

潜变量	题项	因素负荷量	组合信度（CR）	平均方差抽取量（AVE）	均值	Sig.
社会形象（S）	S1	0.715	0.840	0.514	3.176	0.005
	S2	0.756			3.106	0.120
	S3	0.795			3.070	0.255
	S4	0.657			3.244	0.001
	S5	0.649			3.081	0.210
	S 总	—	—	—	3.136	0.011
政治形象（Z）	Z1	0.883	0.847	0.586	2.930	0.284
	Z2	0.802			2.908	0.136
	Z3	0.578			3.008	0.891
	Z4	0.765			2.938	0.247
	Z 总	—	—	—	2.946	0.275

续表

潜变量	题项	验证性因子分析			单样本 T 检验	
		因素负荷量	组合信度（CR）	平均方差抽取量（AVE）	均值	Sig.
经济形象（J）	J1	0.715	0.771	0.528	3.076	0.230
	J2	0.752			2.989	0.848
	J3	0.713			3.095	0.089
	J 总	—	—	—	3.053	0.275
文化形象（W）	W1	0.690	0.801	0.502	2.975	0.597
	W2	0.708			3.120	0.045
	W3	0.753			3.034	0.584
	W4	0.681			3.134	0.014
	W 总	—	—	—	3.066	0.138

（三）国家形象变量的统计分析

经过信度与效度分析，将国家形象分为社会形象、政治形象、经济形象、文化形象 4 个潜变量。为了在统计学意义上讨论"90 后"群体对于国家形象呈现正面、中立或负面的认知态度，通过单样本 T 检验的统计学方法，对于 4 个潜变量逐一分析，并确定其总体态度。

进行单样本 T 检验，要求数据满足正态性。通常，李克特量表都是服从正态分布的，因此国际上默认为其具有正态性。本文为进一步验证量表准确性和可靠性，对其进行了正态性检验。检验结果显示，偏度（Skew）绝对值区间范围为 0.015～0.314，峰度（Kurtosis）的绝对值范围在 0.036～1.039。当偏度的绝对值小于或等于 3，峰度的绝对值小于或等于 10，可以认为量表不是非常严重的非正态，[19] 即认为正态或近似正态。同时使用 Mardia 系数检验量表的多元正态性，当 Mardia 系数小于 p'（p+2）时（p 为观察变量项数），则具有多元正态性。[20] 本文观察变量数为 16，Mardia 系数为 27.728，小于 16'（16+2）=288，因此量表具有多元正态性。

由于量表具有正态性，可以对其进行单样本T检验，将4个潜变量：社会形象、政治形象、经济形象、文化形象中各题项及其总体均值与"中间值=3"进行比较，分析是否具有显著性差异。

在李克特量表计分时，鉴于有学者认为"反向计分法"可以在一定程度上减少倾向性偏差，提高统计精确性，因此本文采用"反向计分法"，也就是，用五个整数值"1，2，3，4，5"分别代表"认同，比较认同，一般，比较不认同，不认同"五种情况。

1. 社会形象的认知

结构主义的视角下，社会是一个复杂的系统，广义上是国家公民与其生存环境的总和。潜变量"社会形象"包括五个题项：S1社会的安定和谐程度；S2中国应对重大灾难事故的应急营救措施完善；S3中国人对诚信的重视程度；S4中国军备水平（包括科技水平、军费水平等）比较强大；S5中国对外交往过程中的坚决强硬。通过这五个题项调查"90后"群体对于公民诚信、内政外交、军备水平和安定程度等中国社会现状的认知情况。如表3.3.1中"S总"所示，Sig= 0.011<0.05表明"总体均值与中间值存在显著性差异"，即"总体均值 = 3.13557> 中间值 =3"的差异具有统计学意义，说明受访者对社会形象的认知趋于"不认同"。因此，他们对于所处的社会环境心存不确定性，希望社会向更好的方面发展。这符合我国仍处于并将长期处于社会主义初级阶段的基本国情以及我国是世界上最大发展中国家的国际地位。我国社会正处于转型期，会出现一定的社会问题，因此导致受访者对社会形象的认知情况略趋"不认同"（即总体均值 >3）。

对于中国社会形象的认知略趋于"不认同"，主要源于S1和S4两题项，即"S1社会的安定和谐程度""S4中国军备水平（包括科技水平、军费水平等）比较强大"的认知情况与中间值存在显著性差异。如表3.1.1所示，这两个题项的Sig值分别为0.005和0.001，皆小于0.05，其均值分别为3.176和3.244皆大于中间值3，在统计学意义上呈现显著性差异。"90后"群体出生在改革开放以后，成长于中国经济快速发展时期，越来越多的人具有全球化视野，能够认识到现今我国社会环境与理想状态存在的差距，希望其发展更加完善。此外，中华人民共和国成立是在一穷二白的旧中国的基础上，虽然我国军事实力近年来有所发展和提高，但是与国际军事强国相比，还有很大的差距。因此，这两个题项导致"90后"社会形象的认知趋于"不认同"。

2. 政治形象的认知

国家的政治形象是国家形象的重要组成部分，主要体现在政府对国家治理情况与人民对其施政方针的认可程度以及与之相关的公民和企业的文明程度。潜变量"政治形象"包括四个题项：Z1政府部门办公效率；Z2国家政府公职人员的廉洁程度；Z3中国人和企业对知识产权比较尊重；Z4中国人在海外旅游的文明程度。如表3.3.1所示，政治形象的四个题项和总体均值（Z总）与中间值3比较，Sig值皆大于0.05，即不存在显著性差异，因此"90后"群体对于国家政治形象的认知呈中性态度。

从均值（Z总=2.946）来看，"90后"群体认为国家政治形象倾向正面（即均值越偏向1，表示越认同）。尤其是在党的十八大以来，国家对于官员贪腐，行政部门不作为、乱作为等现象进行了大力惩治和整改，有效地削弱了政治形象中的负面因素。因此"90后"对于政府的办公效率（Z1的均值为2.930）和国家公职人员的廉洁程度（Z2的均值为2.908）趋向认可。相对而言，对于中国人和企业对知识产权比较尊重认可程度较低，即对于知识产权的尊重有待提升。

3. 经济形象的认知

随着中国经济崛起并成为世界第二大经济体，中国经济的国际地位愈加重要，中国品牌的国际形象也逐渐提升。例如，华为、联想、小米、大疆等科技企业以及独角兽企业的出现，使人们对于中国经济依靠传统制造业和低端加工业的刻板印象逐渐转变。如下三个题项用来调查"90后"群体对于中国经济形象的认知情况：J1中国的就业形势比较乐观；J2工资水平可以承担起日常消费；J3中国公共基础建设完备（如家庭、医疗、教育等）。如表3.3.1所示，所有Sig值皆大于0.05，即各题项均值及总均值（J总）与中间值不存在显著性差异。在统计学意义上，"90后"对经济形象各题项的认知都趋于中立态度，一方面源自中国经济的崛起与成就，另一方面深化改革和转型的任务艰巨，同时还具有发展空间。

其中，J2的均值为2.989，说明对该题项的认知趋于"认同"。受访者大多为独生子女，他们在学校学习和工作期间，其经济状况已经能够满足基本生活需求，其中许多人的生活水平已达到更高层次。从均值来看，对J1题项的认知偏向于"不认同",说明在校生或已经步入社会的"90后"群体对于中国未来的经济和就业形势有迷茫、期待和压力,找一份理想的工作是他们所关注的。

4. 文化形象的认知

中国文化给全世界的印象是历史悠久,文化传承源远流长。同时又是古今互鉴,东西结合的新兴大国。一个国家的文化形象既有对外宣传的需要,也应该包含本国民众对于自身文化内核的关注和认同。奥马尔·利扎多(Omar Lizardo)在分析文化对于人的行为模式所起作用时,认为文化的整体是由公共与个人层面共同组成的。[21]"文化形象"潜变量既包含人对于自身价值的理解,也包括人与社会、人与自然的相处模式,其中包括四个题项:W1 中国人受教育程度;W2 中国人对待工作是认真负责的;W3 中国对自然环境、野生动物保护等工作比较关注;W4 您对自己的生活环境和社会环境十分满意。如表 3.3.1 所示,文化形象总均值(W 总)与中间值 3 比较,Sig 值大于 0.05,不存在显著差异,说明受访者对于中国文化形象的认知总体上呈现中立态度。

四个题项中,W2 题项和 W4 题项 Sig 值分别为 0.045 和 0.014,皆小于 0.05,说明具有显著性差异。从各题项的均值来看,一方面受访者趋于认同全社会受教育程度的进步与提升(W1 题项),另一方面又认为中国人对待自身工作还需要更加认真负责(W2 题项),同时对自己所处公共环境并不十分满意(W3 和 W4 两题项)。

(四)媒体接触情况及其与国家形象认知的关系

信息的传播是人类的本质属性,从古至今,任何文化、地区或背景的人们都有使用信息传播的需求。随着科技的进步,互联网媒体在信息传播中的作用越发重要。新旧媒体的更新换代,也带来了信息传播、媒介接触、传播效果的剧烈变革。伴随我国综合国力的提升,国家形象与综合国力不相匹配的矛盾逐渐显现。进入 21 世纪以来,我国加入世贸、成功举办奥运会、世博会等都逐渐撕裂了西方媒体对于中国刻板印象的营造,然而中国媒体走向世界仍然举步维艰,还需付出巨大的努力。

同时,自媒体的出现逐渐改变了传统媒体的内容生产生态,分散了传统媒体的受众关注。在这种情况下,中国媒体,尤其是新媒体,对于"90后"国家形象的认知是否有关系？以及国外媒体是否会产生影响？这些是值得探讨的问题。因此，针对媒介接触时长和种类与"90后"国家形象的认知是否具有显著的相关性，将采用单因素方差分析对国家形象的各潜变量与媒介接触变量进行相关性分析，并进一步讨论其影响。

关于媒介接触，问卷共设置了四个题项 Q10、Q11、Q12 和 Q13（即问卷中第 10 题至第 13 题）。每题有"A；B；C；D"四个选项，通过四选一，分别对媒介接触的时间（Q10 和 Q11）和类别（Q12 和 Q13）与国家形象认知的相关性进行分析。为此，根据受访者对"A；B；C；D"的选择分为四个组别，分别用数字"1；2；3；4"对应编号，利用 SPSS 软件进行单因素方差分析。

要应用单因素方差分析，各组样本数据需要满足：独立性（Independence）、正态性（Normality）和方差齐性（Homoscedascity）。正态性验证如前所述。独立性是指观察对象来自所研究因素的各个水平之下的独立随机抽样，可由问卷调查过程保证。下面以 Q10 为例，给出方差齐性的验证方法，其他题项的方法相同。验证结果可知，Q12 不满足方差齐性，而其他三个题项 Q10、Q11 和 Q13 的各组数据皆满足方差齐性、独立性和正态性，因此对 Q10、Q11 和 Q13 进行单因素方差分析。

1. 媒体接触时间与国家形象认知的相关性分析

关于媒介接触时间，Q10 为"您最近使用传统媒体（包括报纸、杂志、电视、广播）的频率"；Q11 为"您最近使用新媒体（包括门户网站、微博、微信和各类 App 等）的频率"。两个题项分别对应使用传统媒体与新媒体的时长，皆有如下四个选项"A.每天三小时以上；B.每天三小时以下；C.每周三小时以下；D.不怎么使用"。

将 Q10 设为因子，国家形象的 4 个潜变量作为因变量用 SPSS 软件进行方差齐性检验，得到显著性如下：S1-S5 分别为 0.076、0.085、0.701、0.265、0.557；Z1-Z4 分别为 0.527、0.990、0.080、0.772；J1-J3 分别为 0.003、0.381、0.193；W1-W4 分别为 0.037、0.059、0.842、0.917。在方差齐性检验中，除 J1 和 W1 外，各题项的显著性皆大于 0.05，具有方差齐性。而 J1 和 W1 题项方差最大值与最小值之比，即 max（方差）/min（方差），分别为 1.787 和 1.603，二者皆小于 3，也满足方差齐性。因此所有题项皆满足方差齐性。

针对Q10，单因素方差分析结果如下：S1-S5的显著性分别为0.513、0.879、0.505、0.815、0.266；Z1-Z4的显著性分别为0.419、0.514、0.411、0.144；J1-J3的显著性分别为0.504、0.673、0.878；W1-W4的显著性分别为0.441、0.282、0.534、0.603。所有题项显著性皆大于0.05，说明国家形象各潜变量与使用传统媒体的时长没有显著的相关性。

同样，将Q11设为因子，国家形象的4个潜变量作为因变量，用SPSS分别进行单因素方差分析，结果如下，S1-S5的显著性分别为0.203、0.793、0.107、0.093、0.755；Z1-Z4的显著性分别为0.703、0.776、0.678、0.549；J1-J3的显著性分别为0.592、0.520、0.947；W1-W4的显著性分别为0.756、0.542、0.805、0.681。所有题项显著性皆大于0.05，说明国家形象各潜变量与使用新媒体的时长没有显著的相关性。

2. 媒体接触类型与国家形象相关性分析

问卷中关于媒介接触类型的题项Q13为"您认为关于中国时政新闻，国内媒体与国外媒体哪一个更加客观可信"，其选项为"A.国内媒体；B.国外媒体；C.都很客观；D.都不客观"。

针对Q13，根据"A；B；C；D"选项将样本数据分成四组：第1组、第2组、第3组和第4组。四组的样本数量分别为102、54、66和135，分别占总样本数量357的28.57%、15.13%、18.49%和37.81%。

表3.3.2 关于Q13题LSD（L）多重比较部分结果

因变量	（I）Q13	（J）Q13	均值差（I-J）	标准错误	显著性	95% 置信区间 下限值	95% 置信区间 上限值
Z2	1	2	0.4858*	0.1953	0.013	0.102	0.87
	2	3	-0.4680*	0.2129	0.029	-0.887	-0.049
Z4	1	2	0.3791*	0.1675	0.024	0.05	0.709
		4	0.3495*	0.1306	0.008	0.093	0.606
ZhengZhi	1	2	0.3761*	0.1554	0.016	0.07	0.682
		4	0.2603*	0.1211	0.032	0.022	0.499
	2	3	-0.3678*	0.1694	0.031	-0.701	-0.035

续表

因变量	(I) Q13	(J) Q13	均值差 (I-J)	标准错误	显著性	95% 置信区间 下限值	95% 置信区间 上限值
J2	1	3	-0.4287*	0.1729	0.014	-0.769	-0.089
J2	1	4	-0.2900*	0.1436	0.044	-0.572	-0.008
J2	2	3	-0.5202*	0.2009	0.01	-0.915	-0.125
J2	2	4	-0.3815*	0.1763	0.031	-0.728	-0.035
W4	1	3	-0.4002*	0.1604	0.013	-0.716	-0.085
W4	2	3	-0.5135*	0.1864	0.006	-0.88	-0.147

关于 Q13 的单因素方差分析，结果如下，S1-S5 的显著性分别为 0.579、0.720、0.579、0.846、0.383；Z1-Z4 的显著性分别为 0.103、0.049、0.108、0.032；J1-J3 的显著性分别为 0.325、0.013、0.579；W1-W4 的显著性分别为 0.842、0.894、0.616、0.029。其中 Z2、Z4、J2、W4 的显著性小于 0.05，说明关于 Q13 的四个选项存在显著性差别。同时，潜变量"政治形象"总体（ZhengZhi）显著性为 0.026，小于 0.05，所以潜变量政治形象关于 Q13 存在显著性差异。

确认显著性差异后，进行 LSD 多重比较，部分结果如表 3.3.2 所示。从表 3.3.2 可知，"政治形象"的 Z2 题项在 Q13 的第 1 组和第 2 组之间（1；2）的显著性为 0.013，在第 2 组和第 3 组间（2；3）的显著性为 0.029，显著性皆小于 0.05，说明 Z2 题项在这两组选项间具有显著性差异。同理，Z4 在（1；2）和（1；4）两组选项间存在显著差异；政治形象总体（ZhengZhi）在（1；2），（1；4）和（2；3）三组选项间存在显著差异。此外，"经济形象"的 J2 在（1；3），（1；4），（2；3）和（2；4）四组选项间存在显著差异；"文化形象"的 W4 在（1；3）和（2；3）两组选项间存在显著差异。

针对中国政治形象的认可度，第 1 组"认为国内媒体对于中国时政新闻报道更加客观可信"的受访者与第 2 组"认为国外媒体对于中国时政新闻报道更加客观可信"的受访者进行比较，第 2 组的认可度高于第 1 组，即认可国外媒体的受访者更加认同我国的政治形象。其中"Z2 国家政府公职人员的廉洁程度"和"Z4 中国人在海外旅游的文明程度"两个题项最为明显,均值差(Mean difference)分别为 0.4858 和 0.3791(见表 3.3.2)。如表 3.3.3 所示,第 1 组和第 3 组"认为国内国外媒体都客观"的受访者,其均值分别为 3.103 和 3.095,对于政治形象(Zhengzhi)的认知趋于"中立"态度;而第 2 组和第 4 组"认为国内国外媒体皆不客观"的受访者,其均值分别为 2.727 和 2.843,对于政治形象(Zhengzhi)的认知趋于"认同"。总之,从表 3.3.3 可知,政治形象的总体(Zhengzhi)及其 Z2 和 Z4 题项的均值有相同的趋势:均值(第 2 组)<均值(第 4 组)<均值(第 3 组)<均值(第 1 组)。

表 3.3.3 关于 Q13 题四个组别的平均值部分结果

因变量	平均值			
	第 1 组	第 2 组	第 3 组	第 4 组
Z2	3.078	2.593	3.061	2.830
Z4	3.157	2.778	3.000	2.807
ZhengZhi	3.103	2.727	3.095	2.843
J2	2.814	2.722	3.242	3.104
W4	3.039	2.926	3.439	3.141

党的十八大以来,国内媒体报道反腐新闻较多,因而"认为国内媒体对于中国时政新闻报道更加客观可信"的受众接收到大量的反腐信息,给受众对政治形象的认知带来负面影响,同时也对现在和未来带来希望与正面影响,这正负两方面是其受众的认知态度趋于中立的诸因素中的两种。反观国外媒体,虽然存在对于中国报道的一些刻板印象,但由于中国综合实力的迅速提升,包括 BBC、NHK 和 CNN 等国际主流媒体对于中国国家形象报道更加趋于中性,也会报道中国发展取得的成果,使其受众对于中国政治形象认知态度趋于"认同"。因此导致第 1 组和第 2 组的认知存在显著性差异。

关于经济形象,"J2 工资水平可以承担起日常消费"题项在 Q13 的(1;3),(1;4),(2;3)和(2;4)四组选项间存在显著差异。如表 3.3.3 所示,第 1 组受访者,其均值为 2.814,对 J2 题项的认知趋于"认同",而第 3 组或第 4 组的受访者,均值分别为 3.242 或 3.104,对该题项的认知趋于"不认同"。另外，第 2 组受访者，其均值为 2.722，对 J2 题项的认知也趋于"认同"，与第 3 组或第 4 组的认知也存在显著差异。针对 J2 题项，可以看出第 1 组或第 2 组更加认同中国工资水平，他们仅涉及"国内媒体"或"国外媒体"。另外，第 3 组或第 4 组对我国的工资水平倾向不认可，他们同时涉及国内和国外媒体。因此，信源类型的"单一性"或"多样性"可以影响受访者的认知。

关于文化形象的"W4 对自己的生活环境和社会环境十分满意"题项，（1；3）和（2；3）两组选项间存在显著差异。如表 3.3.3 所示，第 1 组和第 2 组的均值分别为 3.039 和 2.926，对 W4 题项的认知分别趋于"中立"和"认同"；而第 3 组，均值为 3.439，对 W4 题项的认知趋于"不认同"。虽然第 4 组的受访者与其他各组的认知不存在显著性差异，但从均值（3.141）来看第 4 组对于 W4 题项的认知趋于"不认同"。这种"不认同"态度意味着我们的生活和社会环境还未尽完美，尚有很大的提升空间。从表 3.3.3 可知，针对 W4 题项，四组的认知情况与 J2 题项有相同的趋势：均值（第 2 组）< 均值（第 1 组）< 均值（第 4 组）< 均值（第 3 组）：即相比于第 3 组和第 4 组，第 1 组和第 2 组对 J2 和 W4 两个题项更趋于"认同"。

总体来看，在受媒介接触类型影响的题项中，均值（第 1 组）> 均值（第 2 组），即信任国内媒体的受访者与信任国外媒体的受访者相比，后者（第 2 组）对相关潜变量和题项更认同。同时，均值（第 3 组）> 均值（第 4 组），即对国内媒体和国外媒体都信任的受访者与对其都不信任的受众相比，后者（第 4 组）对相关潜变量和题项较认同。

五、结语和讨论

随着中国的综合国力、国际地位和国际影响力的提升，中国的发展变化和国家形象已受到国际社会与国内民众的密切关注。国家形象的塑造是一个重要而又复杂的过程，需要从多重视角进行研究。本文选取"90 后"为对象，观察和分析该群体对于中国国家形象包括社会、政治、经济、文化等方面具体的认知情况及其媒介接触行为。

(一)"90后"群体国家形象认知框架和认知趋势

应用SPSS和AMOS统计软件,通过对李克特量表中21个题项进行信度和效度统计分析,提取并得到16个题项和4个潜变量(即社会形象、政治形象、经济形象、文化形象)。

通过对潜变量进行单样本T检验来验证第一组假设,结果如下:

A_1:"90后"群体对于国家形象的认知趋于中立。

A_{11}:"90后"群体对于中国社会形象的认知趋于不认同。

A_{12}:"90后"群体对于中国政治形象的认知趋于中立。

A_{13}:"90后"群体对于中国经济形象的认知趋于中立。

A_{14}:"90后"群体对于中国文化形象的认知趋于中立。

因此,研究假设H_{11}不成立,其余H_1、H_{12}、H_{13}和H_{14}都成立。总体而言,"90后"受访者对于整体国家形象呈现中立的认知态度,其中对于社会形象的认知呈现不认同;对于政治形象、经济形象与文化形象的认知都呈现中立态度。就具体题项而言,如"S1社会的安定和谐程度"和"W4对自己的生活环境和社会环境十分满意"两个题项,认为还需要提高和改进。此外,从政治形象的均值(2.938)来看,"90后"受访者倾向于认同态度。

国家形象是一个复杂的框架,其认知不仅受到一组或几组变量的影响,而且还会受到多种因素的影响。例如,对于社会环境相关题项的不认可情况,我们应该看到,"90后"作为"互联网原住民",是伴随中国互联网成长的一代,他们对于国家形象的期盼已经逐渐从中国人民站起来向中国人民要站在世界舞台中心转变。他们对自身工作生活环境要求尽善尽美,希望我国能够赶超世界强国,并为此鞭策自己。他们对于国家社会形象的不满足正是来源于他们开阔的视野和中国应该发展得更好乃至最好的理念。

(二)"90后"群体媒介接触行为与国家形象认知的相关性

通过单因素方差分析,可知研究假设"H_{21}:媒体接触时间对'90后'群体的中国国家形象的认知有影响"不成立,而"H_{22}:媒体接触类型对'90后'群体的中国国家形象的认知有影响"成立,从而"H_{22}:'90后'群体的中国国家形象的认知可能会受到其媒介接触行为的影响"成立。

第3部分 人文社科与传媒技术专题

针对 H_{21}，通过对媒体接触时间与国家形象每个潜变量及其所有题项进行单因素方差分析，皆未观察到显著性差异。"90后"群体的媒体接触时间（包括传统媒体使用时间和新媒体使用时间），对其国家形象的认知没有显著性影响。根据喻国明等学者[22]对于网络媒介与传统媒介使用时长的回归分析，虽然使用网络媒介会增加整体媒介使用时长，但受众网络媒体的使用时间会挤占传统媒体使用的时间。同时，程萧潇和孟伦两位学者[23]关于大众媒介对环境意识认知影响的量化研究中指出，虽然传统媒体对于公众环境认知情况有显著影响，但以互联网为代表的新媒体对于环境意识没有显著性影响。徐剑等学者的实证调研分析结论也认为，除了电视，其他包括互联网、报纸和广播等媒介的接触频率并没有显著影响到美国民众对中国的评价和感知。[24]

本文中"90后"受访者皆使用新媒体，并且使用三小时以上的人数超过60%，而不使用传统媒体的受访者占据总人数的三分之一。他们使用新媒体时长占据媒体使用时间的大部分，而新媒体的使用时长对其认知态度的作用并不明显，这是导致媒体（包括新媒体和传统媒体）使用时长对其国家形象认知没有产生显著性影响的一个因素。同时，必须要说明的是，使用传统媒体时长减少不代表关注主流媒体时长降低。中国主流媒体对新媒体的使用同样重视，如新华社、人民日报等都有其网络平台。然而，主流媒体并没有能够在新媒体阵地形成统一的舆论场，在许多重要网络议题出现时，主流媒体第一时间反应不及时或受众不认可的现象时有发生。

关于研究假设 H_{22}，通过对媒体接触类型与国家形象的李克特量表进行单因素方差分析和多重比较可知，媒介接触的类型对于国家形象中政治形象，经济形象的 J2 题项，文化形象的 W4 题项有显著性影响。其中政治形象受到媒介接触类别的影响较大，认为国外媒体更加客观可信的受访者（第2组）对于政治形象的认知态度趋于认同；而认为国内媒体更加客观可信（第1组）的认知趋于中立态度。产生这种状况的原因：一方面有些国外媒体关于中国的时政新闻报道具有相对客观性和多样性，"90后"受众也认同这些正面的客观报道；另一方面是认知双重系统模式所导致。认知心理学的一些证据表明[25, 26]受众在使用社交媒体获取新闻资讯时，更容易使用"懒惰"的认知系统（即直觉认知系统），人们不愿意分辨新闻报道，而是凭借自己的直觉（rely on intuition）。[27]当新闻报道与受众的基本认知不相矛盾的时候，人们通过直觉认知系统加以判断；然而当新闻报道与其基本认知冲突时，大脑将会通过理性认知系统加以判断。所以当更加信任国外媒体的受访者（见表3.3.3第2组），在看到关于中国国家形象的相关报道时，报道内容与其基本认知产生冲突，反而会导致其对于国家形象的判断更加趋于正面（见表3.3.3第2组的平均值小于其他各组的平均值）。

如果"某客观可信媒体"的报道与其受众多年习得的基本认知相冲突，那么受众的理性认知系统会分析新闻的真假，并排除新闻中对他国报道刻板框架和不实信息。令人担忧的是，不是所有受众都可以有效地分辨新媒体环境下新闻报道的真实性。新媒体的接触行为与国家形象认知的相关性极有可能潜藏在这种失真的信息环境中，新媒体用户认知态度的转化变得更加隐蔽，传统的媒介框架对于受众的态度改变在新媒体环境下并不显著。袁亚聪[28]的关于美国社交媒体中媒介框架的实验结果支持了这一观点，受访者并没有因为认知的国家形象与媒体来源的变化或者新闻报道框架的正/负导向，而显著性改变对他国国家形象的感知。"90后"群体已经通过多年的学习和经验积累对国家形象有了基本认知，而新媒体的推送模式使"90后"群体关注的新闻往往根据其自身的观看习惯，这就使他们更可能关注符合自身态度的新闻，从而加强固有国家形象认知倾向。受访者的新媒体使用频率显著超过传统媒体使用频率，但新媒体对他们认知的影响可能偏向隐蔽，不容易观测和察觉。因而导致国家形象认知与媒介接触类型，除了政治形象外，未呈现显著相关性。

就政治形象而言，若信息获取渠道较为单一，则认知态度比较容易受到媒体接触影响。新媒体的出现，尤其是"黑天鹅"事件的多发，信源的影响力已经越发没有信息本身的影响力强大，因而导致传统媒介的叙事框架受到冲击。经典议程设置的实证案例表明，积极的媒介框架对于受众的认知态度改变不起作用甚至起反作用。[29] 就单因素方差分析的结果来看，信任国内媒体的受访者（见表3.3.3第1组）对中国政治形象的评价更低。虽然受众对于权威媒体的信任还在延续，但新媒体快速形成舆论热点的特性导致宣传正面形象往往弥补不了突发事件中隐瞒报道甚至不实报道造成的负面影响。

通过实证分析的结果，发现国家形象认知的形成是一个复杂的过程，不能简单回答国家形象认知的形成与媒介接触，尤其是新媒体接触有何种关联。但是不可否认，"90后"群体对于新媒体的使用情况明显高于传统媒体，而媒体接触对其国家形象认知的确有影响。在复杂的媒介环境下，引入部分不同声音反而能促进新媒体舆论向中立的、思辨的立场发展。这既有助于以"90后"为代表的互联网一代对国家形象的认知更加全面客观，也能够通过影响独立且多元化的"90后"群体以及更多新生代互联网用户，将这种影响力逐渐向外扩散。

（三）新媒体环境下传播中国国家形象的一般性路径

本文将国家形象界定为：一个国家内在综合实力的外部表现，也就是作为客观存在的国家在人们头脑中的反映，即主体观念，包括国外民众和国内民众对其作为国家角色及国家行为、功能和成果所给予的总体认知与评价。因此，国家形象包括国际形象（即国外民众的认知）和国内形象（国内民众的认知），二者相互作用，彼此关联影响。

国家形象的塑造，首先是综合国力的提升，发展是硬道理。其次是使人们正确的反映，形成正面的国家形象。对此，媒体的作用是巨大的。如何使用媒体正确传播中国国家形象，国家形象哪些方面更容易受媒介影响等问题，都将值得深入研究。本文建立的探索性研究框架，说明政治形象更容易受到媒体接触类型影响，整体而言我国的国内形象还有待进一步提升。国家形象塑造过程中，除了专注于中国形象走向世界，也需改进对内传播的方式和方法。

传者要优化信息质量，即传播的新闻信息要精确、正确、全面、及时地描述和反映客观现实。受众通过其大脑输入的信息和习得的知识进行"加工处理"，得出认知和评价结果，而信息主要源自媒体（包括新旧各种媒体）。在"传者、媒介、受众"的传播过程中，针对所传播信息，受众的反应或处理方式有如下三种：（1）信息拒绝，即拒绝接受信息的意义、价值观和观点；（2）信息接受，即接受信息的意义、价值观和观点；（3）服从信息，大体上接受并认同信息中的意义、价值观和世界观。[30]在新媒体环境下，信源远远多于以往的旧媒体环境。"90后"群体是"互联网原住民"，他们视野开阔、受教育程度普遍提高、具有很强的独立思考能力，而客观可信的信源和媒体，有助于他们得出正确认知和评价结果，以及正面形象。因此，提升新媒体渠道的信息精准性，信源多元性能够显著提升"90后"群体为代表的中国互联网受众进行信息接收，避免"信息抗扰"或"信息拒绝"。

新媒体传播的信息既要"优质",也要"适度",避免用力过猛反而造成"信息拒绝"。网络热点问题往往会自发的形成热度,建立网络媒体议程。一方面,在针对这些网络议程和网络热点进行宣传时,权威媒体要避免刻板的媒介框架和报道方式,使受众易于接受相关信息;另一方面,大量的自媒体为了追求流量而针对热点问题发布重复的、无用的甚至虚假的信息。在数据和信息质量的学科中,这些重复和虚假信息都属于脏数据和劣质信息,会严重污染和毒害新媒介环境,"90后"群体在接触这些前后矛盾,漏洞百出的信息后,可能会减少关注甚至反感相关的媒介议程。对此,要进行相应地正确地处理和整治。尽力减少、过滤、最好杜绝劣质信息带来的危害和负面作用,正确地引导和影响"90后"群体的行为、态度、观点或情感。

总之,传播是一个过程,通过这个过程,信息被发布和传递,试图创造共同的理解,达成共识,从而实现协同与合作,为社会发展助力,同时避免"信息拒绝"。针对国家形象的塑造和综合国力的提升,媒体的作用可正可负,因此需要极大的关注和广泛深入的研究。

(四) 问题与今后研究方向

本文作为一项探索性研究,仍存在许多问题有待探究解决。例如,在问卷中一些题项的设计还值得进一步改进;由于问卷样本数量和样本来源的限制,理论模型的信度与效度还有进一步提升的空间。同时,由于受访者主要为在校学生群体,其媒介接触情况难以涵盖所有网民,有待求证能否泛化为更广阔的群体。

研究还发现,在问卷设计时,为了使量表具有更好的统计意义,对某些题项进行了语义反转。进行探索性因子分析时,这些语义反转题项被划分成一个主成分因素,但进行验证性因子分析时,由于负荷量不达标,因此舍弃。这一情况是设计的问题还是语义反转所导致,有待进一步研究。本文主要针对"90后"群体对中国国内形象的认知及媒介接触行为进行研究,把握其思想状况和认知理念,有助于增进国家文化软实力和中华文化影响力的提升。关于我国的国际形象,国内和国际形象的相互联系以及传播策略等相关问题,也留待今后进行研究。

参考文献

[1] Boulding, K. E. , "National images and international systems," *Journal of Conflict Resolution*, vol. 3, no. 2, 1959, pp. 120-131.

[2] Dan D. Nimmo, Robert L. Savage, *Candidates and Their Images*: *Concepts, Methods, and Findings*, Pacific Palisades, California: Goodyear Publishing Company, 1976, p. 8. 转引自冯惠玲, 胡百精. 北京奥运会与文化中国国家形象构建 [J], 中国人民大学学报 2008 年第 4 期, 第 16-25 页。

[3] Lee, S. , *A Theoretical Model of National Image Processing and International Public Relations*, Submitted in partial fulfillment of the requirements for the degree of Doctor of Philosophy in Mass Communications in the Graduate School, Syracuse University, 2004, p. 1, 6.

[4] Passow, T. , Fehlmann, R. & Grahlow, H. , "Country Reputation – From Measurement to Management: The Case of Liechtenstein," *Corporate Reputation Review*, Vol. 7, No. 4, 2005, pp. 309-326.

[5] Alasuutari, P. , Vähä-Savo, V. & Ferrer, L. P. , "National Self-Image as a Justification in Policy Debates: An International Comparison, " *New Global Studies*, Vol. 13, No. 2, 2019, pp. 167–189.

[6] 徐小鸽. 国际新闻传播中的国家形象问题 [J]. 新闻与传播研究, 1996（2）: 35-45.

[7] 李寿源. 国际关系与中国外交大众传播的独特风景线 [M]. 北京：北京广播学院出版社, 1999: 305.

[8] 杨伟芬. 渗透与互动广播电视与国际关系 [M]. 北京：北京广播学院出版社, 2000: 25.

[9] 刘继南. 大众传播和国家关系 [M]. 北京：北京广播学院出版社, 1999: 25.

[10] 程曼丽. 大众传播与国家形象塑造 [J]. 国际新闻界, 2007（3）: 5-10.

[11] 刘小燕. 关于传媒塑造国家形象的思考 [J].《国际新闻界》, 2002: 61-66.

[12] 段鹏. 国家形象建构中的传播策略 [M]. 北京：中国传媒大学出版社, 2007: 8.

[13] 李怀祖. 管理研究方法论 [M]. 西安：西安交通大学出版社, 2004: 144-148.

[14] 陶建杰. 传媒与城市软实力关系的实证研究 [J]. 新闻与传播研究, 2010（4）: 38-44, 88.

[15] White C. L. , "Brands and national image: An exploration of inverse country-of-origin effect, " *Place Branding and Public Diplomacy*, Vol. 8, No. 2, 2012, pp. 110-118.

[16] Min Han, C. , "Country image: Halo or summary construct?" *Journal of Marketing Research*, Vol. 26, No. 2, 1989, pp. 222-229.

[17] Castano, E. , Bonacossa, A. & Gries, P. , "National Images as Integrated Schemas: Subliminal Primes of Image Attributes Shape Foreign Policy Preferences, " *Political Psychology*, Vol. 37, No. 3, 2016, pp. 351-366.

[18] Yuan, Y. , *Soft Power of International News Media: American Audiences' Perceptions Of*

China's Country Image Mediated by Trust in News, Philip Merrill College of Journalism, Dissertation submitted to the Faculty of the Graduate School of the University of Maryland, College Park, in partial fulfillment of the requirements for the degree of Doctor of Philosophy, 2017, p. 124.

[19] Kline, R. B, *Principles and practice of structural equation modeling*, New York: Guilford Press, 2016, p. 77.

[20] Kuo, Y. K. , Kuo, T. H. & Ho, L. A. , "Enabling innovative ability: knowledge sharing as a mediator, " *Industrial Management & Data Systems*, Vol. 114, No. 5, 2014, pp. 696-710.

[21] Lizardo, O. , "Improving Cultural Analysis: Considering Personal Culture in its Declarative and Nondeclarative Modes, " *American Sociological Review*, Vol. 82, No. 1, 2017, pp. 88-115.

[22] 喻国明，许子豪，赵晓泉. 上网时间对传统媒介使用时间的影响 [J]. 现代传播，2013（4）：105-110.

[23] 程萧潇，孟伦. 媒介使用对受众环境意识的影响 [J]. 全球传媒学刊，2016（4）：68-82.

[24] 徐剑，刘康，韩瑞霞，等. 媒介接触下的国家形象构建——基于美国人对华态度的实证调研分析 [J]. 新闻与传播研究，2011（6）：17-24.

[25] Barr, N. , Pennycook, G. , Stolz, J. A. & Fugelsang, J. A. , "The brain in your pocket: Evidence that Smartphones are used to supplant thinking, " *Computers in Human Behavior*, Vol. 48, 2015, pp. 473-480.

[26] Ward, A. F. , Duke, K. , Gneezy, A. , & Bos, M. W. "Brain Drain: The Mere Presence of One's Own Smartphone Reduces Available Cognitive Capacity, " *Journal of the Association of Consumer Research*, Vol. 2, No. 2, 2017, pp. 140-154.

[27] Pennycook, G. & Rand, D. G. , "Lazy, not biased: Susceptibility to partisan fake news is better explained by lack of reasoning than by motivated reasoning, " *Cognition*, Vol. 188, 2018, pp. 39-50.

[28] Yuan, Y. , *Soft Power of International News Media*: *American Audiences' Perceptions Of China's Country Image Mediated by Trust in News*, Philip Merrill College of Journalism, Dissertation submitted to the Faculty of the Graduate School of the University of Maryland, College Park, in partial fulfillment of the requirements for the degree of Doctor of Philosophy, 2017, p. 157.

[29] Wanta, W. , Golan, G. & Lee, C. , "Agenda Setting and International News: Media Influence on Public Perceptions of Foreign Nations, " *Journalism & Mass Communication Quarterly*, vol. 81, no. 2, 2004, pp. 364-377.

[30] Danesi, M. , *Dictionary of Media and Communications*, New York: M. E. Sharpe Armonk, 2009, p. 101, 204, 279.

3.4 具身认知理论视域下"童书+AR/VR"发展的优化策略探析

李苓芝[①]　任健[②]

摘　要：童书作为儿童教育和娱乐的重要媒介，其结合AR/VR技术能够提供更加沉浸式的阅读体验和互动性，成为出版融合时代下的新样态。具身认知理论强调个体通过身体与环境的互动来构建对世界的理解，应用至"童书+AR/VR"领域，儿童通过与虚拟世界的互动来获取知识和经验，进而促进学习和理解能力的提升。本文基于具身认知理论，尝试从童书本体、技术赋能及引导者联动三个方面优化当前童书+AR/VR的发展策略。内容为王：注重情感式故事化表达，技术为将：打造沉浸式个性化体验，价值引导：教育者与家长的双重指引。

关键词：具身认知；AR/VR童书；发展；优化策略

根据Digi-Capital数据，到2022年AR的装机数将达到35亿，年收入850亿到900亿美元，随着增强现实（AR）和虚拟现实（VR）技术的迅速发展，AR/VR童书市场正经历着需求的迅速增长和蓬勃发展。AR/VR技术作为一种创新的数字媒体形式，为传统的童书带来了全新的阅读体验和前所未有的互动性，不仅满足了儿童对于新颖、互动和富有创意的阅读体验的需求，而且为儿童阅读提供了更丰富多样的学习方式和个性化的学习支持，对于儿童的认知发展和教育有着助推作用。在具身认知范畴下，儿童的认知过程将通过儿童身体与童书+AR/VR构筑的阅读环境不断互动而进行建构。童书+AR/VR将

[①②] 李苓芝、任健，任职于上海理工大学出版印刷与艺术设计学院。

故事叙述与数字技术进行深度融合,通过虚拟场景、互动元素和视觉效果为儿童提供了一种全新的阅读体验,重塑儿童的认知模式,同时也为童书出版产业带来了巨大的发展机遇,甚至可能颠覆传统的童书出版产业链条。但任何事物都有其"阿喀琉斯之踵",童书+AR/VR 在带给儿童沉浸式阅读体验的同时,也会由于其技术弊端而带来一些隐忧,阻碍儿童健康成长。儿童作为国之未来必须引起足够重视,而童书+AR/VR 已是大势所趋,技术赋能的儿童读物是否能够长久生存,取决于能否及时找准问题、解决矛盾,准确把握童书+AR/VR 的发展逻辑,这在一定程度上决定了整个童书出版业的数字化探索与未来的发展动向。

一、具身认知理论

具身认知强调了心智或认知对身体及其感觉运动系统的依赖性,认为认知既是具身的,也是嵌入的,大脑嵌入身体、身体嵌入环境,构成了一体的认知系统[1]。突出身体在认知中的关键作用,主张身体的构造和状态、身体的物理属性及其大脑与身体的特殊感觉—运动通道对认知的形成产生了根本影响[2]。其将人视作"整体的人",强调认知是大脑、身体与环境交互作用的产物,重视人的身心整体意义上的发展。它提出"具身性"与"情境化",将对认知的认识从个体加工机制的探讨转向社会实践活动的分析;并认为认知结构具有时间属性,某一时刻的认知状态只是连续动态变化中的一个即时状态,因此主张把实验法和自然法融通起来,在真实、自然的情境中对认知过程作实时的、具体的分析[3]。我们的思维和认知都是通过与周围环境的互动以及基于感知、运动和情感等身体经验来构建的。该理论突出了身体在认知过程中的重要作用,与传统的以大脑为中心的认知模型形成了鲜明的对比。

自然主义教育家卢梭在其《爱弥儿》一书中指出,我们的感觉与所有器官都是我们通往智慧的钥匙。他强调身体活动对儿童心智发展的重要作用,也非常重视对儿童的视觉、触觉、嗅觉等感觉器官的训练,指导儿童学会怎样去感受[4]。突出了身体的重要性,也大大支撑了具身认知理论。过往研究中,具身认知理论多应用于教育学、心理学领域,有待在图书出版领域进行深入探索。具身认知理论的提出为图书出版领域提供了新的科学理论基础,为优化阅读体验提供了新视角,从而推动出版事业高质量发展。

二、具身认知下童书+AR/VR应用特征

1. 身体与阅读认知相互建构

认知是根植于身体上所采纳的阅读行为，将阅读与身体串联起来，通过身体的体验感知内容本身，通过身体行动促进思维的提升。童书阅读可以看作一种认知活动，儿童通过阅读获取信息、理解内容、建构知识。而身体作为我们与外界交互的媒介，能够提供感觉和运动的能力，从而影响儿童阅读认知过程。与此同时，身体感觉对于儿童阅读同样起着重要的作用。儿童视觉、听觉、触觉等感官通过身体与AR/VR绘本或设备屏幕进行交互，获取文本的信息。而身体运动对于儿童阅读认知也具有重要影响。身体运动的协调与灵活性可以直接影响儿童阅读速度和准确性。

此外，身体运动还可以与儿童阅读内容进行联想和表达，如儿童默读时嘴唇微动或手指轻拍，有助于加深理解和记忆。阅读认知也会反过来影响儿童的身体感觉和运动。通过阅读，儿童可以获得新的知识和信息，拓展认知领域，从而影响我们对身体感觉的解读和感知。同时，阅读还可以培养儿童的思维能力和表达能力，进而影响儿童身体运动方式和姿态。在我国，AR技术与童书出版的首次结合是在2014年[5]，接力出版社连续推出10册"香蕉火箭科学"图书。随后AR/VR童书开始涌现在市场上，2016年中信出版社发行的"科学跑出来"系列，将AR技术与科普知识结合起来，同年，人民邮电出版社出版了AR绘本《神州飞天真奇妙》，将现实场景与虚拟太空进行叠加；北京少年儿童出版社与易视互动合作编制并推出的"大开眼界恐龙世界大冒险"系列图书，借助附赠的VR眼镜，随时随地打造出虚拟的恐龙世界等都是成功的童书典范。

2. 认知与阅读情感紧密联结

阅读的过程也是情感与认知之间紧密联系的过程，阅读中情感的体验在塑造和影响认知过程中发挥重要作用。儿童的认知过程，包括感知、理解、推理和记忆等，对于儿童对文本的解读和理解至关重要。认知的活动使儿童能够理解文本的意义、组织知识和思考问题。同时，阅读也触发了儿童的情感反应，引发喜悦、悲伤、惊喜、紧张等情感体验。这些情感体验与儿童的认知过程相互作用，影响着儿童对文本的感知和评价。

情感体验可以激发儿童对文本的兴趣和注意力，促进认知过程的积极参与。在阅读过程中，情感体验也影响着儿童的思考和推理，从而对文本内容进行更深入地理解和分析。此外，情感体验还可以增强记忆效果，使儿童对阅读材料的记忆更加深刻和持久。AR/VR 驱动的多元化儿童学习体验使得学习过程变得更加生动有趣，充分调动了儿童的情感认知，如安徽少年儿童出版社的《4D 学习卡》、中国少年儿童新闻出版总社的《我们爱科学》等通过叠加 AR 技术，儿童可以在现实场景中添加虚拟的元素，使抽象的概念变得更加具体可见。他们可以观察和操纵虚拟对象，与虚拟角色进行互动，从而深入理解知识。而 VR 技术则可以带领儿童进入虚拟的世界，探索不同的地理环境、历史时期或科学现象，让他们身临其境地学习，增强对知识的记忆和理解。

3. 情境与阅读认知高度依赖

高度关注阅读环境的情境依赖性，即阅读中认知过程的发展和表现受到具体阅读环境与情境的影响，认知与环境之间也存在互构作用。情境是阅读过程中的背景环境，包括物理环境、社会文化背景和个体经验等。情境提供了文本的语境和意义的框架，帮助儿童理解文本所传递的信息和目的。如儿童在阅读一本关于历史的书籍时，了解当时的社会背景和历史事件可以更好地理解文本内容。情境为儿童提供了关键的线索和参考，能够引导儿童进行阅读认知的解析和推断。

儿童阅读认知高度依赖于情境的激活和应用。情境的信息和语境对于儿童理解文本的意义和构建知识起着重要作用。当儿童阅读时，儿童将自身置于特定的情境中，借助情境的指引和启示来解读文本，并将文本的信息与情境进行联系和对比。情境可以激发儿童的联想和思考，帮助儿童更好地理解和应用文本的知识。进一步地，情境也可以影响阅读策略和阅读效果。不同的情境可能需要不同的阅读策略和解读方式。如阅读一篇科技内容则需要帮助儿童解释一些专业的科学内容，而阅读一部文学作品则需要引导儿童更多关注情感和意象的描绘。情境的变化可以引导儿童调整阅读的重点和方法，从而影响阅读的效果和理解的深度。

4. 认知与阅读行为相互转化

人们在进行阅读体验时，身体特征和动作对于认知的塑造与表达具有重要意义，个体通过阅读过程中身体的姿态、手势和表情等方式加强对阅读的理解。认知与儿童阅读行为之间存在相互转化的关系，它们互为因果、相互影响，共同构建了儿童对文本的理解和解读。认知是指儿童对于信息的加工、理解和处理过程。而阅读行为是一种主动的、有意识的活动，儿童通过阅读来获取信息、理解内容并建构知识。认知与阅读行为之间的相互转化在阅读过程中得以体现。儿童的认知活动指导着其自身的阅读行为，通过运用已有的知识和认知方式来理解与解读文本。同时，阅读行为也对儿童的认知产生影响，通过阅读获取新的信息和知识，进一步拓展和调整自身认知结构。

儿童认知与阅读行为之间存在相互转化的关系。在阅读过程中，认知指导着儿童的阅读行为，而阅读行为又影响着儿童的认知和认知效果。通过理解和把握认知与阅读行为的相互转化，可以帮助儿童更好地理解和应用文本内容，提升阅读的效果和深度，培养更全面的阅读认知能力。

三、具身认知视角下童书+AR/VR的发展现状

1. 多感官沉浸效果，引发儿童情感共鸣

从具身认知的视角来看，虚拟现实（VR）和增强现实（AR）技术为儿童阅读体验带来了全新的身临其境的感受。这些技术让儿童能够在虚拟的环境中与故事情节、角色和场景进行互动，从而引发儿童情感的共鸣。

通过VR/AR童书，儿童可以通过视觉、听觉和触觉等感官的参与，深入融入故事情境中。他们可以身临其境地探索虚拟的世界，与虚拟角色建立情感联系。这种全身心的参与和互动，使儿童能够更加深入地理解故事的主题、情节和人物角色，并与之产生情感共鸣。如图豆教育推出的《快乐西游》AR绘本，充分调动了儿童的感觉、知觉器官，使儿童对中国四大名著之一进行深入了解，激发儿童想象力与阅读兴趣。

具身认知视角下的VR/AR童书身临其境体验，不仅提供了儿童与故事互动的机会，也为他们创造了情感沉浸的体验。儿童可以感受到故事中的情感起伏，体验角色的情绪变化，与故事中的挑战和冒险共同成长。这种情感共鸣的体验有助于儿童的情绪认知和情感表达能力的培养，同时也丰富了他们的阅读体验和阅读动机。

2. 全方位人机交互，提升儿童参与感

在具身认知的视角下，虚拟现实（VR）和增强现实（AR）技术为儿童阅读带来了独特的互动体验，提升了儿童的参与感。通过精心设计的互动元素，VR/AR 童书能够激发儿童的好奇心和主动参与，加深他们对故事的理解和情感体验。

互动设计是 VR/AR 童书成功的关键之一。通过技术的交互性和感知性，儿童能够与虚拟的场景、角色和物体进行实时互动。例如，他们可以触摸虚拟物体、解谜、参与角色对话或探索隐藏的元素。这种互动性不仅让儿童成为故事的参与者，而且激发了他们的好奇心和想象力。

安徽少年儿童出版社的《4D 学习卡》就是通过情节驱动、角色扮演和任务导向的方式激发儿童的参与。通过在故事情节中设置挑战和目标，鼓励儿童积极探索和解决问题。而在炫睛科技《艾布克的立体笔记》中，儿童可以与角色互动，扮演不同的角色，体验故事的多样性和复杂性。这样的设计可以激发儿童的情感投入和积极参与，提升他们对故事的深度理解和情感共鸣。

3. 智能个性化学习，促进儿童认知发展

在具身认知视角下，虚拟现实（VR）和增强现实（AR）技术在童书领域的应用为个性化学习提供了新的机会，促进了儿童的认知发展。通过结合个性化学习和 VR/AR 技术，可以根据儿童的兴趣、能力和学习风格提供个性化的学习体验，激发他们的学习动机和积极性。

具身认知视角下的 VR/AR 童书可以通过虚拟场景、角色互动和情节分支等方式，创造出丰富多样的学习环境。如成都地图出版社出版的《AR 地球仪》以及清华大学出版社出版的《德国经典专注力挑战》使儿童可以在虚拟现实的世界中自主探索、实践和交互，根据自己的学习需求和兴趣选择学习内容和路径。这种个性化学习的方式，可以最大限度地满足儿童对于自主性和个性化需求的追求，促进他们的主动学习和认知发展。

VR/AR 技术还可以提供针对性的学习支持和反馈。通过智能化的系统，可以根据儿童的学习表现和反馈信息，提供个性化的学习建议和指导。例如，根据儿童的学习进度和理解程度，系统可以自动调整难度和教学策略，为他们提供适合的学习资源和挑战。这种个性化的学习支持和反馈，有助于儿童的学习效果和认知能力的提升。

四、具身认知视角下童书+AR/VR的优化策略

1. 内容为王：注重情感式故事化表达

具身认知视角下，虚拟现实（VR）和增强现实（AR）技术为童书的内容设计提供了丰富的情感式故事化表达方式。通过创造沉浸式的虚拟环境和角色互动，VR/AR童书能够唤起儿童情感共鸣，让他们深度参与故事，从而促进情感表达和认知发展。在VR/AR童书的内容设计中，情感式故事化表达扮演着重要的角色。通过生动的情节、丰富的情感描绘和角色的真实表达，童书能够激发儿童的情感体验和情感共鸣。儿童可以与虚拟角色建立情感联系，感受到故事中的喜怒哀乐，从而深入理解故事的主题和情感内涵。

VR/AR童书内容设计亦需要考虑儿童的情感发展和认知特点。故事情节应该贴近儿童的生活经验和兴趣，让他们能够与故事中的情感体验产生共鸣。通过适度的挑战、情感冲突和转折，童书可以引发儿童的情绪波动和思考，促进他们的情感表达和思维发展。此外，VR/AR技术还可以通过音效、视觉效果和触觉反馈等手段增强情感式故事化表达的效果。例如，逼真的音效和视觉效果可以增强故事场景的真实感，让儿童身临其境地体验故事情境中的情感变化。触觉反馈则可以进一步增强儿童与虚拟物体的互动体验，加深情感的参与和情感表达。

2. 技术为将：打造沉浸式个性化体验

虚拟现实（VR）和增强现实（AR）技术为童书的交互设计提供了沉浸式个性化体验的机会。通过精心设计的交互元素，VR/AR童书能够让儿童深度参与故事，个性化地探索和互动，从而提升沉浸感和学习效果。通过技术的交互性和感知性，儿童可以与虚拟的场景、角色和物体进行实时互动。他们可以触摸、移动、操作虚拟物体，与虚拟角色进行对话或合作，甚至参与到故事情节的发展中。这种个性化的交互设计使儿童成为故事参与者，激发了他们的好奇心和主动学习的动力。

同时，VR/AR童书交互设计应考虑儿童的认知发展和个体差异。交互元素应该简单、直观，并与儿童的日常经验和兴趣相联系。不同年龄段的儿童可能具有不同的认知水平和技能，因此交互设计应该适应不同年龄段的需求，提供多样化的交互方式和挑战。通过根据儿童的兴趣、能力和学习风格提供个性

化的交互体验，童书能够激发儿童的学习动机和积极性。交互设计应该提供选择和自主性，让儿童根据自己的喜好和需求自由探索和互动。个性化体验可以让儿童感到被重视和赋予主动权，增强他们的参与感和学习效果。

3. 价值引导：教育者与家长的双重指引

在虚拟现实（VR）和增强现实（AR）技术的应用于童书领域，不仅需要教育者和家长的引导与支持，更为他们提供了新的教育机会和工具。通过与 VR/AR 童书互动，教育者和家长可以在儿童的学习过程中扮演重要的角色，促进他们的认知发展和学习成果。教育者和家长可以充当 VR/AR 童书的导师和引导者，帮助儿童理解和掌握虚拟环境中的学习内容。可以提供有针对性地指导，解释虚拟场景中的概念和知识，引导儿童进行探索和实践，从而加深他们的理解和学习效果。

教育者和家长的支持也包括与儿童共同参与 VR/AR 童书的互动体验。他们可以与儿童一起探索虚拟世界，共同讨论和分享学习成果。通过与儿童的合作和对话，教育者和家长能够更好地了解儿童的学习需求与兴趣，提供个性化的学习支持和鼓励。此外，教育者和家长在 VR/AR 童书的应用中也扮演着监护者和引导者的角色。他们需要关注儿童的使用时间和方式，确保其合理和安全地利用 VR/AR 技术。同时，他们可以借助 VR/AR 童书的学习数据和反馈信息，对儿童的学习进展进行评估和反馈，制定适当的学习计划和目标。

教育者和家长的引导与支持对于儿童的认知发展和学习效果至关重要。他们的角色不仅限于技术的使用和操作，更是要关注儿童的情感需求、学习动机和发展特点。通过积极的互动和支持，教育者和家长能够激发儿童的学习兴趣和积极性，提升他们的认知能力和学习成就。

五、结语

AR 科普童书是传统纸媒科普融合创新科技的有益尝试[6]。本文通过具身认知理论视域下对童书与增强现实（AR）/ 虚拟现实（VR）技术的结合进行探析，旨在寻求优化童书 +AR/VR 发展的策略。具身认知理论强调了儿童通过身体感知和行动来构建认知，而 AR/VR 技术为童书带来了沉浸式、个性化和交互式的学习体验。如何用技术去促进儿童的认知发展、拓展其学习能力，而不仅是增加一种技术玩具，出版界对此需洞悉儿童的认知机制，方能做出科学的未来举措[7]。本文通过探索具身认知之于 AR/VR 童书的重要价值，从情感式故事化表达、沉浸式个性化体验以及教育者与家长的引导与支持等方面，提出了一系列优化策略。旨在为传统意义上的纸质童书出版的新生之路提供借鉴意义，并致力于优化、迭代目前的 AR/VR 童书出版环境，唤醒出版从业者的责任意识与危机意识[8]，在挑战与机遇并存的童书市场，借力 VR 开启少儿图书出版的新形态[9]，助力儿童健康发展。

参考文献

[1] 叶浩生. 有关具身认知思潮的理论心理学思考 [J]. 心理学报，2011，43（5）：589.
[2] 郑皓元，叶浩生，苏得权. 有关具身认知的三种理论模型 [J]. 心理学探新，2017，37（3）：195.
[3] 赵蒙成，王会亭. 具身认知：理论缘起、逻辑假设与未来路向 [J]. 现代远程教育研究，2017，146（2）：28.
[4] [法] 让—雅克·卢梭. 爱弥儿 [M]. 文霈，译. 北京：中国华侨出版社，2020：332-340.
[5] 高翼，徐蕾. AR/VR 童书的出版现状与发展趋势 [J]. 出版广角，2019，353（23）：43.
[6] 上官大堰. 内容为本，科技赋能：AR 科普童书出版与发展策略 [J]. 中国出版，2021，510（13）：79.
[7] 李晓静，张奕民. 儿童认知机制视域下的 AR 童书出版研究 [J]. 出版发行研究，2018，325（12）：462.
[8] 沈珉. 场域视角下的 AR/VR 童书出版现状分析 [J]. 编辑之友，2019，279（11）：23.
[9] 米华. VR+ 童书：开启少儿图书出版的新形态 [J]. 编辑之友，2019，274（6）：17.

3.5 论元宇宙视域下新文科国际商务专业"四融合"人才培养新范式

刘建锋[①]　何思其

摘　要： 互联网的突飞猛进日益再构国际商务专业及其人才素质的需求。而新文科建设是新时代、新技术场域下的审时度势之策。在元宇宙视域下，高校应遵循新文科多学科交叉与深度融合的跨界融合教育理念，打造多层多向多元多样"宝塔型"高素质国际商务专业人才，不仅有助于突破国际商务行业高质量人才匮乏瓶颈，也对变革高等教育人才培养机制具有重要的引领示范作用，以更好地贴近于元宇宙场景。通过铸就起元宇宙视域下"宝塔"型国际商务专业人才培养模式，对服务于新文科国际商务专业"四融合"人才培养的现实需求与实现路径做出探讨、提出新范式。

关键词： "四融合"；元宇宙；国际商务专业人才培养

习近平总书记指出："必须坚持科技是第一生产力、人才是第一资源、创新是第一动力，深入实施科教兴国战略、人才强国战略、创新驱动发展战略，开辟发展新领域新赛道，不断塑造发展新动能新优势。"[1]2021年，《中华人民共和国国民经济和社会发展第十四个五年规划和2035年远景目标纲要》提出："形成以企业为主体、市场为导向、产学研用深度融合的技术创新体系。"[2]2021年，教育部、财政部、国家发展改革委印发的《关于深入推

---

① 刘建锋，博士研究生，四川外国语大学马克思主义学院副教授，主要从事元宇宙的研究。
基金项目：2022年度四川外国语大学"三进"课程思政教学改革研究专项项目"新时代高校研究生思想政治理论课推动《习近平谈治国理政》（第三卷）'三进'工作（项目编号：SJ223014）"。

进世界一流大学和一流学科建设的若干意见》指出:"深度融入全球创新网络""创新交叉融合机制,打破学科专业壁垒,促进自然科学之间、自然科学与人文科学之间交叉融合。"[3]借助信息技术让新文科进一步深入持久地提质增效,已成为党和国家的时代要求。元宇宙实现了全球文明史上无与伦比的新变革、新思路和新举措,为新时代文科的焕发新活力和新动力开创了新纪元、新机遇与新出路。

一、元宇宙与文科焕发新活力和新动力的机遇与挑战

如今,我国新文科建设正日渐迈入融合推进的新时期,表现出渐进型、融入型、互促共进型等特质。元宇宙的推广及应用,让这一特质的表述成为现实。

(一)元宇宙的源起

"元宇宙"源于1992年由尼尔·斯蒂芬森所著的《雪崩》一书提出,其主旨要义重在描述"基于信息技术的平行于现实世界的多人在线虚拟世界"[4]。如今,针对元宇宙的概念林林总总、数不胜数,但"元宇宙的构建基础可以从哲学、技术、社会三个维度进行剖析"[5],从根本上发轫出技术、理念、思维的全新勾连与融合。从技术实现来看,是互联网时代的又一全新的创举与进步,让数字全息世界切实落地生根;从理念实现来看,元宇宙以其联通性、高效性与契合性让用户实现了存在感、代入感与归属感,提升了交互式体验的信心及其路径;从思维实现来看,元宇宙具备超人一等的技术能力以达成智能存储、再现与解构。"它有沉浸感、低延迟、随地性、多样性、虚拟身份、朋友、充满活力的经济、电子文明八大特征与要素。"[6]

(二)新文科(包括国际商务专业)面临着新要求新挑战

新时代,新文科(包括国际商务专业)面临着前所未有的机遇与挑战,具体表现为:

1. 国际商务专业需要深入融入全新的技术推陈出新的场域之中

新时代,由于全新的技术推陈出新,大大增强了国际商务专业中师生及从

业人员感知和认知。新时代，从互联网时代走入万物互网时代的国际商务专业，需要打造全新的场域以贴近师生及从业人员的即时需求，变隐性的学科打造为显性的浸润式的师生及从业人员感知和认知，大大提升了师生及从业人员的领悟力与感受力。因此，国际商务专业发展的历史可以概括为就是一门学科专业发展的历史，然而，随着新时代数字化发展的进一步推动，需要超越学科专业界限，结合现存的设施设备、师资队伍、技术基础等展开重塑、重构和重造，展开一次全新的技术变革。

2. 国际商务专业需要深入融入高质量高水平发展的场域之中

任何时候，受教育者——学生都是国际商务专业之根本，而高质量高水平发展是对学生产生吸引力和向心力的要义。因此，一是需要深入推进怎样提升学生感知和认知，怎样突破时空、场域的界限，让学生无时无刻都感受感知到学科专业的存在。二是随着新技术的发展，怎样贴近与满足于逐步增加的学生数量与需求，让其贴近与满足于逐步增加的学生个性、全面及虚拟的服务与需求。三是随着学科的发展与推动，国际商务专业怎样借助新技术来增强学生感知和认知，推动和打造全新的学科专业场域和学科专业生态。

3. 国际商务专业需要深入融入虚拟与现实结合的场域之中

新时代，怎样让虚拟空间与现实存在走向融合、互动是国际商务专业的核心要义，主要表现在：一是怎样实现服务的无缝接轨，即怎样借助新技术以应对资讯不及时、资讯不充分、数据不畅通等问题。二是怎样实现专业的无缝接轨，怎样借助新技术实现虚拟空间与现实存在的高效衔接与变革、交互映射。三是怎样实现空间无缝接轨，怎样将多元的虚拟空间与现实存在的自如转化，让人们能在虚拟空间与现实存在中自如来回。

4. 国际商务专业需要深入融入师生交互的场域之中

传统的国际商务专业中师生的交互手段通常是课堂内外、校园内外交流，或者借助微信、微博、QQ、飞信、短信等手段平面化的沟通，这主要受制于技术变革、时空场域的不到位。然而，在新时代，在从互联网时代走入万物互联时代中，怎样增强学生的认知、衔接和融入这三大要义，从平面化交互转向虚实互动的立体沟通，突破时空场域限制，表现出多维、多层、多元的交互，最大限度地增强学生的交互感知和认知，同时也增强了交互的效率。

（三）元宇宙与新文科（包括国际商务专业）的内在逻辑理路

新文科背景下的国际商务专业获得激励和推动的场域从本质上看就非常符合标准的元宇宙的应用特色。二者的内在逻辑理路具体表现为：第一，新文科背景下的国际商务专业自提出、形成和发展都是一个较为完备的理念，带有其独特的内在逻辑与外部发展理路，而元宇宙从1992年的源起至今也就30年，其定义都还处于争议阶段，同时其提出、形成和发展都处于尚无定论，但元宇宙可以丰富和拓展国际商务专业全新的、更大延展的时空场域，有助于国际商务专业的深入推动与提升。第二，新文科背景下的国际商务专业为完善元宇宙的应用实现了最优的区域和场域，元宇宙作为与真实的生产生活相提并行的世界，其存在的必要性与可能性就是服务并从属于现实生产生活，而国际商务专业所在场域作为元宇宙的核心成分之一，将元宇宙更全面更真实地表露于人前，深入拓展了研讨元宇宙的应用场域。第三，新文科背景下的国际商务专业是元宇宙的应用，元宇宙的应用的具体表现形式之一就是新文科背景下的国际商务专业。所以，新文科背景下的国际商务专业就是元宇宙的国际商务专业部分，对于新文科背景下的国际商务专业而言，元宇宙的应用和拓展为其发展与进步开阔了前所未有的场景。师生及从业人员与国际商务专业之间实现无缝对接、无轨输入、无隙输出，未来既能够借助线上学习的实现，更有助于浸润式的元宇宙的应用。所以，新文科背景下的国际商务专业应贴近产业数字化和元宇宙的大发展大推动，深入推动国际商务专业场域的延伸与衍生，由此，便于联结更大范围、更广场域的师生及从业人员。正是在元宇宙这个广阔的场域，仅仅涉及虚拟的场域生态圈，国际商务专业可以借助全新的互动路径以形成感受，贴近个体实在的需求，因此，新文科背景下的国际商务专业更需要加大推动和融入元宇宙的观念与路径。

（四）元宇宙让文科（包括国际商务专业）重生再造

互联网世界呈现出几何级的跨越式提升让国际商务专业领域走向了日新月异。互联网世界的迭代更新让国际商务专业迎来了变革的春天，自然，也让国际商务专业领域呈现出全面性、体系化和盘根错节的特质。作为走在教育风口浪尖的高校，怎样实现走出原有国际商务专业人才培养范式，以满足在元宇宙视域下，"作为赛博空间2.0版本，是欧氏空间、社会空间、赛博空间的互相嵌套、叠加且拥有'平行宇宙'概念的一种新的空间模式"[7]，打造与成就又精又专的国际商务专业人才培养体系，这是当前重中之重的在线话题和热门任务。如今，新文科的崛起与发端已逐渐成为高等教育质量增强与变革的基石与突破口。新文科更是学习与借鉴了其他学科的优势，注重打造素质过硬、专业精深及IT技术相结合的国际商务专业领域学术界精英。国际商务专业的视野有多恢宏磅礴，国际商务专业的领域就有多绵延悠长，从新文科发展要求的多维多体的融合教育理念，造就才高行端、德厚流光及具备多门类多领域学识的高端国际商务专业学界精英，对元宇宙视域下进一步建设与提升新文科教育产生了积极而深远的影响。因此，本文提出多学科领域融合、多文化领域融合、多技术领域融合和多组织领域融合的"四融合"培养模式，探讨元宇宙视域下"四融合"国际商务专业人才打造。

二、元宇宙视域下新文科国际商务专业人才造就的逻辑理路与指向

"元宇宙高度依赖可穿戴式设备和5G互联技术等高新技术，其参与者具有肉身性与化身性的身份重叠特征，融合了个人的身份系统、社交系统和经济系统，具有去中心化的创意者经济范式"[8]。因此，元宇宙视域下进一步建设与提升新文科教育，高校应从学理融通、体系迭代、涵今茹古等角度精准发力、做行业的翘楚，而且更需要浸润德行涵养、通情练识、高才博学等方面不懈追求、做学术界的精英。借此，本文重点从打造新文科国际商务专业人才造就的逻辑理路入手，形成国际商务专业人才造就的"宝塔"型指向。其中，"底"代表正义诚心、规行矩步、洁己从工的从业守则与要求，"棱"彰显书卷气、见识力、学贯中西的特质，"巅"展示出绵绵用力、久久为功的发轫。

（一）夯实品性之"基"

国际商务专业行业致力于追求以成为行家里手为本、以秉承开拓进取为基、以克己奉公为范，国际商务专业从业者须崇尚正确的世界观、人生观和价值观，发扬优秀的高风亮节、光明磊落的品性，遵行良性的从业规范与秉持安身立命的情怀，做刚正不阿、扶危济困的道德典范。为打好元宇宙视域下进一

步建设与提升新文科国际商务专业从业人员的品性之"基"，高校应加大力度推动学生发扬优秀的高风亮节、光明磊落的品性，遵行良性的从业规范与秉持安身立命的情怀，做刚正不阿、扶危济困的道德典范。

品性是国际商务专业领域与范畴的最根本特征，更是其领域与范畴得以延伸的永恒动力源，国际商务专业从业人员应以品性为出发点和着眼点，克服"元宇宙技术的创设意向与运行意向均具有跨行业垄断的数字化平台属性"[9]，遵行良性的从业准则，誓死捍卫国家与民族的权益；从业规范与情怀强调应该始终如一地坚守遵章守制、循规蹈矩，从业情怀强调应该始终如一地精进不休、建章立制，国际商务专业从业人员应以从业规范与情怀为基准点与落脚点，将其作为自身发展的底线，高效地捍卫国家与民族的权益和社会的公序良俗；道德典范强调应该始终如一地守德守范守格、守纪守法守规，遵行并举国际商务专业行业准则、行业规范、行业职守等要求推动国际商务专业行为，提升国际商务专业水平和服务质量。

（二）构筑学问之"脊"

新时代成就新要求、推动新路径，国际商务专业范畴与领域呈现出广泛性与延展性。全球化、网络化与信息化的不断迭代更新，让专业构建和人才打造中精细化与全面化协调融通、原生性与全球性共促互进的走向日益显著。元宇宙视域下，新文科国际商务专业应聚焦于学理体系完善，注重首创、变革、突破的高效整合。高校应将从业规范、遵章守制、品性情操及信仰塑造等课程设置作为第一落脚点，以造就未来国际商务专业人才的人文素养。所以，在课程设置上应割裂原有学科专业的边界、聚焦跨门类跨学科跨专业，将国际商务专业基础课程与全球化、网络化、信息化学科等核心课程展开多维度多层次的互联共通，搭筑起优化、全面、独具特色的课程系统。随着全球化、网络化与信息化的日益推进，国际商务专业教育教学全球化历程中极大地蕴含着中国韵律、中国风味、中国智慧，造就众多不仅拥有多维度多层次融解力，而且还有洞悉世况社情民意的国际化国际商务专业贤才。这需要学生着眼于新时代国际商务专业领域的现况，以谙悉本学科门类、抓牢抓实本学科本专业知识为基础，同时，独具国际化学识、眼界和视野，以全面的学理知识和齐全的人文养成筑牢从业品性的精神大堤，厚积行业品性文化内涵。

（三）跨越本领之"颠"

当前，我国高等教育教学体系更多地重理论而轻实践，尤其是在文科门类中表现得非常明显。元宇宙视域下，新文科国际商务专业更应聚焦于人才本领的成就，借助本领的增强和品性的养成以落实浸润人、引领人和激发人的教育任务。元宇宙视域下，新文科国际商务专业人才本领养成应聚焦于以下几个方面：一是具备收集、整理和分析海量数据的本领。如今的国际商务专业涉及的空间与时间更多地与海量数据息息相关，这要求国际商务专业从业者必须涵养海量数据收集、整理和分析的本领，借助专业能力、精深本领以即时迅捷地提取和运用国际商务专业信息，抓细抓准抓牢涉及国际商务专业关键性发展的真凭实据。二是具备全面协同的本领。由于网络与资讯快捷地迭代更新，国际商务专业的中心任务日益汇聚于即时迅捷地提取和运用国际商务专业信息，抓细抓准抓牢涉及国际商务专业关键性发展的真凭实据及出于职业敏锐的高效体现等。国际商务专业从业者唯有兼具优秀的下基层的脚力、察问题的眼力、体民情的听力、筹事情的脑力及干事情的定力等，方能契合信息化时代国际商务专业领域的新特性。三是具备变革与创新的本领。随着信息化普及与国际商务专业日益推动，国际商务专业从业者需要变革工作手段与路径，敢想敢干、敢闯敢拼，持续增强贴近时代、融入社会的创新本领。

三、元宇宙视域下新文科国际商务专业"四融合"人才培养的时代背景

元宇宙视域下，"虚拟教育知识流转机制与现有形态相比将发生重要的变革，需要研究并推动元宇宙在虚拟教育领域的应用，促进知识在社会群体中的高效流转"[10]，新文科国际商务专业更应聚焦于跨学科跨门类、文理共存，彰显出专业特色与人才培养的顺势而为。全球化、网络化与信息化的不断迭代更新中再构国际商务专业体系，颠覆了国际商务专业教育教学原有的模式和特质。元宇宙视域下，再构新文科国际商务专业领域融合、多文化领域融合、多技术领域融合和多组织领域融合的"四融合"培养模式，为培养"宝塔"型高素质国际商务专业人才提供了一条可行路径。

（一）多学科领域融合的全面性素质

如今，创新创造的行业、专业屡见不鲜，跨学科跨行业互促共进，学理系统也日益推陈出新。全球化、网络化与信息化的不断迭代更新给国家各领域各方面带来了翻天覆地的变化，常规的文科教育早已无法贴近新时代的发展进程。新文科建设更强调结构的合理化、方式的科学化、过程的常态化，将学科建设与专业打造交流交互交融到一处。尤其是2015年，国家实施了《关于深化高等学校创新创业教育改革的实施意见》，要求高校提高通识课程的比例，促进人才培养由学科专业单一型向多学科融合型转变。有的高校推出了所谓的"自由教育""通才教育"，聚焦于借助课程设置突破了学科专业的边界，重生再造了学科专业的系统建设，借以造就复合型专才、英才。在此场景下，新文科国际商务专业人才的造就应冲破专业的边界，把握通识课程的核心要义，让学生夯实互联网学科、理工科、人文艺术学科、道德伦理学科等常态性教育，借助跨学科跨专业的交流交互交融让学生拥有新技术的本领，满怀为党分忧、为国尽责、为民奉献的理想信念。在新文科国际商务专业课程的开设应以"宽口径、厚基础"，冲破学科、专业的障碍，铸造跨学科跨领域的全新生态，形成更为宏大的人才造就系统。并且，在课程内容体系也需要展开适时的变革，将更多全球化、网络化与信息化的理念和思维融入国际商务专业之中，借助跨专业跨领域的共促互进打造全新的学科体系，多层次全方位地提升学生的整体素质。

（二）多文化领域融合的全球化眼界

新时代新征程，中国正日益走近世界舞台中央，成为推动国际各项事务发展的参与者、建设者和引领者，由此，习近平总书记提出了"构建人类命运共同体"，赢得了全球的共同关注与喝彩。在此发展历程中，人才成为文明融合最有力的介质，人才共促互进是民心互联的通道与关键，人才造就养成则是达成人才融通的根本。如今，国际商务专业融入全球化的方向与路径中显示出了某些偏差，呈现出偏离中国客观实际，与职业自身客观场景发生剥离和割裂。随着中国更多地参与到全球化的进程之中，构筑起具有中国特色的国际商务专业体系成为迫在眉睫的中心要务。因此，以新文科国际商务专业为根本的高素质人才应具有跨文化跨领域的视角和全球化的眼界，就应该做到：一是要推动与全球各国的互融共通，让具备多维度多层次的具备全球化视野的人才多起来、强起来；二是要在文化融通的进程中提升和养成学生的文化自省自强，在全球化交往、多文明共享共建中更好地奏响协作曲；三是深入地推进对国际商务专业建章立制的谋划与落实的参与度与融入度，为我国求得更多的全球话语的表达权与诉求权，打造与中国具体实践、中国优秀传统文化紧密结合、息息相关的国际商务专业教育教学体系。

（三）多技术领域融合的收集、整理和分析海量数据的本领

如今的国际商务专业涉及的空间与时间更多地与海量数据息息相关，"元宇宙与数字资源管理的融合应用可分为数字孪生、虚拟原生和虚实相融三大阶段"[11]，这要求国际商务专业从业者必须涵养海量数据收集、整理和分析的新本领、新才干、新智慧。如今，较为常见的以单一学科专业为纲的价值理念和遵循引发高等教育丢掉了其原有的"传道授业解惑"的初心使命，让全面素质养成成为一纸空文，让学生朝着学理涵养的坐井观天、理念认识的一隅之见、精神追求的瓮天之见的路径发生发展。海量数据的大潮中通过对全领域、全局通盘数据的融通联动，原有的国际商务专业工作日渐为持有海量数据收集、整理和分析本领所完成。国际商务专业领域会尽量避免吸纳以往常规类型的人才，会格外青睐同时能将国际商务专业和收集、整理和分析海量数据的双肩挑人才。在多技术领域融合的教育体系下，新文科国际商务专业人才造就方向由学理涵养的坐井观天、理念认识的一隅之见、精神追求的瓮天之见的路径朝着跨维度跨层次跨专业的学理涵养、理念认识和精神追求的路径方向发生发展，清除学科门类间的阻碍，在课程规划与构筑中强化国际商务专业体系与海量数据体系的深度融合，增强国际商务专业人才在收集、整理和分析层面的本领和才干，由此造就最优最全最齐备的国际商务专业精英专才。

（四）多组织领域融合的全面协调的本领

由于网络与资讯的快捷地迭代更新，国际商务专业的从业者必须兼具优秀的下基层的脚力、察问题的眼力、体民情的听力、筹事情的脑力及干事情的定力，因此，高校人才的造就方向日益从学理技能型朝着多维度多层次全方位发展。新文科的发展方向也强调拥有变革工作手段与路径，敢想敢干、敢闯敢

拼，持续增强贴近时代、融入社会的创新本领，借助科教共促、产教共进，走向校政企齐抓共管、并行共举的局面。如今，网络与资讯的快捷地迭代更新，国际商务专业的不可预测性更为明显，其把控和施行难度日渐加大。因此，国际商务专业从业者更应不懈耕耘、奋进。国际商务专业人才打造和发展方向正由一元朝多维多层方向发展，借助学理的涵养精进和实践的变革突破以造就学生的推陈出新本领，要求我国提升践实、践行、践履等实施层面的强度与深度，造就深谙全面实践素养的新文科国际商务专业英才。新文科国际商务专业应突出科教共促、产教共进，应构筑起"高校—企业—国际商务专业机构"三位一体的互助共建协作体系，由此，造就学生的革新力和创造力，以更好地贴近学科专业、贴近工作实际。

四、元宇宙视域下"四融合"培养新文科国际商务专业人才的主要路径

元宇宙视域下，"'元宇宙 + 教育'有技术功能、过渡接受、认知心理三种机理"[12]，需要全力打造有"基"、有"脊"、有"颠"的"宝塔"型国际商务专业人才，契合多学科领域融合、多文化领域融合、多技术领域融合和多组织领域融合的"四融合"理念，本文认为要立足新时代背景，元宇宙在高等教育领域具有广阔的应用前景，在教学内容、教学模式、师资队伍建设、强化素质教育等方面做出新的探索。

（一）设置文理交融的多学科领域融合、多文化领域融合、多技术领域融合和多组织领域融合的"四融合"的课程体系

新文科建设要将新学科门类高效、有序地整合到具有贴近世况国情、社情民意的学科专业门类中。新文科国际商务专业人才既需要涵养精深的国际商务专业的学理要义，又需要借助基础课程与其他专业课程的融合等吸纳有益的营养，让学生在技术与人文方面的提档升级，造就全面协调的本领。基础性课程的开设与传导有助于实现学生智育与体育的双丰收，具有伟岸的体质与平和的心态。借助德育类与伦理类等人文类课程的设置，增强学生的品性素养与思维水平。应营造多维度、多层次的学科门类系统，梳理与编撰出有针对性、有指

向性的课本，构筑起以课本为引领，指导意见、参考丛书等为辅助的一体化学科教育体系。在专业衍生课开设中应注重由外到内、由远及近、由表及里的协调推进，适度将互联网、数据科学、教育学、社会学、法学等学科门类嵌入其中。

（二）探索理实并重的多学科领域融合、多文化领域融合、多技术领域融合和多组织领域融合的"四融合"教学模式

结合国际商务专业力学笃行的特质，怎样提升学生实践功底是国际商务专业需要重点关注的核心要义。如今，国际商务专业也面临着实践课程设置及教育教学中出现的难点、漏点和堵点，本文提出来构筑多维度多层次的专业实践教学平台，充分纳入理论与实践同举的跨学科跨专业的教育教学体系，让学生在这一体系的推进中重塑全新学理结构与能力水平。在学理讲授过程中重点打造场景式教学氛围，借助氛围的营造摆脱以往课程讲授进程中学生融入度不足、兴趣不浓的缺陷，并采取网络学堂、研讨平台、学术沙龙等举措提升学生参与的广度与深度。实践教学操作流程涵盖学理践行、专项技能拓展、专业技能比拼、职业现场示范等。一是学理践行应做到结合学科专业教学所涵盖的相关课程展开实践教学，具体有国际商务专业运营、场景式行政管理实作、场景式公共经济操作等。二是专项技能拓展主要通过校内实训工作台开展，针对学生多学科领域融合、多文化领域融合、多技术领域融合和多组织领域融合的需求予以配备，旨在让学生兼具专业学理知识和实操水平。三是专业技能比拼主要通过变刻板乏味的计算机操作规程、数据立标等导入教学流程，为学生提供参与技能比拼的良机，增加学生的眼界、调动学生的主动性与积极性、深挖学生的潜能、增强专业发展空间。四是职业现场示范是依据企业或国际商务专业实岗为蓝本展开场景教育教学活动，增强学生践行水平和高效迈入实岗的本领。

（三）组建校内外勾连的多学科领域融合、多文化领域融合、多技术领域融合和多组织领域融合的"四融合"师资队伍

增强和提升学生全面的创新创造素养，更应该将理论灌输与实践引领作为第一要务，并融入职业导师的引领。高校增强学生全面的创新创造素养的要

诀在于师资队伍的打造，主要聚焦于教师学理能力的感召力、专业水平的说服力、践行高度的引领力。高校教师大多关注理论，忽略了国际商务专业实践的身体力行，所以，引入实践经验丰富的课外专业的兼职导师势在必行，构筑起内外兼修的校内外勾连的师资团队，方能补足实践教学中校内师资力量的短板。一方面，校内职业导师应该兼有牢靠的专业素养和自如的践行能力。所以，高校需要推动校内职业导师充分闲暇之时下基层、走企业、访国际商务专业服务区域，充分了解国际商务专业工作的工序流程。另一方面，立足于持久工作实践与经验的底蕴，校外兼职导师在实践教学中能更为自如地运用个案研讨、实地考察、上门走访等，确保实践教学的指向性与目的性，高效落实实践教学所需要完成的目标任务。由此可见，借助构筑起内外兼修的校内外勾连的师资团队，有助于实现理性认知与感性认知的无缝接轨，既便于提升国际商务专业课程理论教学效果，又便于让学生在导师的关怀和带动下增强职业素养与职业品性的养成。

（四）以"课赛融合"推进多学科领域融合、多文化领域融合、多技术领域融合和多组织领域融合的"四融合"品性教育

"应积极保护数据利用、引导算法向善，引导元宇宙服务平台承担主体责任和促进平台自治。"[13]新时代下的国际商务专业人才应加强良好的品性养成教育，诚心诚意地做党和人民事业的接班人与践行者。借助"课赛融合"实现思想政治教育与新文科国际商务专业人才培养的互动交流、融情于心、融理于神，这也成为一个高效的路径。一是在专业基础课程中融入品性修养养成教育。在国际商务专业课程教育教学进程中，借助专题教学、个案研讨、实地考察、上门走访等丰富的手段和举措融入品性修养的文化感召力、形象亲和力、话语说服力、舆论引导力和宣传影响力，构筑起学生宽严相济、脚踏实地的工作品性，实现表里如一、言行一致的、执着的价值遵循和人生信仰。二是在专业发展史、专业衍进进程、专业素养养成等核心课程教育教学中融入正确的价值遵循和人生信仰，让学生在党和人民事业中去创造、奋斗、团结、进步，成为坚定社会主义事业的建设者和奉献者。三是借助多维度多层次的国际商务专业技能大赛，以赛代练、以赛督学、以赛促学，为学生搭好台、让学生唱好戏，让学生完全释放自己的所思所感所悟，由此丰富了学生锻炼的形式、拓展

了学生历练的渠道、延伸了学生磨炼的内涵，强化了学生的心智，提升了学生间的凝聚力、向心力和感召力，重铸人才培养的速度、高度和向度。

五、结语

在元宇宙视域下，全球化、网络化与信息化的不断迭代更新，国际商务专业体系和人才培养模式得以重生再构，新时代对国际商务专业人才提出了更加全面、高效的要求。本文以新文科建设为切入点和出发点，借助多维度多层次多方位融合、多文化领域融合、多技术领域融合和多组织领域融合的"四融合"培养众多为党和人民事业而不懈奋斗的国际商务专业的专才、英才、贤才，是国际商务专业融入新时代新征程的顺势之措、因势之为、乘势之径。多学科领域融合、多文化领域融合、多技术领域融合和多组织领域融合的"四融合"下新时代新文科国际商务专业人才培养的实现蹊径通途有：打造文理交融的多学科领域融合、多文化领域融合、多技术领域融合和多组织领域融合的"四融合"的课程体系；探索理实并重的多学科领域融合、多文化领域融合、多技术领域融合和多组织领域融合的"四融合"教学模式；组建校内外勾连的多学科领域融合、多文化领域融合、多技术领域融合和多组织领域融合的"四融合"师资队伍；以"课赛融合"推进多学科领域融合、多文化领域融合、多技术领域融合和多组织领域融合的"四融合"品性教育。"四融合"下的新文科国际商务专业人才培养应呈现出跨学科跨门类的理路和新时代精神的表述，本文对高等教育变革与创新带来较大的春风化雨、潜移默化的带动作用。

参考文献

[1] 习近平. 高举中国特色社会主义伟大旗帜 为全面建设社会主义现代化国家而团结奋斗——在中国共产党第二十次全国代表大会上的报告（2022年10月16日）[N]. 人民日报：2022-10-26.

[2] 中华人民共和国国民经济和社会发展第十四个五年规划和2035年远景目标纲要[N]. 人民日报：2021-03-13.

[3] 教育部，财政部，国家发展改革委员会. 关于深入推进世界一流大学和一流学科建设的若干意见[N]. 人民日报：2021-12-18.

[4] 赵建超. 元宇宙重塑网络思想政治教育论析 [J]. 思想教育研究，2022（2）：90-95.
[5] 杨爱华. 元宇宙构建之基——基于哲学、技术、社会三维视角的分析 [J]. 求索，2022（3）：83-91.
[6] 胡乐乐. 论元宇宙与高等教育改革创新 [J]. 福建师范大学学报（哲学社会科学版），2022（2）：157-168.
[7] 肖超伟，张旻薇，刘合林，等. "元宇宙"的空间重构分析 [J]. 地理与地理信息科学，2022，38（2）：1-9.
[8] 向勇. 元宇宙文化治理的逻辑与路径 [J]，人民论坛，2022（7）：48-51.
[9] 张敬威，苏慧丽，谢明月. 公共属性抑或资本属性：元宇宙教育的前提性批判 [J]. 中国电化教育，2022（6）：64-70.
[10] 郭亚军，袁一鸣，郭一若，等，元宇宙视域下的虚拟教育知识流转机制研究 [J]. 情报科学，2022，40（1）：3-9，24.
[11] 向安玲，高爽，彭景彤，等. 知识重组与场景再构：面向数字资源管理的元宇宙 [J]. 图书情报知识，2022，39（1）：30-38.
[12] 胡乐乐，论元宇宙与高等教育改革创新 [J]. 福建师范大学学报（哲学社会科学版），2022（2）：157-168.
[13] 孙益武. 论元宇宙与智能社会法律秩序调整 [J]. 法治研究，2022（2）：45-56.

3.6 技术/文化语境下网络文学的"网络性"与"跨文化性"

侯瞳瞳[①]

摘　要：网络文学诞生与成长的技术/文化语境，导致了其最重要的特性——"网络性"与"跨文化性"。一方面，数字技术的勃兴引发了网络社会的变革，由此产生出差异与权力并存的赛博空间。赛博空间既催生了固态性与动态性并存的网络文学，同时也是其"网络性"的内在形塑要件。另一方面，与文化的全球化生产、传播与消费方式相适应，网络文学着眼于"自娱以娱人"的文化消费，呈现出阅读与传播的极强便利性、生产与消费的高度个性化、类型小说与阅读市场细分相互催生等多种"跨文化性"表征。在"网络性"与"跨文化性"包裹之下的生产机制和消费逻辑，使得网络文学能够打破地域与文化界限的藩篱，构筑起一个独一无二的网络文学跨文化空间。

关键词：网络文学；技术语境；文化语境；网络性；跨文化性

20世纪中叶以来，新的媒介技术逐步兴起，尤其是现代数字技术对文化的生产、消费和传播产生越来越大的影响。数字化传播的后果之一，是文化产品作为商品在全球化范围内进行着无边界的流动。"智能+"时代数字技术的日新月异为融合出版业态的发展壮大注入了强大的动能，而根植于赛博空间的网络文学则成为这一新兴业态的典型代表。

网络文学的全球传播，已然成为当下习近平总书记提出的"加强国际传播能力建设"的重要组成部分。而探究这一文化现象背后的原因，必然要回归到

[①] 侯瞳瞳，博士研究生，上海出版印刷高等专科学校出版与传播系讲师，主要从事网络文学和跨文化传播的研究。

网络文学本身的独特性和传播优势上来——根植于互联网时代的技术和文化土壤，同时得益于当下全球化的形势和语境，网络文学具备了实现跨文化传播的最重要特质："网络性"与"跨文化性"。

一、技术语境：网络社会与赛博空间

（一）全球网络社会的崛起

当代哲学家一般以工业革命为界，把技术发展分为传统与现代两大阶段。比如马丁·海德格尔（Martin Heidegger）认为传统技术基本上只是达到某种目的的工具且被包括在整体性的文化之中，而现代技术则是一种世界构造。这就意味着技术与文化的关系发生了转化。从文化与技术的关系史来看，技术毫无疑问是文化的一个方面，离开了科技发展，文化发展史就是不完整的。当今世界，我们的文化生活早已被数字技术渗入浸润，而现代文化产业的勃兴、延伸更是直接从制作／传播技术中汲取养分。

对文化而言，技术的积极意义至少可以体现在以下三个方面：一是破而后立。技术在推倒了一系列旧有的文化后，又在其废墟上创建新的文化形态。技术本身对文化与非文化并无偏颇，它对这两者的要求相同，即按照预先设定的程序和功能运转，而不能在原材料上随意发挥，以展示自己捉摸不定的个性。二是外延性。技术给人类带来了全新的世界、体验和思想。人类在技术提供的新型控制环境中寻找到一条控制自我的路径，从而拓宽了感受、认知和干预的边界，在这个世界中，任何原生态的物体都蕴含其独特的美。三是融通性。技术改变了人类生活，这种改变是通过文化观念、文化产品的全面渗透而实现的。譬如，互联网技术的便捷性使人们对自己所需要的文化产品触手可及，并且甚至可以直接介入产品的生产环节，文化生产与文化消费之间的快速转换也为产品的自我更新提供了源源不竭的内生动力。[1]

在信息技术的刺激下，网络社会开始崛起。而网络文学正是在网络社会的土壤中萌芽、勃发和茁壮生长。网络文学勃兴的语境是环绕着网络社会中的各种流动而建构起来的。"流动空间"是曼纽尔·卡斯特（Manuel Castells）《网络社会的崛起》一书中的重要概念。卡斯特将其定义为"流动着的、与时间共享的社会实践所构建的组织结构"[2]。网络社会的流动性催生了"固态性"与"动态性"并存的网络文学。网络文学拓展了传统文学的"作品"概念,它是在文学网站等网络空间中生产、消费与传播的文学形态。网络文学最重要的实践形式就是网站上的连载、更新。读者在漫长的"追更"过程中能够体会到与一口气读完一本纸质书截然不同的感觉。当然,长篇连载文学并非进入网络社会后才有的形式,譬如报纸上的连载小说,就与网络小说的刊载方式有诸多相似之处。但是,电子信息技术所带来的更新速度、便捷度、互动度却是传统报刊连载小说所远不能企及的。正如乔治·兰道(George Landow)所言:"接近资料的速度、便捷度、质量是区分不同媒体的关键性因素。"[3]

网络社会的流动性使网络文学处于一种相对意义上的"流动空间"之中。虽然表面上一部作品已经创作完结了,但是读者还可以继续对其展开讨论,甚至会根据自己的喜好来进行改写、续写等,作品只不过是为读者们提供了一种活动的背景空间而已。[4]围绕整个连载过程甚至是连载完成后续而发生的一系列活动,包括阅读、评论、推测、改写、续写、闲聊、吐槽、催更……这一流动空间中的种种变动不居的实践构成了网络文学整体。

(二)差异与权力的赛博空间

网络文学是后现代赛博空间的产物。从技术逻辑来看,赛博空间具有主体化、虚拟化、数字化等技术特性;从建构角度来看,赛博空间具备时间与空间的伸缩性;从社会意义来看,赛博空间的传播领域引发了现代社会的人际关系和社会结构的深刻变革。[5]而以上种种特性,归根结底都是亨利·列斐伏尔(Henri Lefebvre)和米歇尔·福柯(Michel Foucault)口中"差异空间"与"权力空间"的投射。

从本质上说,差异空间是对权力平等的推崇,而权力空间又以差异化为重要表征。就这一点而言,列斐伏尔与福柯的观念存在异曲同工之处:列斐伏尔认识到多重空间的合理性,从而颠覆了一元论的空间模式,肯定了差异的存在;而福柯则通过对异质权力的肯定来为空间的差异化正名。随着数字技术的发展,后现代赛博空间成为这二人笔下"差异空间"与"权力空间"的显著投射。赛博空间的差异化最大限度地实现了权力的平等,因此,根植于赛博空间中的网络文学才能够打破常规,我们也才能够看到充满了天马行空般想象力的各种文化形态、文学体裁和题材竞相登场、各放异彩。但我们需要明确的是，福柯所描述的全景敞视机制在平民狂欢的背后，依然以隐性的方式发挥着自己的作用，精英话语依然暗暗地占据主导地位。尽管如此，我们也应当肯定赛博空间差异化与权力化所产生的积极影响。正如卡斯特所说的那样，"在流动的空间中，秩序被打破，时间被驱散"[2]，差异化与权力化了的赛博空间，成为网络文学蓬勃生长的土壤，同时也是网络文学最重要特性"网络性"的内在形塑要件。

赛博空间的差异性使网络文学在表现形式上更具选择性和自由性，从而超越了传统意义上的文学，超文本文学是其中的一个重要表现形式。网络超文本文学是对传统阅读模式的解构，它最大限度地打破了时间对文学的内在制约，创造性地将空间因素引入进来，用三维阅读模式取代了传统的线性阅读体验。在网络文学空间的载体——文学网站中，作者与读者之间、读者与读者之间实现了即时地、迅捷地、开放式地互动，网络文学的生产、传播、消费空间因此成为了卡斯特所描述的"流动空间"。

当然，多媒体与数字技术的发展是超文本文学产生的重要技术因素。但值得深究的是，其存在的深层哲学基础是什么。从这个角度来对网络文学进行观照，我们可以发现，这是网络文学一种全新的、极具生命力的生产模式。在这样一种模式中，读者被赋予了更多的权力。也就是说，差异空间中的网络文学，在生产机制上最大限度地实现了权力的平等。正如罗兰·巴特（Roland Barthes）对"作者已死"的宣称、对"可写文本"的赞誉一样，网络文学的生产空间是一个相比传统文学而言更加轻松平和、充满生机和活力的空间形态。正是这样，它"拒绝给文本（和作为文本的世界）某种'秘密'和一种终极意义，最终拒绝了上帝和他的替代品——理性、科学和法律"[6]。巴特对文学生产认知的深刻性毋庸置疑，由此延伸开来，笔者认为读者得以存在的场域是后现代空间模式的深化和拓展，而这样一种深化和拓展也造就了网络文学独具特色的生产机制。

在如今的信息技术时代，艺术品存在的空间获得了比瓦尔特·本雅明（Walter Benjamin）笔下"机械复制时代"更大的自由度。因此，我们可以看到，在各大知名文学网站中，类型化已经成为统一且固定的模式。这样一种消费形式，是差异空间所带来的权力相对自由的体现。

二、文化语境：全球化的生产、传播与消费

（一）跨文化的生产方式

全球化下的时空重组使各地的人得以分享不同国家、地区的文化。用乌尔里希·贝克（Ulrich Beck）的话来说，全球化"丧失了距离，其生活方式往往是不受欢迎甚至令人难以理解的"[7]。阿尔君·阿帕杜莱（Arjun Appadurai）亦指出，新兴的媒介技术和各种零散而居的社群，颠覆了传统意义上的民族概念、国家概念和地区概念，使之更具流动的意义。[8] 在这样一种语境之下，对于当代社会中诸多文化问题、文化形态的解读，必须从过去那种单一的、狭隘的、固化的思维模式中跳脱出来，向一种跨越地域差异的眼光转变。在"文化全球在地化"的语境下，整个世界的联系日趋紧密，各个国家、各个民族之间的边界开始变得模糊化，人们往往会在本土文化和他者文化之间贯通融汇。每个地方如唇齿般相依相连，因此，文化产品的生产方式越来越趋向跨地域、跨文化性。

根据让·奈德文·比斯特（Jean Nedved biester）关于"混合全球化"的观点，在全球化的背景下，文化显然越来越跨区域、跨民族。与区域文化的性质、统一性和真实性相比，跨区域文化是超越国界的，充满了陌生的意图。它寻求多元化的文化融合，并追求在不同的空间中流动的文化。在这种情况下，中国网络文学的生产机制和叙事方式也发生了相应的变化。它的显著特点是跨地域性，表现为对特定历史和场景的幻想和象征，对普遍主题的追求，以及杂糅的、去边界化的风格。譬如猫腻的《庆余年》中，叶轻眉刻在监察院石碑上一段关于庆国之民的描述，就体现了自由平等、不惧权威的普世性价值观；其另一部玄幻小说《将夜》里，书院不计门户、不计国别、因材施教暗含了儒家思想的精神内核，宁缺写人字符破除昊天世界，夫子带天女游历人间，让其遍尝人间美味、体味人间欢爱，则又颇具西方启蒙运动所颂扬的世俗化与人文主义的意味。由此可见，如何在从地域性走向跨地域性的新语境中找到自身的落脚点，是中国网络文学跨文化传播的关键所在。

（二）跨文化的传播方式

正如世界各地的观众从《唐顿庄园》中了解英国贵族阶层和礼仪文化、

从《阿甘正传》中了解美国梦、从《大长今》中了解韩国饮食文化一样，中国传统文化价值和当代文化风貌的跨文化传播，一个更亲和更便捷的渠道，就是以网络文学为代表的大众化、通俗化、娱乐化的文艺形式，海外各大翻译网站也在逐渐成为外国读者了解中国文化的一个重要平台。除此之外，国内大型网络文学集团亦通过多种渠道积极扩展中国网文跨文化传播的路径。在这一点上，2017 年 5 月上线的起点国际依托阅文集团的强大资本力量，在网文作品数量、质量上占尽天时地利。作为中国网文出海的"正统队伍"，起点国际是中国首个以"正版"和"专业"为核心卖点的网络文学出海平台。一方面，该平台注重培养作者和译者的积极性，作者对自己的作品从翻译、发布到后续的衍生品产出等方面，都拥有着绝对的掌控权；而译者也可以自主选择自己喜欢的作品进行翻译，并且在起点国际的培养和训练之下往越来越成熟、越来越专业的方向发展。另一方面，起点国际还持续加快海外扩展的脚步，不仅打通了在亚马逊的销售渠道，而且还与海外翻译网站 Gravity Tales 合作共赢，携手开创中国网络文学跨文化传播的新方式、新局面。与此同时，起点国际还很注重本土网络文学在海外因地制宜的发展，比如，一篇中国网文作品在海外网站发布或者在海外出版社出版之时，它们会结合当地读者的阅读喜好、文化风俗、审美趣味等方面综合考量，在此基础上设计出符合当地特色的封面和内容提要等，以此来最大限度地提升中国网文作品在海外的接受度。[9] 目前，起点国际的出海范围囊括了东南亚、欧美等众多国家和地区，占据了中国网络文学跨文化传播最顶尖的市场地位。

（三）跨文化的消费方式

在文化的产业化发展背景下，作为最重要的"文化信条"之一，消费主义已然成为现代社会消费者生活中极为重要的准则，"媒介的作用已经开始渗透到每个人的生活和行为方式之中"[10]。阿格妮丝·赫勒（Agnes Heller）有这样一个众所周知的论调：人类的需求层次结构，在未来世界将会发生根本性的变化，以物质追求为主要目标的工作和消费将逐渐隐退，相反，最重要的活动来自个体本身，以及与个体相关的一切。[11] 沿着赫勒的观点思考下去，我们可以发现，在人类进入现代社会之后，审美标准和文化品位渐渐受到全球消费经济的裹挟，资本和市场左右了人们的消费旨趣，由此，跨文化的消费行为观念呈现出以下几点特征：

首先，快节奏的生活要求更便捷的消费方式。互联网和移动终端的普及，已经对传统的消费模式发动了革命。亨利·阿塞尔（Henry Assael）就此指出，放牧式（grazing）的消费模式和加油式（refueling）的消费模式，是消费者对节省时间和简化方法高度关注之下的结果。[12]因此，各类能助力消费者生活"脚步"的产品和服务就应运而生、大行其道。

其次，个体意识的发展追捧消费的个性化。消费社会学理论认为，自我和社会的认同离不开消费行为的构建，人们对消费对象的选择或排斥，不仅是自身对金钱分配的反映，同时也反映了人们的认同行动，体现并贯彻了认同的过程。英国传播学者克莱恩·莱斯（Kline Leiss）指出，消费者购买行为的发生，就是把商品作为一种"向别人传达其关联的一些复杂行为与观念"[13]的手段。在传播这样一种关系的过程中，不同文化背景下的消费者会因相同的兴趣、喜好、价值观等一系列亚文化认同而逐渐聚合成新的亚文化社群，不同社群的个性化消费行为由此产生。

最后，全球化浪潮催生个体追求自我的"根文化"消费。消费者所处的环境及生活背景，不可避免地会形成一定的区域独特性，带有相同烙印的群体，一般都会在所处社会传统及文化教育的滋润下形成共同的心理倾向。消费者在接触、吸收其他类型的文化产品和服务后，基本上都会有"拿来主义"的态度，将其杂糅进自己的生活方式，归化重塑使之符合自己的生活惯性。消费者从各式各样的跨文化产品和服务中，汲取营养成分，汇入自我的"根文化"内核，形塑新的自我。因此，在"根文化"的坚守下，消费者又具有无数跨文化的触角，使"全球在地化"的消费形成了"同中存异""异中求通"的交织特点。

三、网络文学的"网络性"与"跨文化性"

（一）网络性：媒介技术革命中"网络人的文学"

网络文学诞生于网络，天生自带"网络性"，因此它绝不是简简单单的"通俗文学网络版"，更不可能直接等同于"娱乐文学"或"快乐文学"，而是一种新媒介文学。[14]网络文学的"网络性"，包含了超文本性、根植于经济的互动性、与 ACG 文化（动画/漫画/游戏文化）的连通性，等等。所以一般意义的网络文学，我们从狭义的角度来看，可视为在网络中生产、发布、传播、消费、延伸的一种新型文学。在如今全球化语境中，网络性更是让中国网络文学打破了文化和疆域的壁垒，在得益于互联网时代的"地球村"中有着天然的"共情力"。网络类型文学彰显了"网络人的文学"表征，是"网络性"的集中呈现。

具体来看，首先，"网络性"生发于模仿和继承的文学传统。作为诞生于民间的带有草根性质的文学作品，纯文学精英的气质在网络小说中已经非常稀薄。草根性质的文学作品也有深厚的底蕴，传统的章回体小说及《三言两拍》等基本都有相同的创作理念。明清小说中一大批也是为了填补普通市民在朝代更替或者日常生活中的精神需求。如今的类型小说，可以被认为是当今时代的"群众文学"，继承了传统小说平民化的内核，传达普通百姓们的精神需求。20 世纪中后叶，风靡港台和内地的武侠和言情小说等，也都带着深刻的类型小说的痕迹。与文人的传统作品相比，这些"群众文学"不侧重于精致的文笔、精妙的架构、深刻的意义，反而更多依靠精彩的故事情节、密集的痛点爽点吸引和黏附读者。平白的语句、质朴的情感、率真的描绘透露出淳厚的真实感，反而比精英文学更容易贴近广大读者。携带着互联网技术的烙印，它快速汲取营养，快速开花结果，关注于现代市民们的所思所想，进而成长为崭新的文化现象。传统类型小说在互联网新媒体领域焕发出了新机，诞生为网络文学中的类型小说。作者们从自己身边提炼素材，编织成文，有意无意地就把平民化精神延续和倾注入作品中。比如很多玄幻仙侠类的写手就受到传统武侠小说的强烈影响，而赖静平（北美最早翻译网站 Wuxiaworld 创始人）甚至直接将金庸笔下最著名的武侠小说人物之一"任我行"的拼音缩写"RWX"作为自己发表网文译作时的网名，其对武侠小说的痴迷可见一斑。

其次，"网络性"源自新媒体时代的"适者生存"。得益于互联网用户的爆炸式增长，网络文学历经 20 余年的发展终于修成正果、蔚为大观。网络文学比传统文学更适应互联网时代的消费理念，更活跃于文化产品的生产、消费等环节，蕴含更全面的互联网消费特质。更符合读者阅读期待的类型小说在当今网络小说中大放异彩，为读者们提供了更多的选择，类型小说也在文学网站的升级过程中不断精细化。类型小说在对作品的细分过程中，同时也完成了对读者群体的细分，维持了相对稳定的阅读群体。在如今的"智能+"时代，掌握大数据的文学网站，可以及时遴选出合适的作品继续强化对读者群体的刺激。此外，赛博空间也是一个虚拟空间，用户在互联网中体验到的更多是虚拟性，因此作者和读者在互联网的世界中也可以拥有独属于自己的虚拟空间，在现实生活之外，享受网络上的全新世界。而网络小说则是可以桥接虚实两个世界的重要通道。在新媒体时代下，它充分融合作者、读者以及想象世界的边界，重新制定了新文学形式的发展规则。

最后，"网络性"彰显了"以读者为中心"的创作理念。互联网是一种全新的人与人、人与世界的连接方式，它在深刻改变了人类社会的同时必然改变人的认知方式、审美标准和艺术品位。诞生于互联网中的网络文学，天生自带亲民属性，对文学的审美要求更接地气、更大众化，游戏属性的休闲化和娱乐化也同样蕴含其中。传统文学的审美要求主要由作者精心架构，带有浓厚的主流文学特性，这种审美传递是被动式的、单向度的。商业化成功的网络文学已经走出这个界限，读者的阅读需求才是许多作者的创作标准。读者的审美需求就是市场需求，也就是创作需求，订阅量和付费能力反映了类型小说的风向。类型小说成功的一大撒手锏就是能不断制造丰富的"快感"和"爽点"。"金手指"的无限强大，"逆袭"的颠覆命运，"打脸"的酣畅淋漓等无不迎合了读者们朴素的善恶观和进取思想。读者们更容易在消耗相对少的能量下，代入一个新的角色，体会一把畅快的别样人生。可见，在互联网的语境下，传统文学中读者和作者的注意力已经发生偏转，文学的审美标准自然也应该紧随其后，而不会裹足不前。

（二）跨文化性：全球化的网文生产、传播与消费

根据前文对全球跨文化生产与消费语境特点的阐述，我们可以看到，中国网络文学的兴起与发展，正是齐格蒙特·鲍曼（Zygmunt Bauman）口中"消费者文化"主导下文学商品化的结果。与全球文化生产、传播与消费的趋势相适应，中国网络文学呈现出以下跨文化特征。

其一，传播与消费具有简便性。互联网技术本身蕴含着科技革新带来的便利性，生长于此的文学作品天然享受着传播的快捷：一部作品可以在瞬间连接成千上万的读者。尤其是伴随着移动支付方式在中国的迅猛发展，享受互

联网红利的网络文学，也因此捆绑上了消费的便捷性。移动互联网和自媒体的普及，更是让文学创作、发表与传播获得更便捷的自主性：一方面，网络文学的输送模式已经体现了传播方式的革命性变更。传统文学几乎都以纸张作为载体，物理实体的传递方式大体只能以传播者为中心，以时间换取空间，把信息传递给受众；而在网络文学世界，读者的选择主动权大大加强，传播者的中心地位已经开始从作者往读者方向偏移。另一方面，网络文学的及时互动性，让文学传输从单向模式切换为双向模式，打破了传统文学中内容生产者和内容消费者之间彼此失语的局面。在作品评论区、读者留言区、内容讨论区等专栏，读者可以随时随地充分发表自己的意见和见解，并深刻影响着作者的创作路径。

其二，文化消费关切"自娱以娱人"属性。在创作领域，网络文学的两大显著特点是草根的立场和虚拟的语境，因此网络文学的消费对象相比传统文学有了巨大的偏转。传统文学主要走精英路线，强调文学的"经国济世""教化抚慰"等社会功能。在表达现实关怀的同时，作品还要具有一定的人文慰藉属性，激励世人，滋养人心，或者展现对人的终极关怀，探索人类世界的精神彼岸。而网络文学萌芽于草根需求，行走在普罗大众之间，与传统文学有着截然不同的精神内核。因而在网络文学中，作品的主题不再局限于高大上的精神超脱，而是在想象的世界里放飞自我，在虚拟的空间中构建王国。这些创作顺应了"文学该做什么"的本源逻辑，回答了"自娱自乐、娱乐大众"的文化消费关切。网络文学把创作目的从对社会认同的追求，转向了关注个体的休闲娱乐，从而才能更容易让读者们产生情感共鸣。因此可以看出，网络文学与全球文化消费追求娱乐消遣与快感满足的总体趋势是相契合的。

其三，生产与消费突出个性化。不同的文学网站会抓取读者群体的不同需求，从而对类型小说和阅读市场做不同的细分工作，比如起点中文网的分类标签有玄幻、武侠等，晋江文学城则分类成言情、纯爱等。个性化的细分门类甚至可以成为网站的特点，以醒目方式在主页显示以方便读者选择。经历赛博空间对网络文学的催生，可以清晰地看出，以读者为导向的市场定位是类型小说诞生的前提，读者日益增长的阅读需求和个性化偏好，促进类型小说的发展和细化。汉斯·罗伯特·姚斯（Hans Robert Jauss）曾提到："类型与形式的存在依赖于它们在现实世界中的功能。"[15]玄幻奇幻小说中丰富想象和遨游天地的畅快感，历史穿越小说中再造江山和青史留名的使命感，都市言情小说中缠绵悱恻和刻骨铭心的情动感，网游电竞小说中团队协作和热血拼搏的刺激感，等等，都是为了满足读者多样化情感需求而创作的结果。另外，读者阅读口味的不同也呼吁不同类型文学作品的出现。虽然某一类型的铁杆书迷能够无视文化背景的差异，在相同的爱好之下进行互动交流，但读者群体中的不同部分迟早要放大，将他们的学习经历、生活体验、情感需求等特点释放出来，这就决定了在当今"物以类聚、人以群分"的阅读习惯之中，必然要求产生更多元的跨界和细分，形成新的文学类型，进而衍生出新的跨文化市场。因此，网络文学庞大的消费群体和巨大的消费体量，必然呼唤更细分的产品类型，以满足不同文化背景读者的阅读需求；而作为阅读市场细分的产物，类型小说同时也在深挖阅读市场的潜力，为阅读市场的发展壮大提供源源不断的动力。在两者的相互促进和良性互动之下，类型作品数量持续增加，阅读市场规模日益壮大。加之政府政策的引领和 AIGC（人工智能生成内容）对生产端、传播端的介入，类型小说的特点愈加鲜明化、精品化，阅读市场也更加精细化，最终将逐渐诞生出一个个具有跨文化性质的网络亚文化社群。

四、结语

随着大众传媒业和现代传播技术的肇起及蓬勃发展，资讯传播行为在社会生活中的核心地位得以承认及巩固。各种因素相互交织影响，共荣共进。在人们对各种信息的拷贝、存储、传播的能力得到前所未有的增强时，各种文化得以趁机从逼仄拮据的原生环境中脱离，跨领域地与其他文化发生更积极、更多样的融汇、媾和，推进全球社会中文化多元性的进程。正是在这样的技术／文化语境的滋养下，网络文学呈现出"网络性"与"跨文化性"相重叠的特质，并因此能够打破地域与文化疆界的藩篱，构筑了一个独一无二的网络文学跨文化空间。从现代文化产业的发展动力来看，内容哺育了文化需求，引领了文化价值；科技促进和制约了产业结构与形态的演化。对于技术与文化之特性的考察，不仅是研究网络文学及其产业化现象的关键，更是理解当今全球文化传播与变迁的题中之义。

参考文献

[1] 单世联.文化大转型:批判与解释——西方文化产业理论研究[M].北京:中国社会科学出版社,2017.

[2] [英]曼纽尔·卡斯特.网络社会的崛起[M].夏铸九,等译.北京:社会科学文献出版社,2001.

[3]]Landow,G. Hypertext 3. 0: Critical theory and new media in an era of Globalization[M]. Baltimore: The Johns Hopkins University Press,2006.

[4] 崔宰溶.中国网络文学研究的困境与突破[D].北京:北京大学,2011.

[5] 王丽鸽.网络空间下人的生存与发展研究[D].兰州:兰州大学,2017.

[6] Barthes,R. The death of the author[A]. Barthes,R. Image-Music-Text[C]. London:Fontana,1977.

[7] [美]阿尔君·阿帕杜莱.消散的现代性:全球化的文化维度[M].刘冉,译.上海:上海三联书店,2012.

[8] 欧阳友权.中国网络文学二十年[M].南京:江苏凤凰文艺出版社,2019.

[9] [英]约翰·汤林森.文化帝国主义[M].冯建三,译.上海:上海人民出版社,1999.

[10] [匈]阿格妮丝·赫勒.日常生活[M].衣俊卿,译.重庆:重庆出版社,1994.

[11] [美]亨利·阿塞尔.消费者行为和营销策略(原书第6版)[M].韩德昌,译.北京:机械工业出版社,2000.

[12] Leiss. K. Social Communication in Advertising[M]. New York: Methuen,1986.

[13] 邵燕君.网络时代:如何引渡文学传统[J].探索与争鸣,2015(8):113-116.

[14] [德]H. R. 姚斯,[美]R. C. 霍拉勃.接受美学与接受理论[M].周宁,金元浦,译.沈阳:辽宁人民出版社,1987.

3.7 从田间到镜头：生鲜农产品直播中互动性对消费者购买意愿影响研究

罗雁飞[①] 叶林园[②]

摘　要：数商兴农背景下，"直播＋农产品"成为新型助力农业发展和乡村振兴的营销模式之一。为研究生鲜农产品直播中互动性对消费者购买意愿的影响，本文基于224位消费者互动情况，结合SOR理论，构建结构方程模型检验包括人机互动、主播互动和同伴互动等互动性对购买意愿的影响，及感知功能价值和感知情感价值所起作用。结果显示，人机、主播和同伴互动均与感知功能价值正相关，感知功能价值在人机互动、主播互动和购买意愿间存在中介作用；感知情感价值起调节作用。由此发现生鲜农产品直播消费呈现重质与重情并存特征，启发农产品现代化可从增加生鲜农产品质量把控、提高主播互动频率和互动质量入手，构建优良农产品直播购物生态，助力"三农"发展和乡村振兴。

关键词：生鲜农产品直播；主播互动；购买意愿；感知功能价值；感知情感价值

一、研究缘起

在数商兴农背景下，数字经济正向促进农村经济发展，全面赋能我国农村经济发展[1]，"直播＋农产品"成为新型助力农业和乡村振兴的营销模式之一。邹俊早在2011年就提出网购生鲜农产品是一种新兴消费方式，可有效提

---

① 罗雁飞，郑州大学新闻与传播学院副教授，主要从事数字广告的研究。

② 叶林园，郑州大学新闻与传播学院硕士研究生。

升农业产业化水平和消费福利，未来会逐渐成为日常消费趋势[2]。土鸡、蔬菜等生鲜农产品接入数字电商销售，农村产地直播等新型农村电子商务模式能够打通农产品网销渠道，有效促进农产品供给与市场农产品需求相衔接[3]，增加农民收入和推动农村人才流动[4]的同时，促进了农村经济发展模式的重大转变[5]。

分析直播情境中购买意愿影响因素的研究发现，直播互动性对消费者心理反应如沉浸感[6]、心流体验[7-9]、信任[10]、感知有用性[11]、感知经济价值、用户间的人机互动通过感知愉悦间接影响购买[12]、感知情感价值[13]、时间压力[14]等，刺激消费者购买意愿。但已有文献多为直播带货这一较广泛领域，少有学者聚焦农产品直播中的互动性对冲动性购买意愿的细分内容进行研究。直播互动性是否影响消费者对生鲜农产品的购买意愿，以及如何影响等问题尚待探索。

鉴于直播助农、乡村振兴的研究趋势，本文采用问卷调查法，收集用户观看生鲜农产品直播及参与互动情况数据，探讨生鲜农产品直播模式下互动性对消费者冲动性购买意愿的影响如何。

由于生鲜农产品购买意愿影响因素包括产品安全、质量预期、网站信息丰富度[15, 16]、农产品价格、质量、购买体验[17]、全渠道接受态度[18]、消费者信任[19]。这些因素包括消费者信任、认同、购买体验等消费者感知情感方面的价值，以及产品质量、安全、价格等功能价值。本文提取感知功能价值和感知情感价值两个变量，研究其在直播情境下消费者对于生鲜农产品的购买意愿起到怎样的作用。

二、研究模型与假设

（一）研究模型

互动性或实时交互性，有学者称为消费者融入[20]、消费者互动，其核心是互动型的消费者体验。在互联网背景下，互动是双向的，在线互动性可以理解为用户与卖家、用户与网站以及用户与用户之间相互沟通的程度。Wang和Wu将直播中的融入机制归纳为展示产品互动性、消费者沟通交流直接性和同伴行为提示（如页面上出现"正在买""关注了该主播""正在查看该商品")三方面。[21] 由此，可以将互动性分为用户与机器或平台的互动、主播与用户的互动、用户与用户之间的互动。如图 3.7.1 所示，本文将互动性分为人机互动、主播互动和同伴互动。

本文通过 SOR 模型[22]，S 代表外部刺激，O 指机体认识，R 表示反应，被用来解释个体在网络环境中的行为，展开讨论。如图 3.7.1 所示，本文将生鲜农产品直播的互动性作为刺激变量，并细化为消费者与直播平台（人机互动）、主播与消费者（主播互动）、消费者与消费者之间的互动（同伴互动），将感知功能和感知情感作为个体的状态，将消费者的购买意愿作为反应变量，研究生鲜农产品直播带货中互动性对消费者购买意愿的影响。

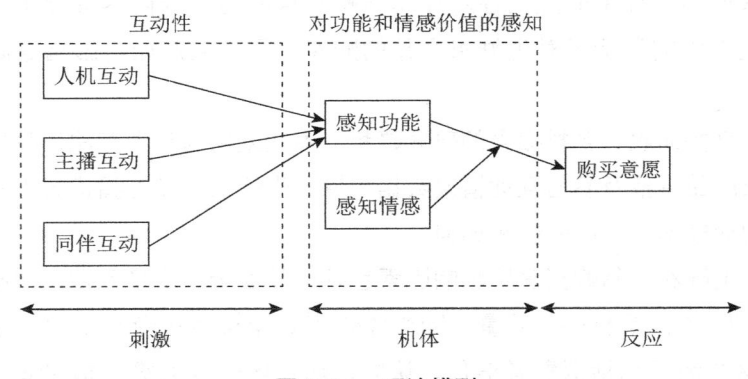

图 3.7.1 理论模型

（二）研究假设

在研究直播互动性的影响时，有学者提出互动性正向影响消费者感知价值[23]。感知价值，可以分为感知功能与感知情感价值。[24] 所谓感知价值，就是交易过程中，消费者会对支付成本与感知利益进行比较，感知价值即是利得与利失之间的比值，[25] 可以理解为是一种评价，且这种评价是在消费者在得到某一商品后比较付出成本感知利得后得出的。

基于此，本研究提出以下假设。

H1a：人机互动对感知功能价值有显著正向影响；

H1b：主播互动对感知功能价值有显著正向影响；

H1c：同伴互动对感知功能价值有显著正向影响。

以主播与消费者的互动为例，主播对产品进行详细的讲解，并带有个人语言特色，其互动可以提供给消费者一种反馈的心理暗示，消费者感知到购买该商品便捷性或能够满足其购物需求，或由于对主播特质如幽默[26]感兴趣，增强消费者对该主播的信任[27]，进而刺激其购买意愿[28]。

基于此，本研究提出以下假设。

H2：感知功能价值对购买意愿有显著正向影响；

H3a：感知情感价值在人机互动与购买意愿之间存在调节效应；

H3b：感知情感价值在主播互动与购买意愿之间存在调节效应；

H3c：感知情感价值在同伴互动与购买意愿之间存在调节效应。

感知功能和感知情感价值解释了对商品质量、购物便捷性、购物目的、对主播的信任等。研究表明感知价值在外部刺激与购买意愿的关系中起中介作用[29]。外部刺激以互动性为例，在互动性与购买意愿关系的讨论中，早在1999年 Wu 就通过研究发现，顾客感知互动性越强，购买行为越容易发生[30]。强互动性能促进消费者购买行为的发生和促进重购意愿[31]。而根据 SOR 模型，互动性与购买意愿之间存在 O——有机体，包括消费者的认知（感知有用性）和情感变量（感知信任）[32]。

H4a：感知功能价值在人机互动与消费者购买意愿之间存在中介作用；

H4b：感知功能价值在主播互动与消费者购买意愿之间存在中介作用；

H4c：感知功能价值在同伴互动与消费者购买意愿之间存在中介作用。

三、数据来源与变量选取

（一）数据来源

将问卷中涉及的"生鲜农产品"的范畴定为：水果、蔬菜、肉类、奶、水产品等。本次数据来源于 2023 年 1 月 28 日至 2 月 4 日的在线问卷调研。利用问卷星制作问卷，采用滚雪球抽样，共回收 290 份问卷。为保证数据质量，将第一题"您是否观看过生鲜农产品直播？"中，选择"是"的部分问卷进行过滤，将作答时间少于 30 秒的无效问卷删除，剩余 281 份；把选择"否"的删除，最终得到 224 份有效问卷，回收有效率为 77.2%。

其中，人口统计学信息整理成表。由表 3.7.1 得知，符合本次调研的受试者中，女性占比为 54.9%，男女比例基本较均匀；年龄主要分布在 18～23 岁，占比为 43.2%，呈现较年轻化；从学历水平来看，本科为主体，所占比例为 55.0%，多为高学历人群；月均收入少于 3000 元占比为 44.6%。由此可以看出，本次调研对象集中在年轻、收入较低、较高学历的消费人群。

表 3.7.1 描述性分析

基本特征	类别	样本（N）	百分比
年龄	18 岁以下	4	1.4
	18～23 岁	121	43.2
	24～30 岁	79	28.2
	31～45 岁	15	5.4
	45 岁以上	5	1.8
收入	<3000	125	44.6
	3001～5000	64	22.9
	5001～7000	24	8.6
	>7000	11	3.9
学历	高中及以下	10	3.6
	大专	17	6.1
	本科	154	55.0
	硕士及以上	42	15.0
性别	男	101	45.1
	女	123	54.9

（二）变量选取

本文采用李克特五级量表，1～5 由小到大分别表示"非常不同意""比较不同意""一般""比较同意""非常同意"，结合互动性和购买意愿等进行分析。除了基本的人口统计学信息，问卷设计的各维度和题项如表 3.7.2 所示，研究涉及 6 个潜变量，包括人机互动、主播互动、同伴互动、感知功能、感知情感和购买意愿。

表 3.7.2　各变量测量量表

变量	变量	变量测量题
互动性	人机互动	在直播间，我可以自由地访问和浏览我想看的页面
		我可以自由地在直播间发表评论
		我可以自行控制如何在平台上交易
		直播间，主播或其他用户的行为是实时的
		我认为直播间的声音和画面是实时传输的
	同伴互动	网络直播中可以认识喜好一致的用户
		我能够利用弹幕或微信群分享信息和经验
		我可以从购买过的人那里获得有助于决策的信息
		当主播不能及时为我解答时，一般会有其他人为我解答
	主播互动	主播能够及时回复我的问题
		对于我的问题，主播的回复与其密切相关
		主播非常乐意与我进行沟通
		直播给主播和用户提供了实时交流的机会
		直播互动时，主播能够运用良好的沟通技巧
感知功能		我认可某直播间的产品质量
		通过网络直播，我可以更有效率地购买到想要的农产品
		网络直播为我购买农产品提供新的途径
		我觉得网络直播能提供我所需要的产品或服务
感知情感		观看助农主播带货，我的心情是愉悦的
		我认为网络直播上购买的农产品质量有保证
		我相信该主播的选品能力
		我很适应直播间售卖农产品的节奏
购买意愿		我愿意在观看网络直播上购买农产品
		我会倾向于购买在直播间获取过详细信息的农产品
		我愿意推荐他人购买
		如有需求，我愿意在直播间下单购买农产品

四、数据分析与假设验证

（一）信效度分析

1. 信度分析

表 3.7.3 显示，人机互动、同伴互动、主播互动、感知功能、感知情感、购买意愿等维度的量表 Alpha 值均大于 0.7，表明量表的信度较好。

表 3.7.3　变量量表的信度分析

变量	Cronbach's Alpha	项数
人机互动	0.780	5
同伴互动	0.839	4
主播互动	0.801	5
感知功能	0.875	4
感知情感	0.813	4
购买意愿	0.862	4

2. 效度分析

进行效度分析时，表 3.7.4 显示，量表整体的显示结果的 KMO 值为 0.913，远大于最低标准值 0.5，Bartlett 球形度检验在 0.001 的水平上显著，表明样本数据可以做因子分析。

表 3.7.4　KMO 值和 Bartlett 球形度检验

KMO 取样适切性量数		0.913
巴特利特球形度检验	近似卡方	3048.084
	自由度	325
	显著性	0.000

再对各变量进行探索性因子分析，结果整理如下。在表 3.7.5 中，采用主成分分析法，题项均在所属的维度下，各个因子负荷系数都大于最小值 0.5，说明量表区别效度较好，可以进行下一步分析。

表 3.7.5　旋转后的成分矩阵 a

变量	成分						
	1	2	3	4	5	6	7
感知功能 2	0.799						
感知功能 3	0.791						
感知功能 1	0.781						
感知功能 4	0.694						
购买意愿 3		0.769					
购买意愿 4		0.760					
购买意愿 1		0.671					
购买意愿 2		0.663					
人机互动 3			0.679				
人机互动 5			0.651				
人机互动 4			0.647				
人机互动 1			0.631				
人机互动 2			0.563				
主播互动 1				0.753			
主播互动 2				0.701			
主播互动 4				0.637			
主播互动 3				0.610			
主播互动 5				0.526			
感知情感 4					0.657		
感知情感 3					0.650		
感知情感 2					0.628		
感知情感 1					0.623		
同伴互动 3						0.798	
同伴互动 4						0.726	
同伴互动 2						0.635	
同伴互动 1						0.588	

（二）相关性分析

由表 3.7.6 的数据显示，在本次分析中通过 Pearson 相关分析多个变量之间的相关关系进行探索性的分析。根据分析结果可以看出，在本次分析中的各个变量之间均存在显著的相关关系，且都是在 99% 的水平上显著。根据相关系数的结果可以看出，各个变量之间的相关系数 r 均大于 0，因此可以说明在本次分析中各个变量均为显著的正相关关系。即：假设 H1a：人机互动对感知功能价值有显著正向影响；H1b：主播互动对感知功能价值有显著正向影响；H1c：同伴互动对感知功能价值有显著正向影响；H2：感知功能价值对购买意愿有显著正向影响，均成立。

表 3.7.6 各个维度之间的 Pearson 相关分析结果

变量	人机互动	同伴互动	主播互动	感知功能	感知情感	购买意愿
人机互动	1					
同伴互动	0.534**	1				
主播互动	0.535**	0.567**	1			
感知功能	0.517**	0.428**	0.487**	1		
感知情感	0.562**	0.609**	0.543**	0.489**	1	
购买意愿	0.524**	0.521**	0.481**	0.557**	0.601**	1

（三）结构方程检验

考虑到结构方程模型可以同时处理多个因变量，结构方程中会充分考虑其他因子的存在与否，能够很好地计算多变量问题。因而本文采用 AMOS 24.0 软件构建结构方程，并对各假设路径进行检验，如图 3.7.2 所示。

1. 结构方程模型拟合度

检验结构方程模型是否成立，需要满足一些拟合指标要求：X^2/df（卡方 / 自由度）一般要求小于 3；GFI（拟合优度指数）、NFI（标准适配指数）、IFI（增值适配指数）、CFI（比较适配指数），这些值一般越接近 1 越好，要求大于 0.8。RMSEA（近似误差均方根）要小于 0.08，则表示适配能力较好，模型拟合程度较好。本文各项拟合度指数如表 3.7.7 所示，各项指标均符合要求，拟合效果较好。

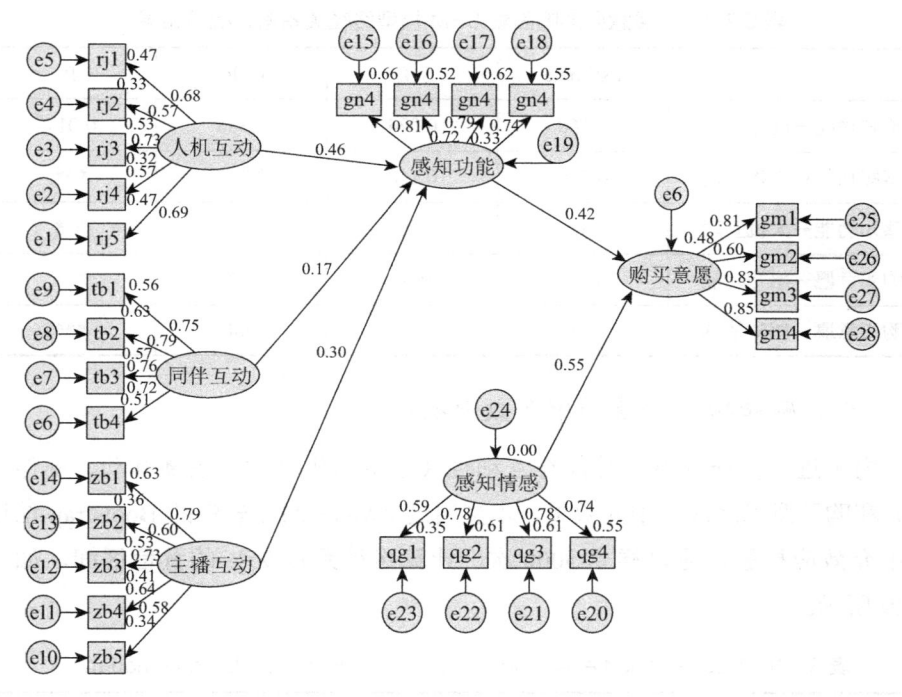

图 3.7.2 结构方程模型

表 3.7.7 结构方程拟合度指数

指标	卡方/自由度	拟合优度指数	标准适配指数	增值适配指数	比较适配指数	近似误差均方根
	X^2/df	GFI	NFI	IFI	CFI	RMSEA
标准	<3	>0.8	>0.8	>0.8	>0.8	<0.08
数值	2.333	0.811	0.817	0.866	0.864	0.077

2. 模型路径分析

根据表 3.7.8 购买意愿影响因素 SEM 模型路径关系假设检验结果可以看出，在本次研究的路径假设关系检验中，同伴互动显著的正向预测感知功能

（β=0.168，p=0.017<0.05），因此假设 H1c：同伴互动对感知功能价值有显著正向影响成立。同理可知，假设 H1a、H1b、H1c、H2 均成立。

表 3.7.8 购买意愿影响因素 SEM 模型路径关系假设检验结果

	Estimate	S. E.	C. R.	P
感知功能←同伴互动	0.168	0.074	2.386	0.017
感知功能←主播互动	0.289	0.118	3.755	***
感知功能←人机互动	0.467	0.104	5.637	***
购买意愿←感知功能	0.337	0.07	4.624	***
购买意愿←感知情感	0.510	0.103	5.941	***

（四）感知功能价值的中介效应检验

为了进一步研究感知功能在互动性（包括人机互动、主播互动、同伴互动）和购买意愿之间的中介效果。本文通过 AMOS 24.0 软件的 Bootstrap 法进行中介效应检验，重复样本 5000 次，计算路径系数 95% 的置信区间，如表 3.7.9 所示。

表 3.7.9 User-defined estimands：（Group number 1 – Default model）

路径关系	效应类型	Estimate	95% 的置信区间 Lower	Upper	P
人机互动—感知功能—购买意愿	间接效应	0.138	0.047	0.354	0.002
	直接效应	0.106	-0.175	0.384	0.43
	总效应	0.244	-0.03	0.497	0.081
同伴互动—感知功能—购买意愿	间接效应	0.048	-0.012	0.184	0.104
	直接效应	0.125	-0.156	0.466	0.362
	总效应	0.173	-0.13	0.512	0.257
主播互动—感知功能—购买意愿	间接效应	0.087	0.013	0.256	0.011
	直接效应	0.027	-0.19	0.245	0.73
	总效应	0.114	-0.119	0.341	0.306

使用 Bootstrap 进行中介效应检验，如果在 95% 的置信区间包含 0，说明不存在中介，如果不包含 0，说明存在中介。从表 4.7 可以看出，中介路径：人机互动—感知功能—购买意愿的间接效应中，p=0.002<0.05，且在 95% 的置信区间是 [0.047，0.354]，没有包含 0，说明存在间接效应，而直接效应 95% 的置信区间是 [-0.175，0.384] 包含 0，说明不存在直接效应，但总效应不存在。则推测感知功能在人机互动与购买意愿之间可能存在中介效应或遮掩效应。根据温忠麟等人关于中介效应和遮掩效应的判断方法，间接效应显著，a×b 与回归系数 c' 同号（即上表中的间接效应与直接效应同号），可知感知功能对人机互动和购买意愿的间接效应性质不是"遮掩效应"，而是"中介效应"。结果表明研究假设 H4a：感知功能价值在人机互动与消费者购买意愿之间起中介作用成立。同理可知，感知功能在主播互动和购买意愿之间存在中介作用，则假设 H4b：感知功能价值在主播互动与消费者购买意愿之间起中介作用成立。在中介路径：同伴互动—感知功能—购买意愿中，间接效应在 95% 的置信区间是 [-0.012，0.184] 包含 0，说明不存在中介效应，表明感知功能在同伴互动与购买意愿之间不存在中介作用，假设 H4c：感知功能价值在同伴互动与消费者购买意愿之间起中介作用不成立。

（五）感知情感价值的调节效应检验

为了检验感知情感在主播互动—感知功能—购买意愿之间是否存在调节效应，用 spss26.0 的 process 插件进行数据分析，结果整理成表 3.7.10，根据表 3.7.10 数据显示，Int_1（交互）的置信区间 [-0.2411，-0.0047] 不包含 0，交互项显著，调节效应显著存在，即感知情感在主播互动与购买意愿之间起到调节作用。

表 3.7.10 感知情感的调节效应检验 1

	coeff	se	t	p	LLCI	ULCI
constant	-0.7531	0.7838	-0.9609	0.3377	-2.2978	0.7915
主播互动	0.7136	0.2246	3.1775	0.0017	0.271	1.1562
感知情感	0.9749	0.2265	4.3038	0	0.5285	1.4214
Int_1	-0.1229	0.06	-2.0491	0.0416	-0.2411	-0.0047

在间接效应表中,由表3.7.11得知,感知情感在均值负一个标准差的中介效应量为,在均值,在正一个标准差时的,随着调节效应:感知情感的增大,其中介效应在减弱,即感知情感可以降低感知功能在主播互动和购买意愿之间的中介作用。简单来讲,感知情感越强,感知功能在主播互动和购买意愿之间的中介作用就越小。结果表明假设H3b:感知情感价值在主播互动与购买意愿之间存在调节效应成立。

表3.7.11 感知情感的调节效应检验2

感知	Effect	se	t	p	LLCI	ULCI
2.8323	0.3655	0.0892	4.0976	0.0001	0.1897	0.5413
3.6473	0.2653	0.0802	3.3096	0.0011	0.1073	0.4233
4.4624	0.1651	0.0984	1.6786	0.0946	−0.0287	0.359

五、结论与展望

(一)结论

将假设检验结果整理成表3.7.12。人机互动对感知功能价值有显著正向影响,主播互动对感知功能价值有显著正向影响,且感知功能价值对购买意愿有显著正向影响,感知功能价值在人机互动、主播互动与消费者购买意愿之间起中介作用。在从整体上来看,路径:人机互动—感知功能价值—购买意愿和路径:主播互动—感知功能价值—购买意愿成立。由此,在农产品直播中,人机互动越活跃,消费者感知功能价值越大,刺激农产品销售;主播与消费者的互动越活跃,消费者感知功能越大,增加购买意愿。同时,感知情感在主播互动与购买意愿之间存在调节效应,表明在关注农产品直播中的人机互动和主播互动时,也要注意消费者在观看直播过程中可能产生的如对某主播信任、感兴趣等感知情感价值,其情感可能影响消费者消费或者产生冲动性购买行为。

表 3.7.12　本研究假设检验结果汇总

序号	假设说明	检验结果
H1a	人机互动对感知功能价值有显著正向影响	成立
H1b	主播互动对感知功能价值有显著正向影响	成立
H1c	同伴互动对感知功能价值有显著正向影响	成立
H2	感知功能价值对购买意愿有显著正向影响	成立
H3a	感知情感价值在人机互动与购买意愿之间存在调节效应	不成立
H3b	感知情感价值在主播互动与购买意愿之间存在调节效应	成立
H3c	感知情感价值在同伴互动与购买意愿之间存在调节效应	不成立
H4a	感知功能价值在人机互动与消费者购买意愿之间起中介作用	成立
H4b	感知功能价值在主播互动与消费者购买意愿之间起中介作用	成立
H4c	感知功能价值在同伴互动与消费者购买意愿之间起中介作用	不成立

1. 重质与重情并存

一方面，从表 3.7.12 中得知，感知功能价值在人机互动、主播互动与消费者购买农产品的意愿之间存在中介效应，表明农产品直播下消费者感知到直播购物的便捷性、所购农产品的质量保证、物流时效等给自己带来的价值或便利。从问卷最后一题"简单说说您对生鲜类农产品直播带货的了解"的作答情况也可得知（见图 3.7.3），"农村""产品品质""新鲜""价格"等词出现频率较高，表明消费者在直播间购买农产品时比较关注货到是否新鲜、价格是否比线下便宜、品质是否达标等因素，相较于"双十一"退货率超 40% 时的冲动下单，在农产品直播下单的消费者较为理性。

另一方面，在购物中对平台安全性和带货直播的信任等情感性因素也起到了一定的作用。从以上数据可知，感知情感价值在主播互动与购买意愿之间存在调节效应。对主播知名度、讲解的专业性、人设的喜好程度等情感因素将调节消费者感知功能价值在其中的中介作用。

图 3.7.3 消费者对生鲜农产品直播带货的了解词云图

2. 主播互动是关键

主播互动的频率和质量应纳入农产品直播成交效果的评估之中。考虑到在电商主播场景中，主播的真实性、专业性和知名度会间接影响消费者购买意愿[33]，适量增加主播与消费者的互动频率和互动质量，有利于农产品销售，增加当地农民收入和促进乡村振兴。研究表明，主播采取关系策略或通过关系劳动[34, 35]送挚爱粉礼物、讲述个人故事等可以拉近与消费者的距离，在形成准社会交往后，加之平台监管虚假宣传，有利于构建良好的网络购物生态。

（二）研究局限

本次研究中涉及的感知价值通常是消费者对产品或服务的主观感受，本文没有采取实验法控制变量，在线问卷所得可能与消费者实时的网络直播购物感知存在差异。另外，被调查人群集中在 18～30 岁的年轻人，中老年人涉及的较少，调查结论无法推广到全部的农产品直播消费者。本次调查没有对具体某类农产品直播分类处理，结果不够聚焦。

后期研究或将结合现场播放某类具体的农产品直播和访谈法补充消费者的行为认知和购买意愿，进一步探讨乡村振兴背景下农产品直播中人机互动和主播互动对消费者购买意愿影响的具体表现。

以上研究只考虑了农产品直播的运作机制与刺激消费者购买意愿，但与此同时，也要注意目前部分农村地区快递网点无法配送至村、直播带货流程缺少系统管理、农产品质量参差不齐、部分质量没有保证、服务体系不健全等问题

第 3 部分　人文社科与传媒技术专题

与农产品直播带货同时存在，不可一味地强调直播带货技术的提升，农村数字化基础设施建设、如何吸引年轻人或大学生返乡创业或可值得考虑。

参考文献

[1]　王蔷馨，苏昕．"数商兴农"背景下数字经济赋能农村经济发展路径探索 [J]．商业经济研究，2023，870（11）：86-89．

[2]　邹俊．消费者网购生鲜农产品意愿及影响因素分析 [J]．消费经济，2011，27（4）：69-72，76．

[3]　唐红涛，李胜楠．数字经济助推脱贫攻坚与乡村振兴有效衔接机制及路径研究 J]．经济研究参考，2021（21）．

[4]　齐文浩，张越杰．以数字经济助推农村经济高质量发展 [J]．理论探索，2021（3）．

[5]　舒晟．数字经济时代农村电子商务发展现状与建议 [J]．现代商业，2022（20）．

[6]　李永诚，王倩．电商直播中临场感三维度及其作用机制 [J]．江汉学术，2023，42（1）：99-110．

[7]　林钻辉．网络直播信息特质对冲动性购买的影响——基于心流体验的中介作用 [J]．商业经济研究，2021（14）：75-78．

[8]　月娇，刘菁．弹幕互动、在线商品展示与消费者冲动性购买行为——以临场感、心流体验为中介 [J]．哈尔滨商业大学学报（社会科学版），2022（3）：78-89．

[9]　刘本琪．直播电商关系纽带、心流体验与消费者冲动性购买意愿 [J]．商业经济研究，2023（2）：78-81．

[10]　陈婧．基于 SOR 模型的电商直播中影响消费者购买意愿的实证研究——以服装行业为例 [J]．现代商业，2022（35）：3-6．

[11]　李连英，成可．任务契合度、互动性与消费者购买网络直播生鲜农产品意愿——基于 SOR 理论的多群组分析 [J/OL]．农林经济管理学报，2023．

[12]　张爽，魏明侠．在线冲动购买欲望的形成：基于社会化商务的实证研究 [J]．暨南学报（哲学社会科学版），2019，41（5）：17-29．

[13]　Sokolova, K., Kefi, H. Instagram and Youtube Bloggers Promote It, Why Should I Buy? How Credibility and Parasocial Interaction Influence Purchase Intentions[J]. Journal of Retailing and Consumer Services, 2020, 53: 101742.

[14]　翁文静，黄梦岚，汤德聪，等．时间压力对消费者冲动性购买意愿的影响——基于淘宝直播情境的视角 [J]．福建农林大学学报（哲学社会科学版），2020，23（4）：61-70．

[15]　何德华，韩晓宇，李优柱．生鲜农产品电子商务消费者购买意愿研究 [J]．西北农林科

技大学学报（社会科学版），2014（4）：85-9113.

[16] Lin J C，Lu H. Towards an understanding of the behavioral intention to use website[J]. International Journal of Information Management，2000，20（3）：197-208.

[17] 王二朋，倪郑宇. 农产品线上消费者的偏好特征研究——基于京东销售苹果在线评论数据的分析 [J] 价格理论与实践，2020（2）：120-123.

[18] 陈晓霞，李中斌. 生鲜农产品消费者全渠道零售接受意愿实证研究——基于 TAM 和 VAM 理论模型 [J]. 西南大学学报（自然科学版），2021（3）：116-123.

[19] 马永强，张孙博文，陈佑成. 社区新零售模式下消费者生鲜农产品购买意愿研究 [J]. 价格理论与实践，2022（7）：126-129.

[20] Brodie R J，Ilic A，Juric B，et al. Consumer engagement in a virtual brand community：An exploratory analysis[J]. Journal of business research，2013，66（1）：105-114.

[21] Wang W T，Ou W M，Chen W Y. The impact of inertia and user satisfaction on the continuance intentions to use mobile communication applications：A mobile service quality perspective[J]. International Journal of Information Management，2019，44：178-193.

[22] G. D. An approach to environmental psychology[J]. Giornale degli Economisti e Annali di Ec.，1975，34（11）.

[23] Ma Yingying. To shop or not：Understanding Chinese consumers' live-stream shopping intentions from the perspectives of uses and gratifications，perceived network size，perceptions of digital celebrities，and shopping orientations[J]. Telematics and Informatics，2021，59（prepublish）.

[24] 崔占峰，陈义涛. 线下体验特性对消费者感知价值与再惠顾意愿的实证考察 [J]. 企业经济，2020，474（2）：84-91.

[25] Zeithaml Valarie A. Consumer Perceptions of Price，Quality，and Value：A Means-End Model and Synthesis of Evidence[J]. Journal of Marketing，1988，52（3）.

[26] Hou，F，Guan，Z，Li，B，Chong，A. Y. L.，2019. Factors influencing people's continuous watching intention and consumption intention in live streaming. Internet Res.

[27] 刘忠宇，赵向豪，龙蔚. 网红直播带货下消费者购买意愿的形成机制——基于扎根理论的分析 [J]. 中国流通经济，2020，34（8）：48-57.

[28] 赵保国，王耘丰. 电商主播特征对消费者购买意愿的影响 [J]. 商业研究，2021（1）：1-6.

[29] 李雨虹."网红+直播"开启精准营销新时代 [J]. 现代营销，2016（8）：52.

[30] Wu，G. Perceived Interactivity and Attitude toward Web Sites[A]. USA：American Academy of Advertising，1999.

[31] 邵朋朋. 服务质量对 O2O 用户重复购买意愿的影响 [J]. 郑州航空工业管理学院学报，2015，33（4）：69-74.

[32] 张宝生，张庆普，赵辰光. 电商直播模式下网络直播特征对消费者购买意愿的影响——消费者感知的中介作用 [J]. 中国流通经济，2021，35（6）：52-61.

[33] 赵保国，王耘丰. 电商主播特征对消费者购买意愿的影响 [J]. 商业研究，2021（1）：1-6.

[34] 王静，计佳仪，包金龙. 直播电商的互动过程与策略分析 [J]. 中国商论，2023，873（2）：43-45.

[35] 董晨宇，叶蓁. 做主播：一项关系劳动的数码民族志 [J]. 国际新闻界，2021，43（12）：6-28.

3.8 技术赋权下短视频传播的伦理失范
——兼论智媒时代的道德理想

钱毓蓓[①]

摘 要：智媒时代，数字技术的发展使得海量个体成为信息生产与传播的主体，技术赋权削弱了传统的力量，形成了去权威、去中心化的多元主体传播格局。作为参与其中的个体，不仅获得了生产、发布、传播信息的权利，同样也在具体的信息传播实践中出现了伦理失范的情况。其中，短视频平台以其简单、便捷、快速的上传方式吸引了大批用户，在使用过程中出现了诚信缺失、低俗媚俗、激化矛盾、使用成瘾等突出问题。基于此，时代呼唤新伦理以规范和引导参与者在数字媒介技术的开发与应用过程中的行为。本质上是为了实现智媒时代"工具理性"与"价值理性"的平衡发展，重新构建技术与人、技术与社会之间关系的道理与准则。

关键词：技术赋权；短视频；工具理性；价值理性

智媒时代，数字技术的发展加速更新迭代，以短视频传播为主要形态的信息传播呈现更短、更平、更快的特征，在激烈的信息竞争环境下逐渐去价值化，以"技术中立"的姿态赋权多元传播主体。技术赋权的逻辑，其核心是数字化的算法，算法将内容的呈现结构与叙事方式改造得便于受众理解、接受，高效地分发、传播、互动、转化，完成商业逻辑自洽。受者在此语境下，实际上是内容消费者，传者在此语境下实际上是内容生产者，传受双方的互动关系

[①] 钱毓蓓，硕士研究生，苏州城市学院城市文化与传播学院讲师，主要从事新媒体、媒介伦理与文化传播的研究。

依赖并受制于短视频平台的算法推荐机制。其中蕴含的权力结构关系与数字技术强相关,因此,技术赋权的内涵与外延需要厘清并深入探讨。

一、算法中立?技术赋权的合法性来源存疑

随着机器学习和人工智能技术的快速发展,算法在数字化社会中对内容生产、分发、广告、消费等各个环节具有全局性、结构性、颠覆性影响,算法成为传播交互行为的规训主体,其核心为"技术—商业"逻辑。多元主体在传播过程中,通过探究算法的推荐机制展开流量追逐,成为智媒环境下眼球经济的竞争实质。算法因披上了人工智能、科学技术的外衣而天然获得了合法性,但实际上它的中立性、透明度横亘在媒介化社会当中,成为一个难以解决的、具有隐蔽性的难题。

(一)算法中立的逻辑裂痕:输入环节的人为因素

算法作为多元传播主体实现有效传播的工具,按不同用户对内容进行精准分发,一方面对用户特征进行全面把握,另一方面对内容进行精确理解。对用户的了解和把握,被业内总结归纳为行业概念"用户画像",包含纷杂多样的描述性特征,如性别、年龄、种族、职业、收入等人口统计学特征,关注、转评赞、分享行为等基于大数据挖掘的社交媒体个人行为特征,消费水平、消费倾向、消费习惯等商业特征,信息偏好、使用场景、终端偏好、浏览历史等媒介使用行为特征等。[1]对"用户画像"的全面把握,不仅可以帮助传播主体根据话题性、争议性、热度、倾向性做精准匹配推荐,为内容消费者推送个性化定制的信息流,还可以反向对内容生产迅速形成引导,完成基于消费的理念植入、品牌推广、产品促销。理论上技术中立的算法,明显呈现出商业内核。

在实践中,短视频平台企业号称的算法中立事实上存疑。厘清此问题的根本在于判断的依据,即算法背后的规则。无论是内容生产者还是内容消费者,均处在平台的前端,而位于后端的则是平台企业的编程人员。编写代码的过程即"输入"的过程,编程人员依据一定的逻辑,对特定数据进行处理,从算法的起始点看,"技术中立"的判断是一种平台前端的幻影。

（二）算法的解构：追逐核心数据与市场的耦合

并非中立的算法，在内容分发的前端成为被追逐、解构的对象。大量内容生产机构、内容生产者不断猜测、剖析、揭露算法的核心推荐机制，成为其内容生产的风向标，同时又转化为向他者传授经验、博取流量的密钥。比如，熊猫视频 MCN 机构在多个平台解析抖音算法机制，总结出抖音播放推荐量的阶梯机制、抖音系统智能推荐的叠加算法、抖音视频发布后的双重审核机制与流程、抖音智能推荐播放量的四个核心权重等。由此，该 MCN 机构向内容生产者传授起号经验与技巧来提升完播率、评论率、转发率、点赞率，其中完播率权重最大，其次是评论率、转发率和点赞率。[2] 这种经验介绍、起号干货分享成为短视频内容领域的一种垂直赛道，通过长期关注、研究短视频平台算法推荐机制，经营教授他人孵化账号的生意。

经过数年的市场竞争，我国短视频内容传播领域目前呈现两强格局，以抖音、快手两大短视频平台为主要接入端口，共享 10.12 亿短视频用户，占网民整体的 94.8%。[3] 在全球范围来看，这是一个非常特殊的、市场容量巨大的、借鉴对象稀缺的短视频传播市场。我国当前媒介技术工具的更新速度远超价值认知变化的范畴，技术赋权在业内长期被默认为天然具有中立性，然而无论是从实践还是从理论出发，均难以得出此结论。算法本身既不中立又不透明，完播、评论、转发、点赞、重播，所有网络传播互动环节的数字化行为均被流量化、数据化，与市场耦合，成为互联网商业模式中的核心数据、商业机密，"工具理性"与"价值理性"割裂。

二、短视频传播的伦理失范表征

短视频传播领域的乱象与治理问题，近年来成为学术界、业界关注的焦点话题，其中伦理失范具有广泛性与典型性。在短视频平台用户爆发式增长、流量红利未减的当下，大量的传播内容暴露出真实性堪忧、粗制滥造、低俗媚俗、碎片化、情绪化、偏离主流价值、易于成瘾等问题。此类伦理失范问题需要平台、传播主体以及全社会引起高度重视，逐步实现多元主体共治。

（一）短视频信息传播真假难辨

短视频信息传播中，首先出现的伦理难题便是真实性，其背后成因既有客观因素也有主观因素。由于短视频传播事实上成为线上商业模式变现的一个关键节点，因此短视频的传播主体存在吸引用户关注、涨粉的核心目标，即使最初并未明确流量变现的目的，但是随着流量红利的到来，变现的路径便会自动清晰。因此，短视频传播中存在大量的造假、搬运、抄袭现象。

除了短视频传播内容的虚假，传播主体本身也存在造假情况，其中最典型的是"人设造假"。近年来，国内明星艺人的"人设崩塌"时有发生，甚至网红、博主、UP 主出现此类情况也屡见不鲜。在短视频领域，人设造假成为流量密码，甚至在公益领域公开造假。以逐利为根本的短视频传播主体打着公益旗号，摆拍卖惨，夸张凸显家庭与社会的矛盾，发布"助农""助残""助老""助困"等内容，实际上是为了流量变现。此种人设造假引发的后果是，公众对短视频传播中的弱势形象免疫，友爱互助、帮扶弱小的朴素正义感遭到欺骗与玩弄，极大地偏离了社会主流价值。

（二）短视频信息传播"黄色新闻化"

19 世纪末，美国报业大亨普利策与赫斯特竞争，《纽约世界报》与《纽约新闻报》争夺新闻市场，记者报道新闻毫无底线地煽情、渲染，尤其以《黄孩子》漫画连载为典型，从此世界范围内出现了"黄色新闻"的概念。"黄色新闻"主要关注、发掘、报道那些充斥暴力、犯罪、流言蜚语、丑闻、性、离婚等社会现象，报道风格追逐轰动、刺激。美国一百多年前的情况现在却以短视频的形态出现在 21 世纪的我国，当前短视频传播出现"黄色新闻化"趋势。

短视频传播领域中，泛娱乐化冲击着一切传统与权威。流量的逻辑在于追求"多"，而"多"的另一面则是传播与理解门槛的降低。多元主体在短视频传播过程中，为了迎合受众心理，排斥优质且具有深度的内容。相反，粗制滥造且浅薄的内容被批量生产、复制、传播。一些用于满足受众猎奇心理的低俗内容，色情、炫富、无底线恶搞、早恋早孕等，冲击着心智尚不成熟、自我控制能力尚弱的未成年人的精神健康和正确价值观的塑造。[4] 可以被看作信息传播领域的劣币驱逐良币。

（三）短视频社交化的成瘾难题

短视频用户规模和使用率快速增长接近饱和，此情况与网络新闻用户增长乏力形成鲜明对照。截至 2022 年 12 月，我国网络新闻用户规模达 7.83 亿，较 2021 年 12 月增长 1216 万，占网民整体的 73.4%。2018 年 12 月至 2022 年 12 月，尽管我国网络新闻用户规模呈现缓慢增长态势，但是使用率却出现下降，从 81.4% 降至 73.4%。与此相对的是，短视频用户规模及使用率都呈现大幅上涨态势。截至 2022 年 12 月，我国短视频用户规模为 10.12 亿，较 2021 年 12 月增长 7770 万，占网民整体的 94.8%。[5]

基于此，我国网民使用短视频满足娱乐、生活、社交需求，抖音与快手两大头部短视频 App 成为中国人智能手机"装机必备"。流量入口和流量集聚围绕着短视频平台，使新闻机构在融媒改革转型的过程中，不得不与短视频平台亲密接触，包括开设官方机构短视频账号、新闻栏目开设账号、主播记者开设个人账号打造个人 IP 等，至此短视频又获得了资讯平台的强大功能。

多种功能的组合构建着短视频平台在使用者心目中的角色定位，它既是休闲娱乐、消磨时间的内容观看端口，又是比价、消费的重要一环，还是获得第一手新鲜资讯、具有新闻信息传播属性的泛新闻类平台。短视频去中心化的互动传播模式增强用户黏性又赋予用户展示自我的平台，使用者的成瘾成为一个难以逆转的结果。

三、技术赋权的道德理想：近用权与去中心化的弥合

综观人类历史，技术的飞跃往往带来权力结构的变化，而近代以来媒介技术的变革呈现加速度的态势。媒介兼具物质性与精神性，技术化了的媒介往往带来人类社会的新伦理、新道德、新价值观。尽管以短视频传播形态为时代特征的新兴媒介技术削弱了传统的力量，形成了去权威、去中心化、去价值化的内在逻辑，但是人作为技术的发明者、使用者、评判者、反思者，仍然应当坚持维护人类尊严、维护自然尊严，传递仁爱、诚实、正义、公平、真善美的人性道德理想。

（一）技术赋权的平权与增权

对于绝大多数的使用者来说，技术赋权的核心是媒介的接近权与使用权，即近用权，随之相伴而来的是去权威、去中心化的过程与结果，普通公众获得了历史上最多的交流交往的权利。技术赋权，一方面给弱势群体提供了改变命运的机会，强化了他们在社会活动、政治活动中的主体感、成就感；另一方面，赋权也会给公共权力和垄断资本带来"有权者增权"的现象。[6]这在短视频领域的传播现象中得到印证。

2023年初，一名中学生发布一则平平无奇的运球视频，在短视频平台上突然爆火，竟然是因为他的定位在万柳书院。大量自媒体、营销号描述为北京顶级豪宅、均价30多万元一平方米，业主非富即贵。该账号短时间内涨粉160万。甚至在其短视频账号评论区出现大量自称"老奴"，想伺候"少爷"的ID账号。流量变现的机制对这个ID账号的拥有者来说，轻而易举就可以达到。以资本、财富为标签的符号化个体在网络空间中被流量加权，是短视频领域典型的"有权者增权"现象。短视频的短平快特征，甚至使这些高度标签化、符号化的"强者""富者"传播主体，得以以更加迅速便捷的方式，在网络世界中获得增权。

（二）去中心化与再中心化

在短视频传播的权力结构中，平权与增权共存，权力并非平均分布。在网络节点去中心化的连接中，依然会出现强势信息、优势意见的再中心化，在话题性、事件性、临时性的传播网络中，出现决定性力量。

去中心化与再中心化是网络传播的一体两面。于去中心化而言，既意味着信息传播的多样化、弹性化、创新性、活跃度，也意味着舆论离散、价值疏离、社会分化；于再中心化而言，这既意味着社会整合、共识达成、身份认同，也意味着传播资源垄断、信息流动落差、传播权力失衡。[7]

去中心化意味着旧伦理的退场，再中心化代表着新伦理的构建。短视频传播的工具性认知建立在"技术—商业"逻辑之上，其价值理性何在？工具的背后是效率，高效地将流量变现，传播主体和平台只关心达成变现目的的手段是不是最优、性价比是不是最高，不关心变现之外的人的终极目的。传播主体的实体是现代人，现代人价值取向多元，但对金钱的态度却高度一致，这并不是因为现代人都崇尚拜金主义,而是在媒介技术主导的工具理性逻辑的长期浸润下,金钱成为全世界范围内最通用的工具。这种工具理性主导的思想观念,在新伦理的道德构建中,需要以价值理性的回归来引导。

(三)"工具理性"回归"价值理性"

以数字技术为核心驱动力的智媒生态,以"工具理性"为核心,短视频传播呈现流量化、数据化、抽象化、非人化特征,"工具理性"和"价值理性"的结构性、全局性失衡发展,带来了手段压倒目的的问题。

短视频传播将内容生产、分发、传播、互动、转化全流程非人化,将复杂的情况简化为数据、指标,系统性地高效引流变现。这种非人化的流程赋予背后的传播主体强大的执行力,同时也造成短视频传播行为本身变得机械、坚硬。人作为传播主体的重要组成部分,异化为短视频流量变现全流程的一个节点,恰如机器的零件。作为节点和零件的人,在高效完成短视频传播互动行为的过程中,丧失了对总体目标的责任感和道德感。

因此,时代呼唤"价值理性"的回归,就如陈昌凤教授所言,人类永远不要忘记自己的主体责任:技术造成的危机,本质上还是人类自身的弊病造就的。人类首先要崇善抑恶、要建设和维护共有的价值系统,要尊重人类自己,这样才能促进科技的人性化。媒介伦理的本质,就是维护技术在媒介中的人性化运用。[8]

四、结语

面对短视频传播领域出现的伦理难题,作为具有主体性的人类,应当勇于、敢于、善于跳出流量变现的"技术—商业"逻辑,算法既不中立也不透明,因此也并不具有天然的合法性。以算法为核心的新兴媒介兼具物质性与精神性,价值理性的选择与判断成为新的伦理命题。短视频领域的传播互动关系呈现结构性颠覆,相应的伦理观念出现滞后,现代人的价值取向在个人和社会层面均呈现多元化,但即使如此,依然要保持在社会共同体价值最大公约数的范围内,破除二元对立论的局限,从和谐的愿景中重新构建技术与人、技术与社会之间关系的道理与准则。

参考文献

[1] 罗昶. 技术赋权与多元共治：公众视角下的算法分发新闻[J]. 新闻与写作，2018（9）：27-31.

[2] 熊猫视频MCN. 抖音的算法机制详解[EB/OL]. [2022-11-19]. https://zhuanlan.zhihu.com/p/584820348.

[3] 中国互联网络信息中心. 第51次中国互联网络发展状况统计报告[R/OL].（2023-03-02）[2023-06-27]. https://cnnic.cn/NMediaFile/2023/0322/MAIN16794576367190GBA2HA1KQ.pdf.

[4] 赵玉文. 抖音短视频内容传播的伦理失范与规制[J]. 传媒，2020（1）：52-54.

[5] 中国互联网络信息中心. 第51次中国互联网络发展状况统计报告[R/OL].（2023-03-02）[2023-06-27]. https://cnnic.cn/NMediaFile/2023/0322/MAIN16794576367190GBA2HA1KQ.pdf.

[6] 骆正林. 传媒技术赋权与人类传播理念的演变[J]. 现代传播（中国传媒大学学报），2020，42（2）：55-63.

[7] 韩云杰. 去中心化与再中心化：网络传播基本特征与秩序构建[J]. 中国出版，2020（21）：31-35.

[8] 陈昌凤. 工具性兼人性：技术化时代的媒介伦理[J]. 新闻与写作，2019（4）：1.

3.9 情感消费与自我建构：情侣类短视频用户心理研究

陈嘉敏[1]

摘　要：在短视频浪潮和现代情感关系"沙漠化"的背景下，通过情侣类短视频"看别人谈恋爱"成为一种亲密关系的新型消费模式。通过对多位用户的深度访谈发现，观看情侣类短视频，表面是出于娱乐减压、窥私猎奇的心理需求，实质是借移情和共情以求情感的代偿性满足。相比起影视、游戏等情感商品，情侣类短视频凭借真实性和生活化"以短见长"，让用户在对他者的凝视中进行社会比较，映照自我、思考现实。

关键词：短视频；用户心理；消费行为；情感商品

一、引言

2023年2月25日中国互联网络信息中心（CNNIC）发布的第51次《中国互联网络发展状况统计报告》显示，截至2022年12月，我国短视频用户规模达10.12亿，占网民整体的94.8%，可见短视频已成为中国网民日常生活的重要组成部分。另外，婚恋问题属于我国互联网用户目前的痛点之一。民政部2022年8月发布的民政事业发展统计公报显示，我国结婚率近5年呈明显下降趋势，2021年已降至5.4‰。与此相对应的是大部分单身人群对亲密关系持有意愿，珍爱网和美团App在2020年发布的《95后单身人群白皮书》数据显示，有70.75%的单身"95后"表示期待结婚。二者结合之下，"看别人

---

[1] 陈嘉敏，中央民族大学新闻与传播学院2021级硕士研究生，主要从事国际传播、视听媒介的研究。

谈恋爱"成为一种亲密关系的新型消费模式，其中的方式之一便是观看情侣类短视频。目前，在哔哩哔哩网站上，"情侣"频道下的视频已达 62 万个，收获 144.9 亿次观看。

学术界对短视频用户的观看行为和心理进行了广泛的研究，其中知识资讯、民生政务、美食旅游等类型的短视频皆有所涉及，但对情侣类短视频的研究仍是一片较为空白的领域。情侣类短视频属于当前短视频内容中的一种垂类，是由现实中的真实情侣共同出镜，展示日常生活、游戏整蛊、情感问答等互动内容，时长控制在 5 分钟左右，最长不超过 15 分钟的短视频。本文对来自我国不同地区的 13 位短视频用户进行了半结构化深度访谈，通过叙事分析，试图探寻情侣类短视频的消费心理动机及其对个体的影响。

二、相关文献综述

（一）短视频消费的动机与体验

近两年的数据表明，短视频消费出现了火山喷发式的快速兴起。[1]从使用与满足的理论视角出发，短视频 App 及各类短视频之所以在当下流行，主要原因在于它能够激活用户的不同需求并且满足用户的新需求。[2]对于消费用户而言，短视频满足了其休闲娱乐、互动社交的需求，并在日常生活中成为一种仪式性的使用。[3]随着社会转型，用户消费的心理状态还呈现出美好形象唤起的自我认同、对未知事物的猎奇心理及视觉快感下的窥私心理。[4]5G 技术有可能进一步挖掘短视频现有的社交属性、陪伴属性以及用户个人特征带来的使用行为特征。[5]

在心理需求的驱动下，用户消费短视频的同时也代入其中，进行沉浸式体验。"代入感"在生活中多见于小说、影视、游戏等领域，[6]在学术界则主要用于对网络小说阅读的研究，意指阅读主体在欲望驱动下，与小说中的人物在感觉、情感体验等方面建立起同构关系，从而在移情、共情和幻想等心理机制综合作用下产生的阅读心态。[7]移情心理由荣格在《移情心理学》中所提出的，指来访者将自己过去对生活中某些重要人物的情感投射到咨询者身上的过程，[8]而共情则是个体通过"感知到他人的情感状态，从而使自己产生与之类似的情绪或感受的能力"。[9]而在短视频领域，受众观看短视频所产生的代入感，是"一种对视频内容好奇、认同、移情等心理机制综合作用而产生的观影心态"。[10] 短视频创作者通过标题吸引眼球、用声音营造氛围、借助构图和运镜模拟特定视角等外在形式，为用户提供了便于沉浸的环境，但用户能够对视频内容的成功代入，实质在于短视频的故事引起了用户对其观点、理念的内在认同与共鸣。

（二）两性情感的媒介消费

情感需要是人的社会性需要的重要组成部分，由于社会理性主导的机制，情感关系的"沙漠化"使现代人产生了一种前所未有的情感饥饿，情感需要的满足转向依赖于市场所提供的情感"产品"和"服务"，由此形成一个巨大的"情感产业"。[11] 在这一背景下，大众传媒向受众传播文化信息产品的同时，也在传播其中蕴含的可以被消费的情感体验，恋爱向游戏、虚拟男/女友、甜宠剧等诉求情感的文化工业产品由此涌现，受众在消费的过程中实现了自身情感的外包，由此情感生活变得日益市场化。[12]

对于这一趋势，学术界大多围绕其中某一特定现象或情感商品展开研究。如近年来流行的"甜宠剧"，使观众在投射自我过程中满足了获取情感认同、娱乐减压的心理需求。[13] 而同样以荧幕文本呈现恋爱模式的情感观察类综艺，因其日常化叙事的纪实风格、聚焦时代痛点的社会性，满足了观众的窥私、求知心理和情感共鸣需求，自2018年持续走红。[14] 同年同样引起广泛关注的恋爱向游戏，则是源于玩家对虚拟理想自我的建构需求、对理想恋爱对象的角色期待所产生的"白日梦"。[15] 除了与虚构角色建立亲密关系的恋爱游戏，在网络世界与真实人类进行即时交流的有偿情感体验类服务，在2020年新冠疫情发生后也逐渐兴起，这种"虚拟恋人"服务通过营造甜蜜氛围使顾客体验到现实生活中难以获得的各种情感。

通过文献梳理发现，对于恋爱向的影视剧、综艺、游戏等情感商品的研究文章虽数量不多但已有初步规模，相比之下，情侣类短视频的现有研究远不如上述对象。作为短视频潮流和情感消费相结合的产物，情侣类短视频是如何满足短视频用户的心理需求，与其他情感商品又有何异同？带着这一疑问，本文展开了研究。

三、研究方法

本文采用定性研究方法，遵循"目的性抽样"原则，按照研究目的抽取能够为研究问题提供最大信息量的研究对象，对其进行半结构化访谈。访谈时间为 2022 年 10 月 21 日至 2022 年 11 月 28 日，在疫情背景的限制下，主要采取电话的间接方式，对 16 位情侣类短视频用户进行个别访谈，去掉 3 份不合格访谈，共剩 13 份访谈记录。在征求受访者同意的情况下，对所有访谈内容进行了录音、记录或者保存聊天记录。录音全部整理成文字资料。

重点访问人群为年龄在 18～30 岁的青年人群，这部分人群本来就是短视频 App 的重度用户，且为单身的主要群体，更关注媒介呈现的恋爱内容。13 位访谈对象中，有 3 名男性、10 名女性；教育程度上，本科毕业和本科在读共有 8 名，硕士毕业和硕士在读共 5 名；所在地包括北京、上海、哈尔滨等多个城市。为保护受访者隐私，文中出现的受访者姓名均由字母加编号代替。受访者具体信息由表 3.9.1 呈现。

表 3.9.1 受访者情况一览

受访者	年龄	性别	受教育程度	职业或工作内容
C1	27 岁	男	硕士	学生
C2	25	男	本科	设计
C3	29	女	本科	产品研发
C4	27	女	硕士	保密
C5	24	女	本科	教师
C6	26	女	硕士	学生
C7	23	女	本科	抖音博主
C8	23	女	硕士	学生
C9	29	女	本科	客服管理
C10	21	女	硕士	学生
C11	23	女	本科	市场管理
C12	25	男	本科	新媒体运营
C13	20	女	本科	学生

四、研究讨论与发现

（一）窥探与猎奇：在公共空间踏入私人领域

马斯洛认为，窥私心理是人类出于积极探求环境的需要所具有的一种心理常态，表现为对某一事物产生的强烈兴趣和好奇感。[16]在发达的媒介技术和开放的文化环境下，人们能够通过多种途径如真人秀综艺满足自身的窥私欲。而相比起经过层层把关、精心策划的节目，情侣类短视频采用较为随意、自然的 Vlog 记录形式，增加视频真实感，提高观众对其信任，同时内容上呈现了情侣之间个性化的相处日常，两性亲密关系的内核赋予视频博主的公开展演以私密性的色彩，给用户带来更多的窥探快感。

短视频就是更简洁明了，今天发生了什么事情它就立马给你更新了，你能看得很清楚，但是综艺就不一样，它给你恶意剪辑的，你永远看不到事情的真相，就很烦。所以我现在不看综艺了，很少看。（C7-23-女-本科毕业）

我觉得恋爱视频和看身边朋友恋爱性质有点差不多，但是相差又比较多，因为你不可能完全的窥探你朋友的恋爱日常，但是网上发出来的视频，让你可以去窥探别人的恋爱生活，我觉得这挺好的，可以满足我的好奇心。（C10-21-女-硕士毕业）

窥探欲进一步发展，是渴望了解新奇事物、罕见现象的猎奇心理。居伊·德波认为，当代社会已经从生产阶段发展到一个独特的景观阶段。"短视频作为一种新媒体，是奇观化的场域，所以它本身具有奇观化的特征。'奇观化'是指生活中借助媒体技术所表现的信息和娱乐相结合的反常视觉现象。"[17]情侣类短视频所呈现的不仅是两人的互动日常，更是大多数情侣所没有的相处趣事甚至奇闻。观众此时的观看不再是简单的窥视，而是带着猎奇性乃至自我投射的窥视，人们在自身情感关系中不能实现的"白日梦"或"罪恶感"，都可以借助情侣类短视频进行表达、关照或批判。[18]

我印象比较深刻的是盖里老哥的视频，他有很多都是男生暴力叫女朋友起床，然后女生暴力要喝水、踹他之类的这种搞笑视频。他们还玩过情侣测谎仪。我就感觉很羡慕，两个人像死党一样，经常开一些玩笑，但是都已经特别信任。感觉非常好，特别羡慕。（C12-25-男-本科毕业）

（二）移情与共情：借"身临其境"弥补空缺

现实生活中的缺失性体验催生了个体的世俗欲望，弗洛伊德的"替代性满足"理论指出，当欲望能量在最初对象上遇到阻碍时，就会向其他对象转移，直到寻找到一个替代对象以消除紧张、满足欲望为止。[19] 现代化社会背景下，独特新颖的消费文化、性革命使得"自我渴望"崛起，个体开始追求个人欲望和情感。[20] 得益于如今丰富的媒介内容，主体可以通过代入外部客体以满足自身对恋爱的渴望。一方面，短视频博主的外貌和身份大多属于中等条件，性格和三观往往有较多可取之处，拉近了与观众的距离；另一方面，观众也可以发挥主观能动性，根据自身需求选择较为熟悉或者憧憬的情侣类型及其相处模式。

首先我关注博主的时候，都是倾向于跟自己比较类似的，或者说想要找跟自己有共同点，其次才去关注博主，所以代入感会比较强。如果你对某个博主有粉丝滤镜的话，他展现更多个人的就是和伴侣之间的关系相处，会对你是有一个引导作用的。你可能本来对这个博主有一个憧憬，然后她展示了自己的恋爱关系之后，你就会憧憬跟她有一样的那种感情关系、一样的相处模式，或者说他们哪怕去哪儿玩了，一块吃了什么，你都会想：我要去模仿，我想去复刻，我也想去体验一下他们的感觉。（C4-27-女-硕士毕业）

文学中叙事移情是指读者与文本世界及故事人物的情感共鸣，包括共享感觉和换位思考。[21] 在情侣类短视频中这一移情也同样成立，与其说用户在观看屏幕中的情侣短视频博主，不如说是在观看屏幕另一端外延的自我。而共情指的是"一种能深入他人主观世界，了解其感受的能力"。对于观众而言，情侣类短视频的魅力不仅在于通过移情在别人的情侣相处中投射自己的影子，更在于通过共情感受到自身暂时难以拥有的优质情感经历，窥见生活的另一种可能性，从而获得一种精神愉悦。[22]

我关注他们首先是因为我认同他们，我可能自身在脑海里面已经对于感情有一个大致的方向，偶然刷到他们的时候，发现他们的说法跟我心里的大致观点是相合的，那我就关注他们。后面在一些我没有想过、没有经历过的事情上面，他们的经验或者看法就会引起我的认可，从而对我有所影响。（C8-23-女-研究生在读）

从情侣类视频中，你更多感受的是感情之间的联系或者是慰藉。可能在生活中没有人跟你这样表达爱，但是你能在观看别人的恋爱中感受到他们的爱，我觉得这个算是一个很温暖的感受。（C10-21-女-本科毕业）

（三）同化效应：自我审视与激励的镜子

社会比较理论最先由美国心理学家 Leon Festinger 在 1954 年提出，该理论认为，出于评估自身能力、观点的需求，个体会利用一些客观标准进行自我评估，在缺乏客观标准的情况下，他人则成为比较的对象。后来的学者在其基础上将该理论细分为平行比较、下行比较、上行比较三种类型。其中，Wheeler 等首次提出上行社会比较，即个体为了自我进步，会与比自己优秀的人进行对比，寻找差距。[23]新媒体时代下，他人在社交媒体上呈现的信息，已成为用户了解外界，进行自我评价的主要依据。研究表明，与社交网络中的积极信息进行社会比较后产生的对比效应会对个体的心理和社会适应产生消极影响，如引发浏览者妒忌、抑郁、自卑；但与社交网络中的积极信息进行社会比较后也会产生同化效应，即个体倾向于关注自身与比较对象的相似之处，认为差距可以拉近或持平，并产生与比较对象类似的行为。[24]而情侣类短视频用户的观看体验正是"上行比较"的有力说明。

我是一个比较佛系的人，没有什么特别大的抱负、理想。但是看他们的视频就会有一种想要努力的感觉，因为他们每个人真的都很优秀，让我不自觉地被激励，想要成为像他们一样的人。就像有个 Up 主叫"vivi"不是什么大美人，也不是说那种很有钱，但她真的是一个非常自信的人，我紧张的时候就会想到她。比如之前有人说她丑，一笑牙龈都露出来，她不会介意，她就会像玩笑一样说出来，让大家觉得很好笑。（C13-20-女-大学在读）

一方面，用户发现自己与视频博主有相同之处，并认为通过努力自己也可以靠近博主的水平时，便会产生同化效应，并进一步导致积极情绪体验和相应积极行为的增加。另一方面，通过与情侣类短视频中他人呈现的恋爱方面的积极信息进行比较，用户能够从中学习更为有效或优质的情侣相处方式和恋爱观，从而提升自己在情感方面的能力，以应用于当下的情感关系或者为日后投入新的恋情做准备。

一些情侣博主处理情侣关系，我感觉是很好的，比如宝剑嫂她前一段出的那个 Q&A 的视频，她说最吸引她的是男生的性格、态度。我觉得这给看视频的女孩子，包括我在内，还是比较有一个借鉴意义的。就是更多地还是要关注在一起之后两人的精神状态吧，不应该只注重满足自己虚荣心这种外在的东西，更多还是要在一起舒服。（C11-23-女-本科毕业）

我看到很多视频里的女生，特别喜欢撒娇，就是很会表达自己的需求，我就会反思自己，我原来喜欢什么事都憋着，然后我吃醋也是憋着，但又希望对方能够注意到我。后来我看这些视频，就发现适当地撒娇或者示弱，或者勇敢去表达、沟通，都是比较好的处理办法。这些视频能从很多细节方面给你考量，让你能有很多选择，包括怎么去相处，怎么去处理自己的情绪和对方的情绪。（C10-21-女-本科毕业）

五、结论与讨论

"人类看似自然的观看行为，其实是复杂的文化行为。"[25] 对于自己未曾涉猎的领域人总会有好奇心，在窥私欲这一潜意识的原始冲动的驱动下，情侣类短视频成为用户的消遣品之一。观看该类视频，在某种程度上源于用户的心理代偿，是用户的情感需求得不到满足的情况下，选择替代性方式通过移情和共情实现的虚拟满足。受到同化效果的影响，用户在观看情侣博主的同时也在进行自我审视，从而调动起自身的积极情绪和适应性行为，在一定意义上实现"寓教于乐"。

一方面，作为聚焦于情侣亲密关系的视频类型，情侣类短视频以碎片化叙事的呈现方式展示了与观众自身境遇相似的"他者"的存在，比单期一小时起步的恋爱综艺更具灵活性，比设定虚构的甜宠剧更接地气。而在长期关注特定情侣博主的过程中，用户会逐渐从碎片化的内容中拼凑出二人恋爱发展的完整图景，亲密关系"以短见长"。另一方面，作为提供中介化体验的情感商品，情侣类短视频以其碎片化和真实性，让试图向媒介寻求理想化爱情的用户更容易代入其中，享受甜蜜氛围、缓解孤单焦虑，乃至完成自我认同与建构，从而部分解决了当代青年人情感"荒漠化"的困境。

在"看"与"被看"的互动中，琳琅满目的短视频文本正在潜移默化中建构每一个社会个体的凝视方式、凝视内容和凝视实践。情侣类短视频作为被凝视和被代入的对象，一方面作为他者，与凝视主体存在明显距离，保留了观众映照自我、思考现实的有效空间；另一方面其文本内容存在与现实世界相符合的情形，能够引发凝视主体的情感共鸣和认同心理。从而映射着当下社会青年群体对亲密关系的憧憬与幻想，形塑着受众对理想情感关系的认知。

正如埃利亚斯所说，"如果我们不花时间冒险进入不确定的海洋，我们就不能避免落入虚假的确定性的矛盾和欠缺之中"。[26] 社会个体应将虚拟网络所呈现的内容反哺至自身实际情感生活，以他人为参照解答现存的情感困惑，以实现旁观他者和调节自身二者的动态平衡。

参考文献

[1] 彭兰. 短视频：视频生产力的"转基因"与再培育 [J]. 新闻界，2019（1）：34-43.

[2] [英] 麦奎尔著. 麦奎尔大众传播理论 [M]. 崔保国，李琨，译. 北京：清华大学出版社，2006.

[3] 高存玲. 移动端短视频App"使用与满足"研究——以快手App为例 [J]. 新闻知识，2016，（12）：3-6.

[4] 王蕾. 观心态百相：短视频用户消费心理分析 [J]. 视听，2022（4）：154-156.

[5] 喻国明，杨雅，曲慧，等. 短视频的"传与受"：供给侧特征、用户行为与需求空间 [J]. 新闻爱好者，2020（10）：4-7.

[6] 王小郴. 新词语"带入感"和"代入感"比较及流行预测 [J]. 智库时代，2020（16）：195-197.

[7] 周兴杰. 网络小说阅读的"代入感"：心理机制、配置系统 [J]. 湖南科技大学学报（社会科学版），2019，22（2）：138-146.

[8] 荣格. 移情心理学 [M]. 梅圣洁，译. 北京：世界图书出版公司，2014：8.

[9] 杨业，汤艺，彭微微，等. 共情：遗传—环境—内分泌—大脑机制 [J]. 科学通报，2017，62（32）：3729-3742.

[10] 穆龙杰. 浅析短视频的代入感 [J]. 数字通信世界，2021（7）：171-173.

[11] 王宁. 情感消费与情感产业——消费社会学研究之一 [J]. 中山大学学报（社会科学版），2000（6）：109-113.

[12] 李娜. 情感观察类真人秀的情感消费研究 [D]. 华中科技大学，2021.

[13] 韩卫娟. 甜宠剧媒介景观的成因分析及反思 [J]. 中国电视，2021（8）：98-101.

[14] 吉平，李雪娇. 情感观察类综艺节目的审美特征与发展路径 [J]. 当代电视，2019（5）：39-42.

[15] 温彩云,周宣任. 恋爱·游戏·白日梦:女性向恋爱类游戏的心理作用机制分析 [J]. 艺术评论,2018(8):41-50.

[16] 续蔚一. 网络直播平台受众的心理特征分析 [J]. 新闻研究导刊,2016,7(18):10,13,18.

[17] 桂涛. "吃播"短视频奇观化的建构与表征 [J]. 新闻前哨,2020(3):69-71.

[18] 田晨. Vlog 观众的快感生产研究 [D]. 南京师范大学,2020.

[19] [美]C.S.霍尔. 弗洛伊德心理学入门 [M]. 陈维正,译. 北京:商务印书馆,1985.

[20] Yan Yunxiang. The Chinese path to individualization [J]. Journal of Sociology,2010(3):489-512.

[21] 钟秀妍.《讲故事?听故事!》的叙事移情策略分析 [J]. 外国语文,2017,33(3):36-41.

[22] 刘文文. Vlog:一种极具代入感的传播方式 [J]. 中国记者,2019(6):87-88.

[23] 步小花,高凤妮. 使用社交媒体对女性容貌焦虑的影响:一个链式中介模型的检验 [J]. 新媒体研究,2021,7(21):21-26,112.

[24] 李彩娜,马田雨,张豪. 社交网络中的社会比较:研究现状及展望 [J]. 北京师范大学学报(社会科学版),2019(6):22-31.

[25] 周宪. 读图,身体,意识形态 [A]. 文化研究 [C]. 天津:天津社会科学出版社,2002.

[26] [德]埃利亚斯. 个体的社会 [M]. 翟三江,译. 南京:译林出版社,2008.

3.10 媒体融合视域下民生新闻转型实践探析
——以《经视直播》为例

林秉初[①]　舒鑫淼[②]　黄可薇[③]

摘　要： 在媒体融合的背景下，提升自身传播力、增强识别度和提高影响力是主流媒体民生新闻必须重视的课题。本文基于媒体融合的时代背景，通过田野调查，从新闻采集、内容呈现、技术运用和舆论引导等方面探讨民生新闻的转型实践，发现当下民生新闻表现出议题设置主体泛化、内容呈现平民化和新闻采集轻便化等特点，但无法与用户形成深度连接、话题和内容呈现同质化以及话语表达模版化也是民生帮扶类节目亟待解决的问题。最后，本文将就以上提出的问题提出解决措施。

关键词： 媒体融合；民生新闻；舆论引导

一、引言

自2014年首次提出媒体融合战略以来，我国媒体融合已经进入深度融合阶段。党的二十大报告明确指出："加强全媒体传播体系建设，塑造主流舆论新格局。"[1] 媒体融合从最初提出时的技术问题转变为政治、社会和文化的问题。对于民生新闻而言，提升自身传播力、增强栏目辨识度和提高影响力是其

---

① 林秉初，浙江传媒学院国际文化传播学院硕士研究生，主要从事国际传播、媒介素养和情绪传播的研究。

② 舒鑫淼，浙江传媒学院国际文化传播学院硕士研究生，主要从事中国传统文化对外传播、英国电影的研究。

③ 黄可薇，浙江传媒学院国际文化传播学院硕士研究生，主要从事国际新闻与传播、社交媒体和媒介制度的研究。

在媒体融合背景下必须重视的课题。互联网时代，公众拥有了更大的媒体接近权和表达权，进而导致舆论场域不再是主流媒体一元话语，而是呈现出各类意见与观点并存的局面。舆论场域的变化给以体察民情和舆论监督为目标的民生帮扶类栏目带来了新的难题。为了突破瓶颈，各地民生新闻栏目开始进行尝试，而湖北广播电视台《经视直播》在尝试过程当中积极使用媒介技术、革新新闻采集和内容呈现的方式，取得了一定的成绩。但在实践与尝试的过程当中，《经视直播》也面临着难以与用户形成连接、话题与内容呈现方式同质化和碎片化呈现下对深度报道影响力的消解。本文基于笔者对《经视直播》的参与式观察，讨论《经视直播》在媒体融合视域下转型实践的创新之举，反思民生帮扶类栏目在新闻生产过程当中存在的问题，并提出解决方案。

二、转型与破局：媒体融合视域下民生帮扶栏目创新之举

（一）技术赋能下"媒体—用户"共同定制话题

传统议程设置理论认为，媒体能够影响受众对于事件重要性的判断。随着互联网技术的发展和媒介技术的更迭，议程设置不再是传统媒体单方面行为，议程设置与社会现实互建互构，营造出了媒体与公众一起创造的更加接近真实世界的"即时仿真图景"[2]。交互性的提升，多元、趋于极端和情绪化的意见表达和内容呈现给互联网场域当中主流媒体舆论引导工作带来更大的难度，媒体报道的内容不再由媒体单方面决定，对信息的取舍除了媒体对于新闻价值的判断，也需要考虑互联网平台用户对信息的需求和意见表达。

实践中，《经视直播》记者对武汉市某宠物店售卖"星期狗"事件的直播引发了相关消费者的广泛关注，被侵犯权益的消费者在镜头面前对店家的指责、店主在镜头面前的诡辩和市场监管部门无力的政策解读导致网民群情激愤，众多在该宠物店消费过的网民纷纷留言提供线索，甚至有市民直接前往宠物店向记者提供凭证和线索。最终，该事件从原来的个体消费者与商家的纠纷演变成了线下群体性事件。由此可见，技术赋能的情况下，确定话题和报道内容不再单纯的是新闻工作者的职责，用户能够在新闻报道的过程当中更加自由地表达自己的意见和看法，甚至直接参与到新闻生产的过程当中。

综上所述，在技术赋能下，广大互联网用户有了更多的表达权，加之互联

网传播交互性的特征，现在公众关注到的议程不再由媒体单独设置，而是由"媒体—用户"共同定制，媒体在话题选择的过程当中也需要考虑用户的意愿和偏好，从而能够达到更好地传播效果。

（二）平民化表达风格增强新闻品牌效应

地面频道制播的电视节目可以作为架起媒介与受众之间的重要桥梁，在为观众带来愉悦的同时，也承担着发扬本土文化，为城市文化品牌赋能的重要职责[3]。由于民生新闻聚焦于人民群众的生活福祉，上到宏观政策制度，下到居民生活品质，都可能成为民生新闻的报道主题。因此，《经视直播》的新闻主题具有较强的市井气息。为了提高公信力和影响力，《经视直播》设立《娜姐办事》专栏，以"热心"的娜姐形象拉近媒体与公众之间的距离，在栏目口号的设定上，《娜姐办事》结合武汉方言，将栏目口号确立为"娜姐办事，真实扎实"，记者在进行新闻报道之前都需要口述栏目口号以增强公众对于《经视直播》和《娜姐办事》的记忆，形成品牌效应。

基于以上论述，不难发现：民生新闻要想在公众当中形成品牌效应，可以通过平民化的表达风格，拉近媒体与公众之间的距离，进而增强公众的记忆和品牌感知。

（三）"轻办公"理念下新闻呈现的多样化

湖北广电提出"轻办公"的理念，即提倡记者在新闻采集的过程当中使用手机等移动设备进行拍摄。这一理念不仅解放了记者的双手，让记者的采编工作更加便捷，同时也让采集的内容更加适配新媒体环境，新闻呈现的方式也由此更加多样。如在2022年高考季特别策划活动当中，记者利用手机和云台对武汉市远城区送考车队进行长达2个小时的跟踪直播。摄像记者仅需持有云台和拍摄手机即可完成现场录制，出镜记者持有手机可以实现与用户的实时互动，及时回应用户关注。在完成现场采集后，对其他具有新闻价值的直播画面，记者可以进行二次剪辑与制作，发送至新媒体平台，最终实现"一鱼多吃"，减轻新闻工作者工作量的同时达到更好地传播效果。

此外，"轻办公"也能够让民生新闻更好地发挥其舆论监督的社会功能。相较于相机等拍摄设备，手机能够更加便捷地带入各个场所，从而让记者的新闻采集更加便捷。如在报道武汉一企业违规缴纳社保的过程当中，面对公司负责人拒绝采访，记者采取慢直播的方式，通过将手机架设在公司门口，在各大直播平台同步直播，通过舆论监督逼迫公司负责人予以回应；在新闻调查栏目《直播深一度》中，记者通常会使用隐性采访的方式以获取常规手段难以获得的新闻线索，手机等智能设备也给记者的取证和信息采集工作提供了便利。一方面，记者能够用更加隐蔽的方式获取信息，便于后续向权责部门提交证据；另一方面，记者能够获得相较于以往数量上更多、细节程度更高的信息，从而丰富新闻报道的内容。

基于以上论述，"轻办公"不仅解放了记者的双手，方便记者进行新闻采集，同时也让主流媒体有了更多的新闻呈现方式，让民生新闻能够更好地发挥舆论监督的职能。

三、批判与反思：民生帮扶类节目现存困境

（一）有形无实：虽有自建渠道但未与用户交互连接

新型主流媒体的建设是媒体融合战略当中的重要一环。重塑主流媒体的本质是塑造互联网化的主流媒体，重建主流媒体与用户的连接，使主流媒体重新成为网络社会中的中心节点[4]。虽然《经视直播》入驻了各大数字媒体平台，并拥有较大粉丝量，但在内容创作和自有渠道的搭建上仍存在短板。

目前，《经视直播》在新闻采集上主要依靠电视新闻记者，采集过程当中优先确保电视新闻节目能够正常播出。而在选取新闻素材至新媒体时，新媒体编辑无法通过二次剪辑让电视新闻的内容完全符合新媒体的传播特征，最终导致部分具有新闻价值和社会意义的内容在新媒体平台无法获得良好的传播效果。如《娜姐办事》将电视新闻内容发布在抖音等短视频平台时，仅仅是将电视新闻复制在短视频平台，没有结合短视频平台的传播特点对内容进行二次剪辑，导致《娜姐办事》在短视频平台的影响力较低。

此外，在自有渠道的建设上，《经视直播》也难以与用户形成较强连接。在湖北广播电视台官方 App "长江云"中，用户能够和收看电视一样，定时定点收看长达一小时的《经视直播》，且无法发表评论和意见，无法与媒体形成互动，因此难以与形成用户黏性。

综上所述，虽然《经视直播》有融媒意识，但在具体实践过程当中，新媒体编辑并未结合新媒体的传播特点，对新闻素材进行二次编辑以适应用户需求，导致无法与用户形成深度连接，渠道搭建最终陷入"有形无实"的窘境。

（二）随波逐流：同质化议题和报道方式降低竞争力

随着媒体融合的不断深入，主流媒体报道的新闻主题范围也在不断扩大。于民生新闻而言，其报道主题从以前的本地化的主题扩展到了互联网当中具有新闻价值和热度的话题。一旦网民设置的议题被广泛关注和讨论，该议题的重要性和显著性就会大大提升，很快传统媒体就会将这一网络议题引用过来，进行深入讨论。凡是引起社会各界广泛关注的重大议题，都存在着传统媒体和网络媒体积极互动的现象[5]。对于社会热点话题，虽然能够得到广大媒体的关注，并且引发热烈讨论，但难以让公众对《经视直播》产生记忆，无法形成品牌效应。

此外，报道方式的同质化也影响《经视直播》的品牌塑造。在短视频平台中，主流媒体的新闻报道基本上以"采访对象配音、时间、地点和观点"为要素，此类报道方式能够让用户快速获取信息，但同质化的内容呈现方式难以增强栏目的辨识度，甚至在其他媒体出现新闻失实等问题时可能会影响到自身栏目品牌。

基于以上论述，虽然社会热点事件能够给媒体带来流量，同质化的内容呈现方式也能够帮助用户快速获取信息，但同质化的弊端是新闻品牌辨识度的降低，最终导致竞争力的削弱。

（三）"生动"抑或"深度"：碎片化影响下深度报道的困境

碎片化阅读时代，信息除了具有简短的特点，还具有丰富的传播形式，这是其吸引流量的关键。传统媒体在进行深度报道时，需要运用大量的文字信息阐述事件的前因后果，剖析事件的本质和意义，传播形式比较单一[6]。对于《经视直播》新闻调查与深度报道专栏《直播深一度》而言，为了能够调查和阐述清楚新闻事实，栏目组往往需要调动大量的人力进行长时间采访，并且此类采访并不能够保证新闻能够成功发布，新闻制作的成本较大。新媒体环境下，用户更加青睐碎片化的内容呈现，而《直播深一度》在《经视直播》公众号中往往需要大量的篇幅阐述新闻事实,用户难以坚持完整阅读整片报道,从而难以达到最初预设的传播效果。

由此可知,在碎片化信息呈现的新媒体时代,深度报道虽然内容符合媒体的定位并且具有新闻价值,但冗长的篇幅难以满足用户对信息的期待和偏好,导致影响力下滑。

四、解困与突围:媒体融合视域下民生新闻的破与立

(一)深度连接:服务用户需求,定制议题内容

对于媒体而言,地面频道民生新闻节目要发挥舆论监督的职能和作用,同时也要利用融媒平台,为用户定制交通、医疗、公益等服务,成为当地最具影响力和权威性的综合服务提供者[7]。对于《经视直播》而言,其在设立之初便充分发挥了媒体舆论监督的职能,无论是帮扶类节目还是隐性采访,都将公众的民生福祉视为重点关注的议题。但不可否认的是,在媒体融合的大环境下,以传统媒体单一舆论监督的职能定义民生新闻难以让《经视直播》具备竞争力。除了舆论监督,《经视直播》应当主动探索其他领域以服务公众。目前,《经视直播》正在公益和服务本地商业领域积极探索。《娜姐办事》栏目多次通过直播重症患儿转运以实现社会公益资源的分配;《经视直播》微信公众号也发布本地大型博览会信息以服务本地经济。未来,《经视直播》也应尝试发布和报道其他品类的内容和信息,以便更好地服务用户,增强用户与媒体之间的黏性。

(二)树立品牌:创新报道方式,打造品牌亮点

主流媒体在打造新闻短视频品牌时需要明确自身定位,而定位并非脱离内容定位,而是将其报道资源沿用在短视频新闻内容制作领域[8]。放眼全国民生新闻品牌,1818黄金眼主播在抖音账号"慧小媛"中对特定新闻进行评述,语言风格上打破了传统媒体的官位话语和用户对传统媒体新闻报道的刻板印象,使用生活化、平民化和米姆化的语言风格进行评述,赢得了广大抖音年轻用户的喜爱。此外,在主播收到用户关于妆造的意见反馈后及时进行调整,赢得了用户的认可。"慧小媛"账号不仅创新了民生新闻内容呈现方式,也巩固了1818黄金眼作为民生新闻在公众心目中的记忆。

由此可知，新媒体环境中，树立民生新闻品牌并不是单纯依靠复刻具有流量和热度的话题，而是要思考如何报道和呈现新闻以赢得用户的认可。客观上，《经视直播》和《娜姐办事》在武汉乃至湖北都具有较大的影响力和品牌效益，但在新媒体平台当中却无法让用户形成记忆，究其根本是报道方式上的僵化。在央视《主播说联播》成为新闻评述的爆款后，《经视直播》曾尝试过《直播微视评》，通过借助具有影响力的主播对新闻热点事件进行评论以提升品牌效应，该尝试取得了一定效果，但由于其语态过于生硬、说教意味过浓，导致影响力较"慧小媛"仍有一定差距。

综上所述，民生新闻在树立品牌的过程当中，需要考虑新媒体传播特点和用户偏好，打破传统媒体原有的官位话语和严肃风格，从而赢得用户的认可和喜爱，在用户当中形成品牌记忆。

五、结语

新媒体时代，民生新闻仍然是媒体与公众相互连接的重要渠道，其能够反应社会现实当中存在的问题，并在社会治理的过程当中发挥媒介的社会责任。在媒体融合战略的引领下，民生新闻也应当积极创新新闻报道的方式，提升节目品牌效应，从而提升自身在互联网环境中的话语权与公信力，实现流量、经济效益与社会效益的丰收。

参考文献

[1] 习近平：高举中国特色社会主义伟大旗帜 为全面建设社会主义现代化国家而团结奋斗——在中国共产党第二十次全国代表大会上的报告 [EB/OL]. https://www. gov. cn/xinwen/2022-10/25/content_5721685. htm，2022-10-25/2023-06-28.

[2] 李培欢，邵春霞. 突发事件中的反向议程设置及其治理——基于行动者网络理论视角 [J]. 当代传播，2023，229（2）：77-81.

[3] 孙华艳. 从两档方言综艺节目浅析本土文化的传播对策 [J]. 声屏世界，2021，497（19）：51-52.

[4] 李良荣，袁鸣徽. 锻造中国新型主流媒体 [J]. 新闻大学，2018，151（5）：1-6，145.

[5] 李婷婷. 新的媒体环境下议程设置理论的变化 [J]. 青年记者，2013，416（12）：43-44.
[6] 吴甜. 碎片化阅读时代深度报道的困境与突围 [J]. 出版广角，2022，416（14）：78-81.
[7] 席志武，曾俊豪. 民生新闻节目的社会功能——以 2016 年江西卫视《都市现场》为例 [J]. 青年记者，2017，571（23）：95-96.
[8] 杨洁. 传统报业新闻短视频生产及品牌塑造——以中国青年报社"青蜂侠"为例 [J]. 出版广角，2022，411（9）：79-82.

3.11 零和博弈还是人机共生
——从 ChatGPT 看生成式人工智能对新闻业的影响

刘铭康[①]

摘　要：2022 年底上线的 ChatGPT 在全球范围内掀起了一股生成式人工智能的浪潮，也引发了各行各业对生成式人工智能应用的探讨。从传统媒体到新媒体时代，再到如今人工智能技术大爆发的智能媒体时代，ChatGPT 等生成式人工智能似乎将新闻业推到了一个新的奇点——改变了整个新闻业的生产逻辑、传受关系和媒介生态。在充分了解以 ChatGPT 为代表的生成式人工智能的发展历史和技术逻辑之后，我们也需要警惕其可能给新闻业带来的冲击和挑战，包括但不限于算法偏见、挟制创新和数字鸿沟等问题。因此，面对生成式人工智能对新闻业带来的机遇和挑战，新闻业需要谨慎应用和适应，以确保新闻报道的质量和可信度，最终实现人机共生的理想状态。

关键词：生成式人工智能；新闻业；ChatGPT；人机共生

2022 年 11 月 30 日，OpenAI 推出的 ChatGPT 正式上线，不到一周用户量就超过了 100 万，两个月就吸引了上亿的用户，ChtaGPT 在全球掀起了前所未有的人工智能浪潮。作为 OpenAI 的战略合作伙伴，微软将 GPT 的技术率先接入 Edge 浏览器和 Bing 搜索引擎，Google、Writesonic 等公司推出的生成式人工智能（Generative AI）也纷纷上线，国内的百度、华为、阿里在今年也推出了自己的对标产品。

[①] 刘铭康，华东师范大学政治与国际关系学院 2022 级硕士研究生，主要从事人工智能传播的研究。

随着互联网的普及，人们获取新闻的方式发生了翻天覆地的变化。传统的新闻业已经面临着前所未有的挑战，而 ChatGPT 等大语言模型（Large Language Modle，LLM）的出现，则在新闻行业中引发了新一轮的变革。作为一种基于自然语言处理技术的人工智能，ChatGPT 不仅可以自动产生大量的文本，而且可以理解和回答人类的自然语言提问。这种技术已经在新闻行业中得到了广泛的应用，从微观新闻的生产制作，到宏观的整个新闻市场和新闻业态，都可以预见 ChatGPT 所带来的深刻影响。

一、从图灵测试到 ChatGPT——ChatGPT 的发展历史和技术逻辑

作为现象级的 ChatGPT 实际上是历经多次迭代而来，早在 2018 年 6 月 OpenAI 就首次发布了 GPT-1，这是一个基于 Transformer 的预训练语言模型，该模型使用了大量的文本数据进行训练以此生成自然语言文本。2019 年 2 月，OpenAI 发布了 GPT-2，GPT-2 具有 15 亿个参数，在 800 万个网页的数据集上进行了训练，GPT-2 是 GPT 的直接扩展，参数量增加了超过 10 倍，训练数据量也增加了超过 10 倍。[1] 不过，出于担心 GPT-2 可能被用于虚假信息和滥用，OpenAI 决定不对外开放其完整模型。2020 年 6 月，OpenAI 发布了 GPT-3，这是一个比 GPT-2 更大、更先进的语言模型，可以生成更加逼真、多样化的自然语言文本。GPT-3 具有 1750 亿个参数，是当时最大的语言模型之一。[2] 基于 GPT-3 的成功，OpenAI 开发了 ChatGPT，这是一个大型的对话生成模型，旨在实现与人类对话的自然度和准确度。ChatGPT 在 2022 年 11 月 30 日首次推出，目前已经成为最先进的开源对话生成模型之一，可以用于智能客服、智能聊天机器人等领域。

ChatGPT 的算法主要是 GPT 模型（Generative Pre-trained Transformer，该模型是一个基于 transformer 的自然语言语言模型），可以生成类似人类语言的自然语言文本。ChatGPT 就是在 GPT 模型的基础上，利用了强化学习和人类反馈的方法来训练聊天机器人。ChatGPT 在训练过程中使用了人类反馈的强化学习（RLHF，Reinforcement Learning from Human Feedback）的方法，其中强化学习算法是 Proximal Policy Optimization（PPO）。在训练初期，ChatGPT

使用了有标注的对话数据集进行有监督微调，同时训练出初始模型。在接下来的训练中，ChatGPT 的模型不断地从人类训练师提供的对话中学习，同时利用强化学习算法进行模型优化。人类训练师在聊天过程中扮演用户和聊天机器人的训练师两种角色，他们的回答和 ChatGPT 生成的回答会被比较与评分，这样可以生成强化学习中的奖励信号，帮助 ChatGPT 进行优化。[3]

ChatGPT 还采用了一些其他的关键技术，包括"多轮对话管理"，ChatGPT 可以进行多轮对话，能够处理上下文信息，并根据历史对话生成合理的回复；"风格控制"，ChatGPT 可以根据需要进行风格控制，如让对话更加幽默或正式；"情感分析"，ChatGPT 可以对输入的对话进行情感分析，并生成合适的回复，使得生成的对话更加符合情境；"知识图谱"，ChatGPT 还可以利用知识图谱等外部知识资源，提供更加准确和丰富的对话回复。

GPT-3.5 的训练数据包括约 45TB 的文本数据，比 GPT-3 的训练数据多了约 2.5 倍；模型参数数量更是达到了 3.2 万亿个，比 GPT-3 的 1750 亿个更高了一个数量级；训练使用了超过 6000 台英伟达 V100 GPU。[4] 由此我们可以大胆推测，ChatGPT 的各项数据更是达到了不可思议的地步，并且算力在高性能计算机大量使用后将在极短的时间内翻一番，远超摩尔定律（Moore's Law，18 ～ 24 个月）。

二、奇点来临：生成式人工智能浪潮下的新闻业

在生成式人工智能的浪潮下，新闻业正面临着一场前所未有的变革——这一浪潮以奇点（Singularity）的姿态来临，给新闻生产、传播和媒介生态带来了全方位的深刻影响。

（一）微观：新闻生产智能化

ChatGPT 与以往的新闻写作机器人并不相同，相比于机器人写作更加智能化，具体表现在写作方式、交互性和适应性上。在写作方式上，以往的新闻写作机器人通常是基于规则和模板来生成新闻，其生成的内容较为死板和固定，而 ChatGPT 基于大规模语言模型和深度学习技术，可以生成更加自然流畅的新闻内容，更接近人类写作风格。在交互性上，ChatGPT 不仅可以生成新

闻内容，还可以进行智能交互，用户可以与 ChatGPT 进行对话，提出问题、给出反馈等，从而帮助机器人不断提升生成新闻的质量。在适应性上，由于 ChatGPT 是基于大规模语料训练得到的通用性模型，可以适应不同领域和主题的新闻写作，而以往的新闻写作机器人则通常需要进行针对性地训练和调整，限制了其适应性和灵活性。与以往的新闻写作机器人相比，ChatGPT 在新闻生产领域中的应用具有更加自然流畅、智能交互和适应性更强的特点，可以为新闻生产和传播带来更多的可能性和机会。

从 Web1.0、Web2.0 到未来即将进入的 Web3.0，以 ChatGPT 为代表的 AIGC（Artificial Intelligence Generated Content，人工智能技术生成内容）超越了以往的 PGC（Professional Generated Content，专业生成内容）和 UGC（User Generated Content），可以根据用户的需求和数据输入自动生成高质量的内容，可谓给新闻生产领域带来了福音。首先，ChatGPT 可以从大量的数据中学习并自动生成文本，减轻新闻工作者的工作量，提高新闻生产效率。在新闻稿件的生成过程中，可以利用 ChatGPT 作为辅助工具，自动生成部分内容，一些重复性、低级别的新闻事件也可以交由 ChatGPT 完成，进而降低新闻报道的成本。其次，ChatGPT 还可以通过自动翻译等技术，将不同语言的新闻稿件翻译成本地语言，从而扩大新闻报道的范围。这样一来，读者可以更加全面地了解国内外的新闻动态，提升新闻传播的效果。最后，ChatGPT 可以根据学习到的数据和模式，自动生成准确的新闻标题、摘要和正文，从而提高新闻报道的准确性。当然，ChatGPT 作为一种自动化的生成式人工智能技术，如果输入数据存在偏差或错误，或者模型训练不充分，ChatGPT 生成的新闻稿件可能存在一定的误差和问题。尽管其生成的文本可能仍然需要人工进行审核和编辑，以确保其准确性和可信度，但是 ChatGPT 在新闻生产领域依然是瑕不掩瑜，利大于弊。

（二）中观：生产关系无中心化

麦克卢汉在《理解媒介：论人的延伸》中提出"媒介即人的延伸"这一论断，在麦克卢汉看来，媒介不仅是传递信息的工具，更是一种人类延伸自身的手段。媒介扩大了人的感知能力和认知能力，进而改变了人类的生活方式和文化形态。具体表现在媒介技术的发展正在重塑新闻生产关系，传播权力正在从专业的媒体和记者逐步让渡到大众。

在Web1.0时代，新闻生产关系是单向的，即信息由传媒机构传递给受众，而受众只能作为被动的接收者。传媒机构是主导者，掌握着信息的发掘、处理和传播，而受众只能在有限的传媒资源中获取信息，缺乏参与和互动的机会。在Web2.0时代，新闻生产中的传受关系开始向双向互动转变。随着社交媒体的兴起，用户可以通过互联网自由地发布和共享自己的观点与信息，形成了一个庞大的用户生成内容的社区。传媒机构需要更加关注用户的反馈和互动，积极参与社交媒体的讨论和互动，与用户建立更加紧密的联系。

而在Web3.0时代，新闻生产关系进一步转变为多向互动和合作。如果说在Web1.0时代称呼大众是"受众"（Audience），Web2.0时代是"用户"（User），那么在Web3.0时代我们可以认为大众是"参与者"（Participant）或者"成员"（Member）。在Web1.0时代，新闻生产的权力集中在媒体和专业的媒体人手中，在Web2.0时代一部分权力则让渡到个体，传播格局呈现出去中心化和再中心化的状态。而ChatGPT的出现无疑使个体的新闻生产的权力被无限放大，传播格局甚至会呈现出无中心化。ChatGPT可以通过自动化生成自然语言文本的方式，为那些缺乏数字技能或受限于语言能力的人们提供更易于理解的信息，生成更加专业的内容，从而使他们更容易地获得知识和参与到数字化社会中。个人完全可以通过像ChatGPT这样的生成式人工智能技术更加自由地参与新闻生产和编辑，与媒体实现更加平等的合作关系。

（三）宏观：媒介生态数字化

相较于以往的分析式人工智能，似乎以ChatGPT为代表的生成式人工智能引起的反响更大，不仅在于其可以被大众切身体验，而且从某种程度上也反映了人们对于人工智能技术的期待方向——ChatGPT的出现似乎让我们看到了狭窄人工智能（Artificial Narrow Intelligence，ANI）到通用人工智能（Artificial General Intelligence，AGI）转变的契机，这在底层逻辑上正在改变新闻业的市场环境和媒介生态。

在以社交媒体为代表的Web2.0时代，尽管在新闻业的市场上传统的媒体公司仍然占有很大的比例，但是市场份额实际上已经逐渐被许多互联网巨头和新兴媒体公司所挤占。根据Pew Research Center在2022年发布的调查报告显示，在数字平台上，新闻网站或应用程序是人们最喜欢的获取新闻的方式，约四分之一的美国成年人（23%）更喜欢这种方式，但是也有13%的人更喜欢社交媒体，半数以上的美国人至少有时（sometimes）从社交媒体获取新闻。[5]互联网公司收购传统媒体公司的情况也并不少见，例如2013年亚马逊公司以2.5亿美元的价格收购了《华盛顿邮报》，2015年阿里巴巴以10亿港元的价格收购了《南华早报》。越来越多的传统媒体公司因为资金和技术的迟滞，或遗憾落幕，或沦为其他互联网公司的生产奶牛。而ChatGPT这类的生成式人工智能相比传统媒体，利用其"深度学习"和"自然语言处理"可以直接输出与人们提问最有可能关联的信息，而且更具个性化，能够在提高新闻生产效率、降低成本的同时满足人们不同的需求。这必将进一步压缩传统媒体的生存空间，类似微软、百度这样的互联网公司完全可以凭借技术和渠道优势，将生成式人工智能技术植入自己的搜索引擎或其他媒介产品，从根源上直接改变人们获取新闻的惯习，从而改变整个媒介生态。

三、塞壬之歌：生成式人工智能对新闻业的挑战

在当今数字化时代中，生成式人工智能正如塞壬之歌一样对于新闻业充满诱惑，但是在感叹其带来日新月异的变化的同时，仍然需要警惕其潜在的危险和挑战。

（一）新闻内容：工具理性隐含算法偏见，虚假新闻挑战新闻伦理

无论是以往的分析式人工智能，还是以ChatGPT为代表的生成式人工智能，其内含的算法始终是人类经验世界的投射。尤其是生成式人工智能（GPT）等语言模型更有可能存在算法偏见，这是因为这些模型是基于大量文本数据进行训练的，而这些数据本身就可能存在偏见、歧视或不平等，如果模型在训练数据中接触到这些偏见，那么它们很可能会在生成文本时复制这些偏见。在用户询问ChatGPT是否存在偏见的时候，ChatGPT也会回答自己作为人工智能不会有自己的情感、信仰、价值观或偏见，但是它的回答可能会受到人类偏见的影响。在ChatGPT刚上线的萌芽阶段，就曾有用户采用"旁敲

侧击"的手段验证过其隐含的偏见，比如"不会赞扬特朗普，但是会赞扬拜登""描绘好的科学家特征是白人和男性""可以写有关男人的笑话，但是拒绝写女人的""反对化石燃料，偏向环保主义"等。[6]

同时，如果盲目地将 ChatGPT 等生成式人工智能技术引入新闻生产的环节中可能会产生虚假新闻。一方面，ChatGPT 的回答是基于训练数据和算法，因此答案本身可能受到二者的制约，在某些情况下回答不够准确和完整，也可能受到先前错误信息的影响；另一方面，如果用户有意识地使用 ChatGPT 来生成虚假新闻，那么也会成为工具的一部分。在 2020 年 GPT-3 发布之后，如《纽约时报》《卫报》《连线报》等都发表过报道，指出生成式人工智能可能被用于制作假新闻。事实上，OpenAI 也正是由于担忧 GPT-2 被用于虚假信息的生产而没有对外公布。尤其是 Midjourney、Gen-2 等具有"文本转图像"和"文本转视频"功能的生成式人工智能普及之后，"深度造假"（Deep Fake）或将充斥在网络中使人们更加真假难辨。尽管 ChatGPT 被训练了解各种形式的不良内容（包括虚假新闻和偏见内容），并被要求在识别到这些特定内容时采取标记、过滤和举报等行动，但是仍然不能避免上述现象的出现。

（二）新闻范式：过度依赖挟制创新，新闻生产模式化问题突出

Noam Chomsky 对于 ChatGPT 的评价是：这是一种"高科技剽窃"和"避免学习的方式"。[7] 自 2023 年 1 月以来，国际著名期刊《Nature》要求作者披露文本生成工具的使用，并且禁止将 ChatGPT 等大语言模型列为合著者，而《Science》则完全禁止使用任何大语言模型生成的文本。除了学术期刊，不少学校禁止 ChatGPT 等人工智能的使用，例如在 2023 年 2 月香港大学声明"禁止在大学的所有课程、作业和评估中使用 ChatGPT 或其他人工智能工具，除非学生事先获得课程讲师的书面同意，否则任何违规行为将被大学视为抄袭"。[8]

虽然使用生成式人工智能可以保证新闻发布的速度更快，但是新闻的写作从某种程度上等同于文学和艺术等人类创造性活动，如果过度依赖于 ChatGPT 此类的人工智能，无疑会限制记者等新闻生产者的思考能力和创新思维，也将重构新闻写作的范式——将 ChatGPT 的"风格"当作写作的规范。事实上，ChatGPT 在内的 AI 语言模型可以生成的新闻文章仅限于根据输入的主题和相

关信息生成相应的文本，如果我们仔细观察依然可以发现 ChatGPT 的回答和文本依然存在一定的"模板"，并且缺少"人情味"和"温度"。对于一部分快讯和信息发布，ChatGPT 可能会得心应手，但是面对深度报道和特写新闻等文体，人在新闻写作中的作用又表现出不可替代性。我们正处于一个加速的社会，个体的生活呈现碎片化的状态，人们渴求用更快的速度生产、传递和获取信息。从传统媒介到新媒体，再到 ChatGPT 等人工智能技术，新闻生产和传播的速度已经突破到了秒级，速度越来越快的同时新闻同质化、劣质化却日趋严重。技术正在导致一种"媒介速度暴力"，这种暴力不仅会导致人们无法深入思考和消化大量信息，而且会使媒介本身忽视新闻的质量和深度。

（三）新闻产业：媒体间技术区隔扩大，数字鸿沟地区差异明显

目前一些国家出于政策限制或者对隐私、数据安全等问题的担忧，对 ChatGPT 技术进行监管甚至禁用。比如，2023 年 3 月下旬意大利监管机构声称 ChatGPT 正在使未成年接触到与年龄不相称的内容，OpenAI 将 ChatGPT 对话用作训练数据可能违反了欧洲的《通用数据保护条例》，因此在意大利禁用了 ChatGPT 并展开了调查。

我国各大互联网公司正在推出对标 ChatGPT 的大语言模型，比如百度的"文心一言"、腾讯的"HunYuan"、阿里的"通义"和华为的"盘古"，但是对于另外一些无法使用 ChatGPT 等生成式人工智能并且没有能力研发类似产品的国家，数字鸿沟在新一轮的人工智能竞赛中不知不觉已经被扩大了，而这些国家的新闻产业也与其他国家产生了差距。对于不同语言 ChatGPT 的训练量有很大的差异，其回答的质量因此也会有很大不同。除此之外，这种差距更是体现在媒体的对外传播能力上。ChatGPT 等大语言模型可以减少媒体国际信息的检索难度，有利于不同语言之间的转化，同时还可以在极短的时间内产出质量较高的新闻产品；其他的生成式人工智能还可以帮助新闻生产机构书写程序代码，产出图表、图片和视频，助力其产出互动新闻、数据新闻、新闻游戏等更高质量的作品。同时，接入 ChatGPT 的媒介将作为民众重要的信源，通过不同的叙事、话语和框架进而影响其对某些事件的认知，抢占国际舆论的至高地。

（四）新闻职业："技术至上"冲击就业市场，记者面临失业风险

根据大众以往的认知，人工智能代替的往往是那些程式化或者是对教育程度要求不高的工作。然而不同于以往的分析式人工智能，以 ChatGPT 为代表的生成式人工智能还可以完成许多创造性的工作，受到冲击的可能更多的是技术性的、高学历的白领工作。最近 Goldman Sachs 的一项研究发现，生成式人工智能可能会影响全球 3 亿个全职工作，这可能会对就业市场造成重大破坏。而牛津大学的 Carl Benedikt Frey（future of-work director，Oxford Martin School）表示 ChatGPT 让更多写作技能水平一般的人可以写文章和论文，因此记者们会面临更多的竞争。[9]

相较于传统媒体时代，我们所处的新媒体时代记者的光芒似乎早已大不如前，但是仍然因为专业性而不是自媒体和个体所不能相提并论的。但是在生成式人工智能广泛应用之后，从内容生成的角度来看，传统媒体记者似乎正在失去一定的优势。普通的自媒体和个体可以产出与专业记者相类似的文字，甚至可以产出普通记者无法完成的图片和视频编辑工作。这必将进一步压缩媒体从业者的就业空间，新闻业可能会面临更多传统媒体记者失业出走的情况。根据 2022 年发布的《中国新闻事业发展报告（2022 年发布）》显示，2020 年报纸出版业共有从业人员 17.1 万人，与 2019 年相比下降 6.6%，就业人数已经连续四年下降。[10] 在智能媒体时代，诸多传统媒体不可避免地要做出裁员的抉择，媒体从业人员普遍会存在降薪的情况，更多的专业记者如若跟不上时代的步伐，将面临何去何从的现实问题。

四、人机共生：生成式人工智能时代新闻业的新路径

通过国家、行业和媒体从业者合理的应用与发展人工智能技术，生成式人工智能技术和新闻业可以实现相互支持，共同创造更智能、更便利和更可持续的社会，以此达到人机共生的理想状态。

（一）国家积极干预引导，提供顶层设计保障

2023 年 4 月 11 日，国家互联网信息办公室发布了首个关于生成式人工智能的规范性文件《生成式人工智能服务管理办法（征求意见稿）》。文中对生

成式人工智能应用过程中各主体的权责进行了规定，同时也对关注的隐私问题、偏见问题、竞争问题和安全问题等作出了明确的解释。

自 ChatGPT 推出开始，面对全球生成式人工智能浪潮，众多国家和地区纷纷出台相应的法律法规对生成式人工智能加以利用与规范。除了制定明确的法律和政策框架之外，面对生成式人工智能的挑战，政府层面还应当充分发挥"看得见的手"的作用：第一，增加对生成式人工智能技术的研究和开发投资，可以设立专门的研究机构或基金来支持相关的科学研究和创新项目，以加强技术的理解和掌握；第二，国家可以促进跨学科的合作与交流，包括学术界、产业界和政府部门之间的合作，这将有助于共同解决生成式人工智能所带来的伦理、法律和社会问题；第三，国家可以加强人工智能教育与培训，培养具备相关技能和知识的专业人才，包括培训专业的 AI 研究人员、工程师和伦理专家，以应对生成式人工智能技术的挑战和机遇；第四，建立监测和评估机制，对生成式人工智能技术的发展和应用进行监测和评估，这可以帮助国家及时了解技术的进展和潜在风险，以便及时采取相应的调整和措施。

（二）行业加速转型升级，积极应对风险挑战

虽然国内已有多家互联网公司宣布推出了自己的生成式人工智能产品，但是产品的性能还不完善，与国外的生成式人共智能产品还存在一定的差距。根据数据显示，在 2023 年 1 月 ChatGPT 每天要与全球 1300 万人进行对话，如果每人平均每天 1000 字节左右，根据测算需要 602 台 DGXA100 服务器才能满足这个访问量。[11] 我国拥有庞大的网民群体可以提供更多的数据和训练量，我们应当充分发挥此类优势，正视技术上与西方的不足，加大对生成式人工智能的研究力度，促进媒体行业转型升级。

媒体行业应当积极拥抱新技术，尽管其中可能仍然存在一些风险和挑战，但是绝不能一"禁"了之。首先，机构应当加强对新闻内容的编辑和审核工作，确保发布的信息准确、全面、客观。同时新闻机构应当加强事实核查工作，及时揭露虚假信息和误导性报道。其次，可以设立相应的技术监督部门和行业规章制度，充分发挥行业自身的主体作用，确保行业自律。最后，新闻媒体行业还需要加强跨界合作，与科技公司、学术界和社会组织建立伙伴关系，共同研究、分享经验和最佳实践，更好地应对生成式人工智能带来的风险和挑战。

（三）记者提高媒介素养，适应媒介技术环境

在新媒体时代对记者的要求可能是掌握一定的计算机知识，同时集拍摄、采写、多媒体编辑等为一体的"全能型记者"。而在人工智能时代，生成式人工智能看似可以帮助人们完成很多的工作，从而使得对新闻记者的职业技能要求降低。实际上，生成式人工智能时代反而对新闻工作者的媒介素养提出了新的要求。

首先，记者要学会辨别信息的真实性。记者需要更加警惕地辨别由人工智能生成的内容和真实的新闻报道之间的区别，需要运用批判性思维和调查技能来核实信息的准确性与可信度。其次，要了解人工智能工具。记者需要熟悉生成式人工智能工具的使用和限制，了解这些工具的工作原理、潜在的偏见和局限性，以及如何正确使用它们来辅助新闻报道。再次，要提高自身的数据素养。生成式人工智能需要大量的数据来进行训练和生成文本，记者需要更深入地了解数据的来源、质量和可靠性，以避免基于不准确或有偏见的数据生成错误的报道。最后，记者还需要保持独立性和核实性。生成式人工智能可能会自动化一些记者的任务，但记者仍然需要保持其核心价值观，如独立性、客观性和可靠性，应该将人工智能工具视为辅助工具，而不是替代人类记者的角色。最后，在生成式人工智能的时代，记者应当适应技术变革，保持对技术变革的敏感性，并不断学习和适应新的工具和技术。

五、结语

新技术的产生必然会带来激烈的社会变革，这种变革也许会冲击现有的社会体系和框架，但是要认识到这种"阵痛"是短暂的，在度过之后迎接我们的是更长期的福祉。新闻业和生成式人工智能之间也绝不是零和博弈，应当是找到实现人机共生的平衡点——尽管生成式人工智能给新闻报道带来了新的挑战和考验，然而我们更不能忽略其给新闻业带来的先进生产力般的作用，禁用更是如同自断手足。我们更不必过度担心人工智能是否会代替人类记者。人类记者拥有独特的批判性思维、伦理道德、人际关系和叙事能力，这些是人工智能所无法完全复制的。当然，记者在面对生成式 AI 时需要保持警惕，保持其独立性、客观性和可信度，以确保新闻报道的质量和准确性。

因此，新闻业和生成式人工智能的结合完全可以实现人机共生，最终为公众提供更好的新闻和信息。正如海德格尔所言："技术是时代的座架，然而能够驾驭技术从而影响时代进程的，永远是具有主体意识的人。"在这个不断发展的领域中，我们需要寻求平衡，善于利用生成式人工智能的工具优势，同时坚守新闻业的道德和使命，以保持新闻业的可信度和社会影响力。

参考文献

[1] Radford A，Wu J，Child R，Luan D，Amodei D，Sutskever I. Language models are unsupervised multitask learners[J]. OpenAI Blog，2019，1（8）：9.

[2] Brown TB，Mann B，Ryder N，et al. Language models are few-shot learners[J/OL]. arXiv preprint arXiv：2005.14165，2020.

[3] OpenAI. Introducing ChatGPT[J/OL]. OpenAI，2022. [2023-04-26]. https://openai.com/blog/chatgpt.

[4] Liu Y，Hu Z，Liang X，et al. GPT-3.5B：Analyzing and Extending the GPT-3 Language Model[J/OL]. arXiv preprint arXiv：2110.04160，2021.

[5] Pew Research Center. （2022）. News Platform Fact Sheet [EB/OL]. Pew Research Center：Journalism & Media. （2022）. https://www.pewresearch.org/journalism/fact-sheet/news-platform-fact-sheet/.

[6] The Insane App. Is ChatGPT Woke And Biased? 16 Examples That Prove So[EB/OL]. The Insane App，2023. [2023-04-29]. https://www.theinsaneapp.com/2023/02/chatgpt-woke-examples.html.

[7] Chomsky，N. Noam Chomsky on ChatGPT：It's"Basically High-Tech Plagiarism"and"a Way of Avoiding Learning"[EB/OL]. （2023-02-28）[2023-05-04]. https://www.openculture.com/2023/02/noam-chomsky-on-chatgpt.html.

[8] Cannix Yau，Kahon Chan. University of Hong Kong temporarily bans students from using ChatGPT，other AI-based tools for coursework[EB/OL]. South China Morning Post（2023-2-17）[2023-05-04]. https://www.scmp.com/news/hong-kong/education/article/3210650/university-hong-kong-temporarily-bans-students-using-chatgpt-other-ai-based-tools-coursework.

[9] Chris Vallance. AI could replace equivalent of 300 million jobs - report[EB/OL]. BBC News，（2023-03-28）[2023-05-05]. https://www.bbc.com/news/technology-65102150.

[10] 中华全国新闻工作者协会．中国新闻事业发展报告（2022年发布）[R]．中国记协网，2022（5）．
[11] 蓝江．生成式人工智能与人文社会科学的历史使命——从ChatGPT智能革命谈起[J]．思想理论教育，2023（4）：12-18．

3.12 连接：虚拟现实技术赋能智媒变革中的数据再造

刘相[①]

摘　要：进入数字时代，数据成为驱动智能媒体变革的关键要素，其不仅可以实现用户精准营销，还能推动开发数据资产、创新经营模式。虚拟现实（VR）技术在传媒领域的应用将凸显"连接"的技术逻辑，为媒体数据生产利用带来新的面貌，这种变化主要体现在三个方面：一是通过场景的复现、创建、共享全面连接信息、应用和交往，实现平台数据关联化；二是通过量化身体行动、沉浸拟像景观、绑定数字身份实现全程连接下的用户数据微粒化；三是通过时间回溯、空间生产、时空关联实现全维连接，最终达到综合数据流通化，完成对智能媒体的数据要素赋能。

关键词：连接；虚拟现实；智能媒体；数据

一、引言

随着深度媒介化社会的到来，数据化浪潮已初显端倪。数据作为"21世纪的石油"，成为数字时代的重要生产要素。中央深改委出台《关于构建数据基础制度更好发挥数据要素作用的意见》指出，数据是"数字化、网络化、智能化的基础"，在传媒领域也是如此。因此，推动智能媒体建设，关键就是要

---

① 刘相，中南民族大学文学与新闻传播学院传播学硕士研究生，主要从事传播理论和媒介经营管理的研究。

基金项目：2023年度中南民族大学研究生创新基金硕士研究生重点项目"平台型媒体数据资产风险的生成、表征及治理研究（项目编号：3212023sycxjj257）"。

挖掘数据资源这一新的核心要素。

虚拟现实技术是一种可以创建和体验虚拟世界的计算机仿真系统，它利用计算机生成一种模拟环境，其概念的核心思想是"仿真"[1]，以带来更加沉浸的感官刺激。图形学之父 Ivan Sutherland 在 1965 年发表的论文"the ultimate display"中提出了感觉真实、交互真实的人机协作新理论，后于 1968 年开发了头盔式立体显示器，可被视为虚拟现实技术的萌芽[2]。一般来讲，用户一般会借助眼镜等头部显示设备完成对此类内容的浏览；例如 2015 年《纽约时报》向 100 多万用户发放了由谷歌开发的"Cardboard"纸盒眼罩，以推广其"NYT VR"App 项目。随着行业实践技术的不断成熟，基于现实又区别于现实的内容生产技术在概念上产生了延伸与拓展，例如 AR（增强现实，Augmented Reality）、MR（混合现实，Mixed Reality）、XR（拓展现实，Extended Reality）。本文中的虚拟现实技术是一个宽泛概念，虚拟现实也包含了增强现实和混合现实。

智能媒体拥有区别于传统媒体的组织形式、内容生产与分发模式、经营模式等，并具有系统复杂化、网络复杂化、关系复杂化和环境复杂化四重复杂性维度，其中，智能媒体的网络架构利用环境数据中心与云计算平台通过对数据的统计、监控、复制、备份、删除、归档等操作实现海量数据的再现流动与共享[3]。虚拟现实技术在智能媒体中的应用，不仅能为用户带入沉浸感、在场感、互动感的体验，还可以通过在多个行业中的应用促进整个产业链的发展[4]。但是，既有研究主要都是围绕着虚拟现实技术应用的技术特点及其带来的生产消费方式变革而言的，却普遍忽视了数据要素这一足以勾连起智能媒体建设全链条的核心要素。基于此，本文试图从场景、身体、时空三个维度，讨论虚拟现实技术是如何通过技术实践和行业应用完成数据再造的，并试图挖掘"连接"这一贯穿始终的核心逻辑。

二、场景全域连接，平台数据关联化

（一）场景复现：信息沉浸获取

虚拟现实技术是基于现实的场景复现或拓展，本质上是建立一个与原有的时空场域相近的体验感，以获得更加真实可靠的感受。在新闻业务的实践中，最早将其投入应用的是美国记者 Nonny dela，2014 年其公司在圣丹斯电影节上展示了叙利亚虚拟现实短片新闻被广泛知晓，在这项名为"Project Syria"的虚拟现实影片中，整合并采集了当年叙利亚轰炸前的街道项目与图纸，并根据当事人的视角将动画与真实的爆炸场景结合，使人仿佛置身其中。将场景复原的关键是大量真实现场数据的采集和整理，但是，场景复刻不能只追求冲突性、感官刺激，也需要考虑新闻生产在其中的伦理价值[5]。

在气象新闻生产中，Accu Weather 公司推出的 the weather channel 产品是虚拟现实气象新闻生产的标杆，将龙卷风、山火、洪水等灾难场景直接在新闻播报中呈现，让用户直观感受到威慑力。其成功的关键是依靠背后的 IBM 公司强大的资源整合能力，与 Vizvt、Pixotope、UE 虚幻引擎等公司合作，并购买了相关气象服务商的数据资产。从上述案例可以发现，虚拟现实的内容生产的关键在于对既有素材数据的整合，以更加全面的信息呈现过去发生事件中的细节。这些数据可以是媒体自主采集的一手资料，也可以是通过购买的形式获取外部资源，从这个意义上讲，数据成为虚拟现实新闻生产的核心要素。

（二）场景创建：聚合应用端口

虚拟现实技术应用不仅体现在生产端，更具活力的创新点是在消费端。基于可穿戴设备的媒介属性，新的平台整合商会基于虚拟现实技术特点完成新一轮应用整合，以取代现有的移动互联平台。要想理解虚拟现实平台端口的数据聚合，应该首先理解"平台型媒体"的概念。2014 年 2 月 7 日，乔纳森·格里克（Johnathan Glick）发表了一篇题为"*Rise of the Platishers*"的文章，他将这种介于 publisher 和平台 platform 之间的综合技术平台称为 Platishers，钛媒体作者杰罗姆将其引入并译为平台型媒体[6]。但是，这一舶来概念本身与中国的媒体基源概念有着较大差异，其实可以视为一个国内学术界在本土语境下创造的全新概念[7]。喻国明将这种"升维"了的互联网逻辑为主导的平台型媒体视为未来媒介融合发展的主流模式[8]，以用户"产消者"身份的"个人"被激活后将引发媒介重构的革命[9]。

平台构型重塑了新闻业态，并通过对经营机制体制、数据资源、算法技术、流量资源等核心问题的解决，最终通向"平台型智能媒体"建设之路[10]。从产品形态来看，虚拟现实新的平台生态正在形成，依托 VR 眼镜等智能设备打造全新的智能媒体应用是未来传媒产品角力的重要方向，沉浸式的媒介产品不应是某个平面应用的复制，而是应体现出沉浸式、体验式的特点。从目前已经产生的应用来看，如 VR 绘画应用 Tilt Brush、Oculus rift、open brush 等已经吸引了大量用户绘画创作，获得了不同于平面内容绘画的立体体验。这种基于场景的综合平台的出现，将会极大地丰富数据生态。

（三）场景共享：交往驱动扩散

建立在数字平台上社会关系网络往往能够为平台本身带来巨大的驱动效应，关系驱动的数据连接可以更加真实地反映用户的交往网络，其数据价值也更高。从媒介技术演进趋势来看，未来的媒介进化逻辑将是以"人的链接"为中心的迭代、重组、升维，"场景时代"的到来将是媒介作为"人的关系连接"在现实世界的最高形式[11]。梅罗维茨在戈夫曼所理解的"空间场景"概念的基础上加入了媒介信息所营造的心理氛围，将这一概念延伸为"情境"[12]，虚拟现实技术所追求的沉浸感受就是对真实场景的仿真化，试图将个体视野抽离真实空间，但同时拥有驾驭更广阔空间的能力。

人的社会关系尺度是一切媒介应用得以推广和实现的基础，只有用户的深度使用和参与，智能媒体的社会功效才能凸显，这就是社交媒介驱动数字连接的深层路基。从麦克卢汉论述"媒介即人的延伸"这一新的尺度开始，媒介与人的社会关系尺度正在发生悄然变革，数字媒介的二进制代码影响着人与数字世界的连接关系，从这个意义上讲，人充当了二进制世界的延伸，即"人是媒介的延伸"[13]。在虚拟现实的技术导向下，VR 眼镜可以是人与新的时空的中介，但当用户置身于数字新的时空中时，我们自身就与眼见的这一媒介环境融为一体了。场景共享的意义在于试图通过这一应用将虚拟的线上连接转化为拟像的"当面连接"，从而消除由距离带来的隔离感。在元宇宙概念兴起时，Meta 公司 CEO 扎克伯格曾公开分享了一个由系统生成的虚拟形象，但其核心主题是要表达会议类的社交场景将是下一步平台技术提升的重点。

三、身体全程连接，用户数据微粒化

（一）身体沉浸：感知拟像景观

吸引用户使用虚拟现实设备的关键在于，可以通过这些设备触达未到过的世界边界。参考数字平面媒体收集用户数据的维度，经过普及化的虚拟现实应用将更加全面地征用用户数据。虚拟现实体验设备将用户个人身体置于图像景观的笼罩之下，但就其本质而言，这一被虚拟现实技术构造出来的拟像世界是一个由二进制代码组成的数字空间，置身其中的身体更容易产生直观的生理性反应冲动；借助这种深度互动模式，虚拟现实应用甚至可以突破"第四面墙"的边界，为用户提供一个可供自主选择的游戏路线，以决定同一故事的不同走向[14]。

在平面视频媒介中用户已经习惯于接收越来越高清晰度的视频内容，这种收看习惯也将会被带入虚拟现实场景的需求中，在参数上具体表现为对分辨率、刷新率、屏幕亮度、视场角（FOV）、声音等参数的追求。以苹果公司的Vision Pro为例，其设备单眼渲染分辨率即可达到4K高清效果，可在眼前投射出等效100英寸的巨幕显示效果，并通过空间音频技术实现立体声场的声音呈现效果。无疑，更加逼真的内容制作将是虚拟现实平台应用中能否吸引用户的重要指标，但这对媒体的内容建设提出了更高要求，一方面，有实力的大型媒体集团或频道应充分整合并持续更新现有的媒体内容生产设备与技术标准，以满足虚拟现实技术生态中的内容服务；另一方面，不具备自主内容生产的单位机构应主动使用市场需求，与内容供应商合作，以购买版权或服务的形式提升技术品质。

（二）身体行动：日常轨迹量化

相较于平面媒体，虚拟现实应用的场景提供了更多可以交互的可能性，因为其可以将用户整个身体都纳入交互系统之中。虚拟现实技术的行动数据将围绕三个角度展开。一是位置和轨迹数据，平面媒体时代的位置和轨迹数据是基于定位发生了改变；在虚拟现实场景中，随着身体的移动，这一数据将更加精细化和全面化，体现为在一个固定场域内对精细位置信息的交互选择，甚至三维空间数据的立体化描摹。二是身体运动的时间、强度、姿态等数据，这主要是体现在虚拟现实游戏过程被记录的身体数据，例如 Pico VR 一体机中内置的球棍、拳击、乒乓球、高尔夫等运动项目，通过游戏参与完成身体的全面嵌入，并引入排名机制鼓励用户竞争。三是结合可穿戴设备的传感器记录，收集身体器官机能的微观数据，例如许多智能手表已经成熟的对心率、卡路里消耗等指标的精准测量，在健身等应用中可以综合呈现。综合来看，从对这三个维度的身体数据收集而言，其共同性都是基于游戏场景的开发和应用，通过吸引用户深度参与以获取数据；这就要求未来的智能媒体在虚拟现实端口的应用开发上，一定是趋向于可互动的游戏化产品，这部分用以衡量用户身体指标的数据资产将从更深层次的维度上量化人的主体。

（三）身体绑定：型塑数字身份

从人的生存维度来讲，数字化技术将人的一切都量化为数据，包括"画像"的数据化、身体的数据化、位置的数据化、行为的数据化、情绪心理的数据化、关系的数据化、评价的数据化、思维方式的数据化等，并进一步拓展了人与他人、社会环境之间的关系模式，发展出"个人历史的新记录模式"[15]。当这些基于技术网络收集的数据被整合为一个完整的数据集合时，此时一个立体的数字身份就会在网络中呈现，这个形态是通过我们有意识或无意识的行为留下的，或者说，一个基于我们自我行为但同时生成与互联网世界的"外主体"就此诞生了[16]。数字媒介时空中的这个"外主体"是绝对量化的，是基于数据堆砌的，因此往往会使人产生分离感，抑或产生"大数据比我更了解我"的感受。虚拟现实应用倘若推广普及化，这一外主体就会被自我主体所感知，数字身份分离感知的鸿沟将被弥合，因为这一切数字空间中的选择和行动都是由真实的自我所驱动的，那种"被大数据控制"的分离感将极大减少，取而代之的是数字身份的趋近真实体验的"代入感"。但是，看似全部由自我行为驱动的数字时空行动，其实质是对用户数据的微粒化收集和处理的结果，虚拟现实技术在型塑数字身份过程中创造了一种"一站式"的数据收集网络，包括新的集成应用中的选择，以及基于这些应用的身体行动和环境数据，其对于数字身份的型塑作用是远超于平面媒体时代对数据的"画像"与刻画。

四、时空全维连接，综合数据流通化

（一）时间回溯：历史信息发掘

媒体的一个重要功能是承载社会信息，如不同历史时期发出的新闻报道和原始采访资料等，这些内容数据构成了丰富的有待开发的数据资产库，是其他商业产品自身所不具备的。因此，媒体的虚拟现实技术应用开发应该侧重于其既有的内容汇集优势，让承载了历史记忆的信息或当下发生的记载更易触达用户。例如，新疆日报报史馆 VR 展厅展示了 300 余幅图片、文献、报纸版面，180 多件实物、手稿、图书以及音视频资源，通过线上点击交互，让媒体拥有的历史资料数字化呈现在受众面前。同时，另一个更为广阔的市场是与博物馆或展览馆等组织机构展开合作。展示场馆中关于历史信息展示和呈现的部分需要许多历史新闻报道或图文素材以支撑其真实性，媒体的数据资产恰好可以补充这部分内容的缺失。但是这就要求合作媒体本身要有良好的数据资源库，尤其是传统媒体应该格外注重对历史记录的图片新闻报道数据库的建立和整理，使其可以快速检索，并易于调取复制；同时，合作媒体的数据资源应提高品牌意识，结合媒体定位，重点发掘本地区或本领域的特色资源，并注重版权开发与保护，让这些历史数据资源轻松易达、方便流通。

（二）空间生产：经营边界拓展

虚拟现实拓展了媒体经营的边界，连接了现实空间与线上空间，并使二者彼此关联，相互触达。2022 年 10 月，工业和信息化部发布了《虚拟现实与行业应用融合发展行动计划（2022—2026 年）》，其中为虚拟现实技术的发展与前景指明了方向，其中特别指出，要将"加速多行业多场景应用落地"作为五个重点任务之一，具体就是要深化与工业生产、文化旅游、融合媒体、教育培训、体育健康、商贸创意、演艺娱乐、安全应急、残障辅助、智慧城市等领域的融合[17]。从智能媒体建设的角度来看，虚拟现实应用旨在线上和线下两个消费文化空间同时拓展其业务空间与经营形态。从线下拓展经营的角度来看，媒体品牌的嵌入需要与文化消费和旅游体验场景相结合，在游览参观时，面对实物可以借助虚拟现实设备或链接入口完成转跳，以智慧导览的形式引导游客看到更多景区内容细节；从线上拓展经营的角度来看，云旅游、云直播、云展览等业态将会借助虚拟现实消费级产品的推广而日渐成熟，真正做到足不出户即可游览祖国的大好河山。在媒体经营中，借助线上线下两个空间，不仅可以通过借助媒体端口的海量用户的体验入口作用，还可以通过开发联名IP、深度合作项目开发等形式提升媒体的品牌形象，通过数据的流通与商业化开发实现更多价值。

（三）时空关联：再造记忆之场

皮埃尔·诺拉（Pierre Nora）在20世纪八九十年代提出了"记忆之场"（les lieux de mémoires）的概念，其认为，记忆视作当下的、具象的、活着的、情感的现象，不同于"历史的民族"，"记忆的民族"则是"将整个空间都填满了潜在的身份，将一切现存的事物都添上了一个过去的维度"，通过时间轴的延伸增进对其意义的理解[18]。时间和空间之维的整合过程，就是记忆之场的创造过程。虚拟现实技术为这种记忆之场的实现提供了可行的技术路线。当前，记忆回溯场景建构功能利用较为完善的应用是Google地图、百度地图等地图应用；以百度地图为例，应用中内置了"时光机"功能，用户通过点击某一地区的街景全景找到此功能入口，一般可以回溯3年前甚至8年前的实时街景，不少用户通过这个功能找回了童年的记忆，甚至看到了过世的亲人，让技术充满了温度。在国内媒体实践中，较早的媒体机构是财新新闻，其于2015年10月推出了360°全景"3D+VR"的新闻纪录片《山村里的幼儿园》，这一全景视频让人仿佛置身山村，与幼儿园的孩子们一起感知生活的环境，这类作品不仅保留了事件或新闻发生的时间维度，也呈现了空间信息，成为可供用户回溯的"数字记忆之场"。虚拟性现实技术的媒介呈现特点，可以辅助人们在记忆消逝或被湮没时，让记忆连接、实践以及再生[19]，或许在未来可以成为一个全新的承载社会记忆的载体。

五、结论与讨论

从连接一切的数据逻辑出发，以虚拟现实为代表的"沉浸媒介"应用，从根本上重塑了"媒介"这一概念的理论范式，一切都是媒介，人将成为媒介的延伸，并且人也是媒介[20]。数字时代的虚拟现实技术似乎为智能媒体建设提供了更为全面和丰富的维度,在场景的复现、创建、共享全面连接中实现平台数据关联化,在量化身体行动、沉浸拟像景观、绑定数字身份实现全程连接下完成对用户数据的微粒化收集,在时间回溯、空间生产、时空关联的全维连接在达到综合数据流通化。但是,这些展望抑或逻辑假设均是建立在虚拟现实技术广泛应用、智能媒体建设深度融入、市场数据资源充分流通的现实前提下。我们可以看到,已经有越来越多的制度规范或规划政策出台正在实现这些前提,在不久的将来,"连接"的数据逻辑将深刻影响媒体的智能化建设,并通过虚拟现实技术的应用将数据价值传递至每一位用户。

参考文献

[1] 邹湘军,孙健,何汉武,等. 虚拟现实技术的演变发展与展望 [J]. 系统仿真学报,2004(9):1905-1909.

[2] Warren Robinett. Virtual Environment Workstation [EB/OL]. http://www.warrenrobinett.com/,2003.

[3] 吕尚彬,黄荣. 论智能媒体演进的复杂性维度 [J]. 山东社会科学,2022,318(2):125-133.

[4] 段鹏. 智能媒体语境下的未来影像:概念、现状与前景 [J]. 现代传播(中国传媒大学学报),2018,40(10):1-6.

[5] 彭兰. 移动化、智能化技术趋势下新闻生产的再定义 [J]. 新闻记者,2016,395(1):26-33.

[6] 杰罗姆. 平台型媒体,科技与媒体缠斗百年再平衡 [EB/OL]. https://www.tmtpost.com/177842.html,2014,12.

[7] 谭小荷. 从 Platisher 到"平台型媒体"——一个概念的溯源与省思 [J]. 新闻记者,2019,434(4):28-37.

[8] 喻国明. 互联网是一种"高维"媒介——兼论"平台型媒体"是未来媒介发展的主流模式 [J]. 新闻与写作,2015(2):41-44.

[9] 喻国明,焦建,张鑫. "平台型媒体"的缘起、理论与操作关键 [J]. 中国人民大学学报,2015,29(6):120-127.

[10] 廖秉宜,谢雪婷. 平台型智能媒体建设的核心问题与创新路径 [J]. 中国编辑,2020,125(5):68-73.

[11] 喻国明. 未来媒介的进化逻辑:"人的连接"的迭代、重组与升维——从"场景时代"到"元宇宙"再到"心世界"的未来 [J]. 新闻界,2021(10):54-60.

[12] 蔡斐."场景"概念的兴起[N].中国社会科学报,2017-04-20(003).

[13] 胡翼青.人是媒介的延伸[J].新闻与写作,2022,459(9):1.

[14] 温雯,单羽.真实与拟像——论虚拟现实艺术的审美特征[J].暨南学报(哲学社会科学版),2017,39(6):117-123.

[15] 彭兰."数据化生存":被量化、外化的人与人生[J].苏州大学学报(哲学社会科学版),2022,43(2):154-163.

[16] 蓝江.外主体的诞生——数字时代下主体形态的流变[J].求索,2021,325(3):37-45.

[17] 工业和信息化部,五部门关于印发《虚拟现实与行业应用融合发展行动计划(2022—2026年)》的通知[EB/OL].https://www.miit.gov.cn/zwgk/zcwj/wjfb/tz/art/2022/art_775aaa3f77264817a5b41421a8b2ce22.html,2022,11.

[18] 皮埃尔·诺拉.记忆之场:法国国民意识的文化社会史[M].南京:南京大学出版社,2017:66.

[19] 曾一果,凡婷婷.数字时代的媒介记忆:视听装置系统与新记忆之场[J].现代传播(中国传媒大学学报),2023,45(1):93-101.

[20] 李沁.沉浸媒介:重新定义媒介概念的内涵和外延[J].国际新闻界,2017,39(8):115-139.

3.13 文化类中视频内容生产与传播策略分析

王静雯[①]　杨译凇[②]

摘　要：近年来，国家越发重视文化类内容的生产，中视频以其独特优势成为文化类内容生产的方式之一。文章运用案例分析法，结合影视作品《我住在这里的理由》进行分析，研究文化类中视频的主题立意、内容生产有何特点，其传播策略有何借鉴之处。经过分析得出，文化类中视频在内容生产与传播时应以优秀文化为内核，多平台联动传播；以人物为第一视角，视听语言年轻化；借镜头语言造"梦"，实现身份自我认同。

关键词：中视频；文化；《我住在这里的理由》；策略分析

《中国网络视听发展研究报告（2023）》中指出，移动互联网的出现，短视频快速抢占视频行业的市场份额，其迅速发展极大地冲击原有的长视频领域，短视频已经成为网民"触网"的首要方式。[1]但随着短视频井喷式发展，其弊端正在逐渐显现，用户不断接触由算法推荐的碎片化信息，久而久之将自己束缚在"信息茧房"中，甚至产生"回音室效应"。"弘扬优秀文化，讲述中国故事"一直是我国的一项重要任务，央视及各平台推出大量文化类节目来促进优秀文化的传播。长视频的拍摄需要花费大量的时间和精力，而短视频由于时长限制，无法对内容进行深度挖掘，文化类中视频孕育而生，充分发挥其时长优势，将文化融入视频内容生产，满足快餐时代中广大用户对深度内容的需要。

[①] 王静雯，澳门科技大学人文艺术学院硕士研究生，主要从事视听传播和影视传播相关的研究。

[②] 杨译凇，博士研究生，云南艺术学院电影电视学院助教，主要从事影视摄影与制作和影视传播与发展相关的研究。

一、中视频的概念、特点

陈鹏在《长短视频之争：版权角力与用户重构》中提出长视频一般在40～60分钟，是互联网时代下传统影视作品的延伸。[2]朱晨静在《媒介融合背景下的校园短视频研究——主播视角下的〈最有温度的大学〉》中对短视频进行了简单的定义，即短视频一般是指以秒为单位计算的，时长在3～15分钟的视频类型。[3]2020年10月西瓜视频大会上，任利峰首次提出"中视频"的概念，在西瓜视频平台上鼓励中视频的产出，并将其区别于以影视剧、综艺等为主的长视频，以及以抖音为主要平台传播的短视频。[4]

据此笔者通过对短视频和长视频定义的研究，再运用对比分析和案例分析，总结出文化类中视频是以横屏为主，时长一般在3～40分钟，且主要集中在10～20分钟的视频类型。视频多以系列形式推出，围绕同一主题进行故事讲述，旨在弘扬优秀文化、传递正确价值观，向更多人讲述中国故事，充分利用影像优势传递文化内容，实现文化的传播。

二、案例简介：《我住在这里的理由》

《我住在这里的理由》是由"和之梦"团队推出的系列视频，该团队一直提出"用镜头拉近世界与你的距离"的口号，其日本导演竹内亮，也凭借《好久不见，武汉》《后疫情时代》等聚焦中国抗疫的纪录片受到央视和中外观众的好评。《我住在这里的理由》每集主要集中在十几分钟，并围绕一个人物进行拍摄，主人公既可能是住在中国的外国人，也可能是住在日本的中国人。通过镜头，观众可以了解到不同国家的风土人情，通过平凡小人物的追梦故事，激励人们用积极乐观的心态面对当今的生活，不仅通过外国人的口吻向世界讲述中国的故事，同时也用国人的视角讲述世界的故事。

习近平总书记曾说："要挖掘中华优秀传统文化的思想观念、人文精神、道德规范，把艺术创造力和中华文化价值融合起来，把中华美学精神和当代审美追求结合起来，激活中华文化生命力。"[5]中国文化的传承与讲述在当下是一个不容忽视的问题，短视频的兴起，用户接触的信息逐渐碎片化，无法满足深入学习的需要，在这种"短平快"的生产环境下，中视频应运而生，能够为中国故事的讲述提供优渥的媒介土壤。

本文旨在从主题立意、内容生产、传播策略三个角度对文化类中视频进行分析，探究文化类中视频如何发挥其自身优势进行中国文化的传递和中国故事的讲述。

三、文化类中视频主题立意分析

根据马斯洛的需求层次理论，当人处在不同时期时，会存在不同的主导需求。当今社会，人们已经具备满足最基本生存需要的条件，于是开始对精神层面有更高的要求。此时注重视觉快感、快餐消费的浅表化视频内容生产，已经无法满足大众对深度内容的需要。而文化类中视频，注重对内容的深度挖掘，聚焦优秀传统文化，充分利用视听语言的优势，进行文化的传播，这一视频类型的出现恰好满足了用户的需求。

（一）注重内容的垂直深耕

短视频虽然满足了用户对即时信息的获取，但过于碎片化的内容容易导致用户长期处于"茧房"中，对信息的理解过于浅表化、单一化，无法掌握更为深刻的内容。现如今各类信息纷繁复杂，用户已经对大而全的内容产生"排斥"，转而关注自己喜欢的细分领域。在进行视频内容生产时，也应该有意识地对内容进行垂直深耕，不断深入挖掘有效信息，而中视频恰好既保留了长视频对主旨的深度把控，又满足了当下快节奏的传播模式。

早期文化类视频由于题材及制作原因，大多由官方平台拍摄和播出，为了满足最广大用户的需求，在制作上难免存在大而全的倾向，具有一定的官方视角。随着"人人都有麦克风"时代的到来，内容生产不再是官方平台的专属，越来越多的个人和团队开始关注内容生产。和之梦团队拍摄的《我住在这里的理由》每期围绕一个人物进行讲述，通过对小人物的拍摄，挖掘他们生活在当地的理由，侧面反映当地的人文风貌以及在不同国籍背景下，文化的交融与碰撞，为观众呈现出了异彩纷呈的文化盛宴。

（二）以小见大体现时代主题

由于时长局限，中视频多选取单一主体进行拍摄，通过围绕同一主题，选取多主体分系列进行内容讲述。《我住在这里的理由》每集以一个人物为主体，通过对百余人的拍摄，挖掘每个人住在当地的理由，以个人的故事为线索，串联起视频的主题。在对人物进行拍摄的同时，也将不同国家、不同地区的文化展现在观众面前，让世界听到真实、客观的中国声音，也让中国观众体验世界多元文化的绚丽多彩。

在《我住在这里的理由》第三季第三十二集中，主人公美浓轮泰史是一个在中国当演员的日本人，通过对其生活的拍摄，让观众直观的体会外籍演员在中国的生活经历，将演员这一职业最真实的一面呈现在大众视野中。像美浓轮泰史这样在中国居住的外国人并非个例，影视作品《我住在这里的理由》的拍摄对象中数量已经十分庞大，他们来自不同的国家，拥有不同的肤色，从小接受不同的教育，但在影片中我们能看到他们对中国文化的喜爱，并通过自己的力量去向自己的国人传递中国文化，让世界看到真正的中国文化，听到真正的中国声音。在互联网时代背景下，"地球村"的概念似乎更加明晰，用户足不出户就能接收来自世界各地的信息内容。此时，如何通过视频进行跨文化、无差别的传播，成为当下的重要内容。

（三）用"造梦"寻求价值认同

"在麦茨看来，电影的实质在于满足观众的欲望，那么影片就是通过自己的机构来间接地反映下意识欲望的结构。"[6]视频作为一种视听语言，其本质体现了对需求的满足，视频中的人物洒脱、自由，拥有"完美"的人生，而现实生活却处处充满"磨难"。在《我住在这里的理由》第三季第四集中，主人公莲羊为了接受系统的岩彩画教学，放弃国内小有成就的身份，只身前往日本学习岩彩画。从最初无法与人沟通，到如今可以用日语正常交流，莲羊做了很多人都无法做出的选择，即放弃现有的成就，转而奔赴未知国度追寻自己的梦想。

影片中还有许多与莲羊相似的人物存在，他们为了梦想做出了很多人无法做到的事情，这也符合弗洛伊德提出的"替代性满足理论"，作品为观众创造了一个美轮美奂的"梦境"，观众在观看时很容易将自己代入进去，从而获得心理的满足。

四、文化类中视频内容生产分析

文化类视频强调对文化的传播作用，相较于搞笑类、生活类视频等相对轻松的视频类型，文化类视频需要在内容上进行严格的把控，要向观众传递有内涵、有质量、有反思的优质作品。由于个体认知水平及不同文化背景的差异存在，不同人对于相同的内容会产生不同的理解，导致文化在传播过程中存在距离感，无法很好地被大众所接受。视频的传播介质主要在于画面和声音，在很大程度上为深度内容传播提供了便利。在全球化的趋势下，本国文化传出去，外国文化传进来都需要思考一个重要问题，即如何将优质文化内容转换成影视语言。

（一）现实生活自我讲述

当下热门的中视频制作团队和之梦、二更、一条、盯书机等，正逐渐摆脱传统意义上"官方解说＋个人访谈"的模式，逐步探索以主人公自我讲述进行故事串联的视频样式。由于时长的限制，为了保证故事线的完整，中视频在每集内容选择上主要围绕一个主体进行故事的讲述。

《我住在这里的理由》采用了真实电影的拍摄方式，导演或是其他工作人员以"主持人"的身份介入影片的拍摄，亲历主人公的生活。在第三季第四集和第五集中，莲羊带领观众走近她的生活，讲述自己的故事。"主持人"阿部力在一定程度上代表了观众，由莲羊介绍颜料和画材的来源及制作流程，阿部力作为观众代表体验岩彩画的制作，在一定程度上拉近了与观众之间的联系。

（二）年轻化的视听语言

《我住在这里的理由》在拍摄上主要采用跟拍的方式，相比于传统的纪录类视频而言，中视频的拍摄不会刻意强调画面的稳定性，有时会出现画面抖动、突然改变焦距或焦点的情况，相比于镜头的稳定性，在视频拍摄时更加注重内容的重要性。由于主体的单一性，在拍摄时主要以主人公为中心，在转场时插入一些环境镜头。大部分镜头以特写和近景为主，以此来突出人物主体。在镜头衔接上，不会刻意注重动作、剧情的连贯，而是在保证让观众理解剧情的最大限度上进行镜头跳接，在有限时长内讲述更多的内容。

文化类中视频主要以横屏方式在移动端播放，相比竖屏来说缺乏一定的视觉聚焦，人眼可以看到的范围更广。在字幕的运用上，也不再局限于传统的宋体和微软雅黑，而是结合不同平台、不同视频类型选用一些活泼的字体类型。在转场时，多加入动画转场、画框装饰等效果来丰富画面内容，使视频更受年轻人的喜爱。

（三）散点式的叙事结构

传统的人物类纪录片主要采用线性叙事结构，根据主人公的生平和经历推进剧情，各条线索之间存在一定的内在联系，相互过渡交织，最终形成完整的故事线。[7]在此剧情结构中，解说词成为不可或缺的部分，多作为剧情推进的主要依据，将块状的剧情串联在一起，形成鲜明的起承转合结构。与此同时，传统纪录片多为官方拍摄，为了让观众感受到最大限度的真实性，解说往往通过字正腔圆的播报式讲述，冷静客观地陈述事实，不具有感情倾向。

"和之梦"团队制作《我住在这里的理由》时，主要采用散点叙事结构，如同散文一般"形散而意不散"，看似每个部分之间毫无逻辑联系，实则每一个部分都有不同的作用。"主持人"在视频中的出现都为剧情的连接起到了画龙点睛的作用，旁白在特定的时候进行背景介绍或对主人公没有提到的部分予以补充，以此来丰富视频的内容，结尾部分每次出现的提问也旨在强调和升华主题。在第三十三集和第三十四集中，镜头跟随美浓轮泰史在片场、家和餐馆之间不断切换，两集虽然都是拍摄同一人物，但时间上并不具有连贯性，主要以美浓轮泰史的自我讲述进行剧情的组接，形成内在的逻辑联系，这也符合中视频在制作时很少将官方或制作团队的思想强加到观众身上的特点，最大限度尊重主人公的内心想法。

五、文化类中视频传播策略分析

2023年2月，根据相关机构总结的报告显示，2022年中国移动互联网用户规模再度大幅提升，全网触网程度持续加深，用户的线上黏性不断增强。[8]相比于传统播放平台需要用户定时定点的进行观看，移动端能够满足用户随时随地观看视频的需求。针对中视频的特点，广大视频播放平台不断地进行转型。2019年微信视频时间延长到30分钟，2020年爱奇艺上线了综合型社区产品"随刻"，西瓜视频开通的"中视频伙伴计划"，都将目光转向了如今的中视频市场。

（一）多平台联动传播

腾讯在2020年第四季度财报中提到，微信月活账户数为12.25亿，每天有超过1.2亿的用户使用朋友圈发表内容，3.6亿的用户阅读公众号文章。[9]微信庞大的用户基数让视频号、小程序、公众号成为网络社交传播的重要途径。《我住在这里的理由》主要在哔哩哔哩和微博进行内容传播，两大平台均以横屏为视频主要传播形式，可在个人界面进行栏目划分，便于系列视频的发布。两大平台之间的受众具有一定的差异，在内容运营推广时可以最大限度地辐射到更多的群体。同时，"和之梦"团队在微信还有专门的公众号、视频号，结合图文、短视频、小程序等多种形式，进行多平台多形式的联动传播。

（二）视频拍摄系列化

中视频不同于短视频的碎片化叙事，其制作方式与一档节目相类似。视频会有一个固定的大主题，大主题之下的每一集视频又会有小主题。小主题之间并非完全独立，而是根据整个视频内核进行设定。《我住在这里的理由》已经播出了三季，每一季围绕的都是相同的主题。在视频末尾，"主持人"会固定地询问主人公居住在当地的理由，再一次点明主题、升华主题。虽然每一集的人物不同、内容不同、风格也不尽相同，但其探索人们生活现状并了解原因的主旨是相同的。这是当下中视频主要的呈现形式，即通过多方角度讲述同一主题，使视频能够挖掘出更深刻、更令人信服的内容。

平台的栏目分类为中视频系列化提供了便捷的途径，哔哩哔哩、微博、西瓜视频都可以对发布的作品进行内容分类，形成以集为单位的视频。这一分类方式可以帮助用户快速找到自己需要的视频内容，便于视频的传播与推广。"和之梦放送"在哔哩哔哩平台有《我住在这里的理由》《东游食记》《速食物语》等视频内容分类，节目之间相互引流宣传，以此来提高视频的知名度。

（三）传与受互动结合

人人都有麦克风的时代，每个人都能成为传播者，每个人也都是受众，受众在传播过程中的地位逐步提升。现如今，评价一个视频的好坏主要通过观看量、转发量、点赞量、评论、评分等由受众完成的评价行为，受众在观看视频后可以通过多种途径给予反馈，与传播者形成互动，由此提升视频的热度。[10]《我住在这里的理由》在哔哩哔哩平台播出，每季的评分均高达9.8分，点赞量达五十万，观看量高达三千万，硬币打赏也达四十五万，从这几项数据来看，《我住在这里的理由》在受众层面的评价非常高。

"打赏"是互联网社交媒体中出现的一种新型互动功能，用户可以通过打赏硬币表达对作品的喜爱，并使创作者获得商业变现，在一定程度上鼓励创作者持续产出优质内容。"弹幕"也是中视频传播中不可或缺的一个重要组成部分，相比于之前的观后评论或是评分，弹幕具有极强的及时性，受众能够针对某一个画面或是某一个镜头提出自己的见解，与其他受众或是创作者进行"实时沟通"，有利于创作者获取第一手的评价，进而不断提升作品的质量。

六、结语

新时代要"讲好中国故事，传播好中国声音"。文化类中视频以优秀文化为内核，传递各国优秀文化，充分满足观众对深度内容的需求。但由于出现时间较短，市场份额暂不如长、短视频，需要不断创新未来的发展模式。基于本文两个文化类中视频的案例分析，本文认为文化类中视频在内容生产与传播时应采取以下策略。

（一）以优秀文化为内核，多平台联动传播

文化类中视频其主旨在于以优秀文化为内核，向观众传递优秀文化内容和正确的价值观。由于不同平台受众存在差异，想要最大限度地辐射更多受众，需结合不同平台的传播模式，有针对性地改变内容及文案形式，从而促进多平台的联动传播。

（二）以人物为第一视角，视听语言年轻化

文化类中视频多以系列形式推出，在同一主题下进行分集故事讲述，每集主要聚焦一个主体，通过主人公的自我讲述推动剧情发展。在拍摄上不刻意强调画面稳定、虚实问题，在后期时加入一些手写字体、特效等，使视听语言更贴近当代年轻人的审美。

（三）借镜头语言造"梦"，实现身份自我认同

由于文化类中视频时长较短，视角平民化，观众在观看时很容易将自己带入其中，通过潜移默化的方式来体会不同的文化，有效地传播优秀文化内容。同时，人物的生活满足了观众对"美好生活"的幻想，在一定程度上观众可以通过观看视频来获取满足感。

参考文献

[1] 广电独家. 网络视听成第一大互联网应用！《2023 中国网络视听发展研究报告》在蓉发布 [EB/OL]. https://mp. weixin. qq. com/s/Aa0_gwGV0qBLVieYFIzDiw，2023-03-29.

[2] 陈鹏. 长短视频之争：版权角力与用户重构 [J]. 现代视听，2021（4）：86.

[3] 朱晨静. 媒介融合背景下的校园短视频研究 [D]. 南京：南京信息工程大学，2021.

[4] 李洋，艾则孜·阿布都热依木. 新媒体背景下中视频的发展机遇及挑战 [J]. 新闻潮，2023（1）：26-29.

[5] 中央纪委国家监委网站. 习近平：增强文化自觉坚定文化自信 展示中国文艺新气象 铸就中华文化新辉煌 [EB/OL]. https://mp. weixin. qq. com/s/obvzIT00ei9ThFYAwe04Xg. 2021-12-14.

[6] 姚晓濛. 电影美学 [M]. 北京：人民出版社. 1991：133.

[7] 郗晓兴. "二更视频"微纪录片的叙事研究 [D]. 保定：河北大学，2019.

[8] QuestMobile. QuestMobile 2022 中国移动互联网年度大报告：总用户超 12 亿、51 岁以上占比 1/4，五大刺激点开启"移动智能钻石时代". [EB/OL]. https://mp. weixin. qq. com/s/A30Al0z7yH7Ow690mKgVcw，2023-02-21.

[9] 苏打. 腾讯 2020 年第四季度财报：全年营收同比增 28％，每天 4 亿用户用小程序. [EB/OL]. https://new. qq. com/omn/20210325/20210325A01W3I00. html，2021-03-25.

[10] 张迪. 小人物短视频的微传播研究 [D]. 长春：吉林大学，2019.

3.14 聊天记录截图传播的伦理困境与规范研究

王美美[①]

摘 要：在视觉文化占主导的时代，图片或截图已然成为一种主导性的文化景观。截图作为对图像的延伸，使"复制真相"成为可能，不仅实现人们对真实的渴望，并且赋予其保存与传播信息等方面的权力。聊天记录本质上是一种静态的媒介数据文本，截图是动态留存，聊天截图是对传播主体在信息世界发生位移的见证。但依托于截屏技术的截图传播，也难免陷入信息传播失控、新闻真实边界消解、自我呈现符号坍塌及隐私保护失灵等伦理困境，而法律规范与平台责任、技术支持与自我规制的结合将利于跳出困境的桎梏。

关键词：聊天记录；截图传播；隐私伦理；问题与规制

一、引言

这是一个读图的时代。在这个时代中，视觉文化的盛行催生着一系列新生事物的出现，已经成为当今一种全面覆盖性的文化景观。图像作为视觉文化的一种，同时作为一种信息载体，形态各异，特征多样，相对文本媒介更易被受众接受。作为图片的一种常见形式，截图通常是由操作系统或专用截图软件截取，可以显示在屏幕或其他设备上的视觉图像[1]。

与此同时，技术可供性赋予了我们快速留存截图记录的能力，一张张具有私密属性的记录得以保存下来。"聊天对方将聊天内容复制、截屏并进行转发

[①] 王美美，大连理工大学人文与社会科学学部硕士研究生，主要研究方向为新闻与传播。

的'二次传播'成为一种非常普遍的社会文化现象"[2]。作为聊天截图的所有者，部分人会将聊天截图分享在好友圈供他人评论和点赞，使其成为自己的社交货币，随着聊天截图的传播范围从人际传播逐渐延伸至群体传播，甚至扩展到更广阔的传播渠道时，聊天截图强大的传播力得以真正展现。

通信软件中的聊天记录本质上属于"社交型个人数据"[3]。"截图"或"截屏"作为一种强大的社交工具，已远远超越简单的复制功能，成为人们日常数字通信不可或缺的方式。但新媒体环境下，聊天截图传播也隐含着种种风险。从个人自由的表达视角来说，聊天记录在传播的过程中本身具有一定的正当性，但"当信息制造者对信息失去控制力时，其失去的也是一种表达的自由"。[3] 由此，聊天记录截图传播的探讨不应局限于社交功能，更应关注该行为的技术和伦理问题。

二、研究现状

（一）关于聊天记录的研究

目前，学术界关于聊天记录的研究主要体现在两个方面。一方面将其视为"电子证据"。叶荣奇、李琳指出微信聊天记录作为一种新型的电子数据，在司法实践中的运用受阻，接着通过对微信聊天记录的证据属性来论述其证明力，并提出巧用公证、完善形式要件、科学保存等建议以提高被法院采信的可能性[4]。另一方面是从现实层面探讨其在跨场景传播中的"法律治理"。何金海指出聊天记录在传播过程中可能面临信息失控、隐私侵犯等风险，并引发社会信任危机。同时针对聊天记录跨场景传播的风险从其侵权认定标准、侵权救济渠道、法律保护的覆盖范围等方面提出救治之策[3]。

（二）关于截图传播的研究

基于截屏技术，截图的传播有了一定的媒介基础。目前学术界关于截图传播的文献中主要针对截图传播生成性质及问题与对策研究。赖晓娜分析截图公开传播的时代背景，探讨聊天截图在截图者、被截图者与围观者所形成场域中的关系网络及权力结构，以窥见截图意义生成的语境与意义流变的路径[5]。关于截图传播面临的问题与对策研究，周宇婷、陈文育以个案研究为例，探讨该案例中截图传播带来的伦理问题，以及与媒介技术、媒介属性、传播主体等有关的伦理失范的成因，并从技术支持、政府政策调整、用户素养提升三个方面提出了应对社交媒体环境下截图传播伦理问题的策略[6]。

（三）关于信息隐私伦理的研究

大数据时代对个人隐私安全也提出了新的挑战，学术界关于信息隐私伦理的研究也逐渐丰富。一是立足大数据语境对信息隐私问题展开研究。杨雪斐指出个人信息被毫无保留地暴露在大数据下，隐私安全面临严重的威胁，正确处理这些伦理问题应该遵循人本、尊重、无害等原则，面对大数据时代的信息隐私安全问题，可以站在伦理学角度，从个人信息泄露、"人肉搜索"、人脸识别技术三个方面来深入剖析[7]。二是基于成因与治理视角。毛牧然、董晓梅针对知情同意失效、去匿名化以及群体隐私侵权所带来的三种处于立法保护空白状态的信息隐私伦理风险问题，通过对原因的分析阐述个人信息保护基金制度和隐私保护设计及其制度保障措施两项能够从源头予以治理的制度保障措施[8]。

三、截图传播的特点

（一）超越时空

传播的发生具有超时空性。作为一种传播方式，聊天截图传播所具有的一个重要特征便是对信息传播过程中时间与空间限制的超越。相较于聊天内容转瞬即逝的面对面的人际传播，截图传播依托截屏技术和社交媒体，可将聊天内容一键截取并留存永久，因此打破了时间存储时效的界限。彭兰指出：信息是沿着人们的社会关系网络，也就是人际传播网络在流动。我们所处的社会环境是一个纵横交错的信息传播体系，在这一体系中，信息从单向下行的"传—授"模式转变为双向交互式传播，聊天内容传播范围也从人际传播逐渐延伸至群体、组织传播，甚至扩展到更广阔的传播渠道。这种跨时空的传播使"不可见"的私密性内容变得"可见"。

（二）情境再造

当代社会已经转变为"世界图像的时代"。依托截屏技术的聊天截图，视觉呈现上是一张张静态图片，本质上却具备仅凭文字叙述所无法传达出的情境感。人们会自觉将自身带入图片中感受他人的聊天过程，形成一种"在场效应"。有学者将"在场"定义为"通过传播媒介对于他者的感知"，并指出这里感知中的他者是一种情境，即纵使身处不同空间但仍"感觉身临其境"[9]。此时的聊天截图营造出一种面对面交流的人际传播情境，使传播者或受传者即使身处不同空间也可以获得一种"凝视"的快感。

（三）证据支持

截图信息作为人际交流的数字凭证，在日常生活中并不罕见。例如截取的屏幕图片信息与医疗问诊、快递信息及电商购物凭证等应用相结合，特别是在疫情期间截取个人手机屏幕中的健康码、行程码在微信群每日打卡成为学校、单位组织监测人员流动做好疫情防控的重要举措。目前，聊天截图的证据化已具备了法律效力。2019年12月最高人民法院发布的《关于民事诉讼证据的若干规定》，明确将微信、微博、QQ、电商平台等聊天记录作为电子证据，纳入了证据范畴[10]。同时，聊天记录的证据化使个体在互联网平台的保护力度和广度得以加强，也表明公权力对截图的正式"收编"。

四、聊天截图传播的伦理困境

截图传播离不开视听技术的发展。保罗·维利里奥指出："如今，要谈论视听技术的发展，不得不召唤虚拟图像的发展及其对人们行动的影响，还不得不宣告这种新型的视觉工业化，即一个综合知觉的真正市场的建立，还有它暗示的伦理问题。"[11] 由此，截图传播也面临一定的伦理困境。

（一）信息传播的失控危机

新媒体环境下，数字技术浪潮的涌动极大地扩展了信息传播的空间，也让信息的二次或多次传播变得轻而易举。依托互联网技术的截屏简单到只需轻触按键，便可将流动的信息转变成凝固的界面并留存永久。由此，截屏被引为互联网时期新的米兰达警告："你有权保持沉默，但你所说的一切都将被截屏。"[12]

信息的交流建立在一定的边界内，但该边界并非凝固不动，也非牢不可破。就聊天截图本身来说，它自带了某种模糊性与情境感，存在传播者主观修饰的成分，在一定程度上将私人领域与公共领域的界限进一步消弭，从而使小范围传播迅速扩散开来，引发全民的集体狂欢。以微信为例，当朋友圈中的对象虚荣无信、对道德和法律界限缺乏共识时，信息可以传播的范围及造成的负面影响将无法预知，若信息在传播过程中被恶意扭曲，聊天记录的真实性将成为搅动舆论场的关键因素[13]，甚至造成不可弥补的失控漏洞。

（二）新闻真实的边界消解

"新闻真实"关乎新闻业的权威、信任及合法性等问题，堪称新闻业的元问题。聊天记录确实能够反映一部分真实，但不等于完全真实，从媒介形式上看，它具有半成品、文本开放的特征，再者"截"的本质是"切割"，因此"截图"或"截屏"这一词语与行动都指明了人们对屏幕内容或语境的复制是片段性、选择性的[14]。一旦截屏内容脱离原有语境，叙事内容与逻辑的真实与完整性就崩塌，易被断章取义，如利用修图软件或截图生成工具制作虚假截屏，其逼真程度能够以假乱真。

截图或截屏造假成为"后真相"时代信息权威性降低的一个缩影，聊天记录生成器等"技术谣言"的出现，彻底消解新闻信息的真实性。它可以建构一个虚拟场景，包括对话主体与内容、对话时间与空间等都被技术虚构并被场景包围，基于人们留痕的信息数据自动生成虚假信息，导致虚假信息泛滥、新闻真实被模糊、受众对新闻信任降低等负面效应。

（三）自我呈现的符号坍塌

戈夫曼的拟剧理论用"前台—后台"来描述日常生活中的表演。他认为，"前台"指表演者扮演的理想化和社会化的自我；"后台"是用来展现真实自我的地方[15]。表演者总是在一定的场景中，按照手中的"剧本"，在"舞台"上自我表演。但"前台"和"后台"并非是固定不变的地点，网络信息的逐渐透明化，两者界限开始变得模糊，区域也发生位移互换，即前台表演变成后台的"现实"，后台区域变成前台的"表演"。

以微信聊天记录为例，当参与聊天的一方单方面将私人聊天内容通过截图的方式发送给第三方时，使本应隔绝于其他人的自我呈现方式被推至前台，后台私人空间的细节涌入前台公共空间后变得可见，使前后台界限模糊、信号紊乱，由"独奏"变成面向更多观众的"公开展演"[16]，符号的表演语境瞬间崩塌，虚拟空间的"众声喧哗"和"集体狂欢"被点燃。

（四）隐私保护的机制失灵

截图作为数字社交生活中的一种日常行为，将原本私密不可见的内容搬运到更广阔的群体视野中，使"不可见"变得"可见"，由此涉及的私密内容也面临被侵权的风险。聊天记录通常"承载了个人隐私权、信息权等基本权益"[17]。在大数据背景下，隐私权的客体范围相较传统隐私权有所扩大并已涉及网络聊天记录[18]。

在我国目前的法律体系中，尽管将聊天记录归为隐私范畴并加大保护力度，但现实中聊天截图并非完全受法律保护。因为聊天记录包罗万象，截图内容复杂多样，小到个人生活日常，大到国际新闻事件，难免涉及一些隐私问题，甚至包括法律尚未保护但确有必要加以保护的客体。同时，若传播主体将聊天对方的重要信息进行模糊处理，认定和区分聊天截图中的隐私侵犯就变得有一定难度，导致隐私保护机制处于失灵的尴尬境地。

五、聊天截图传播负面效应的规制

（一）完善法律法规，避免"一刀切"

新媒体环境下，聊天记录内容无所不有，对于聊天记录的传播行为，立法不可对所有的聊天记录"一刀切"，应考虑基于利益平衡原则对该类传播中的不当行为及时作出调整，可采取分类管控模式。如对于有关人格、自由利益的聊天记录，和对于不含隐私、个人信息、商业秘密等的"无害型"聊天记录，二者的处理模式不应一致。对隐私的保护一般要求隐私的内容本身具有合法性。如果个人隐私中涉嫌对国家利益、公共利益的侵害，甚至可能涉及违法犯罪，即使曝光的聊天记录涉嫌他人隐私内容，也不属于侵犯隐私权，法律不保护此种隐私。立法应尽可能全面的覆盖聊天记录中有保护价值的客体[3]。

（二）强化媒体责任，谨防"塔西佗陷阱"

面对截图传播出现的心得伦理问题，政府和媒体应与时俱进加以应对。政府应及时干预，强化媒体责任；媒体应坚守新闻真实阵地，让新闻事实摒弃"噱头"，谨防"塔西佗陷阱"的负面效应。新闻媒体不能"唯流量论"，报道故意突出刺激性元素，蓄意或恶意放大涉性的细节，靠噱头获取流量。媒体平台需完善新闻媒体内部管理体系，对信息传播过程的每一环节严格把关，当聊天记录为报道的核心内容时，媒体应首先考虑以转述而非直接截图的方式展示聊天内容细节，使聊天记录的受保护信息尽量准确完整表述，避免其陷入二次传播或多次传播负面效应的危险。同时需结合运营实际出台平台自治规则，可包括用户协议约束、国家法律赋予、技术支配等平台规则，违法该规则的主体需承担相应的责任。

（三）建立反截屏系统，警惕"技术谣言"

截图传播依托截屏技术的发展，因此截图传播中的伦理风险还需依靠技术手段来规范。通过建立反截屏装置来实时监测用户的截屏行为，如 Blucha、蝙蝠聊天等多个 App 推出"截屏提醒""阅后即焚"功能。一旦后台数据监测到用户正在做出该行为，应立即出现弹窗提醒传播主体此时截图的内容可能涉及侵犯他人权利。当受到用户正在编辑截图的行为数据，网络社交平台、修图软件等都应发送适量弹窗加以提醒，或像微信聊天界面中提示"对方正在输入……"暗示聊天双方反馈对话正在进行。从技术设计的角度来看，是否也应有一种反馈方式如"对方正在截屏……"提示传播主体慎重截图，以使截图传播行为得以规范，同时警惕"技术谣言"的产生。

（四）增强法治意识，筑牢"隐私保护墙"

彭兰认为："拥有了传播权力但没有受过专业训练的普通公众，显然很难从事实判断、价值判断的角度来进行信息筛选，多数人只能基于个人的直觉和情绪需要去选择想要的信息。"[19] 大数据时代，信息的真实性被蒙上了一层面纱，我们难以通过直觉和情绪一眼窥见藏于面纱之下的东西，信息传播的本质逐渐瓦解，违法行为也乘机而入，如网民在社交聊天软件中发布私密信息，若该信息内容本身合理或其传播未造成严重影响，可在道德层面给予谴责；一旦涉及侵犯他人权益的内容而不知，招致犯罪分子诈骗和敲诈勒索的情况并不罕见。当我们根据技术创造的不同情境展开"自我表演"时，也应该注意到不能完全信任这个"舞台"[6]。因此，提升个人信息传播的素养，增强自我法治意识，依法合理保护自己与他人的媒介权益，为隐私筑牢一座"保护墙"。

六、结语

聊天记录截图并不是一种不偏不倚的信息传播中介，还需警惕它在传播过程中信息失控、隐私侵犯等伦理风险。置身截图风潮，麦克卢汉"媒介本身而不是媒介所提示的内容，才是真正有意义的讯息"这一经典理论值得反思。面对截图传播所产生的现实威胁需要我们超越技术本身去思考，应从根源出发强化个体的传播界限感，在合理的界限范围内探寻技术与传播互动模式的最大化，构建信息传播与隐私管理之间的平衡，以有效降低截图传播带来的风险与危机。

参考文献

[1] 王勤. 截图新闻的伦理失范及其对策 [J]. 新闻研究导刊，2020，11（11）：56-57.

[2] 李欢，徐偲骕. 隔"屏"有耳？——聊天记录"二次传播"的控制权边界研究 [J]. 新闻记者，2020（9）：74-84.

[3] 何金海. 网络时代聊天记录跨场景传播的法律治理 [J]. 北京政法职业学院学报，2021（4）：96-102.

[4] 叶荣奇，李琳. 论微信聊天记录在民事诉讼中的证明力 [J]. 今日科技，2020（9）：46-48.

[5] 赖晓娜. 聊天截图公开传播的意义生成及流变 [J]. 青年记者，2022（18）：101-103.

[6] 周宇婷，陈文育. "舆"与"律"何以平衡：截图传播中伦理失范及规范研究 [J]. 传媒观察，2022（5）：70-76.

[7] 杨雪斐. 大数据时代个人信息隐私的伦理研究 [D]. 兰州：西北师范大学，2022.

[8] 毛牧然，董晓梅. 论信息隐私伦理风险的成因与治理 [J]. 自然辩证法研究，2023，39（4）：23-28.

[9] 杨雅，喻国明. 试论技术现象学视域下媒介技术的"在场效应" [J]. 当代传播，2018，（1）：54-59，74.

[10] 张爱军，朱欢．"截屏"社交的权力异化：逻辑、风险及其规制 [J]．新视野，2021（4）：109-114．

[11] 周芳，曾敬．聊天记录截屏的视觉化修辞与技术伦理边界 [J]．天府新论，2022（3）：135-142．

[12] 何金海．信息社会中"截屏"应用的异变风险与法治应对 [J]．甘肃开放大学学报，2022，32（4）：29-34．

[13] 李胜蓝．网络截屏社交下的场景消解现象 [J]．新媒体研究，2021，7（3）：61-63．

[14] 宋美杰，陈元朔．为何截屏：从屏幕摄影到媒介化生活 [J]．福建师范大学学报（哲学社会科学版），2021（1）：123-132，171．

[15] [加] 欧文·戈夫曼．日常生活中的自我呈现 [M]．冯钢，译．北京：北京大学出版社，2008．

[16] 朱芸．新媒体时代"截屏社交"的作用机制与伦理反思 [J]．东南传播，2021（8）：106-109．

[17] 谢登科．电子数据网络在线提取规则反思与重构 [J]．东方法学，2020（3）：89-100．

[18] 潘星容，黄紫妍．论大数据背景下隐私权的法律保护 [J]．行政与法，2020（8）：92-102．

[19] 王志彬．自媒体时代截图传播的伦理问题研究 [D]．长沙：湖南大学，2019．

3.15 代际弥合：互动仪式链视角下银发网红的破圈分析

吴开翔[①] 杨蓉忻[②]

摘　要：互联网第三次浪潮来袭，作为数字移民的银发群体面临数字鸿沟、生存鸿沟及代际鸿沟等多重困境。5G时代下应运而生的短视频媒介，为银发群体的内容生产、社交互动提供行动可能，从而有效弥合代际鸿沟。研究以互动仪式链为理论基础，基于半结构化的深访资料，运用扎根理论分析方法进行逐级编码，从而构建银发网红破圈分析的内在逻辑模型，由此厘清银发网红、媒介技术、受众群体间的互动关系。研究表明，银发网红在短视频构建的互动仪式之下，通过情感能量交换，以达成代际间的身份认同。并挖掘出风险感知这一具有重要价值的限制因素。从而，在积极老龄化主旨下，为银发经济发展建言献策。

关键词：银发网红；短视频；互动仪式链；媒介可供性；扎根分析

一、引言

（一）问题提出

5G时代的到来，媒介的定义被深刻改写、造就全新的媒介生态图景。融合网络的高速稳定使得视频化、碎片化、交互性传播成为新趋势。短视频媒介集内容生产、社交互动、信息获取等诸多效用，以可视化、社交性、碎片化等

[①] 吴开翔，浙江传媒学院社会治理与传播创新研究院硕士研究生，主要从事网络社会治理与传播的研究。

[②] 杨蓉忻，浙江传媒学院社会治理与传播创新研究院硕士研究生，主要从事乡村传播的研究。

传媒技术研究

特征，深刻嵌入用户的日常生活之中，是补偿性媒介发展的现实注脚。无论有无风口，短视频都将是移动时代的一种常态表达方式。[1]而技术更迭和信息化社会的发展，也导致不同群体因数字素养和技术素养参差而形成区隔。一方是作为数字原住民的中青年群体，通过互联网络进行永久在线、永久链接的数字化生存。另一方是作为数字移民的银发群体，在身心双重桎梏下，囿于信息素养低下而不断边缘化，不同年龄圈层间形成信息素养的马太效应。媒介化生存中挣扎的银发群体，也逐渐形成代际鸿沟、数字鸿沟，甚至于生存鸿沟等诸多问题。

近年来，短视频媒介因自身的下沉特性和接触门槛较低的媒介特性，为边缘人群尤其是银发群体提供行动可能。2022年10月QuestMobile发布的《"银发经济"洞察报告》显示，银发群体App使用偏好前五名中，出现4个短视频App[2]，银发KOL也在各类内容平台之上实现"破圈出圈"。

基于互动仪式链理论，对银发网红的破圈现象的研究分析，具有现实意义和学术价值的双重作用。一方面，能够切实连接不同年龄圈层、文化圈层间的关系链接，形成情感力量和身份认同，从而打破固有的具化刻板印象，弥合代际鸿沟。另一方面，也能为共同体的建构、社会共识的凝聚以及数字鸿沟的弥合持续赋能，并提供理论视角的补充。

（二）文献综述

1. 银发网红的生发路径

针对银发网红的生发路径和传播特点，学术界主要从技术视角、生产逻辑、社会根源等角度出发。

第一，媒介技术的补偿性更迭为银发网红提供行动性可能，以短视频为代表的数字媒介基础设施为老年Up主族群实现自我呈现起着基底作用。[3]各维度的媒介可供性[4]能够为银发群体的网络接入、互动社交、脱域传播等数字行为实践提供现实可能。

第二，针对银发网红的自我呈现研究。已有研究将"银发网红"进行分类，按照形象呈现和身份特征不同，可划分为明星型、知识型、才艺型、娱乐型和意外成名等。[5]而银发网红通过正能量叙事内容[6]、反差式的前台展演人设等进行自我印象整饰。在自我呈现结果层面，有学者以符号互动论为基础，分析银发网红在青年群体中圈粉的原因。[7] 学术界主要通过话语分析和扎根理论等质性研究方法对银发网红现象开展研究，却忽视银发网红破圈现象背后的资本助推、价值游移等风险考量。

第三，针对社会根源的影响。学者指出媒体话语框架的边缘化[8]、"积极老龄化"的顶层设计[9] 均会影响银发群体的生活实践。国外学者则认为，媒介化进程的深度嵌入，所带来的消费文化流行使多元化银发群体媒介呈现成为可能。[10] 在 Web3.0 的场景时代，移动终端的随时接入，永久在线的生存状态，圈层间的互动影响，将进一步推动银发网红群体的增量。

2. 银发网红的社会效应和优化路径

针对银发网红的优化路径和社会效应研究，已有研究主要从银发群体的再社会化、银发经济发展、银发群体需求满足[11]、数字鸿沟弥合等角度进行阐释，但较少提及代际鸿沟弥合、文化认同及共同体构建的社会效应，同时也缺乏必要的理论框架支撑。而针对银发网红的短视频生产行为，学者提出严格把关内容生产、洞察新兴需求、跨域技术门槛[12] 等作为银发网红的优化路径和解困之策。

质言之，学术界当前关于银发网红的相关研究不在少数。已有研究大多探讨银发网红现象的生发机制、社会效应和优化路径。然而，较少以理论为基底，建构研究路径。对于银发网红现象背后的风险感知探讨也存在不足。基于此，本文将通过扎根理论分析银发网红受众的访谈文本，依据互动仪式链理论，搭建理论分析框架，进而探讨银发网红引起受众关注过程中的情感力量、身份认同、仪式空间和风险感知。通过梳理银发网红破圈现象的核心机制，提炼银发网红的治理内涵，以期促进代际弥合、积极老龄化以及银发经济发展现实落地。

二、研究方法与设计

（一）数据收集：研究对象与深度访谈

根据 CNNIC 发布的第 51 次报告，截至 2022 年 12 月，我国短视频用户规模为 10.12 亿，占网民整体的 94.8%。[13] 本文旨在探讨短视频平台中银发网红的"破圈"的影响因素分析，为确保研究样本的客观有效性，故而以深度使用短视频 App 的用户群体为目标人群。研究对象应符合以下标准：

（1）研究样本间的异质性。即将年龄、性别、受教育水平等人口统计学因素纳入抽样标准中，以便编码程序容纳更多类属和要素。

（2）研究对象须使用短视频 App 至少 1 年以上，并产生一定的媒介接触惯习（每天平均使用 1 小时以上）。

（3）研究对象应至少关注 3 位银发网红，了解银发网红的展演形式、独特优势等。

研究在理论抽样的原则下，采取目的抽样和滚雪球抽样的方式，最终选取访谈对象 15 人，获得 7.4 万字原始文本，访谈过程人均 20～30 岁。受试者男性 7 人、女性 8 人，年龄跨度为 20～45 岁，学历跨度为高中到研究生。

在数据收集层面，本文通过半结构化深度访谈、线上线下相结合的形式获取访谈文本。访谈伊始，研究者将告知访谈对象关于研究目的、保密事项及访谈报酬等事宜，并在得到允许后进行全程录音。通过设置部分开放性问题，借以引导受访者抒发对银发网红的认知和情感。此外，研究通过前期预访谈，以及中期阶段性访谈结果中涌现出的类属和要素进行归纳，持续性地修改完善访谈提纲，以期提升原始文本的阐释力度和广度。

（二）理论依据和数据分析

数据分析阶段，采取扎根理论分析法的研究方法，通过理论演绎和类属归纳两条路径建构解释框架。为探讨银发网红的破圈现象，选择兰德尔·柯林斯的互动仪式链为本文的理论依据。所谓互动仪式链，意指经由大量"际遇"的互动仪式所链接形成的链式结构。互动仪式链虽始于人际间的传播行为，但伴随着更多主体的参与互动，互动仪式链将交结为中观乃至宏观级别的社会结构。[14] 银发网红的破圈行为，便是经由无数"际遇"的互动产生。故而，以互动仪式链理论为解释框架的基底，是恰如其分的研究路径。

扎根理论分析法由格拉斯（Glaser）和斯特劳斯（Strauss）提出，主要通过原始经验数据出发，不提前设置研究假设，而只对数据进行编码和梳理以建构概念，再挖掘概念间的联系建立类属，最终形成理论范畴。本文在研究逻辑上，采用 Charmaz 倡导的建构主义扎根理论的解释主义理论视角，而在具体编码程序上采用 Strauss 和 Corbin "程序化扎根理论"[15] 的三级编码。

此外，为检验研究信效度，在实质性编码体系建立后，进行理论饱和度检验。通过对预留的 3 份访谈文本进行程序化三级编码程序，观察是否出现新类属和新范畴。如若出现则扩大访谈范围，直至不再涌现新要素，以达成理论饱和。

三、实质编码分析

研究借助 Nvivo12 为实质编码体系构建的必要工具，并依据程序化三级编码程序展开分析和归纳。在开放式编码环节，通过对原始访谈文本进行逐句分析，概括并标签化过渡得到 51 个初始概念。再通过初始概念间的抽象凝练，删除冗余内容后得到 20 个初始范畴，具体如表 3.15.1 所示。

表 3.15.1 开放式编码结果

开放性编码标签化	开放性编码概念化
a1 认同态度；a2 抵触态度；a3 矛盾态度	互动态度
a4 主动搜索；a5 收看习惯；a6 持续参与	行动体验
a7 数字反哺意愿；a8 老年群体社会信任度	人情效应
a9 对银发网红广告信任度；a10 对其推荐商品购买意愿	物情效应
a11 个人基模改变；a12 老年群体角色基模改变；a13 事件基模改变	基模改变
a14 投身老年实践；a15 认可顶层设计	行动改变
a16 相似性吸引；a17 有用性	可接近性
a18 平等感知；a19 虚拟陪伴；a20 心绪转换	情感诉求
a21 粉丝社群；a22 私域流量	网缘共同体
a23 代际关系弥合；a24 代际认知协调；a25 代际协同行动	代际共同体
a26 数字化在场；a27 衣帽间式的共同体	身体缺席
a28 鼓励点赞大于收看；a29 注重内容而非对象	状态虚化
a30 弹幕互动；a31 图文互动	评论互动
a32 跨平台转发分享；a33 同平台转发分享	裂变转发
a34 粉丝基数；a35 获赞数量；a36 评论数量	资本彰显

续表

开放性编码标签化	开放性编码概念化
a37 文化资本转换；a38 经济资本转换；a39 社会资本转换	资本转换
a40 算法推荐；a41 流量扶持；a42MCN 团队支持；a43 工业流水线式生产；a44 内容共创	资本助推
a45 追逐热点；a46 娱乐至死；a47 土味	眼球效应
a48 同质化；a49 版权侵犯	灵韵丧失
a50 直播带货；a51 广告植入	兴趣丧失

在主轴式编码环节，通过挖掘、连接初始概念间的因果关系、传播情景、语义联系等逻辑要素，按照具备阐释型价值的原则为标准进行选择[16]，从而得到互动体验、移情效应、具化刻板印象改变、准社会交往等 10 个主范畴。然后，经由互动仪式链理论为基底的演绎逻辑，同其他组类在持续比较中进行梳理分类，得到 3 个具有统领性的核心范畴，即情感力量、身份认同和互动仪式。但仍有概念未被上述类属所容纳，因此通过归纳逻辑进行提炼，得到风险感知这一核心范畴。由此，在选择性编码程序中获得 4 个核心范畴。

表 3.15.2　银发网红破圈分析的实质编码体系

开放性编码概念化	主轴编码范畴化	选择性编码范畴化
互动态度	互动体验	情感力量
行动体验		
人情效应	移情效应	
物情效应		
基模改变	具化刻板印象改变	身份认同
行动改变		
可接近性	准社会交往	
情感诉求		
网缘共同体	共同体凝聚	
代际共同体		

续表

开放性编码概念化	主轴编码范畴化	选择性编码范畴化
身体缺席	身心脱域	仪式空间
状态虚化	身心脱域	仪式空间
评论互动	符号互动	仪式空间
裂变转发	符号互动	仪式空间
资本彰显	资本禀赋	仪式空间
资本转换	资本禀赋	仪式空间
资本助推	流量景观	风险感知
眼球效应	流量景观	风险感知
灵韵丧失	情感劳动	风险感知
兴趣丧失	情感劳动	风险感知

为了保证研究的信效度，对预留的 3 份访谈文本进行批判性阅读和三级编码程序，并溯源先前访谈文本，因并未涌现新的要素与概念，由此完成理论饱和度检验。

四、模型建构与阐释

在以互动仪式链理论为基底的演绎逻辑，对访谈文本中的类属、概念进行勾连梳理，并对剩余概念进行归纳总结后，建构得出银发网红破圈的解释框架（见图 3.15.1）。该分析框架，经由媒介技术带来的空间再造、银发网红的效用风险两维度出发。阐释媒介可供性视角下互动仪式市场的再造，同时对情感力量交换、身份认同形塑产生的效用，以及风险感知进行解读，尝试诠释银发网红破圈背后技术、用户、社会三者间的互动逻辑。

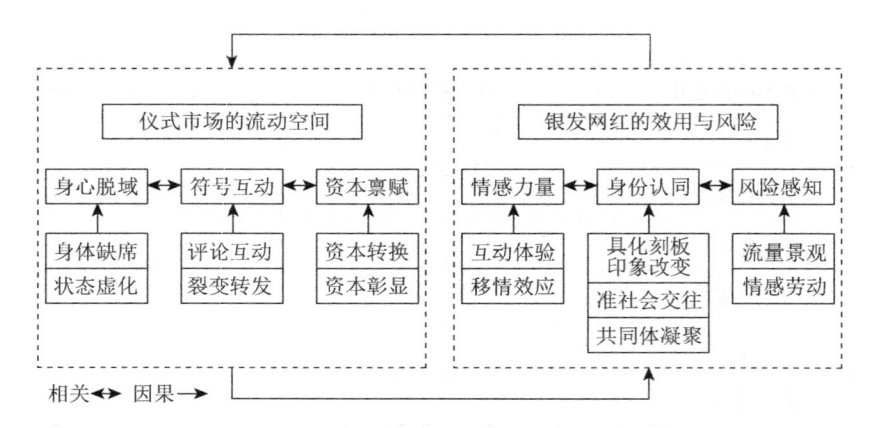

图 3.15.1 银发网红破圈现象的解释框架

（一）流动空间：可供性视角下的全时互动

媒介技术的嵌入使社会系统呈现出液态化、流动化特征，短视频一类的社交媒体平台对于媒介生态的改变，并非简单的融入，而是以建构者身份颠覆整体生态图景。银发网红的破圈现象，短视频一类的数字化基础设施的基底作用不可忽视。

生产可供性下，银发网红的内容生产可复制、可分享、可二创，使流动空间中的参与式文化野蛮生长。银发网红符号资本的原始积累，往往经由不同资本转换的路径。诸如银发知播群体，通过自身文化资本的转换得到大众关注。而注意力的聚集所形成的资本彰显，又能加速资本转换的周期，从而实现持续流动的互动仪式市场。社交可供性下，可传情、可互动、可评论，使仪式性的符号互动全时上演。短视频中丰富的符号互动体系、裂变转发机制，为银发网红破圈现象提供助力。"末那大叔的视频很有意思，评论点赞也非常多，我自己就经常评论，他还回复过我一次。"（受访者3）在移动可供性背景下，多终端、轻量化、易接入，使身心脱域的数字化在场成为可能。

（二）情感力量：互动体验和移情效应

在互动体验层面，用户群体对于银发网红的互动态度主要可分为认同、抵触和矛盾三种类型。较之于早期的新奇、反差、活力的积极印象，部分用户也指出大量同质化、刻奇化的展演形式，使其互动态度陷入矛盾，甚至倒戈至抵触状态。不可否认，银发网红的现象级破圈产生巨大的情感能量，也造就用户持续性的行动体验，如主动检索、收看惯习。"打开抖音，我就下意识地检索田姥姥有没有更新。"（受访者9）

在移情效应层面，银发网红所引发的用户移情主要体现在物情效应和人情效应两类。针对前者，对银发网红的持续关注、仪式互动将产生巨大的情感力量，进而产生爱屋及乌的感受与行为。"我曾经在汪奶奶的直播间，买过卸妆湿巾，主要也不贵看她用感觉还不错。"（受访者7）对于银发网红的积极态度，往往使用户更易接受其内容生产中呈现的广告、商品。而在人情效应维度，针对银发网红的喜爱，往往会对代际间互动产生正向影响。较多受访者表示，在观看银发网红的视频后，与家中老年人联系变多，数字反哺意愿增强。总而言之，银发网红的破圈出圈，是公众的代际情感与文化心理在视频时代的映射。经由此种路径，代际鸿沟、数字鸿沟、生存鸿沟等银发群体边缘化障碍将得到一定改善。

（三）身份认同：认知转换和共同体凝聚

互联网时代所构建的话语场域之中，银发群体作为数字移民，处在话语表达和社会认可的边缘位置。媒体创造积极或消极的刻板印象，影响着公众对老龄化和晚年技术使用的态度。[17]银发网红的破圈出圈，为银发群体争夺话语权力、改变具化刻板印象[18]、建构正向银发形象起着积极作用。用户接触银发网红内容后，易于形成准社会交往的关系，借此满足自身虚拟陪伴、心绪转换、平等感知等需求。此外，对银发网红的关注行为，使用户激发对银发群体的固定认知、信念和期待的正向态度，并认可其社会角色定位。有受访者表示，在负面事件出现时，也将缓解自身先入为主的负面评价（受访者6）。

在共同体凝聚层面，身份认同主要可以从表层和深层两个维度展开。从表层看，银发网红的内容生产，形成自身的私域流量与粉丝社群，从而构建银发网红自身与粉丝群体间的网缘共同体。从深层看，趣缘链接的网缘共同体是代际共同体建构的映射。通过银发网红的自我呈现和媒介形象，易于形成代际关系弥合、代际认知协调、代际协同行动等正向效应。

（四）风险感知：流量景观和情感劳动

加速社会的超注意力情景之下，注意力资源的稀缺成为资本争夺的重中之重。用户从原先的垄断时空中一次性被动获取大多数注意力，到从利基时空的消费中自主获取精准注意力的转变。而银发网红作为网红产业的全新流量增长点，成为资本扩大行动循环、进入用户注意力信道的重要路由。

眼球效应下的流量景观，侵蚀着银发网红的内容生产。追逐热点、土味刻奇、娱乐至死成为用户为当前某些银发网红贴上的标签。以 MCN 机构、媒介平台为代表的资本助推，诸如平台算法推荐、MCN 机构的工业流水线式生产及跨界共创，也为流量景观持续赋能。消费主义和流量观念，使银发网红仅留存于表层符号风格的呈现，而忽略真正的文化内核。

此外，银发网红的情感劳动囿于自身媒介素养。其一，在马太效应下，腰部及以下银发网红缺乏创新的同质化内容，导致灵韵的丧失。其二，缺乏法律意识，导致版权侵犯时有发生。其三，缺乏私域流量管理意识，过多广告植入、商业推广导致用户兴趣流失。

五、结论与讨论

本文以互动仪式链为理论依据，通过半结构化访谈收集原始数据文本，结合扎根理论分析法，搭建银发网红出圈的解释框架，借以探讨银发网红的社会效用及风险感知。通过程序化扎根分析，最终获得 4 个核心范畴、10 个主范畴、20 个初始范畴及 51 个初始概念。为银发经济发展、代际弥合、治理共同体构建提供建议。

研究结论如下。其一，银发网红的破圈能够在互动仪式市场中形成情感能量，用户将形成行为惯习和持续关注，并且形成移情效应，从而对代际弥合互动、数字反哺具有促进作用。其二，情感能量的交换，将形塑主体间的身份认同。银发群体的具化刻板印象被消解，社会角色得到认可、话语权力得到重塑。其三，共同体的凝聚效应，为社会共识的重塑、治理共同体的建构创造条件。其四，技术和资本的遮蔽，在银发网红的风险感知中得以发掘。银发网红对具化的刻板印象消解的积极效用、短视频平台能否成为银发群体自我呈现的有效渠道、其他银发群体如何实现媒介呈现等问题，亟须社会治理共同体进行协同共治。

参考文献

[1] 彭兰. 短视频：视频生产力的"转基因"与再培育[J]. 新闻界，2019（1）：34-43.

[2] Quest Mobile. 2022 银发经济洞察报告：下沉市场成增长核心，生活购物、医疗服务等消费爆发，如何抓住？[EB/OL]. https://www.questmobile.com.cn/research/report/1595788283991920642.

[3] 吴炜华，姜俣. 银发网红的网络实践与主体追寻——基于视频社交场景中的"老年 Up 主"族群研究[J]. 新闻与写作，2021（3）：14-21.

[4] 潘忠党，刘于思. 以何为"新"？"新媒体"话语中的权力陷阱与研究者的理论自省——潘忠党教授访谈录[J]. 新闻与传播评论，2017（1）：2-19.

[5] 赵隆华，刘俊冉. "银发网红"的传播特点与发展路径构建[J]. 青年记者，2020（12）：48-49.

[6] 张蕾. "银发网民"的短视频消费与生产逻辑研究[J]. 传媒，2022，369（4）：57-59.

[7] 李豪，赵红艳. 符号互动论视角下银发网红在青年群体中圈粉现象分析[J]. 新闻爱好者，2022（3）：110-112.

[8] Lichtenstein, B.（2021）. From "coffin dodger" to "boomer re-mover"：Outbreaks of ageism in three countries with divergent approaches to coronavirus control. The Journals of Gerontology，Series B：Psychological Sciences and Social Sciences，76（4），206–212.

[9] 方提，黄莉婷. "银发网红"的媒介话语建构及其社会根源[J]. 新闻爱好者，2022（2）：35-39.

[10] Featherstone,M. ,& Hepworth,M. Images of Ageing：Cultural Representations of Later Life// Bengtson,V. ,Coleman,P. & Kirkwood,T.（Authors）& Johnson,M.（Ed.），The Cambridge Handbook of Age and Ageing. Cambridge：Cambridge University Press,2005：354-362.

[11] 韩敏，孙可欣. 数字情感劳动：银发群体再社会化[J]. 青年记者，2022（6）：59-61.

[12] 江苏佳. 银发群体的信息生产及传播优化[J]. 青年记者，2020（25）：9-11.

[13] 中国互联网络信息中心. 第 51 次《中国互联网络发展状况统计报告》[EB/OL]. https://www.cnnic.cn/n4/2023/0303/c88-10757.html，2023.3.2.

[14] 邓昕. 被遮蔽的情感之维：兰德尔·柯林斯互动仪式链理论诠释[J]. 新闻界，2020（8）：40-47，95.

[15] 吴毅，吴刚，马颂歌. 扎根理论的起源、流派与应用方法述评——基于工作场所学习

的案例分析 [J]. 远程教育杂志，2016，35（3）：32-41.
[16] 刘国强，颜廷旺. 底层群体为何拒用智能手机？——基于重庆棒棒的扎根研究 [J]. 国际新闻界，2022，44（7）：74-96.
[17] Fraser, S. A., Kenyon, V., Lagacé, M., Wittich, W., & Southall, K. E. (2016). Stereotypes associated with age-related conditions and assistive device use in Canadian media. The Gerontologist, 56（6）, 1023–1032.
[18] Levy, B. (2009). Stereotype embodiment: A psychosocial approach to aging. Current Directions in Psychological Science, 18（6）, 332–336.

3.16 作为媒介的游戏：基于中国视野 Web3.0 趋势下游戏的深度媒介化问题及其特征考察

张潇丹[①]

摘　要：Web3.0 时代传播生产力的突飞猛进将会为人们创造更多的"盈余空间"。其中，游戏作为具有集成未来的媒介系统，在即将到来的新一轮技术红利下，将从隐蔽的影响转变为更加显著的存在，直接参与 Web3.0 网络社会共建，引起媒介未来游戏化范式的深刻变革。基于此，本文借以总结游戏媒介化的逻辑演化历程认为，人类对媒介认知的进一步加深及互联技术的发展，使游戏作为媒介的属性和功效被挖掘并逐渐从一般的娱乐功用中剥离出来，促成网络中个体场景间的互动，与人们的日常生活无限弥合，为未来媒介的"游戏化生存"范式奠定基础。同时，本文基于中国视野下的实例，结合 Web3.0 的发展趋势发现，游戏媒介呈现出产业包容性、传播公共性、实践前瞻性三大特性。

关键词：Web3.0；游戏；深度媒介化；媒介技术；元宇宙

在人类迈向 Web3.0 的道路上，游戏脱胎于一般日常生活表征的范畴，被期望为一种整合未来的新型媒介。"游戏化生存"成为当前众多学者及行业从业者对于未来数字文明下人类生存生活方式的理想。因此，把握游戏的逻辑演化历程，考察在深度媒介化趋势的当下，游戏从媒介化到媒介游戏化的转型间隙的特征表现，则有助于回答与指明未来游戏作为媒介发展的方向。

---

① 张潇丹，长安大学人文学院硕士研究生，主要从事媒介文化、媒介技术的研究。

一、深度化转向：游戏媒介化的逻辑演化历程及未来趋势

千百年来，游戏与人类社会的发展如影随形。据考证，迄今为止发现的最早人类游戏活动源于 5000 年前中美洲的"掷骰子猜大小"的游戏。从简单的娱乐到今天数字技术打造的电子游戏产品，游戏在发展过程中不断丰富其形式和内容，也乘着技术的快车，从被忽视边缘化走向万众瞩目，作为媒介参与到未来网络社会的逻辑化演化进程中。

（一）媒介仅作为游戏的附加属性

游戏作为综合性的概念，既可泛指一系列用作消遣娱乐等的趣味活动，也可具体指游戏的品类、规则以及可以被量化的机制等，或可理解为一种传递信息的工具、手段。游戏与人类相伴而生，但在近代文明产生以前，却一直以边缘化的存在方式而存续，甚至在人类社会处于生产力低下所造成的物质短缺的境况中，由于游戏并不直接创造价值，一贯被赋予消极色彩，被污名化为"懒惰"的行为，一如《进学解》中所述的"业精于勤，荒于嬉"一言[1]。

首先，游戏在被认知为一种媒介之前，具象为各式各样的趣味娱乐活动，起着休闲消遣的作用。比如发现于我国新石器时代遗址中的陀螺，被赋予"中国最早的娱乐项目"，贾思勰在《齐民要术》中就提到"捶者，镟作独乐及盏"，早期用"独乐"命名陀螺可见其趣味性，而在宋朝的记载中，深宫中的妃嫔宫女为打发时间，便在圆盘中拧动"千千"（据考证是一种陀螺）旋转，明朝《帝经物略·二春场》中记载的一首民谣："杨柳儿青，放空钟；杨柳儿活，抽陀螺；杨柳儿死，踢毽子"，则证明该时期不仅陀螺，毽子及空竹也已成为了民间儿童的普遍玩具。中国作为诗词大国，"飞花令"的出现源自古人诗赋雅兴，成为在觥筹中的一种特有的助兴文字游戏，并以其高雅形式深受文人墨客的喜爱。在西方，游戏一样也兼具了益智与趣味的作用，如流行于 18 世纪法国宫廷贵族的"独立钻石游戏"，玩法类似现在的跳棋，可以锻炼逻辑思维，打发时光。起源于公元 2 世纪至 4 世纪印度的象棋，其中车、马、象（相）、兵（卒）满足了日常生活中模拟体验战场的乐趣。起源于 11 世纪的法国，又有说源于日本的游戏"剑玉"（Bilboquet），取"杯与球"之意，在江户时代（17 世纪初）成为日本的一种晚饭后的娱乐[2]。

其次，古时游戏最接近媒介性质则是被用于国家治理与政治外交的手段。我国唐朝时期的蹴鞠运动，在社会稳定繁荣的背景下，从早期的军事训练转变为贵族交往的游戏随之又推广成民间乐趣，促成了统治者、贵族与民同乐的景象。另外，航海的发展，促进了唐朝的外交事业向外拓展，蹴鞠运动走向国外，传向东亚、东南亚甚至中亚和西欧地区，一定程度上促进了唐朝与其他外邦民族和国家之间的友好关系的发展[3]。当然，除赞美之外，唐朝历代君主对于蹴鞠的喜爱也引起了群臣异议，其认为过度迷恋蹴鞠，势必玩物丧志影响朝政治理[4]。因此，游戏被古代社会一度边缘化、污名化，主要原因在于游戏被普遍用于赌博活动，或成为众人口中容易致瘾的事物，诸如牌九、斗鸡、麻将、六博、骰子等。在相当长的时期内，人们对游戏的认知以及运用基本都处于功能性大于传播性，即意味着重视游戏本身所带来的作用及影响，其作为媒介仅仅是涵盖在游戏的附加价值中。

（二）游戏被"正名"为一种媒介

"正名"即将游戏的媒介属性从隐匿的层面被公之于众，首先，源于更为开放、泛化的媒介观的出现。20世纪以后，传播手段的变革及大众传媒的勃兴，"媒介"一词所指涉的范围越来越多地指向能够传递信息与维系社会联系的工具。英尼斯作为"泛媒介论"者，他认为凡是能够负载信息的物质都是媒介，媒介的含义应非常广泛。1964年，麦克卢汉在《理解媒介》一书中也将很多此前大众并不将其认作媒介的事物纳入了媒介的范畴[5]，进一步而言，媒介本质被发掘为人如何感知生存于外部经验世界的中介物。因此，媒介的泛化，一定程度上回溯了媒介"medium"作为"中介物"的最初含义，同时也促使人们以更为开放且深刻的视角看待媒介本身，因此，游戏作为一种"媒介"正式进入研究视野内。

其次，游戏与媒介同时依靠着计算机技术的出现与发展而迭代更新与变化，这也促进了游戏进一步靠近媒介的属性。1962年，世界第一款流传广且影响力大的电子游戏"Space War"诞生。随后，电子游戏在20世纪70年代开始以商业娱乐媒体的形态被引入大众的日常生活，逐渐成为日本、美国和欧洲娱乐工业的重要基础[6]。1972年创立的Atari（雅达利）游戏公司同年所推出游戏"Pong"19000部的销量大获成功，开启了电子游戏产业的开端。20

世纪 80 年代，更多公司涌入电子游戏机市场，日本任天堂凭借任天堂娱乐系统（NES）独领风骚，出现了诸如《塞尔达传说》系列中的 Link 和《超级马里奥》系列中的 Mario 流传甚广的游戏图标，至今都还是时代的记忆符号，1986 年日本就完成了人类历史上首次电子游戏比赛的直播信号制作，90 年代三维计算机图像更复杂化的呈现诸多游戏配件的升级，出现了诸如《魔兽争霸》《命令与征服》。世纪之交，韩国依托暴雪公司旗下的《星际争霸》打造了家喻户晓的电子游戏电视频道，游戏在发展中，不自觉地走出了国门，走向了世界，联结了通过互联网沟通的用户们，传递着多彩的讯息，打造了一个又一个时代传播的符号。

另外，电子游戏的出现发展及其商业化刺激并凸显了游戏的媒介用途与形象，彰显了其作为一种传播媒介的进化能力和基本条件。即游戏本体显性地成为了传递信息的中介物，综合延伸了人类的多重感官的体验，唤醒了个体信息操作的自我意识，链接了人与人、人与物等，并以普罗大众为基础，以技术革新为导向，引发了新闻传播领域对于泛娱乐化、文化工业等社会现象，以及多元化、多层次社会综合传播效果的考察[7]，渐进式规训人们在电子游戏的操作范式下，形成独特的电子媒介（游戏）的使用习惯，以及正如斯蒂芬森所提及的游戏就是主体意识的唤醒，促成传递乐趣——自娱自乐或相互竞技的游戏传播意识形成[8]。

（三）从游戏媒介化到媒介游戏化

按照唐·舒尔茨（Don E. Schultz）的观点，媒介化是媒介作为子系统在社会之中的延伸、替代、融合和接纳的过程。整个过程更加集中于媒介介入或干预社会系统各个层面的运转，并带来传播媒介与社会结构性变化，而媒介自身的任何改变也都将波及社会其他子系统[9]。从而可以得知，游戏深度媒介化即指游戏主动加入媒介参与社会系统的演变过程中，积极充当各式各样信息传递的中介物，并泛化为各种以游戏为核心的参与形式，参与进媒介事件中，游戏的更新迭代也随着互联网媒介技术的更新而飞速变化。具体表现在，由游戏延伸出的网络用语、表情包，利用新媒体传播特性所大量出现的游戏主播，一系列游戏赛事成为舆论热点话题，游戏为主的自媒体平台的大量涌现，甚至经典国内外游戏借助互联网传播，也为国际之间的民间文化跨文化传播搭建了良好的桥梁。游戏是一个综合性的概念，其中媒介的意味一直蕴含其中，所以游戏媒介化现象一直存在，直到进入 21 世纪，互联网新媒体技术的飞速发展加深了这一进程。

目前，全世界都在为 Web3.0 时代的到来共同努力搭建和完善基础设施建设，并在 5G、物联网、云计算、区块链、AI、VR 等技术驱动下，致力于构建以用户为中心，开放、自由、普惠、安全的互联网生态系统。游戏的深度媒介化发展使得媒介赋能方式与游戏品性日趋相同，因而也出现这样一个趋势，即从游戏作为参与者主动参与媒介化进程，到媒介逐渐吸纳游戏的各项特质，并最终以游戏的运行规则和思想体系为转变的媒介游戏化趋势，也就是喻国明所提到的，学术界将重新思考游戏作为媒介的价值，并重视数字文明时代可能迎来的"游戏精神"及人类"游戏化生存"的可能性，游戏也将作为 DAO 媒介，成为数字文明时代社会再组织化的方式[10]。

"游戏化"（Gamification）指在其他非游戏情境中，游戏元素与规则的普及与应用，同时也包含网络游戏在其他媒体产业中的渗透及其游戏性的产业链延伸[11]。逻辑上，游戏作为媒介正处在游戏媒介化向媒介游戏化的转向阶段。其一，表现在各式各样元宇宙平台的"试运行"。当前的元宇宙搭建多模拟游戏的虚拟场景，重视虚拟场景的虚拟趣味性和可操作性，游戏模式成为当下探索元宇宙的主流方式。如国内多家银行就涉足了元宇宙应用，包括搭建虚拟营业厅、创设数字员工、售卖数字藏品等。在 2022 世界人工智能大会上，中国工商银行以其支行网点为原型进行了 3D 建模，打造出一个线上元宇宙营业厅，百信银行试水"数字人"推出首位虚拟数字员工"AIYA 艾雅"，建设银行也全面展示了旗下的金融元宇宙世界。天猫、京东等线上购物平台也纷纷推出元宇宙购物平台，搭建 3D 沉浸场景购物、产品展示，AR 试穿试戴，数字藏品区、艺术展览区等功能。南京、杭州、上海等全国各大博物馆也相继推出了元宇宙博物馆，大报恩寺遗址"元宇宙"，专属的数字形象，方便游客沉浸式的游览体验。其二，"以用户为中心"的战略底层驱动下，互联网达成从"流量为王"到"体验为王"的时代转换。"游戏化"与体验之间的关系主要在于游戏的运行规则以用户体验为主，游戏的个性化操作模式，移植到非游戏的其他行业，用以满足当下物质及其丰富的社会条件下，用户所追求的精神上的体验感。更深层次上，斯蒂芬森认为传播本质上就是一种主观性游戏，人们使用传播媒介是基于寻找愉悦感和自我提升，当传播活动迈向 Web3.0 时代，传播的本质将会愈加凸显，人类对于传播的认知将会回到"人本身"的层面。

二、走向 Web3.0：游戏在深度媒介化趋势下的主要特征

（一）产业包容性

改革开放之后，我国媒介事业开始正式步入以产业化为核心驱动力的转型之路，资本的逐利性大幅度加速了自 20 世纪末开始的媒体产业化浪潮，媒体向集团化、集约化的方向发展，并加大对新兴媒介技术、用户市场等的投入与布局，与此同时，游戏产业也在技术的迭代更新和市场的需求下蓬勃发展，并伴随互联网新媒体的出现，两者之间逐渐显现出产业合流与融合发展之象。

现代社会已然完全由媒介所"浸透"（permeated）[12]，并一直都在以新的标准、尺度构造新的社会，实现社会的再组织，媒介化趋势势不可当。以技术迭代的逻辑，Web3.0 伴随深度媒介化社会的到来，迎来以数字媒介作为一种新的结构社会的力量，下沉为整个社会的"操作系统"。游戏作为一个意义和实践的综合体，在这样的趋势下，主动融入到媒介产业化进程中，因此，产业包容性作为游戏深度媒介化的第一个重要特征，具体指游戏嵌入在包括媒体产业在内的社会整体中，并呈现出系统的布局，发挥着广泛意义上的媒介作用，以及为原有产业系统提供基于游戏视角的发展策略，与此同时，依托互联网平台，游戏也成为大部分互联网企业的目标发展方向，成为新的经济增长点、营收点。游戏作为单独产业也在互联网等大众媒介中，融入了媒介化进程，衍生出与之相匹配的包括游戏资讯、直播、购物、金融等媒体平台，以及广义上由游戏延伸出的诸如网页推荐，平台入驻，个性化选择等以用户为中心，关注用户体验感的媒介接触机制。

荷兰学者乔·范·迪克（José van Dijck）认为平台社会是社会深度媒介化的重要表征，其所有的资源架构都是通过传播穿针引线。互联网公司借助网络平台，通过游戏链接整合市场，使游戏正在成为互联网企业迈向 Web3.0 时代的必备工具。首当其冲便是数字藏品行业，企业通过为玩家制定类似游戏的玩法规则，打造数藏元宇宙。比如腾讯旗下的幻核 App，蚂蚁集团旗下的鲸探平台等都是国内用户较多的数藏平台之一。另外，互联网企业还实现了游戏业务

与互联网业务交融的全链条布局，从自研游戏到后期宣发，借助互联网平台相继建立了与游戏直播平台、电竞平台，以及一系列宣发账号等，从而扩大知名度与影响力。更多方面，产业上的深度媒介化，还体现在产业之间对游戏业务的收购与拓展上，诸如百度旗下的社交App"希壤"平台为用户打造元宇宙世界，字节跳动收购国内头部VR硬件厂商Pico，腾讯组建XR部门，为腾讯建立包括软件和硬件在内的扩展现实业务。

（二）传播公共性

深度媒介化的进程即完成社会各要素的激活、驱动、协同与整合的过程，其中，游戏系统地联结与嵌入网络公域中，进一步实现了人与人、人与媒介，媒介与媒介之间联系，加深了各个议程之间的融合与推进，上升成为一种社会公共的传播资源，综合了文化与社会价值，具备传播公共性的特点。

一方面，电子游戏朝向一般大众媒介的社会功能发展，面向公众构建了复杂的游戏网络，为公众提供海量的信息，构建了公共参与、讨论公共事务的平台，满足普遍群众的利益。关于大众传媒的社会功能一说，不同传播学家对此都有所定义，施拉姆将其分为政治功能、经济功能，与一般社会功能。拉扎斯菲尔德和默顿则将其分为社会地位赋予功能、社会规范强制功能，以及负面的"麻醉功能"，赖特则在一般的功能上额外提及娱乐功能。综合各位学者的研究结果，本文将大众的社会功能大致归纳为：社会联系与协调功能、大众娱乐功能、设置议题功能、地位授予功能、社会环境监测功能，而电子游戏在当前的网络环境中已经实现了前四种功能。电子游戏通过游戏赛事的举办、话题的制造，以一种娱乐戏谑的方式，打造了休闲的场景促进了网络不同圈层的之间的信息流通，并孕育了一众活跃在游戏领域的网络达人，突出公共舆论空间角色。

另一方面，游戏服务于互联网新媒体时代用户对媒介使用的"导向需求"[13]，以推进个人议程融入社会公共议程之中。根据皮亚杰的认知结构理论，游戏是个体将信息纳入原有的认知图式，是同化的一种形式。在互联网技术的影响下，游戏被赋予更加精致的操作界面与体验模式，个体在游戏中获得了较以往而言更丰富的情感体验，游戏也在不断探索用户喜好的过程中，逐步引导用户参与到游戏所制定的议程当中，每一场游戏活动、赛事都将个体用户纳入更为宏大议程当中，并在游戏本身议程与其他的媒体议程交互影响下，逐渐获取用户的注意力资源分配，调动全民参与。典型案例当属近年来在我国爆火的"英雄联盟全球总决赛赛事"，让电竞文化与产业走向公众，获得了广泛的认可，并诞生一批因赛事而获得关注的电竞选手，促进了公域中对游戏意见看法的转向，同时，为个人用户的公共议题参与创设了新的路线。

（三）实践前瞻性

媒介真正发挥作用的时刻是在其传递信息之先，换言之，媒介不可避免地成为我们感知、传播和认知的先决条件[14]。深度媒介化的趋势让我们不得不对数字媒介重塑新的认知，游戏的多元包容性的特点则可以很好地成为数字媒介未来发展的"试金石"，充当着媒介技术、媒介文化、媒介组织等探索的"先锋军"，构筑游戏生态，不断以"游戏+"的模式与不同要素产生新的碰撞。

游戏是当前游戏探索文化传播、沟通、交流的新颖方式，数字化技术为身临其境的体验，创新传承传统文化方式提供了条件，引领当前文化传播的新潮流，以更好地迎合当下用户对文化的多元化、垂直化的需求，并在跨越文化传播中越来越占据举足轻重的地位[15]。根据 CNNIC 2022 年上半年的统计，我国网民年龄结构中 20～39 岁群体占比 27.5%，位列其他年龄群体首位，网络年轻用户群体是文化的接受者、创造者和传递者，因而游戏以情绪消费的形式，更加适应当下绝大多数用户群体的使用习惯。涌现出了网易游戏《妙笔千山》中的"千里江山图"，腾讯《王者荣耀》新版本中借用了三国历史做推演的"三分之地"等。《2022 年中国游戏产业报告》也指出，游戏企业自发在游戏产品研发与运营中持续融入中华优秀传统文化，受到了广大玩家的良好反馈，获得了良好的运营境况。另外，越来越多游戏公司招纳大量基础文科的毕业生加入，着力建构以游戏为形、文化为内涵的叙事，丰富文化为游戏传播增添了更多底蕴。

游戏是迈向 Web3.0 时代互联网技术实践与拓展的"试验田"，激发行业的技术创新与竞争。诸如数字孪生技术作为数字工业领域目前最火爆的方向之一，广泛被应用于游戏中，进一步细化了游戏中的虚拟角色，加强了道具、场景等的逼真程度，产生更加类似于真实的行为和反应，使游戏体验更加自然流畅，同时增加游戏的可玩性和挑战性，为游戏设计者与玩家之间搭建反馈与需求的通道。虚拟现实头盔、手柄等操作设备，可为玩家提供沉浸式的游戏体验，区块链技术，为游戏中的虚拟物品、货币等资产提供更好的安全保障和管理。当然，游戏对于探索未来媒介的组织传播的方式同样具有前瞻性，喻国明就提及 Web3.0 时代，游戏将作为一种 DAO 媒介，即以区块链技术为支撑，综合算法技术为底层运行逻辑的，去中心化的媒介组织形式。借用游戏的模式，构建一个去中心化的通用数字身份体系，个人的媒介权力将进一步被放大，因而这样的媒介将有可能真正成为用户个体的需求理解者和提供者。

三、结语

回溯游戏诞生的起源，伴生于人类，游戏本就是一种自我取悦、人际交流的方式，数字媒介技术的发展和应用，大大延伸了游戏意义的界限，给予了众多业界人士以乐观的现象：在数字媒体游戏化的进程中，一定程度破解了媒介当下发展变革的桎梏，为用户带来了更具个性且自由的网络体验，并成为网络社会迈向 Web3.0 时代的积极要素。正如文章所述，游戏在当下深度媒介化的逻辑下，呈现出了产业包容性、传播公共性、实践前瞻性的特征，但需要认识到的是，从游戏媒介化到媒介游戏化，仍旧是一个长期且曲折的过程，人类对于未来网络社会的期望将凸显传播的本质，即回到"人本"的层面，在游戏将如何体现"人本"的道路上，依旧有赖于数字媒介技术以及各界人士的耐心实践与引导。

参考文献

[1] 喻国明，景琦. 传播游戏理论：智能化媒体时代的主导性实践范式 [J]. 社会科学战线，2018，271（1）：141-148，2.

[2] 李茂. 游戏艺术：从传统到现代的发展历程 [M]. 北京：清华大学出版社，2019.

[3] 彤陌观史. 以唐朝"国球"发展史，管窥"蹴鞠"在政治文化中的作用影响 [EB\OL]. https://baijiahao.baidu.com/s?id=1677892823218264185&wfr=spider&for=pc，2020-09-15.

[4] 周春太. 古代帝王蹴鞠考 [J]. 兰台世界，2015，482（24）：78-79.

[5] 要欣委，李明伟. 理解泛媒介：基于三个层度媒介观的比较研究 [J]. 未来传播，2022，29（6）：57-65.

[6] 周逵. 作为传播的游戏：游戏研究的历史源流、理论路径与核心议题 [J]. 现代传播（中国传媒大学学报），2016，38（7）：25-31.

[7] 澎湃新闻. 游戏论·现实的媒介丨融合与冲突：当电子游戏遇到大众传媒 [EB/OL]. https://baijiahao.baidu.com/s?id=1647149818537283773&wfr=spider&for=pc，2019-10-12.

[8] 陈洁雯，胡翼青. 从斯蒂芬森出发：传播游戏理论的新进展 [J]. 新闻春秋，2019（6）：82-88.

[9] 严玲. 微信：媒介化生存的新物种 [J]. 现代传播（中国传媒大学学报），2016，38（2）：140-143.

[10] 喻国明，杨雅，等. 游戏与元宇宙 [M]. 北京：中译出版社，2023.

[11] 张炳杰. 游戏化转向：论数字游戏与社交媒体的融合及其文化表征 [J]. 河北师范大学学报（哲学社会科学版），2022，45（2）：128-133.

[12] 喻国明，滕文强，郅慧. 元宇宙推动社会"重新部落化"的底层逻辑与关键入口 [J]. 未来传播，2022，29（6）：2-9，133.

[13] 李青青. 新媒体时代媒介议程设置理论嬗变与发展 [J]. 中国出版，2021（16）：28-31.

[14] 徐生权. 媒介会甘于做一个信使吗？——论媒介的"纠缠"与"衍射" [J]. 国际新闻界，2021，43（11）：65-83.

[15] 开发者社区. 游戏学研究奠基人阿尔萨斯来到腾讯，他都说了些什么？ [EB\OL]. https://gwb.tencent.com/community/detail/128527，2018-11-15.